邓榕 著

我的父亲

邓小平

★

战争年代

生活·讀書·新知

三联书店

图书在版编目（CIP）数据

我的父亲邓小平：战争年代／邓榕著．—北京：
生活·读书·新知三联书店，2013.1 （2022.4 重印）

ISBN 978 - 7 - 108 - 04311 - 5

Ⅰ．①我…　Ⅱ．①邓…　Ⅲ．①邓小平（1904～1997）－生平事迹　Ⅳ．① A762

中国版本图书馆 CIP 数据核字（2012）第 301902 号

责任编辑　罗少强　唐明星
装帧设计　朴　实
责任印制　董　欢
出版发行　生活·讀書·新知 三联书店
　　　　　北京市东城区美术馆东街 22 号　100010
经　　销　新华书店
印　　刷　北京隆昌伟业印刷有限公司
版　　次　2013 年 1 月北京第 1 版
　　　　　2022 年 4 月北京第 5 次印刷
开　　本　720 毫米×1020 毫米　1/16　印张 42
字　　数　510 千字　图片 112 幅
印　　数　46,001－52,000 册
定　　价　65.00 元

本书谨献给我的父亲。

父亲和他的战友们，是与整个世纪的命运紧密相连的一代人，是书写历史与创造历史的一代人，是把毕生献给祖国和人民的一代人。

本书也为我们的孩子们而作。

作为后辈，你们爱你们的祖辈。希望你们通过这本书，了解你们的祖辈，理解你们的祖辈。希望你们能够像他们一样，为中华民族创造出灿烂的业绩。

目 录

序 篇

1950年1月25日深夜，我在重庆出生。乍才落地的我，轻轻一啼之后，就阖上双眼熟睡而去，浑然不知生我者谁，更不知道，此时此刻的中国大地，刚刚进行了一次翻天覆地的历史性革命。国民党以损失八百万军队的代价，风卷残云般地溃败而去，一个新生的人民共和国，已经在中国这片广袤的大地之上诞生。

世上发生的变革是惊心动魄的和无比宏伟的，而我的出生则毫无可以记取之处。母亲第一眼看到的我，又小又瘦，一头稀疏的黄毛，于是，给我起名叫毛毛。我是这个家庭的第四个孩子，我有两个姐姐、一个哥哥，一年半以后，又多了一个弟弟。父亲母亲带着我们五个孩子，加上从乡下老家出来的祖母（父亲的继母），便组成了我们这个家庭。

春天尚未来到，夜晚依然阴冷而潮湿。刚才出生的我，怎么会知道，一条不平凡的生活道路，一种集幸福坎坷遭遇于一身的命运，从我来到人世的那一刻起，就注定了将要与我伴随终生。

我生于一个特殊的环境，长于一个特殊的环境，我耳闻、目睹，甚至亲身经历了许多令人不能忘怀的历史时刻。那么多的历史人物在我身边走过，那么多的历史事件在我周围发生，在我这并不算长的生活旅程中，所见所闻、所记所知已经太多。知忆既多，思绪既深，久而久之，便萌发了将其记录下来的愿望。我之所知虽然有限，我之所见虽然浅薄，然而我要记录下来的，却都是不应被忘怀的。

特别是我的父亲。

他原名邓希贤，曾用名邓斌，后改名邓小平。他十六岁远离故土，漂洋过海去西方寻求实现理想之路，十八岁便矢志于共产主义理想和救国救民大业。在七十多年的革命生涯中，他做过地下工作，做过军事指挥官，做过政府要员，做过党的重要领导人。中国的历史长卷，有一页与他的名字紧密相连。

他说过，他不写自传，也不喜欢别人写他的传记。但是，作为他的女儿，如果我不把我所知道的记述下来，我将愧对历史。今生今世也许我会一无所成，但如不完成这一夙愿，我便会遗憾终生。

在这本书中，我要记述的只是一个人，但他代表着他们那整整一代可歌可泣的风云人物。我所记述的只是一段历史，但它却与中华民族几千年的光辉历史一脉相承。我要记述的只是过去，但我深信，人们会从对过去的思索中获取教益，而像他们的前辈一样，勇敢地去开拓未来。希望我的拙见拙笔，能给后人留下一分印象。

第1章
退休的这一天

1989 年 11 月 9 日。

清晨，天还未亮，飘飘洒洒的细雨就已润湿了深秋的大地。

爸像往常一样，按时起了床。像往常一样，准时而又规律地吃了早饭，坐下来看书、看报、看文件。

最小的孙儿因患感冒而未去幼儿园，我带他去看爷爷。

爸问我，还下雨吗？

我告诉他，开始下雪了。

爸一听，马上起身，先把窗户大大打开，进而索性开门走出室外。

外面的空气寒冷而又湿润，雨水中果然夹杂着点点雪花，纷纷落落、飘飘扬扬随风而下。

爸望着雨和雪，感慨地说："这场雨雪下得不算小呀，北京正需要下雪啊！"

大概是所谓的"温室效应"吧，今年秋来得迟，冬也到得晚。虽已是 11 月份，天气仍然不冷。今天这场雨雪虽不很大，但毕竟是北京今冬的第一场雪。

九点多钟，办公室主任王瑞林来了，向爸讲述了正在召开的党的中央全会的一些情况。当然，重点汇报了这次全会上关于爸退休的议程、日程的安排和讨论情况。他告诉爸，经过阅读有关文件和讨论，与会的同志们逐渐理解了爸请求退休的决心和意义，许多同志在发言中讲了很多相当动感情的肺腑之言，今天下午全会将进行表决，晚上由新闻公布。

爸听后十分高兴，说："总之，这件事情可以完成了！"

中午吃饭的时候，我们一家人围坐在桌旁，席间的话题自然离不开爸退休这个题目。姐姐说，咱们家应该庆祝一下。哥哥说，我捐献一瓶好酒。妈妈说，如果身体好，我也想去参观下午的照相活动。爸则说："退休以后，我最终的愿望是过一个真正的平民生活，生活得更加简单一些，可以上街走走，到处去参观一下。"大孙女眠眠笑着说："爷爷真是理想主义！"

下午三时，中国共产党第十三届中央委员会第五次会议进行表决，通过了爸辞去中共中央军事委员会主席的请求。

四时许，爸驱车前往人民大会堂，和参加本次中央全会的全体与会者一起照相。

在休息厅里，刚刚从五中全会会场内出来的中央各位领导同志，看到爸进来，纷纷走过来和爸握手。刚刚当选为中共中央军事委员会主席的江泽民同志一步趋前，紧紧握住爸的手。他建议，几位领导同志一起，和爸照一张相。当江泽民、杨尚昆、李鹏、姚依林、乔石、宋平、李瑞环、王震、薄一波、万里、宋任穷、胡乔木等十二位同志簇拥着爸一字排好后，记者们一拥而上，闪光灯噼啪闪烁地拍下了这一历史性时刻。

这些就是我们党和国家的领导人，他们有的银丝红颜，有的乌发满头，他们紧紧地站在一起。

当爸一行人走进大厅时，掌声骤起。爸走过中纪委委员的行列，走过中顾委委员的行列，走过全体中央委员的行列。

爸笑容满面地站在麦克风前，他说："感谢同志们对我的理解和支持，全会接受了我退休的请求。衷心感谢全会，衷心感谢同志们。"随

1989年11月9日，邓小平和江泽民亲切握手。

后，爸与参加和列席全会的全体同志们合影留念。

在离开大会堂的时候，江泽民同志一直把爸送到门口，他紧握住爸的手说："我一定鞠躬尽瘁，死而后已。"

夜幕渐渐降临，而我们家却是一片灯火通明。

全家人忙忙碌碌了整整一下午，到了吃饭的时间，四个孙子孙女一齐跑去请爷爷。他们送给爷爷一个他们亲手赶制的贺卡，上面贴有四朵美丽的蝴蝶花，代表他们四个孙辈。卡上端端正正地写道："愿爷爷永远和我们一样年轻！"他们四个人轮流上前亲爷爷，才三岁的小孙子小弟亲了爷爷一脸的口水，逗得全家人哈哈大笑。在餐厅里，桌子上摆满了在我们家工作了三十多年的杨师傅精心设计的丰盛宴席，淡蓝色的墙壁上高高地贴着一排鲜红的字：

中央正式批准邓小平退休日，四个孙子特意为爷爷制作了贺卡，上面写着："愿爷爷永远和我们一样年轻！"这是邓小平和孙辈们在看贺卡。

1922-1989-永远

爸望着这一排字，脸上浮现出了深沉的笑容。

看着爸的笑容，看着我们这欢乐的十数口人之家，看着大家高高举起的红光闪烁的酒杯，我的心中激情难言。

八十余年的人生生涯，六十余年的革命历程，对任何人来说，都不会是轻而易举。

该休息一下了，该轻松一下了！

退休，是爸多年来的心愿。从他第二次复出开始主持工作以来，就在着手安排接班人；从80年代开始，他就力排众议，带头退出一些领导职务。

我们支持他退休，为的是他能更加健康长寿。

而他坚持退休，为的则是国家的前途、党的利益。

今天，他的愿望终于完全实现了，他的心里怎么能不自觉安然呢！我们，他的亲人们，又怎么能不为他感到由衷的高兴呢！

第二天，也就是11月10日，《人民日报》发表了爸要求退休的

邓小平退休的当日，孩子们为他精心准备了一个家庭晚宴，墙上贴着 "1922-1989-永远" 几个鲜红的大字。

信和中共十三届五中全会的决议。

爸写道："1980 年我就提出要改革党和国家的领导制度，废除干部领导职务终身制。近年来，不少老同志已相继退出了中央领导岗位。1987 年，在党的第十三次全国代表大会召开以前，为了身体力行地废除干部领导职务终身制，我提出了退休的愿望。当时，中央反复考虑我本人和党内的意见，决定同意我辞去中央政治局常委、中央政治局委员、中央顾问委员会主任的职务，退出中央委员会和中央顾问委员会；决定我留任党和国家的军委主席的职务。此后，当中央的领导集体就重大问题征询我的意见时，我也始终尊重和支持中央领导集体多数同志的意见。但是，我坚持不再过问日常工作，并一直期待着尽早完成新老交替，实现从领导岗位完全退下来的愿望。

"党的十三届四中全会选出的以江泽民同志为首的领导核心，现已卓有成效地开展工作。经过慎重考虑，我想趁自己身体还健康的时候辞去现任职务，实现夙愿。这对党、国家和军队的事业是有益的。恳切希望中央批准我的请求。

"作为一个为共产主义事业和国家的独立、统一、建设、改革事业奋斗了几十年的老党员和老公民，我的生命是属于党、属于国家的。退下来以后，我将继续忠于党和国家的事业。我们党、我们国家和我们军队所取得的成就是几代人努力的结果。我们的改革开放事业刚刚起步，任重而道远，前进中还会遇到一些曲折。但我坚信，我们一定能够战胜困难，把先辈开创的事业一代代发扬光大。中国人民既然有能力站起来，就一定有能力永远岿然屹立于世界民族之林。"

全会的决定写道："邓小平同志是我国各族人民公认的享有崇高威望的杰出领导人，在党所领导的革命和建设的各个历史时期都作出了重大的贡献。

"全会高度评价邓小平同志对我们党和国家作出的卓著功勋。几十年来的革命实践表明，邓小平同志不愧是杰出的马克思主义者，坚定的共产主义者，卓越的无产阶级革命家、政治家、军事家，我们党和国家久经考验的领导人。他根据马克思列宁主义同中国实践相结合的原则提出的一系列观点和理论，是毛泽东思想的重要组成部分，是毛泽东思想在新的历史条件下的继承和发展，是中国共产党和中国人民的宝贵精神财富。"

这是当一个人为祖国、为党、为人民付出了全部的生命和辛劳之后，党和人民对他的崇高评价。

从今天开始，爸退休了，可以休息一下了，可以稍事轻松一下了。他说过，退休就要真正地退休。我们也真心希望他度过一个幸福的、安详的晚年，希望他健康、长寿。

他还有一个心愿未了呢！就是1997年，香港回归祖国时，他要踏上这块祖国的土地。他说，就是坐轮椅也要去，哪怕在香港的土地上站一分钟也好。到那时，他将是九十三岁高龄。我们全家人都相信，也要全力以赴地努力，确保他实现这一愿望。

爸退休了，但是人们仍然十分关心他。人们对他的健康状况十分关注，常常询问的有中国人，也有外国人。人们对他一生的功过得失饶有兴味，国内外对他的政绩和思想的评论研究已经很多。人们对他丰富而又曲折的经历更是颇感兴趣，德国的、匈牙利的、香港的和一些国内的作家相继撰写了他的传记和评传。

爸性格内向，沉默寡言，不愿宣传自己，也从不向人讲述他的经历，就连对我们这些身边的亲人也很少谈及往事。因此，许多人对他都只知其现在而不知其过去，只知其表面而不知其就里。对于他的经历，甚至还有许多的误传谬说。

爸的一生是不平凡的一生，是光辉的一生。我没有资格撰写他的传记，但我可以把我所知道的一点记述出来，以补漏于万一。

万物都有起源，故事都有开头。要写邓小平，就应该回到他的故乡——四川。

第2章
巴蜀情

四川，人称"天府之国"，古为巴蜀之地。

四川的文明史，真可谓古老而悠久。距今二百万年前，便有人类的祖先在那里繁衍生息。[1] 后来，在现在四川的东部和中西部，形成了巴蜀两个小国。公元前1066年，周武王牧野会盟，巴蜀两国曾经参加，共伐商纣。[2] 战国后期，巴蜀两国间发生矛盾，其时正值北方强国秦国兼并天下。秦惠文王趁巴蜀嫌隙之际，挥军南下，先行伐蜀，继而灭巴。公元前316年，巴蜀正式并于秦国。不久，秦便在今重庆附近和成都地区设立了巴蜀二郡。从此，巴蜀之地乃归于中华大统。

四川得名于宋。宋置川峡路，后分置益、梓、利、夔四路，总称四川路。到了清朝，正式命名为四川省。

四川物产丰富。由于气候温湿，四季分明，因此最宜农作物生长。自古以来，四川盆地便以粮仓著称，许多军事家都曾在此屯田养兵。巴蜀之地盛产稻米、丝麻、水果、茶叶、井盐。自宋代以来，其纺织、井盐、瓷器和冶金诸方面就已有相当的发展。

---

[1] 重庆附近的巫山县大庙龙坪村发现距今二百万年的人类化石，这是我国迄今发现的最古老的人类化石。见《人民日报》1988年11月19日。

[2] 《中国古代史》，《重庆：一个内陆城市的崛起》。

四川人杰地灵。远在两千多年前的汉代，就出现过司马相如这样才华横溢的辞赋大家。许许多多的文人名士都曾活跃在巴蜀这一历史舞台，其中有唐代诗坛泰斗李白、杜甫，三国鼎足人物刘备、诸葛孔明，战国水利巨匠李冰父子……巴蜀之人会种田，会养蚕，会冶矿，会织缣，向以吃苦耐劳、勤劳朴实著称于世。

平原山脉滋养了肌肤，

长江诸川润育着魂魄。

作为一个四川人，你怎么能够不热爱这片土地，怎么能不为之而感到骄傲呢！

中国人没有不知道四川的，连一些外国人也知道四川的大名。但是，说起我们的家乡广安县[1]，就是大有名之中的小无名，真正的鲜为人知了。

我们家的人都自称四川人，只有对四川人才会自称广安人。

广安在四川省会成都以东二百多公里，长江重镇重庆以北一百公里处，今属南充专区。这个地方至今仍不通铁路，主要靠陆路与水路通行。这里是成都平原的边沿，属丘陵地带。土地不算贫瘠，但并非富裕发达之地。所幸一条渠江浩浩荡荡川流而下，纵贯全县。

广安古属梁州地界。在这一地区生活着的先民为賨族人。賨人和其他一些土著部落民族，共同创造了这一地区的先巴文化。

春秋晚期，原在汉水中游一带生息的巴族人迁入，遂在川东建立了巴国。巴族，自称太暤伏羲氏的后代，自古活动在汉水流域中游一带，殷商中叶战败于殷，便向殷纳贡称臣。殷朝末年，巴人不堪屈辱，参加了周武王的伐商之战。巴师曾为前锋，骠勇善战。周王朝建立后，巴被封为诸侯。武王封其宗族中姬姓人士于巴，号为子爵。春秋时代，

---

[1]　广安县，1993 年 7 月设立地区，1998 年 7 月撤地设市，辖广安区、岳池县、武胜县、邻水县，代管华蓥市。面积 6344 平方公里，总人口 460 万。

南方大国楚国崛起。巴国在与楚国数度攻伐之后，终于战败，遂离开汉水流域，举族徙迁，最后落足于川东地区。巴人与川东各土著民族融合，建立了以部落联盟为基础的奴隶制国家——巴国，直到公元前316年为秦所灭。[1]

战国时期，广安已属巴国，由于其先人为賨族人，于是在此设有城。巴为秦灭后，秦在今广安设县，名宕渠县，属巴郡管辖。五代改宕渠为始安，隋复賨城，唐称渠江，到宋以后，始为广安。[2]

据此，应该说，我们的家乡广安，得名于宋，而该地居民则应为古梁州人和汉水巴人融合之后。有人说我们的祖先是湖北人，可能就是根据巴国是由汉水入川而言的吧！

四川今有人口一亿之多，乃全国省级行政区划之最。[3] 我们广安县，作为人口众多的大省的一个分子，自然也不会落后。据记载，唐朝开元年间，当时的渠江县就已有人口一万八千余人。清代以来，广安人口陡增，到咸丰年间已有十三万一千余人。而到今天，由于众所周知的原因，广安区区一个县，人口竟已达一百多万。

在外人看来，广安不过如此，并无可以大大称赞之处。可广安人自己，则特以家乡为自豪。

清末编写的广安县志就写道：广安厥土饶沃，无旷土，无闲田，无沃瘠之别，无水旱之忧。树以桑麻榆枣，畜以牛马鸡豚（猪），植以葱韭蔬果，延以瓜瓠薯葛。广安物产特饶，凡山林竹柏之材，原野羽毛之族，陂池鳞介之虫，水陆草木之实，岩洞药石之宝，畜产皮角之富兼而有之。兹地所产之稻米包谷香尤滋润，号称金羹玉饭；所出之蚕丝品质特优，黄白莹然；所织之賨布汉赋有载，谓为筒中黄润，一

---

[1] 《重庆：一个内陆城市的崛起》。

[2] 广安县志。

[3] 1997年3月重庆市正式成为中国第四直辖市后，四川的人口为8400多万，居全国省级行政区第二，第一为河南省。

端数金。

广安除物产丰富以外，文化也不算十分落后。早在公元前一百多年汉景帝的时候，蜀郡郡守派司马相如进京受业，并还教乡里，自此巴郡亦设立文学。汉平帝元始三年（公元 3 年），广安就已设校学，置经师一人。此后历经近两千年的时间，广安一直办学。到民国初年，除原有小学外，还设立中学一所。这样的教育水平，比起文化发达地区，自然落后，但在当时的中国，比之不如的地方实在也不算少。因此据我看，可以算个中等偏下的文化水平。

有这样一个好的自然条件，按说广安人完全可以耕作自得。但是，偏偏天不从人愿，竟有许许多多的内忧外患困扰着广安人的生活。

一患为兵。隋唐兵家征战，宋末南北交兵，明末流寇侵袭，清朝滇人入掳……。战乱频仍，从古到今，广安人几乎没得一点安宁。

二患为灾。广安地高河低，所以以旱灾最为肆虐。据记载，大旱之年，赤地百里，一望如焚。灾民流窜，乞讨之人沿路可见。

三患饥饿。灾事频繁便会谷价陡涨，谷贵而民慌。草根树皮掘取为食，乡井寥落，人烟萧索。广安人生于富饶之地，却沦为饥饿之民，实在可悲。

四患疫病。这里三年一小疫，五年一大疫。一人有病，一家相连；一村患疾，数乡共染。清朝同治年间，区区一个痢疾，竟然死人五千！

广安交通不便，闭塞了生存的环境。而这天上横祸和人世劫难，却更加阻挠着广安的发展。

直到新中国建立之前，在两千多年的岁月里，无论天地怎样轮转，无论朝代怎样更替，勤劳朴实的广安人，始终无法挣脱命运的枷锁，始终处于贫穷落后之中。

第3章
故乡行

父亲自己不回老家，也不许我们回去。他说我们一回去，就会兴师动众，骚扰地方。

因此，直到 1989 年，我才和我的二姑姑邓先芙一起"回"了一趟广安。

其实，我从未到过那个地方，也从未在那里住过，但因为广安是我祖先的家乡，因此即使是第一次去，也要称之为"回"。

那是一个 10 月的清晨，我们起了一个大早，从四川省会成都驱车前往广安。我们一路快赶，先停遂宁，再停南充，等到达广安地界的时候，已经入夜很久了。我们只好住进县里的招待所，等第二天再回老家。

也许是因为被褥潮湿，也许是因为心情兴奋，一夜辗转反侧，未能安睡。天才发亮，我就起身，跑到外面。

南方的秋天，已有凉意，但却不冷。空气新鲜而湿润，晨雾朦朦，环绕半山。四周的山坡上全是一片青绿，绿叶上凝结着浓重的露水，晶莹欲滴。这里的雾是朦朦胧胧的，阳光也是的，全不像北京那种干燥、清爽而又明亮的早晨。

我们住的招待所是在半山上，它的下面就是广安县县委驻地。那是一个相当独特的建筑，一问才知，此乃原四川军阀、鼎鼎大名的杨森的公馆。

这个公馆是顺着山势一层层修建的,最下为大门。从外面一进大门,迎面长有四棵硕大的铁树。拾阶而上有几进院子,院内四周都是现已作办公室的高大的瓦房,大概原来就是杨森及其宝眷居住之处。再往上走,就是杨森的后花园。青石台阶的两旁皆为花木,此时在雾中若隐若现。山顶有一个"涵虚洞",可能是杨森坐禅之地。广安虽然土气,但它的军阀可一点也不土气。在这所公馆里居然还修了一个网球场。据说杨森当年还重金从上海聘来了教练,陪他打球呢。可能我们四川的网球事业就是由杨森发起的吧!

在这所公馆里,最为有趣的还是要数大门内的四棵铁树。

这四棵铁树可不是我们广安的特产,它们是杨森不远千里从广东船运而来。据说,这四棵铁树自从到广安定居以来,虽然枝叶茂盛,但却从来没有开过花。1978 年,我的父亲第二次复出工作后,这几棵铁树居然开了花。金灿灿的花朵满开在叶间,十分绚丽。当时,家乡的父老们引以为奇,特地拍摄了照片送到北京。当然,我们并不知道这几棵铁树以前是否真的从未开过花,但这则小故事总之是反映了家乡人民对父亲的敬爱之心。

吃过早饭后,我们就近在广安县城里看了几处旧址。其中一处是旧的广安小学。这是一个两层小楼,灰砖砌的墙,木头做的门窗栏杆,青瓦盖的顶,一副陈旧不堪的样子。这所旧时的学校现在只剩下楼上楼下各自两间,为县土地管理局所用,看样子,这仅存的几间,不久也会被拆掉。

我和二姑姑站在楼前赶快拍照,因为我们知道,这就是七十多年前父亲上过的学校。当年的这所学校,虽不会像今天这样破旧,但也不会太过漂亮。我想象得出,那些穿着棉袍,头戴瓜皮小帽的孩子们,夹着书本,如何在楼梯间咚咚有声地跑上跑下。父亲十来岁进这间学校读完高小后考入广安县办中学,但并没有念几天,便去了重庆的留法勤工俭学预备学校。因此,这所小学,便是他在家乡唯一读过的一所正规的学校了。我想，他对于这所学校的印象一定是深刻的。因为他的整个少年时代，就是在这里度过的。

广安县一眼看去就知是一个古老的县城。虽然已有不少现代化的建筑，但更多的还是那种典型的南方老式房屋。街边大多是两层的砖木结构的小楼，清一色刷着白色的灰墙，楼上往往有一排木栏杆围着的凉台。广安看样子真是出产石头，县城的街梯和房基都是用一块块的方石砌成。我们还看见路边有一些石槽，可能是洗衣洗菜用的。

在一条商业化的街道上，人群熙熙攘攘，日用百货琳琅满目，现代化的商品经济已经进入这个小小的山城。在街上行走的，有挑着竹筐和背着竹箩的乡里人，也有穿着相当时髦的年轻人。那些红黄蓝绿各色服装，那些大城市也只有时髦人才梳的流行发式，以及那些街边陈放着的彩电和音响，构成了这个偏远山乡的现代意识。

汽车与牛车，彩电与竹箩，这就是当今中国的特色。

一下子摈弃贫穷和落后，在这样一个人口多、底子薄的国家是不可能的。但我们毕竟已经开始起步，向着富足和强盛迈进。

你们看看这些农民，他们的田里禾苗油青，他们的筐里稻米沉沉，他们不再赤脚，还穿上了西装，这是怎么样的一个变化呀！

四川人好吃，那些摊子上、架子上，摆的，挂的，都是肥肥鲜鲜的鱼、肉和圆圆滚滚的川味灌肠。街边小摊贩的锅里正热气腾腾地煮着各色各样美味小吃。这里鲜嫩的青菜、萝卜、豆苗、蚕豆，都是城里人可望而不可即的。

可能因为是故乡的缘故吧，在这么短的时间里，我已经爱上了这块地方。

我们的老家，叫协兴乡，离广安县城还有二十里路，因此我们看罢县城，就又急急上路，直奔北边而去。

在出城的路上，首先，我们看到的就是渠江。

渠江是长江的上游支流，发源于川东北部山区。渠江从东北顺流而下，与西面的嘉陵江汇合，再一起汇流而入长江。我们看到在山壑之间，渠江之水浩浩荡荡地奔流，虽不如长江那样的雄伟和宽阔，却已有了长江的激荡。有水就有生命。虽然在几千年中，它也曾溢涨成灾，它也曾对旱魃袖手旁观，但它今天已经成为我的故乡人民的生命之水，幸福之水。

汽车离开了大道，进入乡间。这才真正显露出故乡的本貌。这里已不属于成都平原，是标准的丘陵地带。平原一望无际固然很美，而丘陵的起伏就更多了一层韵味，更多了一分浪漫。恰值这时雾也散了，天也晴了，在秋日的照耀下，一切都鲜鲜亮亮，暖暖洋洋，令人心情豁然开朗。

北方的10月已近冬天，叶开始落，草也开始黄。而此处则不论高低，不论远近，都是郁郁葱葱的绿。田是一块块的，鳞次栉比。水稻已经收了，田里又长出了高高的稻草，散散漫漫地等着人们来把它们翻耕进地里，以作为来年的肥料。

据我姑姑说，她们小的时候，谷草割得很干净，用来烧火，因为广安无柴。而今天，人们做饭多用煤，稻草留在地中则可作肥。肥好，土就黑，明年的苗就壮，谷粒就会饱满，人们就可获得丰收。

田地之间，常常看到一家一户，或几家几户的房舍，这里虽不像一些富裕地区那样能盖楼房，但也不再是旧时的茅草房。宽大的青瓦灰墙的农舍，大多与一蓬蓬的绿竹相掩映。这竹可真美呀，有树那么高，头像凤尾一样地低垂下来。平平常常的农田农舍，一下子因为这竹而变得富有神韵起来。竹林的浓荫下，一定有说不出的凉爽惬意，一定发生过讲不完的动人故事。

这竹，好像就是农家的魂。

田边上，路边上，山坡上，池塘边，房前屋后，到处都种着菜。菜叶子绿莹莹的，绿得发黑，一看就知道肥水俱足。在北京的时候，家乡的人常常趁便带来一些各式菜蔬。我们只知道四川的菜远比北方的好吃，而今天才知道，四川的菜种得更是特别好。姑姑说，四川人会种菜，又珍惜地，连巴掌大的地方都要种上菜，而且种得像绣花一样精细。无怪乎四川的菜价如此便宜，就连成都人到了北京，也总抱怨北京的"生活不好"。

广安的土质没有成都平原那么好。山坡上的土就更差了，连草都长不茂盛，这是当地人告诉我的。可是我看到的却是满山的绿树。一问才知，这些都是柑橘树。啊，这柑树橘树已经成林，在山上、丘上连成一片。柑子树下又多种的是菜，景观十分美丽。姑姑说，这些树都是这十来年才栽种的。黄土上草都不生，怎么办呢？于是政府推广，八毛钱买点火药，在土石山上炸一个坑，种一窝橘。就这样一个坑一个坑，一个窝一个窝，柑橘之树种满了山，连成了片，长成了材，结出了果。柑树橘树绿了山，富了民，乡里的人都说还是共产党好。

从小就听奶奶讲，广安有山，山上有棵黄桷树。这回我真的看到那黄桷树了。

广安的山是缓缓的，顶是平平的，而山顶之上，就有那么一棵黄桷树孑然挺立。这树树干挺拔，树冠巨大，远远望去好像一把张开的伞，一面打开的旗。奇怪的是，这树总是站在最高的山顶，而且每个山顶只有一棵。真不知是天造？还是人为？反正它就是那样的特别。别人都低它独高，别人都平它独耸。久日不归的游子望见它，就像已经回到了家园。出门在外的故乡人离开它，却永远不会忘记它。

这傲然高耸的黄桷树，就像是这山川的神。

第4章
这就是我们的老家

到了，这就是父亲的出生地，我们的老家。

门前已修了水泥路，路两边种了花草，还种了芭蕉。当然，这些都是现在修的，是乡亲们的一点美意。原先，这门前的坝子，这路，则都是土的泥的，更不会有花草芭蕉。

和别的农舍差不多，这房也是白灰抹的墙，木头搭的门，青瓦盖的顶。一排正房略高一点，两边的偏房各有数间。左中右三面房子的中间是一个平平的坝子。当年，一定有许多的鸡鸭环游这房前屋后。听奶奶说，他们还养过几只鹅，不是用来吃的，而是用来看家。鹅的叫声大，啄起人来也很厉害，却又不像狗那样凶狠，所以这里的人就用它护院。

在正屋大门的上方，悬有一个木匾，上面端端正正地写着："邓小平同志旧居"。

我跨进屋内，顿觉一阵阴凉。

这几间屋子内陈列着一些照片，都是父亲各个时期的，有留法勤工俭学时期的，有八路军时期的，有解放战争时期的，还有解放后的。啊，这里还有一张照片，是50年代我们的全家福，那上面还有我呢！

有一间屋子里挂了一张不知谁画的父亲的像。画上的父亲站在那里微笑，手指缝里还夹着一支烟。他的前面是盛开的鲜花，后面是浮

邓小平故居。邓小平出生在这座院落里，并在这里度过了童年和少年的大部分时光。

云缭绕的高山。画的技术并不高明，但却带有乡土之气。画的两边有一副对子，曰："政通人和千家乐，国富民强万户欢。"这副对子的字绝不是出于名家，但意思却是出于人心。

左边的那排房子里，放着一张床，还有一个柜一张几，都是陈年的旧物。这床很特别，上好的木料，宽宽的床架。周围有围栏，上面有顶棚。围栏和顶棚都有木制雕花，当年一定很是好看。这个床如果是新的，再配上绸缎的床幔，一定相当富丽堂皇。只不过它现在已经黑了，旧了，不复当年风采。人们都说，这是我祖父祖母的床，说我的父亲是在这个床上出生的。但我的姑姑和县里的人告诉我，当年土改的时候，邓家的物件都分给了乡里农人，后来收集父亲家的旧物时，才又从农人家找回来。因为当地这个样子的床很多，究竟是哪个也搞不清楚了，所以就从中挑了一个。

不管是与不是，我想都没有什么重要的关系。能从这个床，这个柜，这个几，看出旧时代的轮廓就可以了。

父亲这个人，历来就不爱注重一些枝端小事。对老家的旧居，他从来就没有过问过，更不愿让人家把这里搞成什么旧居陈列室。从解放以后，我的奶奶和其他亲属离开老家以后，这片房子就在土改中分给了当地的贫苦农民，大概有十来家人住在这里。直到1987年到1988年间，这里的人生活逐渐好了起来，有了钱盖了新房，才逐渐搬了出去。这样，这个房子才专门改为陈列室，供来人参观。

父亲的一个亲舅舅，在我回老家的时候尚在人世，虽然他不是邓家的人，但他长年住在邓家，直到前几年盖了新房，他也才随家人搬出了邓家老屋。我去看过他的新居，竟是一座二层小楼。他周围的乡亲们也都住上了这样的楼房。有了楼房，谁还要去挤住在那老房子里呢！老房子自然就腾空了。如果不是这个原因，父亲绝不会允许人家把乡亲从他的旧居迁出的。

从后边的小门转出去，一眼就看到，老屋的房后，长满了翠绿的竹。这竹真茂盛啊，种下几棵，立刻长成一片。细的恰如纤纤少女的玉指，粗的可比健康小伙的手臂。这竹叶边长边落，边落边长。你看地下已铺满掉下的黄叶，而竹枝上却依然绿羽苍翠。这竹大概已经在这里长了上百年，可是却永远显得那么精神百倍，仿佛比我还年轻。我真想搬个小竹凳，拿上一把青竹扇，在这小竹林中坐下，静静地，静静地，听一听竹叶的沙响，闻一闻竹枝的清香，透过那茂茂密密的枝叶，去看太阳……

这不是我的家，这也是我的家。我一点儿也不熟悉这里，却甚感亲切。我从来也没来过这里，却一到如故。因为，这是我父亲的出生地，这是我祖辈生活的地方。

在旧居的门前，挂着一副长联。这联用金色的字迹镌刻在门的两边。

这联上写道：

扶大厦之将倾，此处地灵生人杰。

解危济困，安邦柱国，万民额手寿巨擘。

挽狂澜于既倒，斯郡天宝蕴物华。

治水秀山，兴工扶农，千载接踵颂广安。

这联是四川著名文人马识途写的。作于公元 1983 年秋天。

据这里的人告诉我们，来广安的外地人并不多，来这小小协兴乡的人就更少。但凡来此地的人，都来这旧居参观。还有外国人，不远万里，来到这里，为了考证，或者只是为了看一看。

我们在北京有一大家子的人，而在这故乡，却几乎没有什么亲人了。

刚才说过，只有父亲的一个亲舅舅名叫淡以兴。我的这个舅公说来很有意思，他和父亲同岁同学，少时的感情也很好。他为人忠厚，心地善良，但却一辈子愚弱寡智，无能无才。年轻的时候抽鸦片烟，把家产都卖光了，连孩子都差点卖给了别人。老婆带着孩子走了，他

1986年春节期间，邓小平在成都金牛宾馆同舅舅淡以兴（左三）和舅母（右二）合影。右一邓小平的继母夏伯根，左一为妹妹邓先芙。

一个人寄居到了他姐姐的家，也就是我们邓家。解放后，我的母亲每个月给他寄一些生活费用，他常常拿来就约上几个好友，一顿喝光。"文革"开始后，我们就不知道他的下落了。直到"文革"结束，我们才惊奇地听说，他居然还在！真不知十年动乱之中，他究竟怎么活过来的。后来，县里面照顾他，让他当了个县政协委员，每月发点生活费。我们也照旧给他寄些零用。我去他家看他的时候，看到他和老婆、孩子、孙子都住在一起。他已经八十五岁高龄了，人很清瘦，眼已花了，耳也聋了，长着一脸的白胡子。他居然还认得出二姑姑，但一点儿也不知道我。

看见他，我就想笑，主要是因为一个小小的故事。有一年，他突然闹着要去北京。有人问他："你怎么去北京呀？"他说："我坐火车去。"别人问他："你坐火车有钱吗？"他居然回答说："我是国舅，坐车还要钱吗？"他就是这么一个迂人。他和父亲二人亲为舅甥，而差距却如此之大！在我们回老家的第二年，也就是1990年，他去世了，不久，他的老伴也去世了。从此，在我们的家乡，就再也没有亲属了。

在老家，我们最后还去看了一下祖父的坟和祖母的墓地。

我很奇怪，为什么这些坟地在"文化大革命"中没有被人挖掉？

祖父的坟在离家不远的一块地里，坟前有一块石碑，上面写着：邓绍昌之墓。是丁丑年，也就是1937年立的。

祖母的坟则在一座山上，那里还埋葬着邓家的几个更老辈的祖母。这里埋葬的我的祖母，是父亲的亲生母亲，姓淡，名字不知。父亲二十二岁的时候她便死了。她的墓碑是以她的儿子们的名义给她立的，其中还有父亲的名字。其实，那时父亲远在异国他乡，恐怕根本不知道立碑的事情。

那次回老家的时候，我以为祖母的墓地就是我们家的祖坟。后来才知道，我们邓氏家族的祖坟在另一个地方，要走很远的路，坐船去。我们家的老祖宗们可能都埋在那里吧。在旧社会，只有家族中的男子才能去祖坟祭祖，女子是不能去的。

祖坟，我是没时间去了，也没必要去。

但是，要觅寻祖先的踪迹，就要找到家谱。

结果，我还真的找到了这本家谱。

第5章
族宗寻迹

　　父亲几乎从不给我们讲他家里面的事。他离开家乡时只有十五岁，对家里的事情和族中的掌故，可能本就知之不多。只有我的祖母，有时给我们讲一些家乡的故事。

　　我只知道，我的祖父叫邓绍昌，字文明，一般人只知他叫邓文明。我的亲祖母姓淡，名字不详。在我们家的祖先里，有一个曾入选翰林院，人称邓翰林。可能这个翰林就是我们这个邓氏家族中祖祖辈辈最著名、最光彩的人物了。

　　有许多研究我父亲生平的人，都曾考察过我们家庭和家族的历史。有的说我们家是从湖北迁来的移民，有的说邓氏家族从前是广东的客家人，还有的说，邓小平根本就不姓邓，而是姓阚，名叫阚泽高。真是众说纷纭，莫衷一是。连我的叔叔也说，小时听大人说，邓家是从湖北迁移来的。

　　邓小平姓邓，这其实是毫无疑问的。说他姓阚，完全是一个误会，这是一个留法勤工俭学的老先生，名叫李璜，他在回忆录中说，邓小平不叫邓小平，而叫阚泽高。他的这一席话，曾经误了不少的文章。有一个时期，竟然许多人真的当成这么一回事了。有一回，我开玩笑地对父亲说："知道吗？有人把你的祖宗都改了！"

　　父亲从小到大，名是改了几回，但姓却真的从未改过。

邓小平的父亲邓绍昌（字文明）、母亲淡氏的画像。

　　我们家，不是邓氏的嫡传，乃系旁支，所以我们家的人都不知道邓家还有家谱。在封建社会里，正统的观念是绝对的。一个家族中，只有嫡传子孙，才能堂堂正正地记入家谱上面。也就是长子、长孙、长重孙、长重重孙的家庭，才可以记载在簿。我们邓氏的家谱，就保存在邓家老祖宗的这家嫡孙的手中。

　　这个家谱，不知从什么时候开始编的，也不知道是什么人撰的。据家谱的《凡例》中说，这个家谱是起自明朝，以前则弗能考也。它说，撰写家谱时，考证了各位列祖的墓志碑铭，因而"俱无异词，确而有据"。家谱后面还真的把老祖宗们的墓志碑铭一一抄录在案，可能是为了证明它的准确真实吧！

　　《邓氏家谱》，从明时始，记至民国初年。

　　上面写明：一世祖为邓鹤轩。原籍江西吉安府庐陵县人。洪武十三年（即1380年，就是明太祖朱元璋建立明朝的第十三年），以兵部员外郎入蜀，遂家广安。

　　这就是说，我们邓家的老祖先是江西吉安庐陵人，在明太祖年间作了个叫兵部员外郎的武官，被派到四川的广安履任，从此开始了我们四川广安邓氏的纪元。而这个邓氏明代以前在江西的情况，因为只有这位鹤轩老先辈一人知晓，可能又未曾告诉后人，因此便失传无考了。我这么揣摩，可能在江西的那些更古老的祖先当中，定是没有什么可歌可泣、可以传颂后世的人物和事迹。如果是孔孟之后，当然不会忘记论宗数典的。

一个家族的家谱，都是由宗亲子孙编撰的，自然要多写点光荣历史了。再说经历了"文化大革命"的十年浩劫，谁知道这个家谱的真伪。于是，我就去找了一套广安县的县志，以资验证。

在《广安州新志》的册二卷十一中的"氏族志"中有这么一节：

"望溪乡姚平邓氏。

"邓氏旧志，其先本江西庐陵人。明洪武中有鹤轩者以荐举南京兵部员外入川，遂籍广安州北姚平家焉。其祖墓均在姚平，有宗祠。"

《邓氏家谱》与《广安州新志》中关于广安邓氏来源的说法是一致的，看来似乎可以信之确凿了。不过，当我翻到《广安州新志》卷首的"历代撰志人姓名"时，我发现，清朝乾隆广安志，是在乾隆三十四（1769 年）年由"廷尉邓时敏重辑"。这个邓时敏，就是我在本章开头时提到的那个邓家名人邓翰林。既是邓家子孙参与了县志的修辑，就难免有对其祖先多加溢美之嫌。况且，邓氏家谱，大有可能也有这位邓翰林的墨迹呢。所以，如果以后有人发现了什么关于广安邓氏起源的新说新证，那也不足为怪。

目前，在没有其他佐证的情况下，我想，我们就暂且以家谱和县志作为依据，追寻一下我们这个广安的邓氏家族，在五百多年的时间里的步履踪迹。

兵部员外郎，是一个小小的官名，大概也就相当于今天的科级干部吧。不过古代的官阶，远不如现在这么多，因此，其职权可能又比科长略大一点。据《辞海》注释，员外郎这一官名原指设于正额以外之郎官，即现在的"编外干部"。隋开皇时，于尚书省各司置员外郎一人，为各司之次官。唐宋沿置，为中央官吏中的要职，明清各部仍沿此制，以郎中、员外郎、主事为司官的三级，得以递升。兵部乃古代高级军事官署。三国时期曾设五兵尚书（中兵、外兵、骑兵、别兵、都兵）。隋唐以后综合设立兵部，为六部之一，掌管全国武官选用和兵籍、军械、军令之政，以后历代沿用，至清末方改为陆军部和海军部。自唐宋以后，尚书省各部下属设司为次一级官署。刚才说过，员外郎为司之次官。所以这个官位，虽不算"芝麻官"，却也并不显赫。我对于古代官制的知识实在寡少，因此邓鹤轩这个兵部员外郎如何荐举南京兵部员外郎，又如何入川，的确不得而知了。以后哪位有识之士如有兴趣，加以补注，便真正地感激不尽了。

《邓氏家谱》中，以邓鹤轩为一世祖，明代一共计有九代。编撰家谱的人，自然对自己的祖先要大肆赞美、歌功颂德一番了，所以家谱中所列进士及第的，就有好几位，这里面恐怕有真有假，真少而假多者也。据广安县志记载，只有两位进士，一位是八世祖邓士廉，一位是他的兄弟邓士昌。

下面，我将根据家谱和县志所载记述一下邓氏几位祖先的旧闻轶事。这些掌故的准确与否都无从考证，也没什么要紧的关系，大家可以权当传说和故事来听听。

明代的二世祖，即邓鹤轩之子，名叫邓显，字梅庄。据说此人以文行魁蜀，蜀献王闻其贤，屡聘之仕，皆不应。他的事迹曾载于明代广安郡志。此乃邓氏之一大贤人也。

明代的第八世祖，名叫邓士廉，字人麟，明朝崇祯进士。其人慷慨负气，经史子集过目不忘。曾任广东海阳令和吏部侍郎。明末随桂王入滇缅，官为吏部尚书晋大学士。清朝顺治十八年（1661年）秋，为缅人所诱，与其他四十一位大臣同时殉难。乾隆四十七（1782年）年赐谥节愍。此乃邓氏一大烈士也。

邓士廉有一叔伯兄弟，名叫士昌，字龙门。明朝万历进士，授南京户部主事之职，后升任浙江处州府知府。其地地瘠民疲，于是尽力抚绥，修堰灌田，民受其利。遂被荐擢为湖广按察司副使，永州道兼摄衡州道。后为人所忌，劾归家乡。此乃邓氏一大贤臣也。

以上是邓氏家族明代的一些先人轶事。原来只知邓家清有翰林，乃不知明亦有忠臣烈士呢！

自清代起至今，邓氏家庭又繁衍了十代有余。乾隆时期是清朝的鼎盛时期，而这时远在西南一隅的小小邓氏家族也处于兴盛时期，竟然光宗耀祖地出了一个翰林。好像是盛极必衰，风光一时的邓家至此以后竟然逐渐地衰败了下来，书香墨迹不但渐渐无人继承，就连耕田地亩也渐渐失去。据亲戚们讲，到了最后，就连那个最为神圣的翰林的家——翰林院，也穷得卖给他姓了。可见家道中落如此。

前面讲过，邓氏明代八世祖邓士廉曾任过广东的海阳令，后来在滇缅殉国。他有一个儿子，叫邓昉。是邓氏明代最后一代，也就是第九个世祖。邓昉于明末携带妻子和两个儿子同赴粤东其父之任上。这一家人行至广东高耀县（家谱上如此记载——作者注）三义河的时候，遇到海贼劫夺，举家溺水而死。所幸的是，在海贼之中居然有人发了善心，将邓昉的两个儿子不杀，抛置岸上。邓昉的两个儿子，一个叫邓嗣祖，时年七岁。一个叫邓绍祖，年方四岁。

邓嗣祖，字绳其，乃邓氏清代的一世祖。嗣祖七岁时随父赴粤，在高耀县三义河遇难不死。其时父母俱丧，仆婢尽亡，钱物全无。嗣祖携弟绍祖沿路乞食，流落到一个伍家村。伍家村有个伍员外。伍员外询问了这落难的兄弟二人的来历，大概很喜欢他们，于是大发恻隐之心，把这兄弟二人留下，供其食用，还于书舍教其文学。等嗣祖长大以后，伍员外就把自己的女儿许配给他。不久，嗣祖在广东生了一个儿子，取名邓琳。邓嗣祖在广东的时候，因遇考，得遇一个其祖父邓士廉的故人之子李仙根。这个李仙根当时恰为督学使者。这时李才告诉嗣祖其祖父邓士廉殉难之事，并谕令嗣祖回籍。想嗣祖此时一定大悲大恸了一番，然后带领妻儿及弟弟绍祖于康熙十年（1671年）回到四川。嗣祖、绍祖流落在粤二十八年，终于返回故乡，承继家业。据称，嗣祖为人存心仁厚，为乡里称颂，可能与他少时的艰苦际遇不无关系吧。这一段故事，可能是邓氏家族中最动人的一页篇章了。

邓嗣祖一共生有两个儿子，一个是在广东生的邓琳，一个是回籍后在四川广安生的邓琰。邓琳生有六子，邓琰生有四子，从此广安邓氏遂分为两大房。邓琳一支为长六房，邓琰一支为二四房。从他们的孙子辈起，开始立下字辈，即是：以仁存心，克绍先型，培成国用，燕尔昌荣。我爷爷这辈是绍字辈，父亲这辈是先字辈，而我们这辈，我认为是最难听的型字辈。

还是先说老祖宗吧。

邓琳，字石山，三岁随父从粤东归回四川。据县志上说，他髫龄即能为古文辞，长大后穷研经史，尤喜谈经济。雍正十三年（1735年）任中江训导。训导乃是一种学官，府、州、县学都设训导。中江是清朝四川中部的一个县，因此邓琳的这个训导是县级的。民国时期，各高等学校的训导是专门掌管学生的思想品德的，也就是今天所谓的政治思想工作者。而清代的训导，则没有这种功能，只是协助同级学官教育所属生员（学生）。可能因为邓琳学识不浅，又为人教育者，所以教导有方。其长子简临、三子亮执同榜甲子举人，第六个儿子时敏中了进士，还作了个翰林。

邓琰，字映华。家谱说他业儒未成，大概就是说学无上进，只好务农了吧。邓琰为人轻财好义，故能够承继祖产。他对邓琳的儿子视若己出，见侄子邓时敏好学，就送给他价值三百挑谷的田地（约合六十亩地）以作膏火（旧时学生学习所用的津贴费用）。其人长寿，享年八十一岁。邓琰虽然学业无成，但看样子却持家有方。他一送给侄子就是六十亩田，证明他当时拥有的田亩至少几倍于此。这种家业，虽不如北方的豪门巨富，但在当地，可能也不算太小吧。我们邓家能够出个翰林，他的的确确是个有功之人。

邓翰林的大名早已如雷贯耳，现在终于该轮到他了。

邓翰林，名时敏，字逊斋，号梦岩。据县志所载，时敏性格温恭谦退，雍正十年（1732年）中举，乾隆元年（1736年）进士及第，遂进入翰林院，授以编修。

翰林，为古代的一种官名。唐朝的时候，翰林学士职掌撰拟机要文书。明清则以翰林院为"储才"之地，在科举考试中选拔一些人入院为翰林官。清代翰林院为大学士执掌，下设侍读学士、侍讲学士、侍读、侍讲、修撰、编修、检讨等官。

时敏入翰林院后，虽只是区区一个编修，但对于当时的广安邓氏来说，却是一件了不起的光宗耀祖的大事。时敏在翰林院后升为侍讲，历任江南宣谕化导使、翰林院侍讲学士、通政司副使，最后于乾隆十年（1745年）升任大理寺正卿。

大理寺乃我国古代中央审判机关，职掌审核刑狱案件，其主官称卿。大理寺大概相当于现代的最高法院，邓时敏所任的正卿，大概可以称为最高法院的院长吧！

邓时敏的父亲邓琳病故后，时敏奏请圣上，批准他回乡奉母。时敏回广安后，重修了广安州的州志。

乾隆二十九年（1764年），时敏再次入朝，官复原职。县志称，时敏任大理寺卿时，审理案件时常常苦心平反，有所得必争，争不得必奏。刚果持正，不稍迁就，同列皆畏敬之。时敏后来因年事已高，乞准告老还乡，诰受通奉大夫，六十六岁时在家乡去世。时敏有子无孙，因此现今世界上，已没有了他的后裔。

如果真如县志所言，那么这个邓翰林、邓大理寺卿，还真是一位有识有品，有学问有政绩的人呢。他的这一辈人，也的确是邓氏家族明清两朝五百年中最辉煌的一页篇章了。

一个人，一个家庭，一份事业，要想上进，取得成就真是谈何容易，不知要费多少的心血，花多大的力气，用多少的时间。而成功之后要想衰落，则可能势如破竹，弹指可见。

事业成就，要靠天时，要靠地利，更要靠人和，还是人的因素第一。邓家的老祖先曾为官，曾为儒，曾有业，曾有田，真不知怎么鬼使神差地，一步步竟往下坡路上走去。地卖了，人也穷了。念书不成，做买卖也不成。

家道不济，时运也不济。这么大个中国，曾经多么威风，多么强盛！可到了后来，洋人也来了，还拿着火药长枪，连西太后老佛爷也给赶出了京城。于是开始了赔款，中国人打输了仗要赔款，打赢了仗也要赔款。这白花花的银子，和着中国人的血汗和眼泪，就这么让洋人一船一船地运走了。钱也赔了，地也割了，洋人不但没走，反而更加猖獗了。

洋人欺压中国人，中国人自己也欺压中国人。官大的欺负官小的，富的欺负穷的，有钱的欺负没钱的。到了我爷爷这一辈，国家是疆土沦丧、战乱不断。人民是衣食无着、困顿不堪。这人祸合着天灾，真是把好好一个国家糟踏得不成样子了。四万万中国人中，恐怕足有三万万两千万人处于饥饿贫困的境地。

两千年的封建社会，就给中国留下了这么一个丧权辱国、民不聊生、千疮百孔、贫困落后的烂摊子。

也许老天爷真是不置你于死地不让你而后生吧！国也罢，家也罢，人也罢，大概也只有在大颓大败之后方能大彻大悟，大彻大悟之后方能变革复兴。

第6章
大颓大败的民族悲史

我爷爷这辈人，真是没有福气，他们生于乱世，长于乱世，终于乱世，连一天的太平盛世都没有赶上。

我爷爷大约是 1886 年出生的，那年正是光绪十二年。这时的光绪皇帝才十五岁，还在慈禧太后的垂帘听政下当着儿皇帝。在日趋腐败无能的清政府统治下，从 1840 年开始，中国已进入了一个国无宁岁，岁无宁日的艰难时日。

1840 年，鸦片战争爆发。英国对华侵略战争以中英签订《南京条约》而告胜利。英国侵略者强占了香港，勒索了二千一百万银元的巨额赔款，还强迫中国政府接受了一系列的不平等条款。这是中国近代史上第一个丧权辱国的不平等条约。

这么一个东方的泱泱大国，这么一个赫赫盛名的大清朝政府，原来这样不堪一击，原来这样可以任人欺辱。如此唾手可得的便宜，谁不愿意攫取呢？于是，其他的西方国家就紧步英国之后尘，接踵而至。

1844 年，美国侵略者用同样的炮舰政策，迫使清政府与之签订了中美《望厦条约》。

同年，法国也忙不迭地赶紧派兵舰来华讹诈，于是又轻而易举地与中国签订了中法《黄埔条约》。

1849 年，葡萄牙殖民主义者居然连租借协议也不屑于一签，就驱逐了中国官员，强行霸占了澳门。

英国、美国、法国在中国都已收获不小，沙俄、意大利、葡萄牙也不甘落后，蜂拥而来，纷纷要求分享权益。这个中国的大清政府，竟然如此之"宽大为怀"、"一视同仁"，统统应允。这样一来，中国的大门，就毫无遮掩地向西方资本主义洞开了。而中国，便从此一步一步地变成了一个半殖民地的社会。

从第一次鸦片战争到葡萄牙强占澳门，一共才九年的时间，中国的领土被强夺，中国的司法、海关、领海权等一个个主权国家应享有的主权已受到侵犯，外国殖民主义者可以随意欺辱压榨中国人民，西方传教士更是披着宗教外衣在中国的大地上横行。一些中国的传统经济，很快地为外国侵略者所控制。资本主义的侵入，不但没有促进中国经济的发展，反而打击了中国本来就十分落后的城乡手工业，破坏了中国人民赖以生存的自给自足的自然经济基础，加深了中国的贫困，加深了中国人民本来就已十分悲惨的命运。

中国的近代史，就是这样在外国侵略者的强取豪夺中，在满清政府的屈辱退让中，在中国人民愈益痛苦的呻吟中，开始了。

中国人民是不甘屈辱的人民，中华民族是有着光荣传统的民族。中国的有识之士慷慨义愤，痛斥卖国，欲以变法拯救中华。中国的爱国将士浴血奋战、英勇抗敌，虎门怒销鸦片之烟直冲云霄。中国的人民大众奋起杀敌，不畏强暴，"以彰天讨而申公愤"。[1] 更有勇者，揭竿起义，正义之师遍及中国大地南北，其浩大之声威震撼了清政府的反动统治。

这些人民的爱国主义正义斗争，虽然一波未平一波又起，虽然英勇壮烈气贯长虹，但他们面对的是丧心病狂的清政府和全副武装的西

---

[1]《广东全省水陆乡村志士义民公檄文》。佐佐林正哉编《鸦片战争后的中英抗争》资料篇稿，第207页。

方强霸，他们"徒有救国之志，而无尺寸之权"[1]，他们的斗争，一次又一次地被破坏；他们的反抗，一次又一次地被镇压。

清政府一边绞杀人民的爱国反抗运动，一边继续向帝国主义列强卑躬屈膝，继续无耻地出卖中国。

列宁曾经精辟地指出："战争是资本主义的必然产物。"[2] 帝国主义和殖民主义的贪婪是永无尽头的。

19世纪50年代，资本主义经济在西方有了进一步的发展，于是资产阶级向外扩张、占领市场的要求就变得更加迫不及待。

1856年，由英国带头，法、美、俄参加，四个侵略者共同组成了侵华集团，挑起了第二次对华鸦片战争。英法联军轻易得手，侵占广东，对中国人民烧杀抢掠，无恶不作。昏庸腐朽的清朝廷，却想了一个高招儿，"不能战，不能守，而不得不抚"。[3] 和上次一样，订条约罢！

1858年，清政府与英、法、美、俄四国分别签订了投降卖国的《天津条约》。这些条约大大扩大了西方侵略者的在华殖民权利。条约规定让外国船只（注意，不只是商船）在更多的中国港口任意行靠，对英赔款四百万两白银、对法赔款二百万两白银，邀请英人来办理中国的海关税务等等，还无耻地规定"鸦片贸易合法化"！

马克思愤怒地斥责这一条约，"从头到尾都是欺诈"。[4]

1860年，英法联军强占了舟山、大连、烟台和天津，最后攻陷了中华民族的心脏——中国的京城北京。英勇的爱国将士在抗击侵略中献出了热血和生命，而苟且偷生的清朝当权者却抱头鼠窜，躲避逃亡。古老的北京城遭到野蛮的洗劫，宏伟壮观的圆明园被一炬侵略者的罪恶之火焚烧殆尽。

---

[1]　陆嵩《有问贼中事者，诗以答之》。

[2]　列宁《斯图加特国际社会党代表大会》。《列宁全集》第13卷，第63页。

[3]　《筹办夷务始末》（咸丰朝）卷22，第31页。

[4]　马克思《马克思致恩格斯（1858年10月8日）》。《马克思恩格斯书信选集》，第111页。

耻辱再加上耻辱。中国与英、法再签《北京条约》，又是割地，又是赔款。割的是九龙司，赔的是八百万两白银。

英国、法国得了好处，美国和俄国自然不会旁观。他们也同样地得到了同等权利。

第二次鸦片战争就这么结束了。

资本主义强国对落后民族和国家的侵略战争，目的就是要让那些地区成为他们的殖民地或半殖民地，成为他们的商品市场、原料产地和投资场所。所以，从第一次鸦片战争开始，各西方侵略者在对华条约中，除了割地、赔款和强加一系列侵害中国主权的条文外，还有重要的一条，就是所谓的开放通商口岸。这个口岸的开放，可不仅仅是"通商"。只要是通商的口岸，条约签订国就可以派领事官员驻守，就可以派兵舰进入中国内河"保护"，而且该口岸中国海关、税务的官员，均要由外国人担任。实际上，就是一种半殖民性质的侵略。

1840 年，通过《南京条约》，开放了广州、福州、厦门、宁波、上海五个口岸。

1858 年，通过《天津条约》，开放了天津、牛庄（后改营口）、登州（后改烟台）、台南、淡水、潮州（后改汕头）、琼州、汉口、九江、南京、镇江十个口岸。

1860 年，通过《北京条约》，开放了天津。

1876 年，通过《烟台条约》，开放了湖北宜昌、安徽芜湖、浙江温州、广西北海四个口岸。并规定可派员到云南调查，可经甘肃、青海、四川等地进入西藏。

到了 1887 年中法战争结束后，我国东南沿海各省，长江流域和西南地区，都已受到外国强权势力的侵犯。

外国帝国主义和殖民主义势力，并不以此为满足，他们的最终目的，是要瓜分中国，霸占中国，让中国最终沦为他们的殖民地。

中国北边的沙俄帝国，早就对邻国中国虎视眈眈。通过 1858 年中俄《瑷珲条约》、1860 年中俄《北京条约》和 1881 年的中俄《伊犁条约》等不平等条约，割去我黑龙江以北、乌苏里江以东一百多万平方公里的东北部领土，和巴尔喀什湖以东、以南的五十多万平方公里的西北部领土，总计一百五十万平方公里。1895 年，沙俄还以租借的名义霸占了旅顺、大连两大辽东重要港口。

中国的东邻日本，军国主义势力正在急骤膨胀，一心妄图争霸世界。1894 年，日本悍然发动了侵略中国和朝鲜的战争，由此而爆发的就是中日甲午战争。中国政府的投降政策，导致了中日《马关条约》的签订。条约规定中国赔偿日本军费两亿两白银，割让辽东半岛、台湾全岛及附属各岛屿和澎湖列岛给日本。中国的东北和东海又丧失了大片领土。

俄、日两国独占甜头，其他国家也跟着加紧瓜分。从 1895 年到 1900 年，中华民族面临灭顶之灾。具有四千年古老文化的中国，面临亡国之危。

请看看奴颜婢膝的清朝政府是怎样出卖中国的吧！

清政府同意：

整个东北全境由沙俄控制。

山东，成为德国的势力范围。

广州湾及其水面租借给法国九十九年。

威海卫及其附近海面，还有整个的九龙半岛，全部租给英国。

云南、广西和广东三省是法国的势力范围。

长江流域，是英国的势力范围。

福建，被认定是日本的势力范围。

最后，美国匆匆赶来，也分了一杯羹。

权利出卖完了，地域瓜分完了。

叶赫那拉氏和李鸿章这些民族的罪人，被永远钉在了耻辱的十字架上。

这就是 1840 年到 1900 年这半个多世纪的中国历史。每一个稍有良心的人，到了此处，还能再忍心看下去吗？每一个稍有爱国之心的中国人，又怎能不掩卷长叹，愤慨至极呢？

我不是学历史的，也从未敢书写历史。我用了这么长的篇幅来讲述这段过去的历史，是为了让年轻的人们知道，中华民族的路，就是这样走过来的！

如果不知道过去的路是怎样走过来的，你就不会知道今后的路应该怎样走下去。

第7章
大悲大壮的人民反抗

和卖国投降、廉耻丧尽的清朝政府形成鲜明对照的，是不畏强暴、敢于反抗的中国人民。

清朝政府的封建统治日趋腐败，外国资本主义的侵略愈益猖獗，中国的民族矛盾和阶级矛盾更加尖锐，社会危机便不断扩大。

毛泽东曾经说过："中国人民是不能忍受黑暗势力的统治的，他们每次都用革命的手段达到推翻和改造这种统治的目的。"[1]

人民起来反抗了。

他们以各种各样的方式，在各个不同的地方，发起了规模不等的、但却是前仆后继的反抗斗争。他们反抗清政府的暴虐统治，反抗外国势力的野蛮侵略。他们被罢官、被流放、被镇压、被绞杀，但他们的斗争从未停止，也绝不会停止。

请看下面这个以时间为序的可歌可泣的人民斗争史吧！

1839年，爱国志士林则徐和义愤填膺的广州人民在虎门，以震撼世界的壮举，把英、美资本主义侵略者的二百三十七万六千二百五十四斤鸦片一举销毁，连同民族的耻辱一同冲入汪洋大海。

虎门销烟，开始了近代中国人民反对殖民主义的斗争历程。

---

[1] 毛泽东《中国革命和中国共产党》。

1841 年 5 月，广州三元里人民男女老少持刀举剑，痛杀杀人放火、作恶多端的英军强盗。战场上鼓声若雷、义师遍野，英军弃甲曳兵，大败而逃。

三元里人民的抗英斗争，大壮了中国人民的斗争气势。中国人民反抗中外反动势力压迫的斗争从此更加风起云涌。到 1850 年止，在近十年的时间内，较大规模的农民起义就爆发了一百多起。

1851 年 1 月，广西金田起义掀起了一场大规模的农民革命风暴。以洪秀全为首的太平天国英雄们，一开始就把斗争矛头直指清王朝，以推翻这一亡国腐朽的政权和建立新的农民政权为最终目的。他们既反封建王朝，又反外国侵略势力，因而得到万众支持。这场斗争历时十四年，转战十八个省，规模空前，声势浩大，威武英勇震撼中华。

受其影响，与其同时，在中国大地上先后爆发了上海的小刀会，两广、湖南的天地会，江西的边钱会，北方的捻军和云南、贵州各族人民的多次起义。这些风起云涌的农民革命，极大地动摇了清王朝的统治基础，加速了资产阶级民主革命的步伐。虽然这些气壮山河的农民革命斗争先后被镇压、被扼杀，但这些农民英雄的鲜血，已染红了中华大地。

这殷红的血，必将开出殷红的花。

1864 年太平天国失败后，人民斗争并未结束。太平天国余部还在战斗，西南的贵州苗族，云南彝、回两族，西北的甘肃回族，也都起来战斗。

当外敌压境、外辱当道之际，民族矛盾的上升掀起了中国人民反抗外来侵略的新的一轮斗争。

19 世纪后期，世界资本主义开始向帝国主义过渡，开始了他们之间争夺殖民地的斗争高潮。他们已经不满足于仅仅在中国攫取利益，更进一步地把魔爪伸向了中国的领土。这些得寸进尺的掠夺，激起了中国各族人民的强烈反抗。

1876 年，在国内舆论的支持下，大将左宗棠抵御英国的阻挠，收复了新疆，粉碎了俄、英两国瓜分天山南北的阴谋。

1883 年，法国侵略军向中国军队发动进攻，中法战争爆发。半年的时间，越南就正式沦为法国殖民地。骄横的法军组成远东舰队进攻台湾，不想遭到中国军队猛烈还击，法军狼狈退却。法军不甘失败，发起了更大规模的马尾海战。这次满清政府自我投降，法军便趁胜加紧进行侵略战争。

政府投降了，人民却愤怒了。在强大的朝野舆论压力下，清政府只好命令准备对法作战。中国军队本不是屈辱之师，当法军再次进攻之时，中国军队在镇南关决死一战。1885 年 3 月 23 日，中国西南要塞镇南关大雾迷漫，杀声如雷，中国军队越战越勇，法国侵略者惨败而逃。

世间就是有这样的怪事，中法战争的结果居然是法国"不胜而胜"，中国"不败而败"！虽然中法战争最终以中国接受了又一个不平等条约——中法《天津条约》而告终，但是，镇南关大捷毕竟大长了中国军队的声威。

1894 年，日本军国主义来了。中国政府在日军进攻下被迫宣战。在这场中日战争中，清政府一味退让，最后以中日《马关条约》割地、赔款、开埠为终结。但在中日"甲午海战"中，中国海军将士毫无畏惧，拼死奋战，致远舰二百五十多名官兵全部壮烈牺牲。这无比悲壮的殉国豪情和民族英雄邓世昌的英名，将永远铭刻在中国人民的心中。

清政府屈服了，中国人民却没有屈服，他们写道："宁作中华的断头尸，不作倭寇的屈膝人！"[1] 他们在东北，在台湾，继续不断地抗击日本侵略者。

人民反清反帝的斗争烈火是压不垮、扑不灭的！

---

[1]　《近代东北人民革命运动史》，第 91 页。

1894 年，九龙半岛"众情汹汹，抗阻英兵。"[1]

1895 年，甘肃发生回民暴动，抗捐抗税，参加者数万。

1897 年 6 月，山东人民反抗德国侵略者占地修筑铁路，二十余人竟遭屠杀。于是民众奋起，武装抗敌，迫使德国计划一度停顿。

1898 年，辽东半岛军民奋起抗击沙俄侵略，俄军被迫退出。

同年，广州人民群起抗争，反对法国侵略者查勘租界界址。

同年，上海人民罢工、罢市，以死伤数十人的惨重牺牲阻止法国扩展租界。

同年，广西玉林起义，痛击清军。

同年，苏北、皖北、河南纷纷起义，从者多达数万。

同年 11 月，广州湾人民不堪束手待毙，起义抗法，怒杀法兵。

1900 年，席卷全国的义和团运动爆发。义和团的英雄们要杀洋灭教，推翻清廷，高举反帝爱国大旗。这场声势浩大的农民革命风暴起于山东，进而迅速遍及中华大地的东南西北，在全国范围内掀起了中国近代史上第二次革命高潮。

这时的清王朝，已像一座朽烂不堪的殿堂，行将倒塌。这时的中国大地，更像一座满目疮痍而又压抑已久的火山，就要喷发。

屈辱、痛苦、仇恨、愤怒，都已蓄积得太久、太久。

一场巨大的革命性变革已经孕育成熟，正在到来。

---

[1]《清季外交史料》（光绪朝）卷 138，第 28 页。

第8章
孙中山的奋斗

有一个人，中国人民追念他，世界人民赞誉他，他的巨幅画像，至今摆放在中国首都的中心。他就是中国伟大的革命的先驱——孙中山。

孙中山，名文，字逸仙，广东香山（今中山）人氏。原本学医、行医，因接受进步思想，有志反清，提出革新政治主张。

19世纪后期，中国的民族资本主义逐渐发展，民族资产阶级也就随之发展起来。但是中国民族资本主义的发展，从一开始就受到封建主义和外国资本主义侵略者的双重压迫。中国的民族资产阶级，为了寻求自身的发展，曾经选择了改良主义的方式与封建主义进行斗争，但这种温和的道路根本就不可能奏效。康有为、梁启超、谭嗣同、严复等一批仁人志士的维新变法，被清政府扼杀。戊戌政变中，改良派或被罢逐，或被监禁，或被杀戮。谭嗣同在慷慨赴义时痛呼："有心杀贼，无力回天！"[1]

改良主义道路的失败，教育了一批革命志士。英、法、德、意、日、俄、美、奥组成的帝国主义侵略集团——八国联军对中国进行野蛮的侵略，他们疯狂掠夺中国财物，残酷屠杀中国人民。帝国主义的罪恶

---

[1]　谭嗣同《临终语》。《谭嗣同全集》，第512页。

行径，极大地激起了全体中国人民的愤怒，唤醒了中国民主革命的有识之士。

一批革命闯将开始奋起疾呼，大造革命舆论。章炳麟、邹容、陈天华、秋瑾率先擂起战鼓，鼓吹革命，"破嗓裂喉"地讴歌革命。他们说："拨乱反正，不在天命之有无，而在人力之难易。"[1] 他们说："要打倒清政府，不可不革命；要使中国独立，不可不革命；要使中国民主自由，不可不革命；要使中国富强，不可不革命。"[2] 他们呼吁，要"杀尽敌人方罢手"。[3] 他们号召，要"磨吾剑，建吾旗，各出其九死一生之魄力"，"驰骋于枪林弹雨之中"。[4] 他们号召举行暴动，建立一个独立、民主、繁荣、昌盛的资产阶级共和国！

他们的言词激烈勇猛，他们的行为豪迈壮烈。章炳麟，被捕入狱，再被迫流亡；邹容，狱中死难，年方二十一岁；陈天华，悲愤自尽，年仅三十；秋瑾，英勇就义，时年二十八。这些革命志士的功业虽未成就，但他们的呐喊，推动了革命的进程。民主思想的广泛传播，加快了革命组织的建立。

1905 年 8 月 20 日，在孙中山的领导下，一群革命志士在日本成立了"中国同盟会"。这是中国第一个资产阶级政党。孙中山主张，要"将种族、政治、社会三大革命，毕其功于一役"。同盟会确定了"驱除鞑虏、恢复中华、建立民国、平均地权"的革命纲领。孙中山还提出了民族、民权、民生的"三民主义"。

资产阶级革命派在同封建主义保皇派、尊儒反法派和立宪派作斗争的同时，发动了一系列武装起义。

1906 年，江西、湖南爆发萍浏醴起义。

---

[1] 章炳麟《驳康有为论革命书》。

[2] 邹容《革命军》。

[3] 陈天华《警世钟》。

[4] 谭嗣同《临终语》。《谭嗣同全集》，第 512 页。

1905年8月20日，在中国同盟会成立大会上，孙中山被推举为总理。

1907年，广东潮州爆发黄冈起义。同年秋，又爆发钦州、廉州起义。

同年，孙中山和黄兴亲率革命党人进攻广西。

1908年，黄兴率短枪队攻打两广交界之地。

同年，黄明堂在云南河口发动起义。

同年，熊成基率千余新军起义，攻打安庆。

1910年，广州三千新军起义，进攻省城。

1911年，黄兴再领广州黄花岗起义。

革命党人发动的十次武装起义，真可谓"惊天地，泣鬼神"。[1] 革命党人表现了为革命万死不辞的战斗精神。起义虽然都失败了，但他们并未退却丧志，而是在洒满鲜血的战场上继续战斗。

这时的中国，已经是"山雨欲来风满楼"。

这风，是狂飙，是飓风，是中华民族的震怒之气。

天下真的大乱了！

1909年全国范围内的人民群众反抗斗争为一百三十多次。1910年就猛增至二百九十多次。1910年长沙爆发的抢米风潮，一下子波及全国。同年山东的抗捐抗税斗争声势浩大。1911年的保路运动更是群情激烈，震动数省。

在这种革命斗争一触即发、万众呼应的形势下，1911年10月10日，震惊中外的武昌起义爆发了。

武昌起义的胜利，成为资产阶级民主革命一个新的起点。随着武

---

[1]　孙中山《黄花岗烈士事略序》。

昌起义的枪声，全国革命党人闻风而动，纷纷响应。整个的中华大地立即燃烧起武装革命的熊熊烈火。

1912 年 1 月 1 日，孙中山在南京宣誓就任临时大总统，宣布中华民国成立。

同年 2 月 12 日，统治中国达二百六十七年的清王朝寿终正寝，宣布退位。两千多年的封建帝王制度，终于为民主革命所推翻。

但是，中华民族就是这样的多灾多难。封建皇帝打倒了，封建势力却仍然阴魂不散。老皇帝下台了，又有人想当新皇帝。外国侵略者还没走，中国的诸路军阀就已经开始分霸割据。

参加辛亥革命的芸芸众生中，本来就什么人都有。他们抱着各自不同的目的参与其中，谁都想要在胜利果实中分一杯羹。

辛亥革命刚刚半年不到，孙中山就任临时大总统才一月有余，这场革命的果实——中华民国，就落入了窃国大盗袁世凯之手。

袁世凯当了临时大总统，对外，继续执行清王朝的卖国政策，和日本签订了卖国可耻的《二十一条》；对内，反攻倒算，暗杀革命党人宋教仁。非但如此，袁世凯还公然冒天下之大不韪，复辟帝制，当了八十三天的短命皇帝。

1925 年 3 月 12 日，伟大的民主革命先驱孙中山先生病逝北京。他领导的辛亥革命以其巨大的历史功绩永载史册，但是，他所倡导的资产阶级共和国的方案却付诸东流。他以毕生的精力致力于民族革命和民主革命，最后还提出了"联俄、联共、扶助农工"的三大政策，他不愧于中国资产阶级民主革命之父的称号。

结束了封建帝制以后的中国，又开始了一个新的时代，但却是一个更加不太平的时代，是一个军阀割据、内战频仍、外强侵略、人民涂炭的时代，是一个半殖民地半封建的时代。

第9章
我的爷爷

从清朝末期一直到整个的民国期间，就是成天价这么兵荒马乱的，真是没有一点儿闲暇之时。

也许就是这天灾人祸的原因，我们家的祖先们就这样一代一代地衰败了下来。国之将亡，焉有家乎？

那个清初的邓翰林再风光，再为后辈感念，也毕竟不能再生了。再说，严格地讲，我们这一家，和邓翰林传下的那一支，早就出了五服了。也就是说，邓翰林的爷爷和我爷爷的第八世祖是同一个人，但从那一代以下，就分了两大支，邓翰林是长六房的，而我们则是二四房的。就像一棵大树一样，枝杈分得越多，离得就越远。我们这一支的后代们，看样子是怎么也沾不上那个邓翰林的阴德了。

据说，我爷爷的父亲十分穷困，房无几间，地无几亩。好在他为人俭朴，十分勤劳，又会纺线织布，于是他就一天天地省吃俭用，不辞劳苦地积攒家业。他时常带着纺好的线和织好的布到集市上去卖，去的时候连口粮都舍不得带，只随身揣一把干胡豆（蚕豆），喝几口凉水了事。慢慢地，有了一点钱，买了一点地，到我爷爷的时候，家里大约已有十几亩地了。

我的这个爷爷的父亲，也就是我的曾祖父，按成分划分来说，大概不能算是手工业者，只能算是个农民兼手工业者吧！

前面说过，我的爷爷是 1886 年出生的。我们这一家人到了我爷爷这一辈，据说是三代单传，就是说三代人中都只生了一个儿子。旧社会的中国，完全是封建的重男轻女。其实我的爷爷还有几个姐妹，但都不算数，所以我爷爷还是被称作"单传"。

我的爷爷叫邓绍昌，字文明，一般人都只叫他邓文明。我们从未见过这个爷爷，父亲也从不提起他的爸爸，只是从奶奶的嘴里听到一星半点关于他的事情。因此对于他，我们这些孙辈并没有什么印象，只是从小听见爷爷的这个名字，觉得很好玩，尤其用四川话一叫，更觉特别可笑。

最近我问了一些亲戚，才了解了一点爷爷的情况。

爷爷小时候读过一点书，但算不得知识分子。因为家里有了一些田地，他便不用再去种田，而是雇佣个把长工种地。因此，他的阶级成分是个地主。但因田产不多，他这个地主充其量也只能是个小地主。

按照我叔叔邓垦的说法，爷爷是一个典型的旧社会的人，他的思想和生活都是旧社会的，但对旧社会又不满意。他甚至还说过这样的话："这个社会是不像个样子，是应该革命！"

1911 年爆发了辛亥革命。广安县所在的以重庆为中心的川东北地区，早在 20 世纪初年就受到了维新改良思潮和资产阶级民主革命思想的影响。资产阶级民主革命宣传家邹容，就是重庆地区巴县人。邹容的一篇战斗宏文《革命军》，如满天阴霾中的一声霹雳，震撼了中华大地，同时也给他的故乡的革命运动带来了深远的影响。

1906 年，孙中山的同盟会在重庆建立了支部，进一步地推动了四川的革命斗争进程。1907 年开始，同盟会在四川各地先后举行了好几次规模较大的武装起义。辛亥革命爆发的前夜，1911 年 9 月 25 日，同盟会员吴玉章等人便已在四川荣县领导起义，宣布独立。11 月，同盟会在四川重庆地区的长寿、涪陵宣布起义。11 月 21 日，广安的同盟会率军攻占广安，成立大汉蜀北军政府。11 月 22 日，同盟会的重庆蜀军政府成立，标志着清王朝在重庆的封建专制统治的覆灭。

在四川，特别是在川东地区资产阶级民主革命思潮活跃和革命起义蓬勃发展之时，我的爷爷二十五岁左右，正是年轻气盛、血气方刚的年龄。他生长于革命思想和运动都相当活跃的地区，受到资产阶级旧民主主义革命思想的影响是完全可能之事。因此他支持辛亥革命，并且在地方上参加了辛亥革命的武装暴动行动。那时他们的目标是灭清兴汉。在广安的革命军中，他还当过类似排长那样的小指挥官。当时的革命军在广安县城对面设有大寨、小寨两个军寨，大概驻有一二百人。那时候的社会已相当混乱，因此参加革命军，都是自愿加入。辛亥革命的时候，我的父亲才七岁，因为爷爷在革命军的寨里驻扎，父亲还曾去过那里，住过两个晚上。虽然那时父亲还小，但我想那种革命的气焰一定在他幼小的心灵里留下了不浅的印象，因为直到今天，他还记得这件事情。

我的这个爷爷，对于做生意和发家之道可能并无多大本事，可是他为人比较讲义气，又参加过一些"场面上的事情"，因此在当地的社会上可以算得上有名气的了。

四川有一种民间的帮会组织，叫作"袍哥会"，也叫作"哥老会"。哥老会曾先后参加过反洋教运动、保路运动和辛亥起义，在四川近代史上起过重要作用。我的爷爷曾在他们协兴乡的"袍哥"中当过"三爷"，也就是第三把交椅。而这种三爷又叫管事，可能在"袍哥"组织中管理日常事务吧。后来爷爷升作"掌旗大爷"，也就是第一把手或首领了。

民国三年（1914年）左右，爷爷曾当过广安县的警卫总办——又称团练局长。那时的团练局长是由县长委任的。由于委任他当团练局长的那个县长垮台了，爷爷的团练局长也就当不成了。在这以后，他还当过本乡的乡长。

据说，爷爷在当团练局长的时候，曾带兵剿讨过华蓥山的土匪郑某，结下了仇。后来郑某被政府招了安，一下子当了师长。这个师长可比团练局长权大势大得多了，于是爷爷就跑到重庆避难，在重庆一住就是八年。正是由于他到了重庆，结识了一些朋友，才知道了有留法勤工俭学这么一回子事，才把儿子从乡下找来送去留学，也才使他的儿子走上了一条颇不平凡的人生道路。

爷爷当家以后，可能过于热心于外部世界，热心于社会事务，因此没有花多大的精力来经营家业。由于他当团练局长时挣了一些钱，家业也相应有所扩大，后来家中大约拥有一百多挑谷（合二十多亩的土地）。爷爷本人不参加劳动，雇佣个把长工，但家境并不宽裕，有时甚至相当困难。为了供儿子念书和其他一些开销，有时还不得不卖掉一些田。他虽然有不少的旧思想、旧习气，但是总的来说思想还比较开明。他一知道消息就把长子送出国留学；知道儿子们在外面参加革命他也不反对；儿子们在外面搞革命实在没饭吃了，给家里写信，他还卖田卖谷地寄钱资助。儿子们寄回来的一些革命书籍和刊物，他收着藏着，装了满满一大箱子，直到最后国民党搜查得紧了，才和我奶奶一起忍痛烧掉。

我的爷爷就是这么一种典型的新旧时代交替时期的混杂着新旧思想的人。

爷爷死于1936年。

他一共有四个儿子。长子十多岁就离家，一去不回。二子又出去念书，也参加了革命，有家无归。第三个儿子也闹着要出去闯天下，这下爷爷不干了，可能他是想让三子留在家中承继家业吧。但这个老三不肯听话，偷着要跑，爷爷一气之下追他而去。爷爷本来就有便血的病，可能连气带累，病情突然加重，竟然死在了外面。这时候，他还没有过五十岁的寿辰。家里的人突然闻此噩讯，悲痛欲绝，不得不现买了一块地，把他葬在了离家不远的一个地方。

爷爷一生先后娶过四个妻子。第一个妻子姓张。我算了一下，大约是在他十三岁时成亲的。不到两年，张氏死去，没有儿女。

第二个妻子姓淡，就是我的亲祖母。淡家亦是广安县望溪乡的一支旺族，清代曾有人在湖北通城县、江苏嘉定县和甘肃渭原县出任知县。这个淡家姑娘嫁给邓文明的时候，淡家比邓家家业大得多。爷爷与祖母大约是在1901年成婚的。1902年，他们的第一个孩子，长女邓先烈出生。那时爷爷才十六岁。1904年，他们的长子邓先圣出生，这就是我的父亲。1910年，次子邓先修出生，他后来改名邓垦，是我的二叔。后来三子邓先治出生，他用的名字叫邓蜀平。

我的这个亲祖母，一个大字不识，但为人十分能干，也很会讲道理。当时在乡里面，街坊邻居发生了什么纠纷，都请她去断道理。她还会养蚕，会缲丝，卖了丝赚些钱以补家用。在她们淡家，几个女孩都很能干，儿子却都不行。在本书的前面我曾提到一个和我父亲同岁的舅公淡以兴，就是我亲祖母的弟弟，他就是一个一事无成的无用之人。我的爷爷很少时间在我们协兴乡的老家，凡家中事物和诸多子女全凭亲祖母一人照料。父亲对他的母亲十分敬重，他说过，当时那个家能够保持生活下去，全靠母亲。据说我的亲祖母十分疼爱她的大儿子。儿子出门，一去不复返，有时音讯全无，使她十分挂念。有人说她是想儿子想死的，我猜想，对于这样一个传统的中国旧式妇女，既要撑持家务，又要思念子女，劳累加上心伤，是她早逝的双重原因。1926年，她病故了，再也没有见到她梦魂萦绕般思念的儿子。

爷爷的第三个妻子姓萧。她为邓家生下了第四个儿子邓先清后不久便病死了。

最后，爷爷娶了一位姓夏的妻子，这就是现在还和我们生活在一起的，我们无比热爱的奶奶——夏伯根。

奶奶现在已经九十多岁了，可她还是那样的健康矍铄。她的一生既平凡又不平凡。奶奶的父亲是嘉陵江上的一个推船工人。这是一个真正的贫苦人家，田无一垄，地无一分。她有一个哥哥，但很小就病死了。她的母亲因悲失娇儿，不久也离开了人世。奶奶的父亲带着这唯一的女儿相依为命。奶奶十几岁的时候嫁了一个丈夫，职业是给人作"中人"（有点像现在的公证人），他们生了一个女儿。不幸的是她的丈夫不久就病死了。后来，她带着女儿再嫁给了爷爷。她一共生了三个女儿，第一个是我的二姑姑邓先芙，第二个邓先蓉十来岁时病故，第三个就是我的小姑姑邓先群。我的小姑姑出生才不到一岁，我的爷爷就死了。

爷爷的去世，无疑对奶奶来说是一个莫大的不幸。她是寡妇再醮，没有生过儿子，又不当家，本是没有地位的人，但她聪明能干，颇识大体，为人又爽快侠义，因此甚得乡亲爱戴。她会织布，会种田，还特会做饭。邻人家里打架闹纠纷，也都找她去主持个公道。家里当家的三叔其实并不理家，全靠奶奶辛苦劳作。她和淡氏祖母一样，成为我们邓家赖以维持的顶梁支柱。

综上所述，我的爷爷共有七个子女（不算早死了的）：

邓先烈（女）、邓先圣、邓先修、邓先治、邓先芙（女）、邓先清、邓先群（女）。

我的大姑妈邓先烈比父亲大两岁，嫁给了一个唐姓的地主，比邓家有钱多了。她也高寿，至今还在人世。

我的二叔邓垦（邓先修），1937 年参加共产党。他可以算是我们邓家唯一的文化人，作过记者，作过文化工作，解放后曾任重庆市副市长、武汉市副市长和湖北省副省长，现在退休在武汉。小时候，我们觉得他最不像他的大哥，因为他个子又高，人又英俊。可现在，当他和父亲坐在一起时，我们又觉得，他最像他的大哥，只不过一个高点，一个矮点。

我的三叔邓蜀平（邓先治），解放前是个小地主，人没有什么本事，还抽点鸦片烟。解放后父亲把他送去戒了烟，让他受了一点革命的教育，然后一直在贵州省六枝地区做点工作。"文化大革命"期间，因本人的地主成分和他兄长的倒台受到牵连，被迫害致死。

我的二姑姑邓先芙，解放前夕的时候在念中学，当时和地方上党

邓小平与胞弟邓垦。

的地下组织有联系。四川解放后，她进入西南局办的西南军政学校学习，毕业后一直从事机关的机要工作。她现在已退休，只担任四川省政协委员的职务。由于她长期在四川工作，人又热心肠，又"爱管闲事"，一天忙于各项公益事业，所以四川的同志们都亲切地叫她"邓大姐"或者"邓娘娘"。她的丈夫叫张仲仁，曾任四川省档案局长。我的这位姑父可真正是位实实在在的忠厚老实之人，不但工作勤勉，为人又勤快、又踏实，是我奶奶最喜欢的女婿。

我的四叔邓先清，幼小时便丧母，全靠我的奶奶把他带大成人。但他从小身体不好，所以一直在四川做一些力所能及的工作。

我的小姑姑邓先群，是我们家长辈中最小的一个。奶奶说她从小就是一个"野人"，上树掏鸟、下河摸鱼，什么调皮的事都做，从小挨打也多。解放后她随我们家到了北京，在实验中学读完中学，考上哈尔滨军事工程学院。除了"文革"期间，她一直在军队里工作，现任中国人民解放军总政治部群众工作部部长，是解放军仅有的几个女少将之一。由于年龄的关系，小姑姑既是我们的长辈，又是我们的好朋

邓小平与妹妹邓先群。

友。她性格活泼开朗,从小就和我们一起玩一起笑,有时简直不分长幼。她的丈夫叫栗前明,是中国人民解放军第二炮兵的副司令员。他们这一对夫妻,在哈军工是同学,在解放军中又同是负有一定职责的干部。因为我的姑父是位少将,所以我们这些晚辈就不叫他姑父,而总喜欢逗笑地尊其为"栗大将军"。

奶奶最喜欢的女婿是二姑父,最喜欢的女儿却是小姑姑。不管怎么样,我这两个姑姑和我们的关系最亲近,她们的几个孩子也都从小放在我们家里,由奶奶给她们带养,也供我们全家人当"小玩具"。

我的爷爷是一代单传,而到了我们这一辈和我们的下一辈,简直数不清有多少人了。

曾经是三代单传的我们这家人,到了现在,应是人口最兴旺发达之时了。

第*10*章
父亲的少年时代

1904 年农历七月十二日，也就是公历 8 月 22 日，父亲在四川省广安县协兴乡的牌坊村出生，取名叫邓先圣。

当时他的父亲邓文明十八岁，母亲淡氏二十岁。生了一个男孩子，一定是当时邓家最为喜庆的事情。这

翰林院子。1909年，五岁的邓小平在这里读私塾。私塾先生认为他的名字"先圣"对孔圣人有失恭敬，为其改名为邓希贤。从此，这个名字他用了二十年。

件事，尽管对邓家来说是件喜事，但在广安、在四川、在全国来说，却并没有什么特别之处，只不过是那年诞生的千千万万个婴儿中的一个。因为父亲现在著名了，所以我们家的一些亲戚和乡里的人便传说父亲出生时曾经出现过什么吉兆，其实都是一些无稽的编造。

那时候一个穷乡僻壤，当然没有照相设备，因此父亲小时究竟是什么样，我们自然不得而知。但当我弟弟的儿子小弟出生后，全家人都说小弟长得像爷爷。我还开玩笑地说："如果要演邓小平的童年时代，完全可以让小弟去当演员！"

小弟长得什么样呢？圆圆的脸，宽宽的额头，淡淡的眉毛，白白

北山小学堂。1910年至1915年，邓小平在这所新式小学读书。

的皮肤，眼睛不大，还有一个小小的邓家祖传的圆鼻头儿。

父亲五岁进私塾发蒙。这个私塾就设在当年邓翰林的"翰林院"。私塾的教师认为父亲的名字不好，（可能认为"先圣"二字太不恭了。孔夫子尚且为"圣"，你怎么能为"先圣"呢？）就把他的名字改为了邓希贤。这个名字一直用了二十年。六岁时，父亲进入协兴乡的初级小学念书。

私塾发蒙，可想而知，读的不外乎是"三字经"、"百家姓"之类的东西。上了初小，也只读一些"四书"、"五经"一类的书。当时的教学方法主要是背诵。当然，光背诵而不解其意固然不是正确的教学方法，但小的时候背的东西往往可以记一辈子，而且背得多了，对一个人的文化功底甚至可以起到相当大的影响。现在的教学强调以理解为主，不要"填鸭式"，但我认为第一古文读得少，第二背诵太少，所以很多孩子虽然读完中学、甚至大学，却仍然"文化很低"。教学到底怎样才是正确方法，本不是我的专业，而且谈论这一问题已经离题太远，所以还是让我们回到正题上来吧。

1915年，十一岁的时候，父亲考入了广安县的高小。当时广安全县只有一个高小，这个高小设在广安城内的一个山坡上。在我和二姑姑回老家时曾去看了一下，当年的这个小学只剩下了几间旧房。在第三章时我介绍过，这是一个两层楼房，砖墙瓦顶，二楼教室的外面有木板地的走廊，用木头的栏杆围挡起来。教室不大，可以容纳二十来个学生。因为全县仅有这么一个高小，因此要进来也并不容易。想必父亲小时念书用功，所以得以考进高小。这个高小每次只收一两个班的学生，学校里教的东西也很少，自然科学的东西几乎没有。国文课除了孔孟"经书"以外，还教授一些《古文观止》上的文章，有柳宗元的，有韩愈的。教学方式，和初小一样，也主要是讲背。那时候的高小学生，年龄相差很大，从十来岁到二十多岁的都有。家不在县城的学生都是住宿。父亲也是在校住宿，每周回一次家。我姑姑说，旧

广安根本没有公路，直到她们到广
安上学的时候，也都是坐渡船过河，
走石板路爬坡。

广安县当时有二十到三十万人
口，但全县只有一个高小，也只有
一个初中。

1918年，父亲十四岁的时候
高小毕业，考入了广安县中学。

有很多伟人在青少年时代就显
露出非同常人的天才的火花，但我
想父亲的少年时代，则可以说过得
十分平常。现在在一些亲戚和乡亲
们中有一些关于父亲少年时代的带
有传奇味道的传说，多不可靠。但

广安县立中学校。1918年至1919年，邓小
平在这里读中学。这是20世纪30年代该校
学生在校门前留影。

有一点可以肯定，少年时期的父亲，自幼便资质聪明，在家里是个受
父母疼爱的好孩子，在学校里是个勤奋用功的好学生。

父亲考上了广安县中学，但上了不久就离开了。因为那时祖父在重
庆，听到重庆将要举办"留法勤工俭学预备学校"的消息，他捎话到家里，
让父亲去重庆，进预备学校读书。

第11章
留法勤工俭学运动之由来

留法勤工俭学，是在 19 世纪和 20 世纪交替的时代兴起的一个新文化运动的组成部分。

1840 年第一次鸦片战争以后，中国逐步沦为一个半封建半殖民地的国家，政治腐败，社会动乱，经济落后。在中国人民为反抗帝国主义的侵略和封建帝王的压迫进行不屈不挠的斗争的同时，一些仁人志士开始广为探索，多方寻求救国救民的道路。在"维新思想"和"洋务运动"兴起的影响下，许多人，特别是知识阶层，认为要救国，就必须学习西方。辛亥革命以前，一批热血青年纷纷出国留学，他们在国外学习语言，学习政法，学习军事。毛泽东曾经说过："那时，求进步的中国人，只要是西方的新道理，什么书也看。向日本、英国、美国、法国、德国派遣留学生之多，达到了惊人的程度。国内废科举，兴学校，好像雨后春笋，努力学习西方。"[1]

我国的一批旧民主主义革命的青年革命家，不但在国外学习和探索救国救民的真理，而且还在远离封建统治腹地的海外，进行和开创革命事业。邹容、秋瑾、陈天华、黄兴等著名革命闯将都曾在日本留学，伟大的革命先驱孙中山更把海外当作革命基地，在日本成立了第一个

---

[1] 毛泽东《论人民民主专政》,《毛泽东选集》第四卷。

全国性的资产阶级革命政党"中国同盟会"。

辛亥革命以前,留学运动风靡一时,留美学生有八百余人,留欧学生平均每年约五百人,而留日学生人数最多,竟达两万多人。

辛亥革命以后,中国的封建专制被推翻,帝国主义列强正忙于第一次世界大战,在这个空隙当中,中国的民族资本主义有了进一步的发展。在这个基础上,中国的教育界和留学倡导者们的思想发生了很大的变化。一些人认为,法国是资产阶级革命进行得比较彻底的国家,一些科学新说,也多出自法国,因此与其去日本学习,不如直接去法国学习。而且在欧洲诸国之中,法国的生活费用相对低廉,对须远涉重洋而去留学的中国学生,特别是自费学生,比较适合。

辛亥革命后的第二年,即1912年4月,蔡元培、[1] 吴玉章 [2] 和李石曾 [3] 等人在北京发起成立了留法俭学会。

"留法俭学会"以宣传意义、指导旅行、介绍学校为目的,以节俭费用、推广西学为宗旨,指导和帮助自费青年赴法留学。该会于成立的同年在北京大方家胡同建立了一所"留法预备学校"。到1916年6月,该会共组织了两批八十人赴法留学。

辛亥革命流产后,蔡元培、吴玉章被迫流亡国外。1915年6月,在他们支持下,在法国的华工成立了"勤工俭学会",宗旨是"勤于工作,俭以求学"。

---

[1] 蔡元培,浙江绍兴人,我国近代著名的教育家和革命民主主义者。1907年留学德国,早年参加孙中山先生的同盟会,1912年任南京临时政府教育总长。1917年任北京大学校长,积极支持新文化运动,后曾任国民政府中央研究院院长。九一八事变后,与宋庆龄、鲁迅等组织中国民权保障同盟,1940年病逝。

[2] 吴玉章,四川荣县人,我国著名教育家和中国共产党老一辈无产阶级革命家。1903年留学日本,是同盟会的重要成员。1925年加入中国共产党,1927年参加"八一南昌起义"。解放前后历任中国共产党和政府的各种高级职务,与徐特立、谢觉哉、董必武一起,被党内同志尊称为"四老"。1966年病逝北京。

[3] 李石曾,河北高阳人,早年留法,自称信仰无政府主义,推崇法国文明。

1914 年 8 月，第一次世界大战爆发。在大战中，法国死伤百万，后方劳动力严重短缺。法国政府派员紧急来华，以廉价招募华工。就这样，在一次大战中间，赴法华工高达十几万人。这些在法的华工，工资低廉（每日仅有五至十个法郎，不到法国工人工资的三分之一），缺乏教育。针对这一状况，蔡元培先生等于 1916 年 6 月发起成立"华法教育会"。

同年，在中国，由于袁世凯复辟帝制的活动可耻地宣告失败，许多流亡在外的革命者得以回国。1917 年，在北京成立了"华法教育会"和"留法勤工俭学会"。

留法勤工俭学会在北京、保定等地设立了三所留法勤工俭学预备学校。很快，留法勤工俭学运动便进一步推向全国。华法教育会在上海、成都、重庆、长沙、广州、济南、天津、武汉等地相继开办了各种形式的留法预备学校和留法预备班。

1918 年 11 月，第一次世界大战结束。

1919 年以后，留法勤工俭学运动迅速发展，在"五四"运动后达到新的高潮。1919 年到 1920 年，华法教育会和留法勤工俭学会先后组织了十七批约一千六百多名青年学生赴法留学，形成了留法勤工俭学运动的空前规模。

留法勤工俭学运动之所以以强大的声势遍及中国，主要是受到当时中国国内外形势的直接影响。

1911 年辛亥革命后，以孙中山为首的资产阶级革命派在强大的封建主义势力和帝国主义势力的内外夹击下，被迫放弃了胜利果实。

在 1912 年清王朝宣布退位后，中国的资产阶级革命成果先是为窃国大盗袁世凯所攫取，后又为黎元洪、段祺瑞的北洋军阀政府所强夺。孙中山领导的"二次革命"和"护法战争"均告失败。

从此，中国开始进入一个军阀割据和军阀混战的悲惨年代。大小军阀，画地为牢，成年混战不断。农民破产，工人失业，加上天灾助虐,人民生活日益困顿,城乡经济愈趋凋敝。这种天下大乱的国内形势,促使一批青年知识分子急于向外寻求救国救民的道路。资产阶级旧民主主义革命的失败,更使一批有胆识、有觉悟之士努力去探求新的真理。

在这期间,有两件大事如霹雳闪电般地震撼了中国大地。

第一件事是1917年俄国爆发了"十月革命"。

"十月革命"的胜利,给予中国革命知识分子以很大鼓励,促使中国新文化运动得到飞跃发展,同时促进了马克思主义在中国的迅速传播。中国的广大进步知识分子,如沐甘露般地向往和汲取新的思想和新的文化。李大钊、陈独秀等人更是不遗余力地积极宣传、鼓吹和传播十月革命的伟大意义和马克思主义。这无疑给予了中国的革命者和思想界以强大的吸引和新的希望。

第二件事是1919年"五四"运动的爆发。

第一次世界大战结束后,1919年1月,战胜国们在巴黎召开了一个名为"和平"而实为"分赃"的会议。同为战胜国的中国提出收回山东主权、废除《二十一条》不平等条约等要求,英、法、美、意、日五国不但拒绝了中国的正当要求,还竟然将德国在中国山东侵占的一切权益全部转让给日本。而对于这样蛮横欺人的"和约",北洋政府居然准备签字接受。于是举国上下顿时舆论鼎沸,群情激愤。5月4日,北京大学等三千余大专院校师生,于天安门集会并举行游行示威。学生们不顾军警和外国巡捕的镇压,痛打北洋官宦、焚烧北洋政府外务次长曹汝霖的住宅。北京学生的爱国行动,立即得到了全国各地的响应。一时之间,学生罢课,工人罢工,商人罢市,举国沸腾。

"五四"运动是一次伟大的反帝反封建的革命运动,是我国新民主主义革命的开端。在中国的大地上,从南到北,一大批革命知识分子接受了"五四"运动的洗礼,为继续寻求真理和进行革命实践活动打下了基础。

新思潮的传播和"五四"运动的爆发,更加推动了留法勤工俭学运动，使其风靡全国，空前活跃。1919 年到 1920 年间，湖南、四川、广东、福建、江西、浙江、河南、陕西、贵州、直隶、奉天、山东、湖北、云南、山西、安徽、广西等地共有一千六百多名青年赴法留学。其中以湖南、四川两地人数最多。

湖南是当时留法勤工俭学运动开展得最好的省份之一。1918 年 4 月，一个叫毛泽东的二十五岁的年轻人和一个叫蔡和森的二十三岁的年轻人，在湖南长沙组织了一个革命社团——新民学会。新民学会成立不久就着手组织留法勤工俭学运动。1918 年，蔡和森和毛泽东分别北上进京，组织新民学会会员和湖南同学进入保定等地的留法预备学校学习。1919 年到 1920 年，在湖南的留法的三百四十六人中，新民学会会员有十八人，他们在国内是留法勤工俭学运动的骨干，到法国后进一步成为进步学习小组乃至成立旅欧共产主义组织的中坚力量。他们之中，有蔡和森、向警予、李维汉、李富春、张昆弟、蔡畅等人，还有年逾四旬的著名教育家徐特立和蔡和森的母亲葛健豪老人。

四川的留法勤工俭学运动是由吴玉章亲自倡导和领导的。1918 年，成都和重庆两地分别成立了留法勤工俭学预备学校。到 1920 年年底，陈毅、聂荣臻、邓小平（当时名邓希贤）、江泽民（江克明）、周维桢等三百七十八人分别赴法留学。

同时期，贵州的王若飞与其舅父黄齐生老先生于 1919 年 12 月赴法。

安徽的陈延年、陈乔年（二人皆为陈独秀之子）和李慰农等人于 1920 年赴法。

1920 年 9 月，四川的赵世炎赴法。

1920 年 11 月，天津"觉悟社"的组织领导者周恩来赴法。

从以上名单就可以知道，到了 1920 年底，已经有如此众多的进步青年云集法国。他们千里迢迢，跋山涉水，并不是为了去追求西方文明，更不是仅仅为了学会一技之长。他们怀着爱国的热情，怀着救国的热望，冲破封建主义的牢笼，到外面的世界去学本领、求真理，为的是有朝一日回到祖国，拯救祖国，报效祖国。

二十二岁的周恩来在诗中写道：

念你的精神，

你的决心，

你的勇敢，

兴勃勃的向上，

全凭你的奋斗壮胆。

出国去，

走东海、南海、红海、地中海，

一处处的浪卷涛涌，

奔腾浩瀚，

送你到那自由故乡的法兰西海岸。

到那里，

举起工具，

出你的劳动汗，

造你的成绩灿烂。

磨练你的才干；

保你天真烂漫。

他日归来，

扯开自由旗；

唱起独立歌。

争女权，

求平等，

来到社会实验。

推翻旧理论，

全凭你这心头一念。

第*12*章
千里之行始于足下

吴玉章

1918 年春天，在吴玉章先生亲自倡导下，四川成都开办了留法勤工俭学预备学校，并于 1919 年 6 月派出了第一批留法学生。

重庆，乃川东重镇，商埠地区，自然于文化教育方面不能落后。当时的重庆商会会长汪云松、教育局局长温少鹤等人召集各社会名流，筹集经费数万元，准备在重庆开办留法勤工俭学预备学校。

大概是听到了这一风声，祖父便托人从重庆带话回广安，叫父亲直赴重庆来念留法预备学校。

1918 年下半年，父亲和他的远房叔叔邓绍圣及一个同乡胡明德一起，到了重庆。邓绍圣和胡明德（又名胡伦）也都是广安县中学学生。

留法勤工俭学预备学校招生，分为公费生（或称贷费生）和自费生。邓绍圣取得贷费生资格，邓希贤和胡伦则为自费生。赴法旅费，除由学校董事会补助一百多元外，另须自行筹集一部分，凑足三百元即可成行。父亲的旅费自是祖父帮他筹集的，邓绍圣的旅费是向人借的，而胡伦的旅费则由友人借助。[1]

1919 年 9 月上旬，重庆留法勤工俭学预备学校正式开学。由重庆商会会长汪云松任董事长，下设校长、教务及事务等负责人。校址在重庆市夫子祠内。

该校招生对象是中学毕业生和具有同等程度的青年，共招收一百余人，分两班上课。凡中学毕业的读高级班，其余的读低级班。课程有法文、代数、几何、物理、中文及工业常识等，以法文为主。教法文的教员有二人，高级班的为法国驻重庆领事馆翻译王梅柏，低级班的是一位曾经留学法国的张某。据父亲当时的同学江泽民回忆，该校教室简陋，设备很差，学校的组织比较松懈，学生们上课就来，下课就走，没有宿舍和体育场所。学习的目的是要粗通法语并掌握一定的工业技术知识，为去法国勤工俭学做些准备。父亲曾经说过，这个预备学校当时在重庆已算是最高的学校，所以考进去是很不容易的。

父亲进入这一学校，刚满十五岁。据江泽民回忆："邓小平是稍晚才进入这所预备学校的。他那时就是显得非常精神，总是精力十分充沛，他的话不多，学习总是非常刻苦认真。"

留法勤工俭学预备学校的学生们入学不久，便发生了令全体学生终生难忘的事件。

重庆是我国西南门户，是长江上游的水陆交通枢纽和最大的工商业重镇。1890 年中英《烟台条约续增专条》及 1895 年中日《马关条约》签订后，重庆正式成为外国的通商口岸。法、美、日等国相继在重庆设立领事馆。重庆属于英、法帝国主义势力范围。从此，四川的一切权利由英法共享；外国商轮频繁驶入；帝国主义兵舰横行江面；英、法、德、日、美等国轮流把持重庆海关；他们还强占码头，设立兵营，强占租界。因为交通闭塞，重庆和沿海一带相比，具有更浓厚的封建性，

---

[1] 胡伦自述。

经济更为落后，阶级压迫更为深重。

辛亥革命后，四川出现了军阀混战的局面，重庆成了各派军阀争夺的重点。资产阶级革命派成立的蜀军政府，很快落入封建军阀和官僚手中，四川革命党人的讨袁运动和护国运动相继失败。四川军阀势力恶性膨胀，各自拥兵割据，战祸连绵，给重庆人民带来了无穷的灾难。

1919年5月4日，北京爆发了"五四"运动。由于四川比较闭塞，消息传到重庆，已是5月中旬了。重庆的青年学生和各界人士热血沸腾，立即响应。重庆的"五四"运动除了以各种形式声讨卖国贼外，还进行抵制日货和反对与日商进行各种交往。

是年11月，重庆警察厅长郑贤书，挪用公款四千多元，廉价购买信孚洋行的日货八十多箱，以警察厅名义公开拍卖，该举顿时激起了爱国学生的抗议浪潮。11月17日上午，川东师范、重庆联中、重庆留法勤工俭学预备学校等校的一千多名学生到警察厅示威，强烈要求郑贤书交出日货。郑贤书吓得不敢出见，于是学生们将警察厅紧紧围住，彻夜不归。学生们的爱国行动，得到市民的声援，他们送来饭食特表慰问，学生们的斗志更加高昂。第二天上午，郑贤书被迫答应交出日货。由于学生们和郑贤书所带卫队发生冲突，枪伤学生两名，愤怒的学生和军警展开搏斗，解除了卫队的武装，郑贤书跳窗而逃。当天下午，学生们在重庆朝天门怒烧郑贤书交出的日货。这场斗争最终以四川当局被迫撤销郑贤书职务而告胜利。

江泽民在回忆中写道："我们预备学校的同学，为了抵制日货，反对卖国贼，曾经集体到重庆卫戍司令部去示威请愿，在那儿坚持了两天一夜的斗争，取得了初步结果。我们回到学校后，就自动把带有日本商标的牙粉、脸盆等用品摔在地上焚烧，把洋布衣服也撕毁，表示再不用东洋劣货。当时，时代的脉搏，爱国的思潮，在冲击着我们的头脑，广大青年学生和各界人士高昂的爱国热情，给了我深刻的教育。"

时年十五岁的父亲，同全校同学一起参加了这个运动。父亲曾回忆，由于参加了这个运动，爱国救国思想有所提高，但是，所谓的救国，无非是当时在同学中流行的所谓工业救国思想。在他那尚且幼稚的脑海中，只是满怀希望地想到法国去，一面勤工，一面俭学，学点本事回国，如此而已！

汪云松

那时的父亲，只是具有初步的爱国思想和进步思想，还没有形成他后来所具有的那种鲜明的人生观和世界观。但是，参加"五四"运动的战斗洗礼，对于他以后的世界观的形成和革命实践活动的进行，具有相当大的影响和意义。

1920年7月19日，经过一年的学习，留法勤工俭学预备学校学生在重庆商会举行毕业典礼。驻渝法国领事、旅渝法商、教士及各学校校长参加了毕业典礼。

经过学校毕业考试、法国驻重庆领事馆的口试及体格检查，合格的有八十多人。邓希贤，即是其中的一名，而且还是其中年龄最小的一名。

四川留法勤工俭学运动的倡导人公推吴玉章先生，而重庆留法勤工俭学的功臣，当属重庆商会会长汪云松先生。

汪云松，字德薰。他曾目睹成都留法学生途经重庆赴法的盛况，便立即着手筹组留法勤工俭学会重庆分会，并先任会长，后任留法勤工俭学预备学校董事长。从筹组分会、建立学校、募集资金、办理签证，直到最后送走毕业生，汪云松先生都是亲力亲为，极尽热心。他的这一份热忱大概给学生们留下了深刻的印象，他的学生几十年后都没有忘记他。

1949年重庆解放后，有一天，西南军区派了几个人到汪云松家，汪不知凶吉，没敢见。第二天来了辆吉普车，把汪云松接到军区，原来是当时的西南军区政委邓小平请他吃饭。汪云松回来很是高兴，逢人就说："小平真不错呀，我现在才晓得，共产党也不忘故旧！"1950年第二届全国政协开会时，汪云松应邀前去北京列席。他回来讲，在中南海怀仁堂开宴会，头一桌的主人是毛主席，第二桌有小平同志，他也坐在第二桌。小平和陈毅分了工，小平同志请客，陈毅宴会后用自己的车子送他回招待所。

汪云松曾经当过清朝的四品道台。五十年代有一年周总理和陈毅副总理出国访问时途经四川，见了汪云松，问起他的这个官是实缺还是候补？汪云松答，是实缺。他做过清朝的官，也具有维新思想。他办学，原本不是想培养共产党，只是要培养搞实业的人，走实业救国的路子。

汪老先生爱国，解放后也爱共产党，他把自己珍藏的文物都捐献给了国家。汪老先生有一对心爱的古瓷瓶，他在装瓶子的楠木盒子刻上"东方红"三个字，送给毛主席作为祝寿之用。按一般的规矩，中国共产党的领导人是不祝寿，不收寿礼的。当时在重庆统战部工作过的一位同志说，小平同志知道了这件事，跟统战部说："要了解汪云松。"于是，作为特例，统战部收下了这份礼物。统战部的这位同志说，后来小平同志还说过，汪云松为我们培养了两个副总理——指小平同志和聂荣臻同志。

1920 年 8 月 27 日下午三时，重庆留法勤工俭学预备学校八十余名学生，整队出发，出太平门，搭乘开往万县的"吉庆"轮准备东下。

28 日，"吉庆"轮提锚启航，徐徐向宜昌方向驶去。可以想象，当时在岸边送行的人一定为数不少，许多人饱含热泪与期望，送走了自己的子弟，很有一番此去天涯路漫漫的感叹。

乘船而去的这川东八十三位子弟，大概既有对故乡和亲人的依依惜别之情，而更多的却是对未来、对他乡、对一切热情向往着的、但却陌生的事物的憧憬和激荡之心。

第 *13* 章
有心万里求学，不怕路远山高

蜀道之难，难于上青天。

四川位于中国西南内陆，北有黄土高原，西有青藏高原，南有云贵高原，东为山野丘陵之地。在这千山万壑之中，突然降下这么一片坦平的绿地，在地图上看来，就好像是镶嵌在黄杨木雕上的一块晶莹夺目的翡翠。

四川在大西南的确是一块天赐宝地，但古来就困于交通，失于闭塞。秦岭、大巴山、岷山、大雪山、大凉山、大娄山……把四川盆地团团围住。古人入蜀，翻山越岭，车行马跑，大概尚需数月时间。

唐代大诗人李白五岁入蜀，二十年后"仗剑去国，辞亲远游"。对于蜀道，他以亲身的经历感慨叹道：

> 尔来四万八千岁，不与秦塞通人烟。
>
> 上有六龙回日之高标，下有冲波逆折之回川。
>
> 黄鹤之飞尚不得过，猿猱欲度愁攀援。
>
> 问君西游何时还，畏巉途岩不可攀。
>
> 蜀道之难，难于上青天！使人听此凋朱颜。
>
> 蜀道之难，难于上青天！侧身西望长咨嗟。

这是古人的太息之词。

近代有一个外地人，到了四川之后的感想则是，四川人天天在无路中找路走。在三峡行船，动不动就前看无路，后看也无路。在他的眼中，四川的水无一不是怒水，四川的山无一不是峻岭。俗话说，"四川已治天下乱，四川已乱天下治"，这种情形既有利于四川于政治经济上的独立，也造成了四川的闭塞。外地人到了四川，有时真会有到了"壶中天地"的感觉。

四川通外，既无平川，山路又险，幸有一条长江，曲曲弯弯，由西向东奔腾而去，成为古今出入巴蜀的命脉。

入蜀难，出蜀也难。就是凭借长江之水顺流而下，也不知要穿过多少高山陡岭，经过多少激流险滩。古往今来，更不知有多少人丧生波涛，使裹鱼腹。

但是，四川人毕竟向往着新的生活境界和新的生活内容。只要顺着长江，顺着这条水路，走了出去，外面就是一个更加广阔的世界。因此，当蜀人乘舟而下，一路顺风之时，心情一定会是别样的激荡，而两岸阴霾险峻的山色，也一定会使人倍觉别样的风流。一千多年前，李白在这条水道上顺流泛舟之时，心境甚佳，以至于禁不住咏唱起来以抒情怀：

> 朝辞白帝彩云间，
> 千里江陵一日还。
> 两岸猿声啼不住，
> 轻舟已过万重山。

重庆留法勤工俭学预备学校的八十三名学生，乘着法商吉利洋行的"吉庆"轮船东下，一路顺利。重庆地方政府没有派员护送，同学们就自动"组织起来，互相照顾"。八十三人共分为四个小组，每组约二十人。每组设有组长，第一组为袁文庆同学，第二组为王兴智同学，第三组为吴宥三同学，第四组为周玉书同学。

经过八天航行，途经宜昌、汉口、九江，最后平安抵达上海。这是一个为时很短的航行，但却是这批学生的首次航行。八天之中，他们一定是兴奋不已，一路饱览。过了山川，即是平川，这眼前瞬间而过的景色，与家乡四川是那么的相同，又是那么的不同。

上海，是当时中国东部的商贸中心，又是中国与外部通商通航的重要口岸。当时所有由华法教育会和留法勤工俭学会组织的留法勤工俭学学生，都首先汇集到上海，再由上海的上述组织安排赴法。上海的华法教育会设在上海法租界霞飞路 247 号。因为由上海到法国的邮轮每月一次，因此上海华法教育会特别设立了留法勤工俭学招待所和俱乐部，以接待过路的留法学生。他们还负责安排住处、订购船票和协助办理出国手续。

重庆的八十三名学生到沪后，即由华法教育会安排他们住在"名利大旅社"，并在上海办理购买船票和从法国领事馆领取护照等项事宜。

一周之后，也就是 1920 年 9 月 11 日，八十三名四川学生于上午十一时登上法国邮船"鸯特莱蓬"（André Lebom）号。上船那天，大雨如注。可这些年轻的学生，只盼早日得见世外新的天地，这倾盆大雨，怎敌他们万里求学之雄心！

学生们上船之后，正在检点行李，只听汽笛长鸣，"鸯特莱蓬"号已经启锚开航，驶离上海黄浦码头，不久，便驶过吴淞口，进入浩瀚无垠的苍茫大海之中。

这艘轮船是来往于欧亚美三洲的法国邮船，长约五十丈，宽约六丈，高约十丈，约有几万吨。船的舱位分为三等，每舱可容数百乘客。最高的一层是游戏场，专供乘客运动之用。货舱在首尾两头，容量甚大。船上还设有起重机两架，以为装卸货物之用。

乘这艘邮轮踏上留法勤工俭学征途的，共有九十名中国学生，其

邓小平赴法乘坐的"盎特莱蓬"号邮船。

邓小平和邓绍圣在法国的合影。到巴黎不久，在华法教育会的安排下，他们进入诺曼底的巴耶中学学习。

中八十四名[1] 为重庆留法勤工俭学预备学校的学生，还有几名浙江籍的学生一路同行。在重庆的八十四名学生中，贷费生四十六人，有江泽民和邓绍圣等人。自费生三十八人，有邓希贤（邓小平）和胡伦等人。

据江泽民回忆，那艘邮船上一等舱的票价是八百元，二等舱是五百元，三等舱是三百元。中国学生花一百元买的是四等（即无等舱）的船票。这船本来没有什么四等舱，只是为了照顾贫穷的留法勤工俭学学生而临时设的。所谓四等舱，就是货舱。半明半暗的船底里，到处堆放着各种货物。没有什么设备，学生们就住在双层床铺上。舱内空气非常恶劣，天气闷热，臭虫又多，蚊子肆虐，许多人就买个躺椅到甲板上去消磨时间和睡觉。有时风平浪静，可以饱览海上风光。有时狂风大作，巨浪劈头打来，就使人头晕目眩。

学生们上船时那种兴奋的心情，到了此时大概已经平静了不少。因为从船上望去，只见水天一色，孤舟往还，不见山，不见树，也不见陆地，使人顿感荒凉寂寞，一些同学便拿出行囊中的书籍，用读书来聊以慰藉。

---

[1] 据当时报刊记载，从重庆出发时为八十三人（见 1920 年 8 月 8 日《国民公报》），而登船后则为八十四人（见 1920 年 9 月 14 日《时事新报》）。

在这一行学生中，有一个四川巴县的同学，叫冯学宗，他在给亲友的来信中，详细记述了他们这次海上航行的细节。现将其信摘录如下，我们可以通过他的记述，来了解当时的情形和学生们的一些感受。[1]

14日，船抵香港泊一日。此地背山面海，树木阴翳，商旅云集，街市宽阔，屋宇齐整。此地贸易的人，虽是中国人，但那种种的管辖权，是完全属于英国的了。英人自得此地之后，订立许多束缚华人的条例，近已成为一个沿海最繁华最紧要的商埠了。

18号船抵西贡，此地概是平原，自法人夺去之后，沿岸建筑码头，岸上房舍街市，都秩然有序。只是有一件悲惨的事，就是那亡国的安南人。他们的国家，既为外人的殖民地，他们的人民，遂不得不受外人的管辖。他们知识较高一点的，就受法人的呼唤，养成一种不痛不痒的性质。那知识低下的，就受外人使用，耕田挽车，不敢稍辞劳苦，偶一懈怠，即加鞭笞，彼等狼狈啼泣，已极可怜，而法人还要设种种恶例，使彼等永无恢复的一天。例如读书要读法文，着鞋要纳税，既灭人家的文字，又要灭人家的种族，正义在哪里？人道又在哪里？安南人蓬首赤足，四季如一，难道就不成问题么？

西贡为欧亚交通的冲要，五洋杂处，人口甚繁。中国人侨寓此地数有六七万人，但是入境以后，凡是成年者，每年须纳身税数十元，这也是法人限制外人旅居最严厉的一个方法。我们中国人在世界上向来以'病夫'见称，各国防甚严，此次船泊西贡，曾见同船的人，上岸时必经种种检查，然后列队到警察署注册，

---

[1]　冯学宗君自拱比扭来信。《五四运动在重庆》，第180页。

否则不准登岸，从此看来，中国人也像在候补亡国奴了。

船泊三日，21日复起碇向新加坡驶去。

行三日，达新加坡。此地街市屋宇之整齐，与西贡相仿佛，但面积较西贡大，市面亦较清洁。此地有华人数千万，华人商务颇好，所以殷实之家亦多，但有一大部分，仍是劳力的生活。

25日由新加坡启程，行一日，那惊天骇地的浪涛，推来推去，时上时下。我们同行的人，好似大病加身，不敢直立，不思饮食，整整闹了三天，我们望岸之心，真是"如大旱之望云霓"一般。日复一日，望眼欲穿，好容易才盼到停泊休息的哥伦布。

30日抵英属之哥伦布，此地风浪很大，不易停泊，幸赖有一港口，可免风浪的危险。我们赴法只有法国护照。哥伦布是英国的属地，没有英国护照，就不得上岸，也就不得窥其全貌。

10月7日船行阿拉伯海中，距红海口甚近。此口在欧洲大战时候，设有水底危险物多件，战后还未取出，所以往来经过的船只，都要预防不测，我们今天也得把水袋来练习，但是心中总是忐忑不安，如有所失一般。

8日到奇布特，地属非洲，当红海之口，为法兰西属地。遍地沙漠，草木不生，人迹很少，热度达于极点。然而法国不弃之者，正以此地为航海必经之处，往来休息之所。因此之故，法国不但不舍弃他，还在那儿苦心经营咧。此地土人，都是黑种，身黑面黑，连牙齿也是如漆一般。土人多不著上衣，下部围布一方，如中国的裙子。货物除果子、驼毛及一切装饰品之外，并没有什么奇异的东西。

10日入红海，空气是很干燥的，太阳是很厉害的，在这几天只见日光与海水相映，那海水的绿波，竟变而为红波，红海之名，或者因是而得。是日为中华民国成立九年纪念，我们中国人，各带国旗一面，并于午后齐集大礼堂，向国旗行三鞠躬礼，奏国歌，讲故事，演新剧，以志庆祝，大家都欣然有喜色。就是外人参观，也鼓掌欢呼，声如雷动！这次也是此次航行中一件极饶趣味的事啊！

13日抵苏伊士运河口，停数小时，即启碇前进。傍晚进口，两岸林木，排列有序，灯光灼灼耀人，水声潺潺触目，流连启兴，几乎忘却睡乡。翌日，辰刻，凭栏眺望，此河之宽约十余丈，可容两船并行。正在观察之时，不觉已到北口的波赛，我们不曾上岸，没有见着什么事物。午后五时入地中海。当我们出苏伊士运河的时候，岸上铜像直立，威威可畏，赫赫可敬，原来就是开凿运河的雷赛咧。

17日过意大利半岛，虽大半均是山地，然意人已建筑许多铁道，交通尚便利。许多巍峨雄丽的城市，连绵不绝，最终观大岛孤立海中，烟雾浓密，闻舟中人说，这是终岁如斯的活火山。

19日早饭后，远望看许多樯帆和灯台，与我们愈见相近，于不知不觉间，就到了法兰西南部的马赛（Marseille）。

冯学宗同学的记述，使我们至今可以比较完整地了解他们这次海上远涉的经历。这份材料能保留下来，真是一大幸事。

当时船上的另一名同学江泽民在回忆中对这次远航也有描述，现也摘录如下，以作参考。

我们在印度洋碰到了一次大风暴。当时，风暴卷着海水，掀起山峰似的巨浪，四万吨的邮船，一会儿被掀上浪尖，一会儿又落到浪谷当中，白天也刮得天昏地暗，宏大的邮船犹如一叶扁舟，在茫茫的海水中漂泊，真是吓人得很。我们不但一点东西也吃不进，就连黄胆都要吐出来了。这样，我们饱受了三天三夜的风暴袭击，算是幸运的过来了。另一方面，则是大开了眼界。邮船到了各地大海港，都要停上两三天，装卸货物。有钱人上岸去进餐厅、买东西，我们穷学生就上岸去观光游览，饱阅市容，看博物馆，参观名胜古迹。许多城市尽管是高楼大厦，也有许多人是西服革履，但也有不少人是破衣褴衫，沿街乞讨。在有的港口，我曾看到一些穷苦的儿童在船舶周围游泳，向乘客们哀告乞怜。有的客人就将硬币抛入海水中，那些穷孩子们就潜入海水里去把硬币摸上来，客人们以此取乐，孩子们则以此谋生。当时看了，真使人心酸。这使我深深感到，世界上的人们同住在一个天空之下，却过着两种大相悬殊的生活，到处都是这样的不平。当然，我当时并不了解这是资本主义、殖民主义制度造成的。

途中给我留下了美好印象的，是我们在地中海上遥远地看到了火山爆发的余焰，特别是在夜晚，喷射的火焰，犹如五颜六色的礼花，射入深蓝的天空，而在水中则出现着倒影。天上水中互相辉映，那种夜景是很奇妙的。船上虽然有时下令要我们带上救生圈以防碰上大战后尚未消除干净的水雷，但却始终没有碰上。我们在经过了近四十天的航海生活之后，在10月中旬，终于从马赛上岸，踏上了法国的土地。[1]

第一次出国，第一次远航，异国他乡的风情，海阔天高的景色，一定给每一位同学都留下了不可磨灭的印象和深深的感触。

1974年，当"文化大革命"发展得更加如火如荼之时，由江青等人一手制造了一个"风庆轮事件"。"四人帮"借国产万吨轮"风庆"号远航归来为题，大肆吹嘘，并借题大批所谓造船买船问题上的"崇洋媚外"、"卖国主义"，实则把矛头指向周恩来总理和有关中央领导同志。父亲自1966年"文革"开始时被打倒后，当时刚刚恢复工作，任国务院第一副总理，主持国务院的工作。他万分蔑视江青等人之所为，与"四人帮"进行了针锋相对的斗争。父亲后来曾多次提到这件事。他说："才一万吨的轮船，就到处吹。我对他们说，一万吨有什么可吹的，1920年我到法国去的时候，坐的轮船就有几万吨！"

可见这首次出国远洋，同样给父亲也留下了深刻的印象。

有一位留法勤工俭学的名叫李璜的老先生回忆，他曾到马赛去接一次船，遇着邓小平，而且似乎邓是他们那一批学生中的负责人。我曾问过父亲。父亲笑道："我是那一批八十几个人里面最小的，连发言权都没有。"可见李璜先生当年遇到的并非邓小平，而是另外的人。

---

[1]　江泽民《留法、比勤工俭学的回忆》。《赴法勤工俭学运动史料》，第445页。

第14章
从俭学到勤工之路

马赛，是法国南部的重要港口和工商业城市，地处罗讷河口和地中海之滨。

1920 年 10 月 19 日，"鸯特莱蓬"号邮船驶入马赛港。船上的中国学生历经三十九天的时间，行程三万余里，终于到达欧罗巴的西部，踏上了他们向往已久的法兰西的土地。

华法教育会已派人专程从巴黎前往马赛迎接这批新到的学生。

《小马赛人报》10 月 20 日报道：一百名中国青年人到达马赛，他们的年龄在十五到二十五岁之间，穿着西式和美式服装，戴着宽边帽，身着尖皮鞋，显得彬彬有礼和温文尔雅。华法教育会学生处的处长刘先生给他们致了欢迎词。这些年轻人经过长途跋涉来到欧洲，特别是来到法国，心情是非常高兴的，其喜悦之情溢于言表。[1]

据冯学宗同学的记述，[2] 这批学生打点行李下船之后，当天即离开马赛，乘汽车直赴巴黎。

经过十六个小时的行程，他们到达巴黎。

据江泽民回忆："第二天我们来到巴黎，受到了许多勤工俭学学生

---

[1] 《小马赛人报》。1921 年 10 月 20 日。

[2] 冯学宗君自拱比扭来信。《五四运动在重庆》，第 180 页。

的欢迎，其中就有在一年前就到法国的聂荣臻同志。我们在异国相逢，真有说不出的高兴和亲切之感。"[1]

聂荣臻，四川江津人，中华人民共和国元帅。青年时代便接受进步思想影响，在中学时参加"五四"运动。1919 年暑期，怀着变革现状的热情，筹措了三百块银元，和十来位同学一道，先到重庆，通过重庆商会会长汪云松，到法国领事馆办了护照，于 1919 年 12 月 9 日乘"凤凰"号（司芬克司号）赴法勤工俭学。到法后曾在施奈德的克鲁梭钢铁厂做工，1922 年复进入比利时沙洛瓦劳动大学学习。聂荣臻由于先到法国，自然是学长。从法国时期开始，父亲便和他结下了战斗友情。解放后，从 1952 年到 1957 年，我们家和聂家曾比邻而居，我们孩子们常常穿过院墙的小门到聂伯伯家玩。聂伯伯也常常请我们全家去他家吃四川风味——豆花。1992 年聂伯伯去世前，父亲已很少出去串门，但有时还是去聂伯伯家走一走。每次见到聂伯伯，父亲总是亲切地叫他"老兄"。他们自从这次见面结下的友谊，历经七十二个春秋，历经风风雨雨，深沉、深刻而又感人至深。

在巴黎呆了不久，父亲和他的同学们由华法教育会安排，分别到蒙达尼、枫丹白露、圣得田、佛勒尔等地中学去学习或补习法文。[2]

邓希贤和邓绍圣被分到诺曼底的巴耶男子中学，他们的同乡胡伦被分到巩比耶公学学习。

这些新到法国的学生，在开始他们的勤工俭学生活之前，已初步领略了法兰西的风貌和巴黎的气派。冯学宗描述道："巴黎之大，直径约三十余里，周围可百余里，街房之高，平均五六层，不见败陋的形状。街的上层，只见汽车电车，风驰电掣地争道而驰。街的下层，观隧道一层叠一层，真是层出不穷。天堂地狱，瞬息可到，真是便利极

[1]　江泽民《留法、比勤工俭学的回忆》。《赴法勤工俭学运动史料》第三册，第 445 页。
[2]　同上。

了！还有王宫的陈列品，件件完全，博物院的博览物，样样齐备。八道车站，四通八达，既可供游客的赏玩，又能给旅人的便宜，'世界花都'真是不错。"这欧洲大陆的景色，西方大都市的繁华，乃至异国他乡的风土人情，在这些初来乍到的中国学生眼中一定是充满了新鲜感和魅力，使他们惊叹不已。比起他们那贫穷落后、封建不开化的祖国，这里真正的好似另一番天地。几天的所见所闻，使他们对未来的勤工俭学生活，又增添了不少的信心和美好的向往。

1920 年 10 月 21 日，父亲和他的族叔邓绍圣，还有二十名中国学生，开始了在巴耶（Bayeux）中学的学习生活。

巴耶中学在法国西北部诺曼底大区，离巴黎约有二百多公里。《巴耶日报》于 10 月 22 日发表了一条消息，题为《中国学生到巴耶》，消息说："二十多名中国学生在二名法文讲得非常流利的同乡带领下，于昨天晚上到达巴耶市，这些年轻人是由他们的政府派往法国的，并在巴耶中学学习他们感兴趣的课程，以便使他们了解法国的语言和风土人情。他们是寄宿制学生。"[1]

在这所中学里，中国学生专门单独开班，主要是提高法语水平，过的是正规的中学学生生活。有一次父亲告诉我们，学校待他们像小孩子一样，每天很早就要上床睡觉。他还说，那是一家私人开的学校，才上了几个月，没学什么东西，吃得却很坏。

现在在法国的国家档案中，保留了一份巴耶中国学生的开支细账。[2]

这份账目中说明，1921 年 3 月，邓希贤（Ten Si Hien）在当月共用了二百四十四法郎六十五生丁的食宿费。其中二百法郎生活费，七法郎的洗衣费，七法郎的卧具租金，十二法郎的校方收费和十八法郎六十五生丁的杂支费。一个月二百多法郎的开支，对于自费学生来说

[1] 《巴耶日报》，1920 年 10 月 22 日。

[2] 旅法中国青年法中救济委员会档案，第 47AS2 号法国国家档案。

实在不是一笔小的数目。父亲离家时，家境已十分困难，为了支持他赴法留学，家中还卖了些谷子田地，因此到了法国后，他知道需节俭过日。根据这份账目，其他中国同学的杂支费在十五至五十法郎之间，平均二十五法郎左右，父亲则是十八法郎，可见其用度实属节省。

尽管父亲尽量节俭用度，但是未几，所带来的钱就用完了，于是，他不得不离开巴耶学校。巴耶中学在1921年3月的一份报告中说："二十二名中国学生中的十九名于13日晚上离开学校。他们自称去克鲁梭市工作。我怀疑他们是去打工。"[1]

父亲和他的同学们离开了巴耶学校，他当时绝对没有想到，这次离开学校后，他便再也没有迈进过法国学校的大门。从1920年10月底到1921年3月，不过五个月的时间，父亲就结束了他在法国的学习生涯。

俭学不成，只好走勤工的道路。

父亲曾回忆道："一到法国，听先到法国的勤工俭学生的介绍，知道那时已在第一次世界大战后的两年，所需劳动力已不似大战期间（即创办勤工俭学期间）那样紧迫，找工作已不大容易，工资也不高，用勤工方法来俭学，已不可能。随着我们自己的切身体验，也证明了确是这样，做工所得，糊口都困难，哪还能读书进学堂呢。于是，那些'工业救国'、'学点本事'等等幻想，变成了泡影。"

中国学生来到法国，不懂技术，又没有知识，许多同学要想勤工，只能作一般的散工，也就是杂工。散工这个词的法文音为"马篓五"，同学们就戏谑地称为"马老五"。散工无固定的工作，视各工段的需要而流动工作。苟有延误，还要受工头责骂。[2]

到了1920年12月，到法国勤工俭学的中国学生已达一千五百多

[1] 巴耶中学报告，1921年3月。

[2] 黄里州《四川留法勤工俭学运动》.《四川文史资料选辑》第23辑，第1页。

邓小平1921年3月在法国的留影。

人。[1] 当时正值法国经济不景气，工厂紧缩或关门，要想找到工作，实在并非易事。华法教育会终于在克鲁梭的施奈德钢铁联合工厂找到大量散工工作，于是介绍了一百几十人前去工作，其中四川学生几乎占了半数。[2]

1921 年 4 月 2 日，父亲、邓绍圣和另外几名四川学生，经介绍也来到了克鲁梭的施奈德工厂做工。从此，他便开始了作为一个劳动者，一个外籍工人的长达四年多的"勤工"生活。

克鲁梭（Creusot），法国南部的重工业城市，是法国最大的军火工厂——施奈德钢铁总厂所在地。这个工厂当时是欧洲仅次于德国克虏伯工厂的第二大军火工厂。

施奈德工厂（Schneider & Cie）大约有三万余工人。第一次世界大战期间，大批工人应征入伍上前线打仗，施奈德工厂便大批招募外籍工人，1917 年，就有好几千中国劳工作为合同工来厂工作。[3] 1920年 8 月以前，在这里劳动的中国学生有二十一人，1921 年夏增加到一百多人。[4]

这个工厂有铁道、机械、造炮、冶铁、建筑、翻砂、电气等部门，除了造炮、建筑和冶铁三个部门外，其余部门都有中国学生。[5]

直到现在，施奈德工厂的档案中还保留了父亲等人的有关档案。在工厂人事处的招工登记卡上，清清楚楚地写明，邓希贤，十六岁，工人编号为 07396，进厂注册日期是 1921 年 4 月 2 日，由哥隆勃

[1] 江泽民《留法、比勤工俭学的回忆》，《赴法勤工俭学运动史料》第三册，第 445 页。

[2] 黄里州《四川留法勤工俭学运动》，《四川文史资料选辑》第 23 辑，第 1 页。

[3] 巴尔曼和迪利乌斯特所著《对一幅青年时代的肖像的修饰——记邓小平在法国的岁月》。

[4] 《留法勤工俭学运动简史》，第 55 页。

[5] 曙光《法国克鲁佐史莱德工厂之勤工俭学生》，《赴法国勤工俭学运动史料》第二册（上），第 256 页。

（Colombes）中法工人委员会送派，来自巴耶中学。[1]

邓希贤和邓绍圣被分配到轧钢车间当轧钢工。

轧钢车间的工作就是把高炉里熔融的钢水先铸成钢锭，再轧成钢板。这项工作不需要专业技术培训，但劳动强度极大，而且常有危险。钢材（钢条或钢板）的重量通常是几十上百公斤，在高达四十度以上的高温车间内，在被钢水映红了的热蒸气中，工人们要用长把铁钳夹着火红、炽热的钢材拖着跑，如不小心摔在热轧的钢材上，全身定被烫伤。有时轧机发生事故，钢条从轧机向外射出，乱穿乱刺，也会发生伤亡事故。工人们每周要在这样的环境中工作五十多个小时，有时还要加夜班。[2] 我们从小就听父亲讲过，他在法国干过杂工，拉过钢条。可以想象，一个十六岁的学徒工，尚未成年，身材矮小，要作如此繁重的苦工，一定不堪重负。

在这个工厂里，中国学生的工资十分微薄，固定工资每天只有十二至十四个法郎。父亲当时只有十六岁，按法国的规定，不满十八岁的只能当学徒工，而学徒工的工资则更为低廉，每天只有十个法郎。[3]

勤工俭学的学生，住在离工厂二十里地的盖沙南宿舍，二十几个人住一间大屋。宿舍设有食堂，可吃早晚二餐，中餐则只带面包在工厂吃，渴时就饮点自来水，肉菜皆无。食堂的饭菜虽比外面便宜，但一客也要四十至七十生丁。学生们还要买工作服穿去上班，每套价目也要二十到三十法郎。[4] 像父亲这样每日只有十个法郎的学徒工，生活用度是十分拮据的。本来，中国学生到工厂做工，是想以勤工而达到俭学的目的，可是，繁重的苦工压榨得他们精疲力竭，低廉的工资更使他们连日常生

---

[1] 施奈德工厂人事处招工档案卡。施奈德工厂档案，工厂档案号码第 62175 号。

[2] 黄里州《四川留法勤工俭学运动》。《四川文史资料选辑》第 23 辑，第 1 页。曙光《法国克鲁佐史莱德工厂之勤工俭学生》《赴法勤工俭学运动史料》第二册（上），第 256 页。

[3] 第 47AS8 号法国国家档案。克鲁梭市施奈德工厂的学徒合同。

[4] 同注 [2]。

活都不能支持。父亲曾说过，他在克鲁梭拉红铁，作了一个月的苦工，赚的钱，连饭都吃不饱，还倒赔了一百多法郎。

在克鲁梭的工厂里，学生们中间有一首极为流行的顺口溜，叫"散工曲"：

做工苦，

做工苦，

最苦莫过"马老五"。

舍夫（法文 chef，工头）光喊"郎德舅"（法文 non de dieu，非上帝的善类），

加涅（法文 gagner，赚得）不过"德桑苏"（法文 deux cents sous，二百个小钱，即十个法郎）。[1]

1921 年 4 月 23 日，父亲辞去了施奈德工厂的工作，离开了克鲁梭。[2] 一个月后，邓绍圣也离开了那里。

这近一个月的法国工厂的勤工实践，使父亲初次接触到了资本主义的黑暗面，亲身体验了劳工阶级受压迫受剥削的悲惨地位。资本家的压榨，工头的辱骂，生活的痛苦，使他本来十分单纯的心里，受到了不小的震撼。但是，那时的他毕竟年轻，毕竟对人生充满着美好的追求，他后来在莫斯科时回忆道："最初两年对资本主义社会的罪恶虽略有感觉，然以生活浪漫之故，不能有个深刻的觉悟。"

这时的他，虽然离开了克鲁梭，但还是希望能够找到一个工作，积攒些钱，以完成重新进行学习的夙愿。

---

[1]　黄里州《四川留法勤工俭学运动》。《四川文史资料选辑》第 23 辑，第 1 页。

[2]　施奈德工厂人事记录和施奈德工厂中国自愿工人检查名单。施奈德工厂档案。

第15章
为了生存求学而斗争

　　1920 年，留法勤工俭学运动达到高潮，本年内有八批学生到法。到了 1920 年底，留法勤工俭学学生已达一千六百多人。这些学生到法后，大部分由华法教育会安排进入法国的一些中学和补习学校上学，一部分则直接进入工厂做工。到了后期，由于经济原因，只有少部分学生仍坚持在学校念书，大部分则都已进入工厂，以勤工赚钱谋生。

　　法国各地的七十多个工厂企业中，都有中国学生的足迹，比较集中的据点有巴黎、克鲁梭、圣德田、圣夏门、勒哈佛尔、里昂等地。赵世炎、罗学瓒、李立三、陈毅、邓小平、傅钟、萧子璋、陈公培等在克鲁梭做工；王若飞、李卓然、徐特立、黄齐生等在圣夏门（Saint Chamond）做工；李维汉、李富春、贺果、李林等在勒哈佛尔（Le Havre）做工；张昆弟、欧阳钦等在圣伯尼做工。

　　到了 1921 年，留法勤工俭学运动出现了波折。

　　1918 年 11 月第一次世界大战结束后，法国经济萧条，工厂开工不足，物价上涨。由于大批复员军人返乡，使得就业问题益发突出。从 1919 年冬季开始，法国的经济状况更加恶劣。法郎不断贬值，中国银元原来一元可以换八个法郎，现已可换十四法郎，最后曾一度可换二十五个法郎。物价飞涨，面包，10 月份每公斤二十五生丁，12 月涨为五十生丁，到了 1920 年 3 月已涨为一法郎五生丁，9 月更涨为一法郎三十生丁。大米，1919 年第三季度为每公斤一法郎十生丁，一年后涨到四法郎八十生丁。吃的主食品一涨再涨，其他日用品、副食品和交通费用等亦都相继提价。

人民生活日感艰难，而资本家却熟视无睹，于是罢工风潮便此起彼伏。1920 年 5 月 1 日，巴黎总工会发起"五一"大罢工，此次罢工延续半个月之久才告结束。罢工结束后，虽有一些工厂开了工，但经济仍不稳定，失业情况严重。

1919 年间到达法国的中国勤工俭学生约有七百多人，这些学生来到法国后多数已开始进入勤工阶段，但此时连法国人都面临着失业的困扰，中国学生就更难觅工，已有工作者，也随时有被裁汰的危险。到了 1920 年 8 月，已有千余学生云集法国，他们之中，除少数可以自费读书外，有工作的已不上三百人，失业的则有五百人之多。失工的学生纷纷聚集于巴黎的华侨协进社，由华法教育会每日每人发给五法郎以维持生活。为了生活，学生们经常找华法协会要求介绍工作。因学生责怪华法教育会办事不力，有失职责，不时与之发生纠纷，后来竟有一位湖南同学把华法教育会的秘书刘大悲痛打一顿。华法教育会偶尔觅得一两个工作，然而粥少僧多，学生们为了争夺，有时甚至发生殴打，结果不得不采取拈阄的办法加以解决。

黄里州在回忆中说，在同学们中，对勤工俭学的前途，产生了悲观和失望的情绪。有的同学只好另寻出路，或者回国，或者相约共赴南洋。

1919 年 11 月，交涉公署致函寰球学生会，要求中国国内介绍赴法俭学须慎重行事。其函云："近闻该学生出洋专心肄业者固不乏人；而有家本寒素，一到外洋无以自给，遂由学而转入于做工。不知法国于侨工并未优待，工价所得为数几何，往往穷极无聊，欲归不得，致流落外洋，实繁有徒，言之滋慨，与其追悔于后，不如审慎于先。以后贵会介绍学生赴法，务请格外注意。"[1]

虽然如此，到了1920年底，仍有大批的学生不断从国内漂洋过海来到他们心目中的理想之地。

这时候，相当一批的留法勤工俭学学生，已从俭学的理想落到了勤工的现实，有的更从勤工的现实落到了失工的困顿之中。那个富饶美丽的西方之邦，已开始呈现其阴暗和悲惨的一面。那些自由、平等、博爱的美谈，也为冷酷、严峻的现实所取代。

一个叫培真的学生写道："我们现在实际每天八点钟工作，此外还消耗两小时，总共有十点多钟，还有消耗精神及脑力的损失，总共的损失，每天不过得来十四法郎，到底我们的时间、精神、脑力总算起来，只值十四法郎吗？帮着资本家生产，于社会平民没有一点关系，有一部分人还帮造杀人的大炮呢，这种无价值的劳动，我们为什么来干呢，我们真又何苦咧！我不知道我们的精神生活在那里，这样枯燥无味，这样的呆板过着。唉！人生的价值在那里呵。我们不是提倡工学主义者吗？我们不是实行工学主义者吗？工学主义，是要人人做工，来维持社会生活平等，打破贫富阶级；人人读书，来发达社会的智识平等，打破智识阶级的黑幕。这种为资本家生产的工作，只能稍稍满足物质生活欲望的工作，是合于工学主义吗？是我们应当作的吗？总之，现在这种大组合生产制的工场，是建设在资本家的生产上面的，对于工人方面，完全是一种掠夺的手段。这种魔鬼式的掠夺，比人杀人、放火、打劫的强盗，还要厉害些呵。"[2]

1920年12月，留法勤工俭学生发出呼吁书："须深察我留法勤工俭学生，均破产出国。在国外苦工觅食。留法学生'险阴艰难，备尝之矣；民之情伪，尽知之矣'。夫至于苦工吃饭而不得，勤工学生复有何法？

---

[1] 《赴法勤工俭学运动史料》第二册（上），第335页。

[2] 同上，第249页。

公等不要误会，不要视留法勤工学生之痛苦如'秦人视越人之肥瘠'。公等尚其静听我留法勤工学生之哭声、怨声、叫苦声、愤恨声，公等亦一洒同情之泪，发冲冠之怒，以挽我穷苦无告之留法勤工学生。"[1]

黄里州回忆，1920年底到1921年初，这些学生无工可做、无钱入学、远隔重洋、无家可归，有如热锅上的蚂蚁，惶惶不可终日。[2]

更有甚者，一些学生或因勤工或因疾病不幸死亡。湖南学生王弼基、李子芬被煤气双双熏死；四川学生安子初在化学工厂中砒霜毒病毙；江西学生朱发祥在里昂工厂失踪；克鲁梭地区四名学生因食蘑菇中毒死亡；还有一位四川学生蒲照魂因生活绝望，自刎再复剖腹而亡。

留法学生所面临的，是失学，是失业，是饥饿，甚至是死亡。在这种情形下，号称学生之家的华法教育会，却在暗中巧立名目，营私舞弊，集体贪污，以中饱私囊。非但如此，他们还漠视学生饥苦，反诬学生"既无勤工之能力，又乏俭学之志"，甚至用遣送回国相威胁。华法教育会和中国驻法公使馆的所作所为，使得学生们和他们之间的矛盾日益尖锐。

留法勤工俭学的学生们向来把华法教育会视为家长，视为救星。可是，该会却于1921年1月12日发出一则通告，实际从组织上宣告与勤工俭学生脱离关系。1月16日，该会再发第二通告，宣布脱卸一切经济上之责任，自今日起，一律再维持两个月，至3月15日截止，此后华法教育会不再发维持费。

这个通告一发出，犹如晴天霹雳，全体勤工俭学生为之大哗。

1月23日，住在华侨协社的四川、湖南、湖北、江西等四省的失工同学组成留法勤工俭学联合会筹备会。

2月14日正式成立留法勤工俭学联合会，向中国驻法公使馆递交

---

[1] 《赴法勤工俭学运动史料》第二册（上），第365页。

[2] 《四川文史资料选辑》，第26页。

请愿书。

2月27日，在华侨协社举行勤工俭学学生大会，决定28日向公使馆集体请愿，定名为"反饥饿运动"，选出蔡和森、赵世炎、李维汉、汪泽楷、向警予、王若飞、李富春等十人为发言人。

28日，上午八时许，近五百同学在蔡和森等人领导下，从四面八方云集公使馆附近。由于法国警方阻拦，只有蔡和森、赵世炎等十人进入公使馆进行交涉。当公使陈箓到广场与学生见面时，学生怒不可遏，高喊"打！打！"陈等仓皇逃回使馆。法国宪警此时冲入广场，毒打学生。是夜九时许，武装法警冲进公使馆，强行抓走十位发言人。

此后经学生们坚持不懈的斗争，6月1日，成立了一个法华留法中国青年学生监护会，决定由法国庚子赔款中取一定数目，每日每人发给五个法郎生活费用，以五个月为限，愿回国者可设法遣送回国。

至此，"二·二八"反饥饿运动虽未取得完全胜利，但迫使中法当局作了某些让步。这是留法勤工俭学学生自发组织起来进行的第一次斗争。这次斗争使留法学生进一步团结起来，以斗争方式维护其自身利益，为争取"劳动权、读书权、面包权"而进行斗争。

在"二·二八"反饥饿斗争的基础上，留法学生斗志高昂，于同年6月2日开展了反对中法秘密借款的斗争。

1921年6月，北洋军阀政府为了扩充实力以扩大内战，派专使朱启钤、财政次长吴鼎昌到巴黎，同法国政府秘商借款三亿法郎以购买军火事宜。消息传出后，旅法华工、华侨及勤工俭学学生无不义愤填膺。周恩来、赵世炎、蔡和森等人，立即联合旅法华人团体，组织了"拒款委员会"。

6月30日，旅法华人三百多人怀着强烈的爱国主义热情，在巴黎召开"拒款大会"。会上发言者慷慨激昂，无不痛斥卖国贼和法国政府。

8月13日，巴黎召开第二次"拒款大会"，质问公使陈箓。陈箓不敢到会，结果其替身使馆秘书长王曾思遭到愤怒群众一顿痛打。声

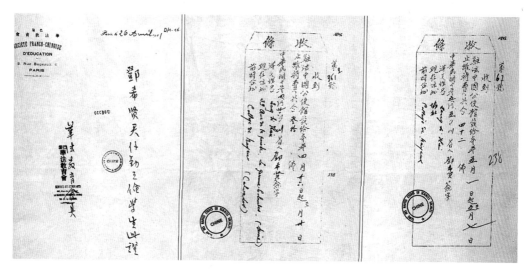

1921年，邓小平领取华法教育会资助时签字的收据。

势浩大的拒款斗争终于取得了重大胜利，迫使中法政府放弃借款阴谋。

留法学生的正义斗争，极大地触怒了中法政府。法国外交部通知中国驻法使馆，决定将拒款运动的主谋——中国留法学生分两批遣送回国。9月15日，法国政府决定停发留法学生的生活维持费，企图置中国留法学生于死地。

1921年9月，处于极端困境之中的中国学生，在赵世炎、周恩来、蔡和森等领导下，发动了具有历史意义的"争回里昂中法大学"的斗争。

中法大学是华法教育会创办的，校长是吴稚晖。这所中法大学的创办，实是借着勤工俭学之名，为少数官僚政客图一己之私利。学校建成后，竟然不收留法学生，而向国内招生！积压在留法学生心中的怒火，顿时像火山一样迸发出来。

9月20日，勤工俭学生代表大会派出由赵世炎、蔡和森、陈毅等组成的一百多人的"先发队"，从巴黎等地向里昂进发。周恩来、王若飞、李维汉、徐特立、萧子璋等留驻巴黎接应。

9月22日，先发队到达里昂，被法国武装警察包围，并用暴力手段，强行把学生押上囚车，送到一所兵营囚禁起来。

先发队被囚禁的消息传来，周恩来等四处奔走，组织营救，法国舆论界对中国学生的斗争行动也深表同情和支持，先发队的学生在军营中更是坚持斗争，甚至绝食。

10 月 13 日，驻法公使馆同法国政府勾结在一起，将先发队学生集体押送回国。这次被押送回国的勤工俭学生共一百零四人，其中有蔡和森、张昆弟、罗学瓒、李立三、陈毅、贺果、陈公培等人。赵世炎在同学们的帮助下，机智地逃出兵营，留在法国，继续斗争。

争回里昂中法大学的斗争虽然没有达到目的，但它进一步揭露了中法当局迫害中国留法学生的狰狞面目，提高了广大勤工俭学生的政治觉悟，许多学生从此走上了彻底的反帝反封建的革命道路。被押送回国的学生，则大部分都积极投入了中国国内的大革命洪流。蔡和森、陈毅、李立三等人在未来的中国革命斗争中，还成为功不可没的中流砥柱。

李维汉在回忆这些斗争时写道："这次斗争是从勤工俭学运动内部矛盾中爆发出来的。从它的具体目标来说是失败了，但是从它留下的影响和收获的果实来说，则具有重要的历史意义。它使法国资产阶级亲眼看到中国青年从'五四'运动以来迸发出来的一派不怕军阀统治，不受洋人欺侮，力争掌握自己命运的气势。它结束了似潮流般的勤工俭学运动。一切好心好意提倡这个运动的人，由此知道此路已经不通。……最重要的是，这一次斗争出现了勤工俭学界在空前规模上的新的联合和新的觉醒。许多人抛弃各种各样不切实际的幻想，接受了马克思主义，走上了十月革命的道路；更多的人后来积极投入了反帝国主义和反军阀的斗争。"[1]

---

[1]　李维汉《回忆与研究》(上)，第 23 页。

第*16*章
在哈金森工厂

1921 年 4 月 23 日,父亲离开了克鲁梭的施奈德工厂,来到了巴黎。

父亲这时已经失学,又已失工,家中带来的钱已经用光,工作一时又找不到,于是,他只好一边向华法教育会领取救济金,一边等待继续做工的机会。

根据法国国家档案记载,父亲从 5 月到 10 月的五个月中间,一直领取每天五个法郎的救济金。他领救济金时所用的登记号是二百三十六号。

这时,在巴黎领取救济金的学生大约有五百人。这些学生大都住在巴黎西郊哥伦布的华侨协社里面。

华侨协社是一座三层的普通楼房,华法教育会、留法俭学会、留法勤工俭学会、和平促进会等几个华侨团体都设在里面。这栋楼房的二楼是会议室,三楼、一楼及地下室此时都已住满了勤工俭学生。由于不断地有学生涌向此地,楼内早已人满为患。有一位法国的参议员于格儒的夫人便赠送了一些帐篷,搭在房屋后面的菜园地上。后来,非但楼内,就连这些帐篷内也挤得水泄不通。学生们只有每日五法郎的生活费用,因此每日两餐,都是自来水加面包,有时佐以粗制的巧克力糖,连蔬菜亦很难得。少数人有煤气炉还可烧点热水,而绝大多数人则只能饱饮自来水。由于缺油少肉,这些年轻的学生每日需吃一公斤半的面包，方能解饥。有时腰无余钱，只好连粗巧克力也节省了。

这些千里迢迢，远涉重洋而来的勤工俭学生，已经从美好幻想的天堂跌进了残酷现实的地狱。

到了 8 月，父亲已满了十七岁。而他的十七岁的生日，就是在这样一种既无前途，又无希望的困境之中度过的。

可能是由于年龄尚小，所以在这一年中发生的"拒款斗争"和"争回里昂中法大学"两次大型斗争，他都未参加。只是在 5 月 20 日，由王若飞、陈毅、刘伯坚、李慰农等二百四十三名勤工俭学生联名写信给蔡元培，要求将里昂中法大学和中比大学改办工学院以解决勤工俭学学生求学问题时，父亲才在其中签了名。[1] 那时候，站在斗争前列的是一批较他年长的，已具有相当政治觉悟的进步青年，他们之中有赵世炎、周恩来、蔡和森、陈毅、李维汉、王若飞、向警予、李富春、刘伯坚等人。而父亲虽已在国内参加过"五四"运动，虽已饱受勤工俭学遭遇的磨练，但那时的他，还仅仅只具有初步的觉悟和进步意识，还未接受到马克思主义思想的感召，还未跻身于自觉地与黑暗势力进行斗争的行列。

1921 年 9 月，法国政府决定停止发放给予中国留法勤工俭学生的生活维持费。10 月，父亲和其他学生一样，已经毫无生活来源，面临生活绝境。

也许是天无绝人之路，在巴黎第十区的运河边上，有一家专门制作扇子和纸花的香布朗工厂（Chambrelent），正要招收一批工人。于是，父亲、他的叔叔邓绍圣和其他学生，共一百零五名，于 1921 年 10 月 22 日进入这家小小的工厂，父亲的编号是二三八。[2] 这份工作，对于走投无路的学生来说，是十分幸运的事。有一位名叫罗汉的同学形容道：

---

[1]　陈志凌、贺扬《王若飞传》，第 44 页。

[2]　第 47AS8 号法国国家档案。香布朗工厂招工名单。

"绝处逢生，竟有人像哥伦布发现新大陆似的在巴黎城中找到一种扎花工。困难到了极点的勤工俭学生，忽然发现了这个新大陆，不管工资厚薄，只要他肯收，便是好路径了。于是一拥拥去了一百多人。"[1]

留法学生们在这间工厂的工作，是做一批为了在美国募集资金的订货。他们用薄纱和绸子作花，然后把花缠在一根铁丝上，再贴上一个小标签，上面写着"阵亡将士的遗孀和孤儿作"。这种工作一般由女工来做，工价很低，做一百朵花才挣两个法郎。有的人熟悉了以后，一天可以做六七百朵，那便可以挣到十几个法郎。[2] 这一百零五名学生似乎是可以暂时借此糊口了。但是，好景不长，他们做的这份工，本来就不是固定的工作，而只是一份临时性的杂工。不久，这批活儿就做完了，两个星期后，也就是 11 月 4 日，父亲和他的同学们便被工厂解雇。[3]

他们又失业了。

父亲曾经说过，他在法国做过各种各样的工作，而且都是杂工。他这次失业以后，一定是四处努力寻找工作，也可能间或干过一些临时性的杂工。这种没有着落的不稳定的状况持续了三个多月，直到 1922 年 2 月，他重新找到一份工作，就是在蒙达尼附近的哈金森橡胶工厂。

1922 年起，法国的经济已开始好转，一些工厂逐渐恢复开工，就业机会有所增加，在报纸上已经常常可以看到招工的广告，一部分留法学生陆续找到工作，度过了生存危机这一险关。与此同时，由于留法学生的强烈呼吁和国内热心人士的奔走，国内一些有留法学生的省和县也筹集了一些资金，寄给留法学生。譬如四川的彭县，每位学生得到了六百元一年的贷款。故此，从 1922 年起，凡得到贷款和国内资助的学生，纷纷争取投考技术专业学校和一些大学，以实现来法勤工

---

[1]　罗汉《勤工俭学生活的一段》，《革命周刊》1928 年 12 月 15 日第 75 期。

[2]　同上。

[3]　第 47AS8 号法国国家档案。香布朗工厂档案。

俭学的夙愿。仅四川一省的留法学生，据不完全统计，就有二百余人先后在各类院校毕业。[1]

蒙达尼（Montargis），在巴黎以南，是卢瓦雷省的一个小城镇。这座城镇中世纪时是法国王室的一个居住地，到了19世纪已有一万三千多人口，工业、商业、交通运输和文化教育都很发达。在蒙达尼的旁边有一个名叫夏莱特（Chalette）的小市镇，只有三千居民，但这里有一家老字号的哈金森工厂（Hutchinson），专门生产各类橡胶产品。1921年底，哈金森工厂开始招募工人，一些中国留法学生便纷纷来到这里，进入该工厂做工。

哈金森工厂的厂主是一个英裔美国人，19世纪中叶他在法国和欧洲其他国家建了一些工厂，当时夏莱特的哈金森工厂，据说是欧洲唯一的橡胶厂。第一次世界大战后，该厂招募了大量的外籍工人，有印度人、越南人和白俄。由于这个工厂的人事部门与法中友协有关系，因此由法中友协介绍了一些中国学生前来做工，最多时达到二百一十人。在1922年的时候，哈金森工厂一共约有一千多名工人，大部分是女工和童工，其中有中国留法勤工俭学学生三十多人。中国学生有的做车胎，有的做雨衣，大部分做橡胶套鞋。[2]

1922年2月13日，邓希贤在夏莱特市政府的外国人登记簿中进行了登记，他写明了父母名氏和出生年月，注明来这里以前的地址是"拉加雷纳－科隆市（La Carenne-Colombe）德拉普安特街39号"（39, rue de la Pointe），身份卡上的编号是1250394。[3]

2月14日，父亲进入哈金森工厂，工号为5370。[4] 在这里，父亲度过了一段较为稳定的做工生活，并在这里，开始了他生命中的一个巨

[1]　黄里州《四川留法勤工俭学运动》。《四川文史资料选辑》，第1页。
[2]　郑超麟的回忆。
[3]　夏莱特外国人登记簿。
[4]　哈金森工厂工卡。

大的转折点。

父亲在哈金森工厂被分配到制鞋车间工作，制作防雨用的套鞋。他们每日工作十小时，星期六做半天，即每周工作五十四小时。新工人实行计时工资，每小时工资学徒期为一法郎，以后逐步增加[1]，熟练后就实行计件工资。这种工作属于轻体力劳动，但要节奏快，适合心灵手巧的人干。郑超麟也曾在这家工厂做工。我去采访他时，他对我讲，他一天只能做十双鞋，而我的父亲则可以做二十多双。像父亲这样工作，一天大约可以挣得十五六个法郎。

1988年我去法国进行一个项目考察时，曾到蒙达尼去了一下，在工厂人员的陪同下，我参观了哈金森工厂。这个工厂今天仍旧是橡胶制品企业，拥有九千多名职工，在宽敞的庭院右边，父亲当年做工的厂房仍然完好无缺。这里现在楼上作为仓库，楼下也堆满了什物，已不再作为车间使用。这个厂房高大明亮，可想而知比克鲁梭的施奈德钢厂的工作条件要好得多。工厂的陪同人员告诉我，这个工厂一百年前曾经失火，后来由法国著名的建筑设计家古斯塔夫·埃菲尔设计了这个厂房。就像埃菲尔设计的举世闻名的巴黎铁塔一样，这个厂房也是由钢铁结构建造而成，据说在当时是世界上第一个金属结构的厂房。回国后我问过父亲，你当年做工的厂房是埃菲尔设计的，你知道吗？父亲还真的不曾知晓。

据和父亲当时在一起做工的郑超麟回忆，在离工厂五分钟路程的一个小树林中，工厂拨出一个木棚，内有四十多个铺位，专门为中国勤工俭学学生而住。我去法国的时候，工厂的人告诉我，这个木棚早已拆掉了，但我可以想象得出它当年那种简陋的样子。当时住在这里的学生们搭伙做饭，推举两个人作厨师，大家照工厂计时制给他们支

---

[1]　第47AS9号法国国家档案。哈金森工厂经理致旅法中国青年法中救济委员会主席的信。
1922年3月18日。

付工资，伙食账目公开，每人每日伙食费约三个法郎。早晨咖啡面包，午、晚两餐都有肉吃。房子不需付租金，因而算起来，像郑超麟这样的计时工，每月可剩余一百多法郎。而像父亲他们那样的计件工，便可以剩余大约二百多个法郎。

当时在木棚中一同居住的，有郑超麟、汪泽楷、李慰农、尹宽等人，最多的是安徽人。1922年6月9日以后，王若飞和他的舅父黄齐生老先生也来到蒙达尼的哈金森工厂做工，也住到了这个木棚里，他和父亲从此相识。

王若飞1896年生于贵州安顺的一个封建地主之家，因受亲戚虐待，八岁便投奔其舅父黄齐生。其时黄齐生在贵州著名的达德学堂任教。1918年若飞随舅父赴日留学。1919年10月，王若飞和舅父一起再赴法国勤工俭学。他曾在枫丹白露公学补习法文，曾在里昂附近的圣夏门钢铁厂做工。在这里，他既体验了资本主义对工人的野蛮剥削，也实践了作为工人阶级的劳动生活。1921年，他参加了三大斗争，逐渐成长为一个自觉的革命者。若飞其人，聪明好学，思想敏锐，性格活泼开朗，待人随和。王若飞曾被国民党逮捕关押五年多，面对敌人坚强不屈、大义凛然，表现了一个共产党人的高贵品格。他曾历任我党革命时期很多重要职务，1946年4月8日在山西不幸遭遇空难殉职，时年五十岁。他和父亲相交甚深，战争年代还曾互赠照片，作为留念。他送父亲的照片，一直存放在我们的家庭影集之中，"文化大革命"中被抄家没收后遗失。王若飞只有一子，小名和我同名，也叫毛毛。虽然王毛毛大我许多，但父辈既为战友，我们也自然成为好友。这个王毛毛，性格像他的父亲，而且也像他父亲一样，喜欢偶尔贪杯。

父亲在哈金森工厂做工时，于8月度过了他的十八岁生日。那时的他生活已有着落，工作也不像在克鲁梭时那样沉重，因此大概生活得比较轻松。郑超麟和他同住一个木棚，他回忆道："晚饭后至睡觉时间有两小时至三小时可以利用。此时木棚里很热闹，看书的人很少，甚至没有，大家闲谈、开玩笑、相骂，幸而没有相打的。有个四川小孩子，矮矮的，胖胖的，只有十八岁，每日这个时候总是跳跳蹦蹦，走到这一角同人说笑话，又走到那一角找人开玩笑。"[1] 可见，父亲年轻时的性格相当活泼开朗。这种于困难艰苦之中尚能保持乐观的精神状态，他保持了终生。

1922年10月17日，父亲和邓绍圣辞去了哈金森工厂的工作。[2]他们于11月3日离开了夏莱特，填写的去向是塞纳-夏狄戎中学（ Collège de Châtillon-sur-Seine ）。[3]

据我祖母说，父亲曾写信回家，希望家中寄点钱去。我的祖父就又卖掉了一点谷子和田地，给他在法国的儿子寄去了一笔为数不多的钱。那时祖父家中已十分困难，他能够卖田卖地来筹钱，证明他对于儿子的留法勤工俭学是全力以赴地予以支持的。大概直到1922年底，父亲才收到这笔钱，加上他在哈金森工厂做工九个月挣得了一小笔钱，因此他又自然地想起了他不远万里来到法国的目的。为了实现求学的愿望，他已吃尽苦头，今日稍有余力，他便又想去继续求学。

父亲去了夏狄戎，但并没有在塞纳中学上成学，原因当然是钱不够。两个月后，也就是1923年2月1日，他又从塞纳-夏狄戎（ Châtillon-sur-Seine ）回到了夏莱特。[4]

这次求学不成，使父亲想要继续读书的梦想最终破灭。除了以后曾在苏联进过"中山大学"以外，他再也没有进过任何正规学校读过书。他曾经开玩笑地跟我们说，他只有中学文化水平。父亲的知识，都是他在以后的岁月中日积月累地自学而来。他的智慧，也都是在革命斗争中和切身实践中锻炼而来。

---

[1] 郑超麟的回忆。

[2] 哈金森工厂档案。邓希贤的工卡。

[3] 夏莱特市外国人花名册。

[4] 同上。

父亲爱学习，终生爱学习。他从书本中学习，从工作中学习，从社会生活的大课堂中学习，更从革命斗争的实践中学习。他从社会实践和革命实践中的所学所得，多于学校，胜于学校。

父亲特别爱看书，什么书都看，中外古典名著、历史人物传记、时势评论专辑乃至整本整册的二十四史，他通通都喜欢读。在历史古籍中，他最喜欢读的，还是《资治通鉴》。父亲还有一个爱好，就是翻字典。我从小就常常受父亲的差遣，为一句话，为一个词，为一个字，去翻《辞海》、《辞源》和《康熙字典》。结果，不知不觉地，我也就养成了一个嗜好——翻字典。

1923年2月2日，父亲重新回到哈金森工厂。在制鞋车间做了一个多月的工后，他于3月7日离开了哈金森工厂。他的工卡上注明他离开的原因是"拒绝工作"。[1]

父亲离开哈金森工厂，并不是因为他不需要做工了，而是因为在1922年，发生了一件决定他终生命运的大事。

1922年6月，在法国的勤工俭学生中的优秀分子，组织了旅欧中国少年共产党（次年改名为旅欧中国共产主义青年团）。同年夏秋之际，父亲也参加了这个组织，成为一名青年团员，成为一名马克思主义和共产主义的信仰者。

1923年他离开哈金森工厂，从此成为一名职业革命家。

如果说当1922年年初他进入哈金森工厂时，还仅仅是一个具有爱国思想的进步青年的话，那么，在1923年3月他离开哈金森工厂时，便已成为一个具有一定政治觉悟和选择了共产主义理想的革命青年。

在他之先和与他同时，一大批热血沸腾的中国革命青年，相继在法国、在欧洲走上了革命的道路，建立了革命的组织，进行了革命的活动。下一章，我将详细地介绍他们的这一段革命历程。

---

[1] 哈金森工厂档案。邓希贤的工卡。哈金森工厂中国工人花名册。

第17章
旅欧共产主义组织的建立

在第十一章里，我曾介绍过，1917 年俄国"十月革命"和 1919 年我国"五四"爱国运动的爆发，以其强大的冲击力震撼了中国。许许多多中国进步青年获得了新的启迪，开始进行新的探索。在他们之中，涌现出一批优秀分子，李大钊、陈独秀等人已率先接受了马克思主义。

湖南青年毛泽东和蔡和森于 1918 年组织了一个革命社团，取名"新民学会"。新民学会会员蔡和森、李维汉、李富春等人先后赴法勤工俭学。

这批青年在国内时已具有相当的进步和革命的色彩，到法后，他们继续进行研究和探索。

1920 年 2 月，李维汉、李富春、张昆弟等人组织了一个"勤工俭学励进会"（简称工学励进会），对真理和勤工俭学的目的进行探索。1920 年，蔡和森来到了法国，住在蒙达尼公学，他没有上课，却"日唯手字典一册，报纸两页"，"猛看猛译"马克思主义和各国革命运动的小册子。至此，新民学会在法会员的中心很快移至蒙达尼。

1920 年 7 月，蔡和森、向警予、李维汉、张昆弟、罗学瓒、蔡畅等新民学会会员在蒙达尼举行聚会，辩论改造中国与世界的目标和道路。蔡和森主张激烈革命，组织共产党，走"十月革命"的道路；而其他一些人则主张温和革命或无政府主义。他们一面探讨，一面与国内的毛泽东频繁通信，以兹沟通。

1920年8月,"工学励进会"改名为"工学世界社",会员有李维汉、李富春、张昆弟、汪泽楷、罗学瓒等三十多人。10月间,工学世界社在蒙达尼开了三天会,蔡和森也参加了讨论。经过热烈的辩论,大多数社员赞成以信仰马克思主义和实行俄国式的社会革命为宗旨。

工学世界社是旅法勤工俭学生中成立最早的带有社会主义性质的团体,它和新民学会一道,以蒙达尼为中心,积极学习和传播马克思主义,并参加了1921年勤工俭学生两次大的群众斗争的领导。

1920年6月,一个名叫赵世炎的四川青年来到了法国。

赵世炎,1901年出生于四川,从小就受到新思想的影响(其二哥为同盟会员),在北京高等师范学校附中念书期间,积极参加"五四"运动,被选为学生会的干事长。中学毕业不久,即参加了李大钊等人发起的"少年中国学会",出任学会和会刊的主要负责人,后又主办《工读》半月刊。在李大钊的鼓励和赞助下,赵世炎积极参加具有青年社会主义性质的工读运动。1920年3月,反动的北京政府警察厅封闭了赵世炎主办的《工读》半月刊,这个事件更加激发了赵世炎走向革命道路的决心。到法国后,赵世炎曾在几个工厂做工,也经历了失工的困苦,这使得他对资本主义世界有了很多的感触。

1921年初,在勤工俭学生和华工比较集中的克鲁梭,赵世炎和李立三等人发起了一个"劳动学会",其最初宗旨是笃信工学主义,主张把留法勤工俭学运动坚持到底。其成员有陈公培、刘伯坚、袁庆云等人。王若飞和徐特立、黄齐生两位老先生也对他们表示积极支持。劳动学会主张,要革命,第一步就要把华工组织起来。他们重视工人运动,深入华工,因此深受华工欢迎。

以蒙达尼为中心的"工学世界社"和以克鲁梭为中心的"劳动学会",是留法勤工俭学生中的两个进步团体,虽然初期阶段两个团体之间互持不同意见,甚至言词对立,但都在致力于对留法勤工俭学运动及对理想和真理的探寻,并无原则分歧。

1921年初，留法勤工俭学生遇到了失学、失工的生存危机（本书第十五章中有详述），留法学生自发地发起请愿示威，在斗争的紧张时刻，蒙达尼的新民学会和工学世界社在蔡和森领导下，讨论了形势，一致认为应支持巴黎近郊学生的正义斗争。2月下旬，蔡和森、王若飞、李维汉、张昆弟、向警予、蔡畅等来到巴黎，参加和领导了这次斗争。克鲁梭的劳动学会的赵世炎、李立三等人虽未参加，但起草了声援宣言。

"二·二八"运动以后，以蔡和森等为代表的"蒙达尼派"和以赵世炎、李立三等为代表的"劳动学会派"，根据斗争的需要，双方都迫切希望消除隔阂，实现留法勤工俭学生的团结。

1921年夏天，赵世炎专程到蒙达尼，会晤蔡和森。他们交谈三天，结果取得了完全一致的意见。双方都表示，争论已经过去，今后要共同研究问题，共同革命，大家都谈马克思主义。[1]

在留法勤工俭学运动出现波折，各派进步学生团体分头探索研究的时候，周恩来于1921年2月中旬从英国来到了法国。

周恩来，这个名字享誉世界，无人不知。1898年，他出生于江苏古城淮安。十二岁，他离家去东北念书，十五岁来到天津进入南开学校学习，在中学时期，便萌发了忧国忧民的爱国之心。1917年他东渡日本求学，在那里受到了民族危亡的震撼和《新青年》等进步思潮的冲击。1919年，周恩来回国，立即受到"五四"运动的熏陶。在斗争中，他和邓颖超、郭隆真、刘清扬等二十人组成"觉悟社"，其宗旨是"要本'革心''革新'的精神，求大家的'自觉''自决'"。此后，周恩来参加和领导了多次反帝爱国的天津学生运动，并遭到反动当局的逮捕镇压。出狱后，周恩来于1920年11月经上海赴欧洲勤工俭学。在法国停留了半个月后，周恩来到英国准备求学。他在英国没有入成学，但却看到了欧洲战后社会生活的严重动荡和不安。当时正值声势

---

[1]　李立三《回忆留法期间赵世炎同志》。《赵世炎烈士革命资料汇编》。

浩大的英国工人罢工席卷英伦全境，他对英国的工人运动进行了认真的考察。1921年2月，周恩来来到法国。他一边学习法文，一边进行社会调查，同时给报社撰写稿件和翻译文章维持生活学习费用。战后欧洲的思想异常活跃，各种思潮杂然纷呈。经过反复学习和思索，周恩来终于坚定地选择了共产主义的信念。1920年12月，张申府和刘清扬来到了法国。张申府在国内曾参与李大钊筹建中国共产党的活动，陈独秀和李大钊委托张申府建立海外组织。1921年春，经张申府和刘清扬介绍，周恩来加入了中国共产党的八个发起组织之一——巴黎共产主义小组。从此，他把毕生的精力和才华全部献给了共产主义事业，直到生命的最后一息。

1921年2月，周恩来来到法国时，正值第一次勤工俭学生大规模斗争进入高潮。6月，周恩来和工学世界社的袁子贞等，联络各界人士，展开了反对中国政府向法国政府借款购买军火的斗争（本书第十五章中有详述），从此，他便走上了留法勤工俭学学生斗争和革命斗争的领导岗位。

9月，克鲁梭的赵世炎、李立三和蒙达尼的蔡和森等，决定联合发动一个争取留法勤工俭学学生到里昂中法大学入学的运动（本书第十五章中有详述）。9月17日，他们首先在巴黎成立了"勤工俭学学生联合会"，20日，赵世炎、蔡和森、李立三、陈毅、陈公培、张昆弟、罗学瓒等一百多名学生组成"先发队"进军里昂，周恩来、王若飞、李维汉等在巴黎声援策应。虽然这次斗争被法国军警镇压，蔡和森、陈毅、张昆弟、罗学瓒等骨干力量被遣送回国，但经过这几次的斗争，团结起来，组织起来，已成为勤工俭学中先进分子的共同要求。建立统一的共产主义组织的条件已经成熟。

赵世炎，是筹建留法勤工俭学共产主义团体的领导人之一。他在国内时，曾与筹建中国共产党的李大钊、陈独秀等多有接触。1921年3月，赵世炎与来到法国的张申府、刘清扬和周恩来取得了联系，并成立了巴黎共产主义小组。这个小组共有五名党员：张申府、刘清扬、周恩来、赵世炎、陈公培，它是中共旅欧支部的前身，当时为秘密组织。

1921年7月，中国发生了一件在当时鲜为人知，而对中国的前途命运则至关重要的大事，那就是以李大钊、陈独秀等为首的中国共产主义者们，建立了中国共产党。

这个共产主义政党诞生之初，仅有五十多名党员，但是，共产主义的星星之火，在中华大地上迅速扩展，转眼已成可以燎原之势。其组织建设，不但在中国的大地上不断壮大发展，而且在海外的中国革命者中也已孕育成熟。1922年，欧洲勤工俭学共产主义组织的建立，进入了一个历史性的时刻。

1921年底，在法国北方避居法国军警搜捕的赵世炎通过书信与在法国、德国和比利时的周恩来、李维汉、刘伯坚、王若飞、傅钟等密切联系，商组旅欧"中国少年共产党"事宜。1922年初，赵世炎和周恩来邀请部分人，在巴黎对此进行了充分讨论，并达成协议。此后，赵世炎、李维汉在法国，周恩来在德国，聂荣臻、刘伯坚在比利时，分别筹划。赵世炎还与已回国的李立三等取得联系，索取国内社会主义青年团的章程与有关文件。

1922年6月，旅欧青年中的共产主义组织诞生了。

它的第一次代表大会是在巴黎郊区的布罗尼森林中举行的。代表大会共开了三天，在法国、德国、比利时三国勤工俭学的十八名代表参加。他们是：赵世炎、周恩来、李维汉、王若飞、萧朴生、刘伯坚、袁庆云、任卓宣、陈延年、尹宽、李慰农、郑超麟等。会场设在森林中的一个小空场上，他们向一个开露天咖啡茶座的法国老太太租来十八把椅子，就地而坐。会议由赵世炎主持，由赵世炎和周恩来报告了筹备经过和组织章程。经过讨论，决定将组织定名为"旅欧中国少年共产党"。会议选举赵世炎、周恩来、李维汉为中央执行委员会委员。赵世炎任书记，周恩来负责宣传，李维汉负责组织。委员会的办

1923年旅欧中国共产主义青年团部分成员的合影。

公地点设在巴黎十三区意大利广场附近的戈德弗鲁瓦街 17 号一座小旅馆内。赵世炎住在那里，李维汉和陈延年经常在那里工作。

至此，留法勤工俭学的共产主义组织正式成立，并相继在德国、比利时发展了组织。

与此同时，中共旅法小组于 1922 年冬进一步发展成中共旅欧支部，"少共"中够党员条件的同志正式转为中共党员。当时党团机关合在一起，领导机构也是统一的，但党组织是团组织的领导与核心。党组织是秘密的，团组织则是公开的。

中共旅欧支部的诞生和旅欧中国少年共产党的成立，表明中国共产党在欧洲勤工俭学生中的活动取得了成就，形成了留法学生和华工、华人开展政治活动和斗争的领导核心。

少共自成立之日起便发展迅速，刚成立时，仅有成员三十多人，半年之后，已达七十二人，到 1924 年，更发展到二百人之多。一大批旅法、旅欧勤工俭学生中的优秀分子和先进青年聚集在了党团组织的周围。

少共是在中共旅欧支部的绝对领导下进行活动的。赵世炎既是少共中央执行委员会的书记，又是中共法国组书记。他和周恩来两人都是品格高尚、具有很强组织领导能力的少共领导者，少共的同志们对他们十分敬重和热爱，蔡畅就曾充满诗意地赞美他们，说："世炎和恩来全身都是聪明。"

少共成立后，曾向国内党中央报告了成立的情况。1922年11月20日，少共派李维汉回国，向团中央汇报接洽，要求附属于国内社会主义青年团。

1923年2月17日至19日，少共召开临时代表大会。会场设在巴黎西郊一个小镇上某警察分局的礼堂内，参加会议的有四十二名代表，他们之中除了参加成立大会的人员外，还增加了陈乔年、聂荣臻、傅钟等人。[1] 会上决定将旅欧"中国少年共产党"改名为"旅欧中国共产主义青年团"，也称"中国社会主义青年团旅欧支部"，其领导机构改称旅欧共青团执行委员会。由于中共中央决定调赵世炎、王若飞、陈延年、陈乔年等十二人到苏联东方劳动大学学习，会议新选出周恩来等五人组成第二届执行委员会，刘伯坚、袁子贞等三人为候补委员，周恩来为书记。

到了这个时候，中国共产主义青年团旅欧支部已进入了第二届时期：壮大了组织，设立了机关，正式确定了与中共中央和中国共产主义青年团的隶属关系，确定了组织的正式名称，并创立了机关刊物《少年》。其组织与工作都更趋完整，更趋成熟。

1923年周恩来在巴黎戈德弗鲁瓦大街17号。

---

[1] 《赵世炎生平史料》。《四川文史资料选辑》，第193页。

第*18*章
革命历程的起点

父亲曾回忆道："我在法国的五年零两个月期间，前后做工约四年左右（其余一年左右在党团机关工作）。从自己的劳动生活中，在先进同学的影响和帮助下，在法国工人运动的影响下，我的思想也开始变化，开始接触一些马克思主义的书籍，参加一些中国人的和法国人的宣传共产主义的集会，有了参加革命组织的要求和愿望，终于在 1923 年 6 月被吸收为中国社会主义青年团的成员。我的入团介绍人是萧朴生、汪泽楷两人。"

从 1922 年 2 月开始，父亲一直在蒙达尼附近夏莱特市的哈金森工厂做工。蒙达尼是先进学生云集之地，是旅欧中国学生中共产主义组织的发源地之一，而在哈金森工厂里，也聚集了一些具有先进思想的勤工俭学生。父亲虽未参加其活动，但耳濡目染地逐渐接受了革命思想，并开始阅读《新青年》、社会主义讨论集等书报。

当时在法国的青年中，各类思想思潮都很流行，特别是无政府主义思潮曾经大为流行。陈独秀的两个儿子陈延年和陈乔年就曾一度热衷于无政府主义。但是，父亲虽然年龄尚轻，却从未受这些思想的影响，他曾回忆道："每每听到人与人相争辩时，我总是站在社会主义这边的。"他从一开始就接受了马克思主义和共产主义思想，从一开始，便选择了无产阶级革命的道路，而且积其七十年的历程和岁月，历尽艰难而始终不渝。

他在苏联学习时对自己总结道："生活的痛苦，资本家的走狗——工头的辱骂，使我直接地或间接地受到了很大的影响，最初对资本主义社会的罪恶略有感觉，然以生活浪漫之故，不能有个深刻的觉悟。其后，一方面接受了一点关于社会主义尤其是共产主义的知识，一方面又受了已觉悟的分子的宣传，同时加上切身已受的痛苦，"于是加入了中国社会主义青年团旅欧支部。"综上所说，我从来就未受过其他思想的浸入，一直就是相当共产主义的。"

这是父亲在1926年时对他在法国加入共产主义革命行列的一个小结，是一个二十二岁的青年对其为什么在十八岁时就选择了共产主义理想，走上了革命道路的一个如实的自我剖析。

父亲说，他是和"蔡妈妈"，即蔡畅等一起到巴黎进行的入团宣誓。在入团宣誓会上，他们每个人都进行了自我宣誓，心情相当激动。几十年后，他们在一起回忆起当时的情景，都还记忆犹深。

蔡畅，1900年生于湖南。早年参加毛泽东主办的"新民学会"，并和向警予一道组织"妇女工学团"。1920年，蔡畅与其兄长蔡和森偕母亲葛健豪共同赴法勤工俭学，先后在里昂、巴黎等地做工，积极参加蔡和森、向警予等新民学会在法会员的讨论活动，参加了蒙达尼的"工学世界社"等进步团体，同时参加了"拒款运动"等留法学生斗争。她于1922年在里昂加入中国社会主义青年团旅欧支部，1923年转为中国共产党旅欧支部正式党员。父亲与蔡和森在法时并不熟识，但他与蔡畅却相当熟悉，由于蔡畅年长四岁，父亲一直亲切地称她为"大姐"。蔡畅与李富春在法国相爱并结为终身伴侣，父亲和他们相当亲近，他称李富春为"大哥"，称蔡畅为"大姐"，而李、蔡夫妇则亲热地称他为"小弟弟"。后来他们一起在巴黎共青团支部工作时，父亲有一个时期曾和他们住在一起。父亲告诉我们，他常去吃"蔡妈妈"煮的面条。父亲和他们的友谊维持了几十个春秋。

邓小平与蔡畅。1984年，蔡畅84岁寿辰，邓小平带领全家到中南海庆云堂去给她祝寿。

　　1957 年后，我们家搬到中南海居住，在怀仁堂的旁边共有前后
四个院子，叫"庆云堂"，李伯伯和蔡妈妈家住一院，我们家住三院。
比邻而住，使我们两家的关系更加密切，父亲和母亲常常带我们这些
孩子们去李伯伯、蔡妈妈家玩。李伯伯带有浓重的湖南口音，因此总
把我弟弟飞飞的名字叫成"灰灰"，我们这些孩子们也非常敬爱这一
对父亲的"大哥、大姐"。母亲与蔡妈妈的关系也相当亲密。母亲对
蔡妈妈相当敬重，有事常常向她请教。由于工作关系，父亲和李伯伯
两个国务院副总理常常一起出差，我们两家人和其他同行的人，常常
一坐就是几天几夜的火车，去东北，去西北，去西南，去华东。到了
"文化大革命"，父亲受到批斗并被软禁，那时真是普天之下无人敢于
接近，也不能够接近。有一天，李伯伯的警卫员小孔，拿了两包烟悄

悄塞在我们家一位老公务员的手中，说是富春同志送的，说完赶紧就走。这区区的两包烟，足以表明了李伯伯和蔡妈妈的政治观点，其中浸注了他们对父亲作为老战友、老同志之间的全部感情。李伯伯1975年于"文化大革命"中去世，父亲亲致悼词。后来蔡妈妈重病长年住院，父亲和母亲常去探望。1990年蔡妈妈九十大寿时，母亲率我们全家子女，代表父亲前去医院祝寿。蔡妈妈去世时，父亲送了花圈，母亲代表父亲参加了遗体告别仪式。这种长达几十年的友谊，是革命的友谊，它亲如手足之情，甚于手足之情。

　　1923年初开始，周恩来成为中国共产党旅欧支部和中国社会主义青年团旅欧支部的领导者，李富春、蔡畅等人也已成为活跃的革命工作者，而父亲，才仅仅是一个刚刚跨进共产主义事业殿堂的、尚未完全成熟的青年革命者。但他那时年轻、热情、活跃、向上，毫不迟疑地、坚定地迈开了革命的步伐，在周恩来等领导者的带领和培养下，开始了他作为一个职业革命者的终生事业。

　　1923年6月11日，父亲离开了蒙达尼附近的夏莱特市，填写的前往地址是：拉加雷纳-科隆市（La Garenne-Colombe）德拉普安特街39号（39，rue de la Pointe）。[1] 这时他根据青年团执行委员会书记部的工作需要，一边做一些临时性的杂工，一边开始在巴黎专职从事青年团旅欧支部的工作。

　　父亲加入团组织后，不仅思想有了提高，精神面貌也为之焕然一新。他在1922年初刚到哈金森工厂时，还是一个活泼甚至有点调皮的大孩子，而入团以后，顿觉成熟了许多。当年的一个留法勤工俭学生吴琪回忆道："我所接触的同学中，年纪最轻的要算邓小平同志。1922年下半年，我在巴黎郊区皮浪哥饭店见到他的时候，他还不到二十岁。他年龄虽轻，却很老练，才气横溢，身体强壮，精神饱满，说话爽直，

---

[1]　夏莱特市外国人花名册。

声音洪亮，铿锵有力。时过半个多世纪，但这一切仍印在我的脑海中。"

由此可见，一个人在有了理想，有了追求，有了明确的信念和奋斗目标之后，确实等于获得了一次新的生命。

1922 年，中国国内的革命局势发展迅速，孙中山几经波折和失败后，终于选择了一条新的革命道路，从 1922 年夏季开始，进行了改组国民党的准备，并邀请陈独秀、李大钊等共产党人参与指导改组工作，其后，又坚决地确定了联俄、联共、扶助农工的三大政策。

1922 年 6 月，也就是旅欧少共成立的同时，中国共产党中央委员会发表了《中国共产党对于时局的主张》，提出要同以孙中山为首的国民党等革命民主派共同建立一个民主主义的联合战线。1923 年 6 月，中国共产党在广州召开的第三次代表大会上，决定全体共产党员以个人名义加入国民党，以建立各民主阶级的统一战线。这时，孙中山派王京歧到法国筹建国民党支部。

王京歧原为留法勤工俭学生，因参加争回里昂中法大学的斗争被遣送回国。王京歧到法后，立即与周恩来等取得联系。同年 6 月 16 日，周恩来等与王京歧达成协议：旅欧中国共产主义青年团团员全部以个人名义加入国民党。11 月，国民党旅欧支部在里昂成立，选举王京歧为执行部长，周恩来为总务科主任，李富春为宣传科主任，聂荣臻为巴黎通讯处长。和其他青年团员一道，父亲在 1923 年也以个人名义加入了国民党。从此，"旅欧国共两党统一战线工作出现了生气勃勃的大好形势。面对这种情况，国民党右派分子极端恐惧，大肆攻击我党。因周恩来同志领导中共和共青团员对他们进行了针锋相对的斗争，国民党右派对周恩来恨之入骨，在一次会议上，右派分子竟拿出手枪对准周恩来，幸亏我们的同志手疾眼快马上将手枪夺过来，使他们的刺杀阴谋未能得逞。"[1]

---

[1]　施益生《回忆中共旅欧支部的光辉业绩》，《天津文史资料选辑》第 15 辑，第 114 页。

1923 年，旅欧中共支部和青年团，除了宣传马列主义和建立扩大组织外，于 7 月还领导旅法勤工俭学学生和华工开展了一场反对帝国主义列强企图"共同管理"中国铁路的斗争。由周恩来、徐特立、袁子贞、许德珩等发起，二十二个旅法团体在巴黎聚会，成立了旅法各团体联合临时委员会，周恩来为中文书记。

7 月 15 日，旅法华人大会在巴黎举行，六百余人到会。周恩来在会上发表了联合起来，推翻国内军阀，打倒国际帝国主义的演说。会后，决定成立中国旅法各团体联合会。旅法中共支部和青年团的斗争，进一步联合了旅法华工、华人，进一步与国内反封建、反殖民主义的政治斗争相结合。

父亲 1923 年加入共青团后，很快成长起来。他曾回忆，此时，他在巴耶（Bayeux）支部担任了两届宣传干事，同时受支部的命令与傅烈共同为华工办理工人旬报。

1923 年夏季，他已开始参加支部的工作。据廖焕星回忆："1923 年 6 月，旅欧支部召开第二次代表大会，委员会又增加了邓小平同志。"[1] 江泽民也回忆道："1923 年夏天，学校放暑假后，我同乔丕成到巴黎找临时工作。在这个时候，恰好召开旅欧共青团第二次代表大会改选领导。我俩都作为代表参加了。会上产生了书记局，由周恩来任书记，李富春任宣传，尹宽任组织，傅钟、邓小平同志也是负责人。会上决定改《少年》为《赤光》，但实际上到 1924 年 2 月才实现改版。"[2]

可见，从 1923 年夏天起，父亲由一名普通的青年团员成长为积极的活跃成员，已进入青年团的领导机构工作。廖焕星和江泽民都没有写明父亲那时担任什么样的工作，但我分析，他只是在支部

[1] 廖焕星《中国共产党旅欧总支部》。《"一大"前后》（二），第 502 页。

[2] 江泽民《参加留法、比勤工俭学的回忆》。《天津文史资料选辑》，第 93 页。

20世纪20年代，中国社会主义青年团旅欧支部机关刊物《赤光》。邓小平担任刊物的刻印工作，他白天做工，晚上刻蜡板，被称为"油印博士"。

负责同志的领导下，做一些具体工作，还不能算作支部的领导。因为他对我们说过，只要参加了青年团的领导，就算自动转入中国共产党正式党员。而他1923年还只是一名青年团员，直到1924年才正式转党。

1922年6月少共成立后不久，于8月1日创办了一份机关刊物《少年》，编辑部与少共机关一起设在戈德鲁瓦街17号那个小房间里。它的任务是"传播共产主义学理"。上面刊登过马克思和列宁著作的译文，登过共产国际和少共国际的文件和消息，赵世炎、周恩来、张申府都曾在上面发表文章，阐述共产党的性质和作用，解释马克思列宁主义基本原则，以及和无政府主义分子进行论战。共出版十三期。蔡畅回忆："《少年》刊物是轮流编辑，邓小平、李大章同志刻蜡板，李富春同志发行。后来该刊物改名为《赤光》。有时是三日刊、二日刊、月刊，时间不定。《少年》社址在巴黎意大利广场，S街5号，一个咖啡馆的楼上，我在1948年还去看过一次。邓小平、李富春同志是白天做工，晚上搞党的工作，而周恩来同志则全部脱产。"[1]

对于这个位于意大利广场旁边的小小的咖啡店，父亲深怀感情，念念不忘。1974年去纽约参加联大会议途经巴黎时，他告诉随行的同志，他和他的战友们曾住在意大利广场那里，并时常去一个小咖啡馆

---

[1]　蔡畅《谈赴法勤工俭学和社会主义青年团旅欧支部》，《"一大"前后》（二），第555页。

喝咖啡。他请中国驻法国大使馆的人带他去意大利广场那里看了一下，看完后，他感慨地说："面目全非了！"喝不上原来那家小咖啡馆的咖啡了，父亲就叫使馆的人每天早上从街上的咖啡馆中买咖啡送去给他喝。没办法，他就是喜欢那种真正的法国小咖啡馆里的咖啡，而且还总爱把法国的小咖啡馆和他家乡四川的小茶馆相提并论。

从1923年开始，父亲已直接在周恩来的领导下工作。他从此便正式地成为一名不折不扣的职业革命家。

1924年2月1日，旅欧中国共产主义青年团机关刊物《少年》改名为《赤光》，正式出版。如果说《少年》是一个较为偏重理论的刊物的话，那么《赤光》就更具战斗性。"改理论的《少年》为实际的《赤光》"，反映了旅欧党团工作更趋与实践斗争直接相连，是革命工作的需要使然。

《赤光》的第一期发表的宣言即指出，"我们不但要评论中国时事，且更愿为大家指出他的乱源所在和他的解脱之方，我们现愿诚恳而忠实地给大家指示出救国的唯一道路和其他转弯抹角迂拘而不可能的途径。总此，我们所认定的唯一目标便是：反军阀政府的国民联合，反帝国主义的国际联合。"

旅欧中共支部和青年团中央这种反帝反封建的战斗号召，是与中国国内革命已进入第一次大革命的新阶段密切相关的。

《赤光》所发表的文章，着重于揭露帝国主义列强和中国封建军阀压迫中国人民的黑暗事实，阐述现阶段中国革命的任务和方针，推进国民革命运动的发展。它报道了国际国内革命运动的消息，刊载了中国共产党"三大"、"四大"对时局的主张和宣言，论述了党的统一战线方略，召唤人们迎接革命新高潮的到来，还针对在法勤工俭学学生和华工中的斗争需要，对反革命的国家主义派"中国青年党"进行了无情的揭露和鞭笞。周恩来、李富春、萧朴生、任卓宣、邓希贤、蔡畅等都在《赤光》上撰写文章。仅周恩来一人就发表了近四十篇之多。

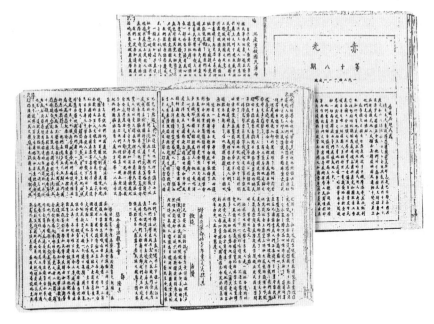

邓小平在《赤光》上发表的一篇文章。

　　父亲说过，他以希贤的本名和一些化名也写过一些文章。

　　用化名发表的文章已不可辨认，以希贤本名发表的有：1924年11月1日出版的第十八期中《请看反革命的青年党之大肆其捏造》；1924年12月15日及1925年1月1日第二十一、二十二期合刊中《请看国际帝国主义之阴谋》、《请看先声周报之第四批造谣的新闻》等。他在文中揭露了青年党的丑陋行径；批驳了青年党关于苏俄调军边境压迫中国等无耻造谣；抨击了帝国主义列强假中国请求为名，以组织专家委员会入手，借负审查中国政治经济形势及整理中国债务之责，干涉中国事务的罪恶企图。这些文章言辞泼辣，战斗性强，但都属于揭露性质的，尚未上升到理论和政论的水平，这与时年只有二十岁的，刚刚加入革命队伍的一个青年所具有的水平是相当的。他自己评论自己时曾说过："我在《赤光》上写了不少文章，用好几个名字发表。那些文章根本说不上思想，只不过就是要国民革命，同国民党右派斗争，同曾琦、李璜他们斗争。"

今天我们看到的邓小平，是一个具有宏才大略和闪光睿智的伟人，须知，每一个伟人都是从不成熟到成熟，从低水平到高水平，一点一滴，一步一个脚印成长锤炼而成的。

《赤光》是半月刊，十六开本，每期十来页。它出版灵活而迅速，印数比《少年》多，发行范围也更为广泛。由于它办得生动活泼，形式多样，文章短小精悍，切中时弊，对于勤工俭学生及华工、华人具有强烈的感召力，因此深受他们欢迎。旅欧华人盛赞《赤光》为"我们奋斗的先锋"和"旅法华人的明星"。[1] 到1925年止，《赤光》一共出版三十三期，由于它是中共旅欧支部和青年团的机关刊物，因此又成为旅欧中共党团支部、小组学习理论和进行讨论的资料。

周恩来负责编辑、发行和主要撰稿人的重任，李富春、邓希贤、傅钟、李大章等人曾先后参与这一工作。李富春负责发行，邓希贤和李大章刻蜡板。他们身居陋室，条件艰苦，白天做工糊口，晚上通宵苦干。他们开会，挤在周恩来住的小房间里，床上、桌子都坐满人。他们吃的是面包，喝的是白水，有时连菜蔬都吃不上。这些旅欧的党团干部，就是在这样一种艰苦的环境中努力工作，顽强斗争，保持着乐观、向上的革命热情。

父亲是负责刻蜡板和油印的。翻开《赤光》，你就会看到他当年那隽秀的字迹和从中反映出的认真态度。因为字迹清晰，装订简雅，大家曾赞扬他为"油印博士"。[2]

《赤光》的封面，是一个正欲跃起的少年，他赤身裸体，无牵无挂；他手持号角，高擎旗帜；他背靠光芒四射的赤光，脚踩无边无际的山川。这个封面不知是由谁人设计的，但我认为它极好地表现出了旅法中共党员和青年团员们的风貌和气质。这群在法兰西的土地上加入共产主

义战士行列的青年，正处在挥斥方遒、指点江山的意气风发之时，在他们的行列中，许许多多优秀分子经过锤炼，脱颖而出，成为改变中国面貌和人民命运的革命斗争的中流砥柱。

第19章
党的锤炼

1924 年 7 月 13 日至 15 日，旅欧中国共产主义青年团召开第五次代表大会。7 月 17 日"旅欧中国共产主义青年团通告"第 56 号中这样记载着：

> 旅欧中国共产主义青年团第五次代表大会选出新的执行委员会：
>
> 秘书：周唯真
>
> 委员：余增生、邓希贤。
>
> （三人组织书记局）
>
> 训练部主任：李俊杰
>
> 宣传部主任：徐树屏

在第五次代表大会上，父亲已进入执行委员会的书记局。根据党的规定，当时担任旅欧共产主义青年团执行委员会（支部）的领导，就正式转为中国共产党旅欧支部的党员。因此，1924 年 7 月，父亲在他的革命生涯中迈进了第二个阶段，担任了旅欧中国共产主义青年团的领导，并加入了中国共产党，时年差一个月二十岁。

当时的中共旅法支部和共青团中，领导人经常更换，父亲告诉我，

1924年7月，出席旅欧中国共产主义青年团第五次代表大会的代表在法国巴黎合影。后排右三为邓小平。前排右六为周恩来。

摄于巴黎

这是因为党团组织着眼于培养人才，不搞终身制，最多只当一年。还有一个原因是因为中国共产党的战场是在国内，中共中央经常选调旅欧中共党员和团员去苏联学习再回国工作，或直接回国参加斗争。

中共旅法支部和青年团支部的领导人，据傅钟回忆："第一届书记是赵世炎同志，第二届书记是周恩来同志，第三届书记是刘伯坚同志，第四届书记是李富春同志，第五届书记是傅钟同志，傅钟走了后交给胡达智负责。"[1] 傅钟的回忆中没有周唯真，也没有任卓宣，可能是遗漏了。

1924 年，以广东为根据地的国内革命运动迅速发展，急需大批干部。因此在第五次代表大会后，党中央又选送了一批批的党团员或经苏联，或直接回国。7 月下旬，奉中央指示，周恩来等同志从法国直接坐船回国。

周恩来，二十二岁来到欧洲，二十六岁离开法国。他从一个追求真理的青年学生，已成长为具有坚定的马克思主义和共产主义信仰，具有一定的革命斗争经验和具有较强的组织领导能力的职业革命家。旅法中国勤工俭学生中的共产主义事业，是由他和他的同志们开创的，许许多多的革命青年在他的领导、引导下和榜样作用的影响下，更加坚定了信念和学习了斗争艺术。中国共产党和中国社会主义青年团旅欧支部的同志们对周恩来的回国，既感振奋，又依依不舍，他们围聚在周恩来的身边，和他留影以资送行纪念。照片中有聂荣臻，有李富春。站在最后一排的就是新当选的执委会书记局委员邓希贤。他身着西装，头戴帽子，圆圆的脸庞上稚气尚未全脱，但已开始显露出信心与刚毅。

我问过父亲，在留法的人中间，你与哪个人的关系最为密切？

父亲深思了一下答道：还是周总理，我一直把他看成兄长，我们在一起工作的时间也最长。

---

[1] 《傅钟谈旅法勤工俭学和社会主义青年团旅欧总支部》。《"一大"前后》(二)，第 559 页。

邓小平痛失从20世纪20年代起并肩战斗的兄长和战友。在周恩来追悼大会上，邓小平代表中央致悼词。

　　是的，在法国的两年，在 20 年代末到 30 年代初在上海作地下工作的年月，在江西中央苏区，在长征路上，在革命战争中，在建国后的党和国家最高机关中，直到周总理为党、为国、为人民鞠躬尽瘁，吐出最后一息，父亲在长达半个多世纪的岁月中一直是周恩来的得力助手和忠诚战友。在总理病重时，父亲顶住压力，治国治军，替总理分担重任；在总理垂危时，父亲通宵达旦守候在总理的病榻旁边；在周总理去世后，父亲忍住巨大的悲痛，代表全党和全国人民为总理致了悼词……

写到这里，我都已然热泪满颊。

因为父亲的关系，我们从小就认识周伯伯，也非常地爱戴周伯伯。因为邓妈妈与父亲同姓，所以有一段时间家长们曾让我们叫她姑妈，由此可见父母亲与他们的亲情。周伯伯对我们这些孩子非常之慈祥，他还和我们开玩笑，说我是我们家的"外交部长"，我的二姐邓楠则是我们家的"总理"，和他的官一样大！我们的少年时代，就是在像周伯伯这样的许许多多革命老前辈的关怀下幸福地度过的。"文化大革命"中，我们亲眼目睹了我们的这些长辈所经历的险峻的境遇。周伯伯病重时，我们和父母亲一样的担心；周伯伯病逝后，父母亲带领我们全家参加了在人民大会堂举行的隆重的追悼会。当最后走到周伯伯的遗像前鞠躬时，我们每一个人都禁不住失声痛哭。每想到那时的情景，每念及周伯伯的风采和音容笑貌，我还是难以自禁地悲盈于怀。至今，我仍保留着参加周伯伯追悼会时所佩带的黑纱。

周伯伯和他的战友们，是一代将被历史和人民永远铭记的人。

…………

1924 年 7 月下旬，周恩来回国参加革命斗争去了。在他之前，一批又一批的旅欧党团员也离开了法国，他们之中有赵世炎、李维汉、陈延年、陈乔年、王若飞、袁庆云、熊雄、刘伯坚、张申府等人。父亲说，他并不认识张申府，但 1923 年他参加了欢送张申府的聚会。

这些骨干虽然离开了法国，但旅法、旅欧的中国共产党和中国社会主义青年团支部的工作和斗争并未沉寂下来。新的支部继续建设组织，组织党团员学习，深入勤工俭学生和华工中，宣传马列主义，介绍国际国内革命形势，并继续和国民党右派以及"青年党"作坚决的、针锋相对的斗争。

到了 1924 年秋，支持国家主义观点的团体如落花流水春去也，已屈指可数。青年党首要人物曾琦、李璜等人也离开了欧洲，最后丢弃了他们的欧洲阵地。而旅法的共产主义组织却在更加积极而又活跃地继续活动着。

旅欧中国共产主义青年团经常在巴黎组织群众集会、讲演会及参加各团体召开的会议，藉以作为政治宣传的讲坛。

1924年10月10日，旅法各华人团体召开庆祝国庆大会，任卓宣带领一百多名团员前去参加，到会的还有国民党、国家主义的青年党、社会民主党、各界华人、华工数百人。当时为悬挂国民党青天白日旗还是国家派支持的北洋军阀政府五色旗发生了争执，共青团支持国民党，与青年党做了坚决斗争。[1]

除了在公开场合进行活动和斗争外，李富春等团的领导同志还在巴黎举办政治经济学讲座，李富春亲自担任讲师。一些留法学生和华工被吸收为会员，他们为真理和新的知识所深深吸引，像施益生这样的学生更是从不缺席。[2]

1924年12月，旅欧中国共产主义青年团举行第六次代表大会。大会决议支部下设监察处，以李俊杰、邓希贤等七八人组成，李俊杰为主任。工会运动委员会以加入过工会或熟悉工会运动的徐树屏、阚时杰、萧朴生、李大章、任卓宣、李富春、郭隆真、余增生、周唯真、邓希贤、林蔚等同志组织之，余增生为主任。

"六大"以后，旅欧团支部又作出了扩大执行委员会的决定：支部下属宣传部设副主任六人，任卓宣、余增生司理民党运动事宜；费子衡、邓希贤、熊季光司理工人运动事宜；萧朴生司理《赤光》事宜。[3]

1925年春天，父亲在担任了一届青年团支部委员之后，作为中共旅欧支部的特派员，被派到里昂地区工作，任宣传部副主任，青年团

---

[1] 黄里州《四川留法勤工俭学运动》。《四川文史资料选辑》第二十三辑，第1页。

[2] 施益生《回忆中共旅欧支部的光辉业绩》。《天津文史资料选辑》第十五辑，第114页。

[3] 《旅欧中国共产主义青年团通告》第七十七号。1924年12月29日。

里昂支部训练干事，并兼任党的里昂小组组书记，在那里作为党团地方组织的领导人。

同年，旅法党团组织又发起了几次大规模的群众斗争运动。

1925年5月30日，中国爆发了震惊世界的"五卅"运动。1925年，上海工人运动蓬勃发展，日本帝国主义和北洋军阀政府大肆镇压。5月15日，工人领袖、共产党员顾正红遭到枪杀，激起公愤，中共中央决定进一步开展反帝斗争。5月30日，上海学生支持工人，号召收回租界，被英帝国主义逮捕一百多人，开枪屠杀群众十余人，伤无数，造成"五卅惨案"。在中共中央号召下，上海二十余万工人罢工，五万学生罢课，相当数量的商人罢市。北京、南京、汉口、广州等全国近五百个城镇立即响应，声势浩大的斗争一直持续了三个月之久。"五卅"运动，揭开了中国大革命高潮的序幕。

"五卅"事件爆发后，中国共产党旅欧支部和中国共产主义青年团旅欧支部立即行动起来，与中国国民党驻法总支部联合通告，于6月7日在巴黎中心地区的布朗基96号举行旅法华人反帝大会。到会的一千多人中，除华人、华工、留法学生外，还有法国共产党和安南（越南）共产党留法组的代表。大会主席由当时的中共旅欧支部书记任卓宣担任，各界代表踊跃发言，声讨帝国主义侵略中国和屠杀中国人民的滔天罪行。大会决议，坚决支持"五卅"反帝运动，抗议法国政府出兵上海，要求法国立即撤退其驻华军队和兵舰，号召华人联合起来共同反帝，由赤光社等团体成立"旅法华人援助上海反帝国主义运动行动委员会"，会后举行游行示威。

6月14日，中国共产党旅欧支部执行委员会和中国共产主义青年团旅欧区执行委员会发出"告示威华人"书。这张传单一看即知是由邓希贤用那隽秀的字体刻写的，上面写道："一个沉重而光荣的表示在欧洲反动势力的中心——巴黎发动了，我们被压迫的中国人民第一次向帝国主义的政府作直接的示威运动！参加示威运动的华人啊！你们的精神应该为我们所敬重，不论你们是相信什么主义的，只要你们在言论上、行动上是反对帝国主义的，只要你们从今日起能与帝国主义从事不妥协的斗争，我们都向你们致敬了。我们相信一切推翻帝国主义的工作，比什么都神圣。被压迫民族解放的起点，全人类解放的起点关键就是：推翻帝国主义！反对屠杀上海人民的法兰西帝国主义！反对屠杀上海人民的一切帝国主义！"[1]

6月21日，中共旅法支部和共青团支部联合国民党左派，发动了一次向中华民国驻法公使馆示威的行动，参加者二百余人，他们从四面八方而来，封锁了公使馆的大门，切断了电话，捉到公使陈箓，迫令其在事先已准备好的文件上签字。这些文件以驻法公使陈箓名义，致电全国人民支持反帝运动；以陈箓名义通牒法国政府从华撤军；让公使向旅法华人道歉，保证以后切实保护华人利益和自由；还迫让陈箓捐款五千法郎，汇交上海援助罢工工人。上述所有文件全部分送了有关机关和报社。

旅法华人声援国内"五卅"反帝运动的行动，震动了整个欧洲，同时也大大地吓坏了法国政府。第二天，也就是6月22日，法国政府命令警察大肆搜捕旅法中国共产党人。数天之内，居住在巴黎区域内的中共党员和青年团员任卓宣、李大章等二十多人被捕入狱。[2] 随后法国当局又将四十七名中国留法勤工俭学生驱逐出境。[3]

任卓宣等支部领导人的被捕，使中共旅欧支部和青年团旅欧支部遭到了很大的破坏。

当时，父亲还在里昂，他曾记述道："因在巴黎的负责同志为反帝国主义运动而被驱逐，党的书记萧朴生同志曾来急信通告，并指定我

---

[1] 第 F7 13438 号法国国家档案。1925 年 6 月 20 日记录。

[2] 施益生《回忆中共旅欧支部的光辉业绩》。《天津文史资料选辑》第十五辑，第 114 页。

[3] 第 F7 12900 号法国国家档案。

为里昂—克鲁梭一带的特别委员，负责指导里昂—克鲁梭一带的一切工作。当时，我们与巴黎的消息异常隔绝，只知道团体已无中央组织了，进行必甚困难。同时，又因其他同志的催促，我便决然辞工到巴黎为团体努力工作了。到巴黎后，朴生同志尚未被逐，于是商议组织临时执行委员会，不久便又改为非常执行委员会，我均被任为委员。"

在组织被破坏的情况下，邓希贤和他在外地的战友傅钟、李卓然等，回到巴黎，自动接替了党团组织的领导。

1925 年 6 月 30 日，中国共产主义青年团旅欧区临时执行委员会宣告成立：

秘书：傅钟（由萧朴生代）

委员：邓希贤、毛遇顺

临时执委会规定，以上三人组成书记局，但只维持一个人的生活费。[1]

6 月 30 日，临时执行委员会刚一成立，他们便开始继续进行活动。

据法国警方密报："1925 年 7 月 1 日，在比扬古尔市（Billancourt）特拉维西尔街 14 号（14，rue Traversière）召开一次会议，共有三十三人参加。会议主席首先讲话，说，旅法中国行动委员会大部分成员均已被逮捕，所以有重新组建的必要。此外，最近将要用法文和中文印刷抗议声明，以便在巴黎散发。会上，反欧洲资本主义的激进分子表示，坚决反对法方驱逐中国同胞的行径，尤其是对本星期六还要驱逐十名中国人表示强烈愤慨。当饭店的老板进来说警方来了时，会议就结束了。"[2]

7 月 2 日，临时执行委员会还召集了抗议帝国主义的会议。法国一份警方的密报记载："旅法中国行动委员会昨天下午在布瓦耶街 23

---

[1] 《中国共产主义青年团旅欧临时执行委员会通告》。1925 年 7 月 1 日。

[2] 第 F7 12900 号法国国家档案。1925 年 7 月 2 日记录。

号（23, rue Boyer）召开会议,抗议国际帝国主义,共有七十多人参加。该委员会主席说,我们成立了行动办公室,其人员组成尚未上报代表大会,待小组选举。会上共有八人发言,其中邓希贤的主张为反对帝国主义,应同苏联政府联合。"[1]

8月17日,旅欧中国共产主义青年团召开第七次代表大会第一次执委会,分工如下:

秘书:傅钟

委员:邓希贤、施去病

以上三人组成书记局。[2]

傅钟、邓希贤、邓绍圣等人还在党团刊物上担任投稿人。[3]

父亲自己记述过,在这一时期,组织决定他同时担任中国国民党驻法总支部监察委员会书记,负责国民党的一切工作。

在法国政府和军警的镇压下,旅欧中共和青年团组织不但没有后退,反而迅速地恢复了组织,并以更加积极的姿态进行顽强不屈的斗争。

据法国警方的密报:"9月6日,在贝勒维拉市（Bellevil-loise）布瓦耶街23号（23, rue Boyer）召开了一次会议,有四十多人参加。自从中国公使馆事件发生后,部分中国共产主义者居住在巴黎地区,并采取了紧急措施,以防被人发现。此会的目的,是为纪念廖仲恺先生。调查待继续进行,以便进一步摸清会议的组织者和与会者。"[4]

1925年9月12日,离法国军警大搜捕才两个多月,中共旅欧支部即召开扩大会议,决定再次举行一次规模较大的旅法华人反帝大会,并决定大会以中国国民党驻法总支部的名义召集。

9月15日中午,在巴黎中心地区塞纳河旁一个会议厅内,一千多

---

[1] 第 F7 12900 号法国国家档案。1925 年 7 月 2 日记录。

[2] 《中国共产主义青年团旅欧区通告》第 113 期。1925 年 8 月 17 日。

[3] 《中国共产主义青年团非常执行委员会宣传部通告》第 2 号。1925 年 7 月 22 日。

[4] 12900 号法国国家档案。1925 年 9 月 9 日记录。

旅法华人以战斗的姿态举行声势浩大的反帝大会。首先由中共党员、国民党驻法总支部副主席施益生发言，说明自"五卅"反帝运动以来，旅法华人积极投入斗争，但这还不够，还要再接再厉，奋勇前进，高举无产阶级国际主义的旗帜，一致向英、日、法、美等帝国主义开炮，一定要把他们驱逐出中国领土之外，完成中华民族解放的伟大事业。施益生发言后，法国共产党代表道里欧、法国国会议员马尔驰、越南共产党代表、非洲黑人代表相继踊跃发言。最后由共产党代表傅钟和萧朴生发言，他们指出，"五卅"运动是世界无产阶级社会主义革命的一部分，全世界无产阶级和劳动人民要团结一致，同帝国主义作针锋相对的斗争，不获全胜，绝不收兵！会场上群情激昂，高喊"打倒帝国主义！打倒军阀！中华民族解放运动胜利万岁！"

这次反帝大会的召开，使广大旅法华人更加紧密团结在中共旅欧支部周围，壮大了革命的声势。同时，这次大会，又一次震惊了法国政府。法国政府马上决定：逮捕这次大会的主持者和组织者。由于国民党右派分子的告密，法国警方逮捕了施益生，并将他驱逐出境。[1]

父亲虽在这次会议上没有发言，但他作为支部领导成员，参与领导和组织了这次会议。

中共旅欧支部和青年团的活动愈有战斗性，法国政府就愈为紧张。法国警方开始越来越密切地注意华人和中共党人的动向，进行秘密监视，连一些小范围的会议也有人向警方告密。然而，旅法中共党员并无畏惧。他们仍旧以共产党员或国民党员的身份，主持各种会议，发表各种讲演。

1925 年 10 月 25 日，法国情报员报告："昨天（即 10 月 24 日）二十点至二十一点三十分，在伊希—莫利诺市（Issy-les-Moulineaux）夏尔洛街（rue Charlot）一家咖啡餐馆召开了一次中国共产主义者会议，

---

[1] 施益生《回忆中共旅欧支部的光辉业绩》。《天津文史资料选辑》第十五辑，第 114 页。

共有二十五人参加，会议由邓希贤主持。吴琪宣读了共产主义教育课，并指出，重建中国共产主义小组和创办刊物的必要性。"[1]

1925 年 11 月 16 日，法国情报员报告，在巴黎举行了一次国民党的群众大会，由邓希贤主持，纪念国民党旅欧负责人王京歧，并揭露国际帝国主义和法国帝国主义对进步人士的迫害。

该报告称："国民党于 11 月 15 日十五时至十七时在贝勒维拉市（Bellevilloise）布瓦耶街 23 号（23，rue Boyer）召开会议，出席会议的共有四十七人，会议由邓希贤主持。此会为纪念被法国驱逐，并死于回国船上的王京歧，会上陈希（音）等十一名代表发了言，发言者抗议法国警察逮捕中国人。最后，邓希贤总结说：我们希望与会者永远牢记王京歧同志，继续进行反对帝国主义的斗争。"[2]

1925 年 11 月 20 日，法国内政部长致法国外交部长的一封信函中，也提到了这次会议。信中称："11 月 15 日在贝勒维拉市（Bellevilloise）布瓦耶街 23 号（23，rue Boyer）召开一次会议，纪念被法方驱逐，并死于回国船上的王京歧。另外，国民党方面指定陈希（音）为国民党代表。"[3]

到了此时，年仅二十一岁的邓希贤，已由一名普通的青年团员转为中共正式党员，进而被选为旅欧党团组织的负责人。他已经成长为一个信念更加坚定，行为更加成熟，具有一定的斗争经验和领导能力的共产主义者。他在法国共担任了一届半的支部领导，他的活动，已引起了法国警方的特别注意。法警开始秘密监视他，跟踪他的行踪。

1925 年 7 月 30 日，父亲在巴黎附近的比扬古尔市所属布洛涅警察局花名册上进行了居住登记，号码是 1250394。[4]

---

[1]　12900 号法国国家档案。1925 年 10 月 25 日记录。

[2]　12900 号法国国家档案。11 月 16 日记录。

[3]　12900 号法国国家档案。法国内政部长致外交部长的信函。1925 年 11 月 20 日。

[4]　雷诺汽车厂档案卡片。

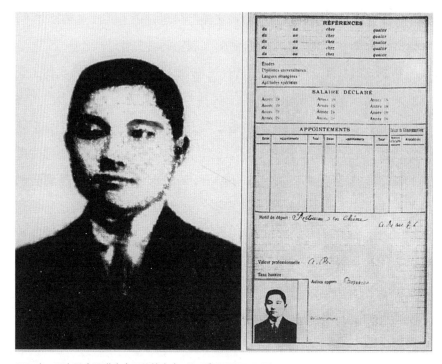

1925年，邓小平在雷诺汽车厂的档案卡。注明离职原因：回国。

　　1925年11月6日，父亲进入雷诺汽车厂做工。[1] 他被分配在钳工车间。1988年我去法国时，曾去雷诺汽车厂找寻父亲的资料。雷诺汽车厂热情地接待了我，他们带我参观了当年父亲工作过的钳工车间，还送给我一些20年代雷诺汽车厂工厂和工人的一些图片材料。最为珍贵的，他们找到了父亲在雷诺汽车厂做工的工卡。

　　在工卡上，父亲登记道：邓希贤（Teng Hei Hien），中国人，1904年7月12日（阴历）生于四川，住比扬古尔市（Billan-court）特拉维西尔街27号（27, rue　Traversière）。熟练工种工人，分配在76号车间，磨件单位工价一法郎五生丁。

　　卡片的左下角，有一张父亲的一寸小照，上面印着82409A的编号。

---

[1]　12900号法国国家档案。11月16日记录。

照片上的父亲是那样的年轻，不知道的人，可能会错认成一个十几岁的少年呢。殊不知，二十一岁的他，已是一个为法国警方监视的中共旅欧支部的负责人。

在雷诺汽车厂工作的时间虽然不长，可父亲却心灵手巧地学习了一些钳工技术。这项手工技术，到70年代的"文化大革命"中他在江西的一个工厂被监视劳动时，可发挥了大作用。当然，这是后话了。

父亲到了雷诺汽车厂后，法国警方仍然密切地监视着他。我曾经问过父亲："为什么法国警方这么注意你？"父亲说："因为我比较活跃。我们的行动法国警察都是清清楚楚的。"

到了1926年1月7日，法国警方弄到了一份详细的报告。[1]

这个报告说：

据本月5日获得的情报，旅法中国人小组行动委员会曾于1月3日下午，在贝勒维拉市（Bellevilloise）布瓦耶街23号（23, rue Boyer）召开了一次会议。在这次会议上，有好几个讲演人提出'反对帝国主义'，并要求在法国的中国人联合起来支持冯玉祥将军的亲共产党、反对北京政府的政策。

行动委员会在会上还决定要求中国驻巴黎的公使先生对中国的南北冲突表明立场，并起来反对任何国际干涉。

由于行动委员会的组织非常审慎，虽对其进行了调查，但未能发现这个委员会的所在地及其组成人员。然而，在1月3日会议上发言的几个中国人已被辨认出来了。

他们中的一个人叫邓希贤，1904年7月12日出生于中国四川省邓文明和淡氏夫妇家。他从1925年8月20日起就住在布洛涅—比扬古尔市（Boulogne-Billancourt）的卡斯德亚街3号

---

[1]　13438号法国国家档案。1926年1月7日记录。

（3，rue Castéja）。他符合有关外国人的法律和政令的规定。他于 1920 年来到法国。开始，他在马赛做工，后又到巴耶、巴黎和里昂。1925 年他重新回到巴黎后，在比扬古尔的雷诺厂当工人，直到本月 3 日。他作为共产党积极分子代表出席会议，在中国共产党人所组织的各种会议上似乎都发了言，特别主张亲近苏联政府。

此外，邓希贤还拥有许多共产党的小册子和报纸，并收到过许多寄自中国和苏联的来信。

有两个中国同胞与邓希贤住在一起，好像他们也都赞成邓希贤的政治观点。外出时，他们总是陪伴着邓希贤。傅钟（Fou-Tchang），1903 年 6 月出生于中国（实应为 1900 年出生——作者注），Ping-Suen-Yang，20 岁，生于上海。他们符合外国人在法国的法律，声称是学生，没有从事任何工作。

由于在巴黎的中国人很封闭，了解他们的情况很难。为了弄清情况，看来有必要通过警察总局局长先生的允许，对他们在比扬古尔的几个住地进行访问调查。可以通过房主搞清一些情况，这样就有可能通过检查身份证了解他们中间的被通缉的共产党人。

有三家旅馆应密切监视：卡斯德亚街 3 号（3，rue Castéja）；特拉维西尔街 14 号（14，rue Traversière）；朱勒费里街 8 号（8，rue Jules Ferry）。

得到这份报告之后，法国警方立即决定对邓希贤等人的住所进行搜查。1926 年 1 月 8 日，法国警方突然对比扬古尔的三家旅馆进行了搜查。

搜查报告如下：

执行警察局长的命令，今天早晨五时四十五分至七时，在布洛涅—比扬古尔对下列三家旅馆进行了搜查。这三家旅馆的地址是：

特拉维西尔街 14 号（14, rue Traversière）；

卡斯德亚街 3 号（3, rue Castèja）；

朱勒费里街 8 号（8, rue Jules Ferry）。

搜查这三家旅馆的目的，是为了查找从事共产主义宣传的中国人。

这些旅馆的全部房间已被搜查过，上百份中文文件都被查看过。

在卡斯德亚街 3 号旅馆的 5 号房间里，发现了大量的法文和中文的宣传共产主义的小册子（《中国工人》、《孙中山遗嘱》、《共产主义 A.B.C.》等），中文报纸，特别是莫斯科出版的中国共产主义报纸《进步报》，以及两件油印机的必需品并带有印刷金属板、滚筒和好几包印刷纸。

名叫邓希贤、傅钟和 Ping Suen Yang 的三个人在这个房间里一直住到本月 7 日。他们昨天突然离去，而住在朱勒费里街 8 号的名叫 Mon Fi Fian 和 Tchen Kouy 的人，也同时匆匆离去。这些中国人看来是活跃的共产主义分子。

看来这些人由于发现自己受到怀疑，因此就急忙销声匿迹了。他们的同胞采取了预防措施，丢弃了一切会引起麻烦的文件。[1]

是的，在卡斯德亚街 3 号旅馆 5 号房间居住的房客，法国警方要逮捕的中共旅欧支部负责人，邓希贤、傅钟等人，早已听到风声，机警地远走高飞了。

他们远走高飞了，飞向哪里，走向何方？

---

[1]　13438 号法国国家档案，第 202 号文件。1926 年 1 月 8 日搜查报告。

第20章
告别——法兰西

早在 1925 年 5 月，中共旅欧支部即已拟定一批人到莫斯科学习，其中就有邓希贤。[1]

同年 11 月 18 日，已在莫斯科的袁庆云给傅钟等人的信中又提到："准备在最近的期间，候我们有信到，叫你们动身，便马上动身。"[2]

12 月 9 日，莫斯科又给傅钟等人来信："11 月 18 日寄你们的信想已收到。关于邓希贤、刘明俨、傅钟、宗锡钧、徐树屏五人接到此信后以尽可能的速度动身前来。如宗锡钧不能来，即以李俊杰（即李卓然——作者注）补充之。必须来此的理由前函已说明，站在 C.P. 及革命的利益上必须即刻来此学习。"[3]

由此可见，父亲等人已接到莫斯科的中共旅莫支部的指示，正在着手准备赶赴莫斯科。他们一边进行革命工作，一边做工，一边已作好离开法国的准备。所以当法国警方前来搜查之时，他们说走就走，没有半点拖拉，于是法国警方只能扑了个空。

1 月 7 日，中国共产主义青年团旅欧支部执行委员会发出通告："赴

[1] 《中共旅欧支部执委会给中共旅莫地方执委会的信》。1925 年 5 月 29 日。

[2] 袁庆云于 1925 年 11 月 18 日给傅钟等人的信。

[3] 1925 年 12 月 9 日莫斯科给傅钟等人的信。C.P. 即共产党的英文缩写。

俄同志二十人，已决定今晚（1月7日）由巴黎起程……他们大约不久即可回到中国。同志们！当我们底战士一队队赶赴前敌时，我们更当紧记着那'从早归国'的口号。"

1926年1月23日，C.Y.（共产主义青年团的缩写）负责人刘明俨写道："1月7日，此间有二十个同志起程赴俄。"其名单中有：傅钟、邓希贤、李俊哲（疑为李俊杰之误——作者注）、邓绍圣、胡伦等。

1月7日，父亲和他的战友们坐上北去的列车，奔赴"十月革命"的故乡——苏联。

上车之时，他们接到了法国警方颁发的驱逐令。这份驱逐令实际上是要令他们永远不要再踏上法兰西的土地。当时气势汹汹的法国警察当局，无论如何也没有想到，他们于20年代驱逐的人，五十年后竟然以国宾的身份访问了法国，而且受到法国政府和法国人民极其热情而又隆重的欢迎和接待！

父亲和他的战友们在途经德国时，住在德国工人家中，受到了德国工人阶级和共产党人的热情接待。父亲说，那是真正的无产阶级的同志式的热情接待。

从1920年10月19日到1926年1月7日，父亲在法兰西的土地上生活了五年二个月又十九天。来到法国时，他是一个十六岁的单纯的青年，经过求学、做工、参加党团组织、参加革命斗争的不平凡的经历，在他二十二岁离开法国时，已成长为一个具有坚定的共产主义信念和革命斗争经验的职业革命家。

父亲和他的同志在法国的革命活动，除了宣传马克思主义和共产主义理想、进行无产阶级革命斗争之外，很重要的一项内容就是坚定地、毫不妥协地反对帝国主义，特别是反对帝国主义对他们的祖国的强盗行径。要知道，他们的祖国，半个多世纪以来，已饱受西方列强的欺侮；他们的人民，更是饱受了国际帝国主义和中国封建势力的压迫和掠夺。父亲和他的同志们，从加入共产主义组织的那一天起，就立志把自己的命运与祖国和人民的命运联系在一起，决心为救国救民的事业奉献青春，乃至生命。他们身在西方强国的强权势力之中，却鲜明地高举反对帝国主义的大旗。他们不怕被抓，不怕被驱逐，不怕坐监牢。他们的的确确具有青年革命者的豪气和壮志。

有人说，中国人反对霸权主义、强权政治和外来干涉，是因为中国人具有强烈的民族自尊心。殊不知，这种民族自尊心，得自他们祖国五千年的辉煌历史，得自他们自己用双手创造出来的灿烂文化，同时，也得自被欺凌、被侮辱、被掠夺的彻骨之痛的民族屈辱史。从开始被人欺辱和侵略的那一刻起，中国人就明白了，只有自强、永远的自强，才有民族的出路，才能挺起腰杆、扬眉吐气地和世界上所有的民族站在同一水平线上。

而在中国近代史一百多年的历史上，也只有中国共产党人，才带领中国人民真正站立起来，从耻辱走向自尊，从贫困走向富强，才真正地使中国人不再遭受外强欺凌，自己当家作主，自己说话算数！

在法国的这一批青年共产党人，就是在用他们的斗争，去实现这一点，去证明这一点。

中国共产党旅欧支部和中国共产主义青年团旅欧支部，培养、锻炼和造就了一大批具有共产主义信仰和革命实践经验的优秀革命家。他们是一批爱国爱民的青年知识分子，他们具有很高的革命热情，他们的生活清苦廉洁，他们的品格高尚而又纯洁。

父亲曾告诉我们："我们那时候生活很苦，职业化以后生活来源是公家，但只能吃点面包、煮点面条。我们那时候的人不搞终身制，不在乎地位，没有地位的观念。比如说，在法国赵世炎比周恩来地位高，周恩来比陈延年地位高，但回国以后陈延年的职位最高。陈延年确实能干，他反对他的老子（陈独秀），见解也比别人高，他的牺牲很可惜。赵世炎回国后工作在他们之下，并不在乎。大家都不在乎地位，没有那些观念，就是干革命。这是早期共产党员的特点。"他还感慨地说："那个时候能够加入共产党就不容易。在那个时代，加入共产党是多大的事呀！真正叫作把一切交给党了，什么东西都交了！"

听了父亲这些话，我深受感动，又深有感触。相比起他们那一代人，现今的一些青年人，好像缺了点什么，似乎热情没有那么高，信仰没有那么明确，品德没有那么纯正，就连血管里奔流着的血液，似乎也没有那么鲜红与火热……

中国古来有云，时势造英雄。中国革命的大潮，一浪推一浪，一波涌一波，在中国共产党建党的初期，就已是人才济济，英雄辈出。仅在法国，在留法勤工俭学生中，在旅法中共党员和青年团员中，就造就了一大批投身于中国人民革命和解放事业的先驱。

周恩来，未来的中华人民共和国总理。

邓小平，未来的中华人民共和国国务院副总理和中央军事委员会主席。

陈　毅，未来的中华人民共和国元帅和国务院副总理。

聂荣臻，未来的中华人民共和国元帅和国务院副总理。

李富春，未来的中华人民共和国副总理。

李维汉，未来的中共高级领导人，中央统战部部长。

李立三，未来的中共高级领导人。

徐特立，未来的党和国家高级领导人。

蔡　畅，未来的全国妇联主席。

傅　钟，未来的中国人民解放军上将，总政治部副主任。

何长工，未来的中国人民解放军重要将领，重工业部和地质部副部长。

李大章，未来的四川省省长。

欧阳钦，未来的黑龙江省省委书记兼省长。

李卓然，未来的中央宣传部副部长兼马列学院院长。

萧　三，未来的文化界著名人士和诗人。

…………

还有那些在新中国没有建立以前就英勇牺牲的烈士们：

王若飞，中共高级领导人，1946 年于空难牺牲，时年五十岁。

赵世炎，中共高级领导人，1927 年被国民党杀害，壮烈牺牲，年二十六岁。

陈延年，中共高级领导人，1927 年被国民党杀害，年三十不到。

陈乔年，中共高级领导人，1928 年被国民党杀害，年二十六岁。

蔡和森，中共高级领导人，1931 年被国民党杀害于广州，年三十六岁。

向警予，中国妇女运动领导人，1928 年在武汉英勇就义，年三十三岁。

刘伯坚，红军高级将领，1935 年被国民党杀害，年四十岁。

罗学瓒，浙江省委书记，1930 年被国民党杀害，年三十七岁。

张昆弟，中共和红军的重要领导人，1932 年牺牲，年三十八岁。

颜昌颐，我党军事工作者，1929 年被叛徒出卖被捕，遭国民党杀害。

鲁其昌，我党军事工作者，第二次国内革命战争时被国民党杀害。

袁庆云，北伐军将领，1926 年病死北伐途中。

熊　雄，黄埔军校教官，1927 年被国民党杀害。

…………

还有，还有，还有那些早已被人遗忘了的许许多多的名字。

这些人生于中国，长于中国，他们吸吮过西方的进步思想，最后找到了真理。他们凭着青年豪气，大胆追求理想；他们抛洒出一腔热血，为他们的信仰而献身；他们矢志不渝，定要把中国和中国人民拯救于危难之中。

他们本可以在法国继续求学，他们本可以在西方或去做工、或去

经商、或成家立业安度一生。但他们回来了，最终都回到了他们那贫
困落后、满目疮痍的祖国，回到了生他们养他们的土地上，回到了他
们的兄弟姐妹和他们苦难深重的人民中间。他们把他们的热血和汗水
洒在了中国的土地上。

几年过去了，几十年过去了，他们还有几人尚在？那些被杀害的、
壮烈牺牲的、为革命呕心沥血病老而死的当年的留法勤工俭学生们，
大都早已长眠于祖国的大地之上，与中华民族的山川平原化为了一体。
他们是可歌可泣的一代人，是名垂千古的一代人。

我们这些后辈，面对他们，常常会从心底泛起一种崇高的敬意，
同时伴随的，便是那自我惭愧和一点淡淡的忧思。

…………

父亲在法国只留下四张照片。

一张是他刚到法国不久，于1921年3月照的，是一张头戴便帽
身着西装的单人全身像，他于1925年6月送与同学柳溥庆，幸蒙柳老
保存下来，差不多于四十年后还赠于父亲。这张照片也是我们所有的
他最早的一张照片，时年十六岁。

第二张是父亲和他的叔叔邓绍圣一起合照的，年龄比第一张略大
一点。

第三张是1924年7月出席中国共产主义青年团旅欧区第三次代
表大会时与众代表的合影，也就是为周恩来送行的那一张，他站在最
后一排的右边。

第四张便是雷诺汽车厂的工卡上的那张一寸小照。

只有这四张。有些文章和报道把一些别人的照片指认为他，那
都是误认。

在法国期间，父亲还患过一次伤寒，时间大约是在1923年到
1925年之间。父亲告诉我，他一生中患过两次伤寒，一次是在法国，
一次是在长征以后，两次都差点死掉。幸亏当时法国的公共医疗已具

相当水平，因此他得以住院治疗，并于出院后在疗养院疗养了一个月，而且这些都是免费的。我想，父亲当时生活条件极其艰苦，病疫之灾是在所难免的，但万幸于能免一死。若非如此，我今天也就不会有此殊荣来撰写这本书了。

这里还要附带说一下的，就是一些现代的作品中间，一表现父亲，往往以他在法国生活过五年为依据，总要表现出他带点"洋"味，比如听西方古典音乐等等。还有的作品为了表现性格化，便以他现在喜爱打桥牌为依据，常常在战争年代，哪怕在讨论军国大事时，都手握一副扑克牌，如此等等。

父亲在西方共生活过六年多的时间（包括在苏联一年），他的确习惯了一些外国的生活习惯，例如爱吃土豆，爱喝法国葡萄酒，爱吃奶酪、爱吃面包、爱喝咖啡等等。与他一起留法的一些老同志们也都多有此好。1975 年父亲访问法国时，和 1974 年他赴纽约参加联合国大会途经法国时，都买一些法国的牛角面包带回国，分送给曾经留法的老同志们，有周总理，有聂荣臻，有蔡畅。每逢有人送他好的法国葡萄酒和奶酪，他也总忘不了分送给这些老友共同品尝。

父亲在法国时还染上一个嗜好，而且终身兴趣盎然，就是看足球。在法国，他没有钱，有一次为了看一场国际足球比赛，花了五个法郎买了一张最便宜的门票。至今他回忆起来还说，五个法郎，是一天的饭钱，在那时候对他来说可不容易呀！而且看球时坐的位置又最高，连球都看不清楚。他还记得，那次世界比赛的冠军是乌拉圭。解放后，他一直是足球的热情观众，有球必看，连在北京先农坛体育场娃娃队的比赛，他也去看。不但他自己去看，还带着我们去看，看不懂也要去。我们小时候就大半坐在休息室中喝汽水，慢慢地大了，也都成了看足球的"瘾君子"了。有一次看球令我特别感动。那是"文化大革命"还未结束，1973 年的时候，父亲刚刚被解除软禁，还未出来工作，适值一个外国球队来比赛，父亲带着我们去看，本想悄悄坐在主席台末排，不想他一进场，便被旁边看台的观众发现了，于是全场一万多观众全体起立，热烈鼓掌。父亲只好走到主席台的前排，连连向观众们鼓掌致意。当时的那种场面，的确激动人心，令我多年不能忘怀。他和足球在法国时期便结下了不解之缘，当时未能尽兴，而今天条件就好多了，不出家门就可以看到。平时一遇世界大赛，凡有转播，他必定要看，一时没有时间，也要录下来慢慢欣赏。1990年的"世界杯"足球赛时，他正好已经退休，这下有时间了，连实况带录像，一共转播了五十二场，他看了总共五十场球，可算是过了瘾了。

至于西方古典音乐，父亲不大喜欢，也不大懂。他喜欢听的是京戏，还相当内行。在这方面他可是个"国粹派"，一点儿洋味儿也没有。他最喜欢的是须生的言派和青衣的程派。我们家住得离怀仁堂近，因此只要怀仁堂演戏，我们总是举家前去，爸爸、妈妈是真爱京戏，我们则多是跟着凑热闹。不过看京戏的确是一种好的艺术欣赏，听得多了，看得多了，不但可以知道许多历史故事，还可以帮助提高文化水平，那些戏中的词句，真是太美了！

至于桥牌，他则是进军西南后在重庆才学会的，解放前的战争年代根本不可能有此"典型造型"。

第*21*章
在十月革命的故乡

这就是俄罗斯，土地广漠，白雪皑皑。

这就是莫斯科，古城新貌，森林环绕。

这就是红场，宽阔庄严，红旗飘扬。

这就是克里姆林宫，里面有列宁的办公室，有第一个苏维埃社会主义国家的人民政权。

这个 1917 年诞生的世界上第一个无产阶级政权，刚刚度过八年的巩固政权和恢复经济时期。"十月革命"的领导人，世界无产阶级革命的导师弗拉基米尔·伊里奇·列宁刚刚病逝。在新生的苏维埃政权全力以赴愈治战争创伤、发展经济的同时，列宁所领导的共产国际便开始履行其国际主义义务，帮助东方民族、民主革命高涨的国家和地区培训干部。

1921 年，在苏联首都创办了一所"莫斯科东方劳动者共产主义大学"，既为苏联东部地区民族训练干部，也为东方国家培训干部。在该校培训的有印度人、越南人、日本人、土耳其人、阿拉伯人、波斯人、阿尔及利亚人等。1921 年该校有中国学生三十五人（大多为党团员），1922 年为四十二人。1923 年，中共旅欧支部派来赵世炎、陈延年、陈乔年、王若飞等十二人进入东方大学学习。

1923 年以后，中国革命形势迅速发展。1923 年 6 月，中共确定了与国民党建立统一战线的主张。同年，孙中山确立了联俄、联共、扶助农工的三大政策，在共产党帮助下改组国民党。1924年创办了共产党参与领导的黄埔军校，建立了革命军队。中国国内第一次国内革命战争的形势迅速发展。在这种形势下，国共双方深感革命干部力量不足，要求增加在苏培训人数。

在这种要求下，苏联于1925年建立了"中山劳动大学"，专门招收中国学生。其目的在于，用马克思主义"培养中国共产主义群众运动的干部，培养中国革命的布尔什维克干部"。

1925年底，在苏联驻广州国民政府政治顾问鲍罗廷的参与下，国共双方共挑选了三百一十名学生准备送往中山大学培训。第一批学生一百一十八人于1925年11月抵达莫斯科，其中共产党员和共青团员至少有一百零三名，超过87%。1926年1月，又有十名在德国学习的国民党党员进入中山大学。不久，中共旅欧支部和中国共产主义青年团旅欧支部派遣二十名党团员从法国等地赴苏学习，其中有邓希贤、傅钟、李卓然等人。他们先进入东方大学，不久转入新办的中山大学。

1990年我率中国国际友好联络会小组访苏时，曾去中山大学的旧址参观。那是一座三层楼房，据说革命前是旧俄一个贵族的府邸，我去参观时是苏联科学院的哲学研究所。房屋里面的装设已是现代形式，但在一些大房间内还留有当年的屋顶浮雕华美依然，室内的吊灯也精致堂皇。每间房屋都高大敞亮，还有一个大厅，已改为礼堂，可见当年这栋楼房之豪华气派。在楼内，有一个厅室，贵族时期是个舞厅，据说俄国伟大诗人普希金和他妻子的婚礼舞会，就是在这个大厅举行的。现在在这栋楼内，大多数屋子已改为办公室和会议室，大礼堂和会议室内都陈设着列宁的半身像。

1926年初，当父亲他们这一批从法国和欧洲其他国家来的青年共产党员和共青团员来到此处之时，一定会顿觉来到了另一个世界。

在法国，他们是社会最底层的外国劳工和穷学生，是受到法国警

位于莫斯科沃尔洪卡大街16号的孙逸仙大学（即中山大学）旧址。

方追捕的秘密共产主义组织的成员。而到了苏联，他们则一下子变成了受到热烈欢迎的贵客，成为高级共产主义大学的堂堂正正的学员。在苏联同志们中间，在苏联劳动人民当家作主的大家庭中，他们第一次过上了没有压迫、没有黑暗的光明的生活。他们在这里可以自由讨论共产主义理想，可以自由开展党团活动，他们的心情一定是愉快的，精神一定是解放的。

当时的苏联，内战和帝国主义武装干涉的创伤尚未完全恢复，但是，年轻的苏维埃国家对这些外国学生则尽全力给予了生活上和学习上的保障。苏联国内成立了中山劳动大学促进会，筹集办学经费。中山大学每年预算约为当时的一千万卢布，而且为了给外国学生们必要的外汇（例如回国费用），还需动用苏维埃政府本来就十分短缺的外汇。苏维埃政府尽一切可能保证学生生活，外国学生甚至享有优于俄国师生的生活待遇。有一位中国学生回忆道："我们从未断缺过蛋、禽、鱼、肉，而这些在1926年是不容易搞到的。虽然经济困难，但一日三餐的数量和质量却相当高。我认为不会有什么富人的早餐比我们的更丰富了。"[1] 学校给学生发送西服、大衣、皮鞋、雨衣、冬装及一切生活日用品，还设有门诊部为学生看病。学校组织学生观看芭蕾舞、歌剧等艺术演出，组织假期的疗养和夏令营，还组织参观莫斯科的名胜古迹和到列宁格勒参观旅行。[2] 父亲说过，他在1926年就曾随校去列宁格勒旅行。

这种生活，比起父亲他们在法国的那种生活，简直就如天上地下之别。

当然，中国学生来到这里，主要的任务是学习。

学生首先要学习俄语，第一学期俄语学习时间特别长，每周六天，

---

[1]　A.B.潘佐夫《苏联为中国革命培养马克思主义理论干部的过程》。
[2]　同上。

每天四小时。中山大学的必修课为：经济学、历史、现代世界观问题、俄国革命的理论与实践、民族与殖民地问题、中国的社会发展问题、语言学。具体的课程是：中国革命运动史、通史；社会形态发展史；哲学（辩证唯物主义与历史唯物主义）；政治经济学（以《资本论》为主）；经济地理；列宁主义。中山大学还有一门重要课程就是军事训练。

学习方法是教授先讲课（用俄语，但有中文翻译）；然后学生提问，教授解答；再次由学生开讨论会，自由辩论；最后由教授做总结发言。[1]

教学基本单位是小组。1926年初约有学生三百余人，设有十一个小组，每组三十人到四十人不等。到1927年初，学生已超过五百人。[2]

在中山大学就学的学生的水平参差不齐，有的已受过中高等教育，有的文化基础比较差。学生中对马克思主义学说的了解程度也相差甚远。针对这一情况，学校根据学生知识水平的差异，按照学生具体情况来分小组。对程度较差的学生设有预备班，进行初级教育。对俄语程度较高的设有翻译速成班。

学校中有一个组，特别引人注目，这就是被称为"理论家小组"的第七组。这个小组里云集了当时在校的国共两党的重要学员，中共方面有邓小平、傅钟、李卓然等，国民党方面则有谷正纲、谷正鼎、邓文仪，还有汪精卫的侄儿和秘书、于右任的女婿屈武等等。按父亲的说法，就是共产党和国民党的尖子人物都在一个班组，因此这个班很有名！

父亲、傅钟和李卓然，三个人都是旅法共青团执委会的领导成员，都是在法国接受了马克思主义思想而且具有一定革命斗争领导经验的共产党员，他们在思想和行动上都已成熟，履历也很引人注目。他们与国民党人士相处一个班组，在信仰上、观点上、见解上和阶级立场

---

[1]　A.B.潘佐夫《苏联为中国革命培养马克思主义理论干部的过程》。

[2]　同上。

邓小平和老同学傅钟相会。

上都会很不相同，因此在各种问题上双方常常发起辩论，甚至于经常
展开一定程度的斗争。这种斗争特别表现在与国民党右派势力的较量
中，是和中国国内的政治斗争紧密相连的。

　　当时中山大学的中共党支部书记是傅钟，父亲则是第七班的党组
组长。

　　1926年6月16日，中山大学内中共党支部的一份"党员批评计
划案"中，记载了有关父亲当年的一些情况，也就是当时的中共党组
织对他的评价，现摘录下来，以供更好地了解那个时期的邓小平。

　　姓名：邓希贤。

　　俄文名：多佐罗夫（Дозоров）

　　学生证号码：233

　　党的工作：本班党组组长。

1926年6月16日，邓小平填写的党员批评计划案。

一切行动是否合于党员的身份：一切行动合于党员的身份，无非党的倾向。

守纪律否：守纪律。

对于党的实际问题及其他一般政治问题的了解和兴趣如何，在组会中是否积极的或是消极的提议各种问题讨论，是否激动同志们讨论一切问题：对党中的纪律问题甚为注意，对一般政治问题亦很关心且有相当的认识，在组会中亦能积极参加讨论各种问题，且能激动同志讨论各种问题。

出席党的大会和组会与否：从无缺席。

党指定的工作是否执行：能切实执行。

对同志们的关系如何：密切。

对功课有无兴趣：很有兴趣。

能否为别人的榜样：努力学习可以影响他人。

党的进步方面：对党的认识很有进步，无非党的倾向。能在团员中树立党的影响。

在国民党中是否消灭党的面目：未。

在国民党中是否能适合实行党的意见：能。

做什么工作是最适合的：能做宣传及组织工作。

这份党小组的鉴定，勾画出了一个二十二岁的年轻共产党员邓希贤的基本形象。

父亲在法国时期，就曾读过马克思主义的一些著作以及考茨基等俄共著作，他说他们旅法青年团小组每周都要组织一次学习讨论。但我想那样的学习毕竟不够系统和精深。在苏联的学习，最重要的是较全面、较系统地学习了马列主义的基本观点和其他知识。如果说他以前从未有机会进入高等学校就学的话，那么进入这所中山大学便可以算作他接受高等教育，特别是共产党的高级党校教育的一个良好的机会。同时，在这里，他和他的同志们与直接从国内来的国民党人士共同学习、生活，使他们对国民党各派有了更多更直接的了解，并与国民党右派进行了较量。这些，对于他回国以后进行革命活动和革命斗争，奠定了更加充实的理论基础和斗争基础。

在一份在莫斯科时撰写的自传中，父亲写道："我过去在西欧团体工作时，每每感觉到能力的不足，以致往往发生错误，因此我便早有来俄学习的决心。""我更感觉到我对于共产主义的研究太粗浅"，"所以，我能留俄一天，我便要努力研究一天，务使自己对于共产主义有一个相当的认识。"

在这份弥足珍贵的自传中，这位二十刚刚出头的年轻共产党人进一步写道："我来莫的时候，便已打定主意更坚决地把我的身子交给我们的党，交给本阶级。从此以后，我愿意绝对地受党的训练，听党

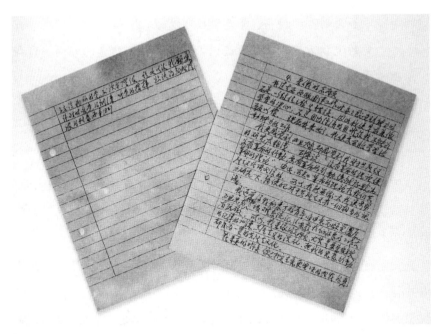

1926年6月16日邓小平在中山大学填写的《党员批评计划案》。

的指挥，始终为无产阶级的利益而争斗！"

这是邓希贤，这个年轻的共产主义战士的战斗誓言。他用他今后几十年的革命斗争实践，实现了他的誓言。

在莫斯科的同学中，还有两个人值得一提。一个是蒋介石的儿子蒋经国，他和父亲不同班，年龄也较小，当时在学校并不出名。另一个是从国内派到莫斯科培训的一个年轻的女共产党员，名叫张锡瑗。

张锡瑗生于1907年，在莫斯科时正好十九岁。她的原籍是河北省房山县良乡，父亲张镜海在铁路供职，参加过"二七"工人大罢工，曾任良乡火车站站长。张锡瑗在直隶省第二女子师范学校读书，1924年作为骨干分子参加该校学生改革学校教育的学潮运动，并在该校参加了共产主义青年团。1925年她到北京，在北京认识了李大钊、赵世炎等党的领导人，同年在北京加入中国共产党，并参加党领导下的国民会议促成会的活动。大约于1925年下半年，张锡瑗被党组织送往莫斯科中山大学学习。她和父亲就是在中山大学作为同学时认识的，两人之间相当熟识。

1926年，张锡瑗与中山大学的二十几位女同学一起在莫斯科郊区的一个疗养院照了一张集体相，相片中的她，端正秀丽的面容，短短的头发，和同学们站在一起的亲热姿态，都非常真切。谁能从照片上看出，这个女孩子般的年轻共产党员，已经几经革命斗争的锤炼了呢？张锡瑗把这张照片寄给了她在国内的家人，直到1978年，上海龙华革命公墓才从她的亲人手中找到这张珍贵的照片。这也是张锡瑗在短短的二十四年的生涯中仅存的一张照片。现在，它正端端正正地镶嵌在上海龙华公墓张锡瑗烈士的墓碑之上。

父亲和张锡瑗在莫斯科中山大学时只是同学，只是战友，还未发展到恋爱的程度。但是，他们两个人之间的关系，毕竟是起于斯时，始于斯地。

中山大学的学制是两年制，但是父亲并未念完两年，不到一年，也就是1926年底，父亲便奉命回国，参加国内的大革命活动。

他踏上了回国的道路。在一别六年之后，他又要回到祖国去了，回到那硝烟弥漫的战火中去，去参加那千难万险的国内革命斗争。

祖国，你的儿子们又回来了。

张锡瑗在莫斯科中山大学时的留影。

第22章
第一次国内革命战争的风云变幻

　　1926年，第一次国内革命战争进入了一个迅猛发展的时期。

　　1925年3月12日，伟大的资产阶级民主革命先驱孙中山不幸逝世。孙中山先生的逝世，对于正在蓬勃发展的民主革命运动无疑是一个巨大的损失，但是，人民革命运动已如弦上之箭，不得不发，更如已经沸腾的火山，必欲喷发。1925年7月，成立了以汪精卫为主席，廖仲恺为财政部长，苏联人鲍罗廷为顾问的广州国民政府，继续实行对革命运动的领导，同时将国民政府所属军队统一改编为国民革命军。改编后的军队中普遍设立了党代表和政治部，周恩来、李富春、林伯渠等共产党人都担任了各军的党代表。孙中山先生生前制定的"联俄、联共、扶助农工"的三大政策依然得到了贯彻执行。革命军在取得了东征和南征的胜利后，进一步巩固了广东革命根据地。

　　1926年1月，国民党第二次全国代表大会后，进行北伐的条件已逐渐成熟。同年7月，在全国爱国力量的响应下，广州国民政府在共产党的影响、推动和组织下，进行了北伐战争。北伐军首攻两湖，要消灭军阀吴佩孚。7月中旬北伐军首战长沙告捷，8月再战汀泗桥。9月北伐军兵临武昌，10月便攻取武昌。北伐军英勇善战，所向披靡，特别是以共产党员叶挺为团长的独立团更是勇不可挡，战功赫赫。9月，北伐军在江西发起了对号称"浙、闽、苏、皖、赣五省总司令"、军阀孙传芳的进攻。11月上旬，共产党人李富春为政治部主任的革命军第二军便攻克南昌。吴佩孚和孙传芳两大军阀被打垮后，革命军越战越勇，12月又占领浙江。1927年3月更夺取了江南重地——南京。

革命军自广东出师北伐以来，不到十个月的时间，就打垮了吴佩孚和孙传芳，从广州打到武汉，直至南京、上海，革命狂飙席卷了大半个中国。由帝国主义支持的北洋军阀反动政府虽试图组织由奉系、直鲁联军以及孙传芳残部拼凑而成的"安国军"以作反攻抵抗，但其计划终告失败，北洋军阀的反动统治已基本崩溃。

北伐战争这一场空前规模的反帝反封建的革命战争，是一场翻天覆地的人民大革命，它严重地动摇了帝国主义和封建军阀的反动统治，为进一步开展人民革命开拓了一个广阔天地。

在中国的北方，在历史古都、中国名城西安，冯玉祥将军加入了国民革命的行列，打破了各路军阀盘踞北方的局面。

冯玉祥，字焕章，安徽人氏，自幼行伍出身，曾任北洋政府旅长、师长，陕西、河南督军等职。在第一次直奉战争后，与原上司吴佩孚发生矛盾，同时在革命高潮的推动下，开始倾向革命。第二次直奉战争中，暗中酝酿倒戈反直，发动了北京政变，将其部改为国民军，建立过以冯系为中心的北京临时混合内阁，并把中国末代皇帝及清室逐出皇宫紫禁城。冯部国民军与奉军大战，占领天津，使北方国民军控制范围由河南扩大到直隶全境。

冯玉祥在北京时，受到中共人士李大钊的关心和帮助，在中国共产党的感召下，冯玉祥的爱国之心和革命之志更愈明确。1925年5月，在中共安排下，冯玉祥决定赴苏联考察学习。冯将军访苏，受到苏联政府和各界人士的热烈欢迎。中共中央特派遣中共旅莫支部书记刘伯坚全程陪同。苏联各界和在东方大学、中山大学就读的中国学生热烈而又真诚的欢迎，使冯玉祥"极是感动"，他说："我在留俄的三个月内，会见了苏联朝野的许多人士：工人、农民、文人、妇孺及军政界的领袖。

国民军联军总司冯玉祥在五原誓师大会上。

从和这些人会谈以及我自己对革命理论与实践的潜心研究和考察的结果，深切地领悟到要想革命成功，非有鲜明的主义与参与行动中心的党组织不可。"冯玉祥在共产国际与中国共产党的帮助下，对中国革命有了进一步的认识，对于孙中山先生"联俄、联共、扶助农工"的三大政策有了趋同的意向。在苏联的所见所闻，对于冯玉祥的思想起了不小的推动作用。

在冯玉祥访苏期间，中国国内形势不断变化，段祺瑞的北洋政府在直系军阀吴佩孚、孙传芳，奉系军阀张作霖的支持下镇压群众，妄图扑灭国民革命军和北方革命势力。冯玉祥鉴于国内形势的变化，在刘伯坚、于右任以及共产国际顾问乌斯曼诺夫陪同下，于1926年8月启程回国。冯玉祥于9月中旬回到陕西之时，正值国民革命军攻占汉口的捷报传来。9月17日，冯玉祥召集部属，在五原举行誓师大会，宣布所部集体加入国民党，誓师铲除卖国军阀，打倒帝国主义。此后，冯玉祥便在刘伯坚等共产党员的协助下改造旧部队。为了壮大实力，他一方面接受了苏联的大批军火物资援助，一方面接受中国共产党派遣更多的人员帮助工作。就这样，五原誓师后，先后派到冯部国民军的共产党员有二百名之多。其中有：刘伯坚、宣侠父、陈延年、方廷桢、刘志丹、王一飞、邓希贤等人。他们是分别从莫斯科、黄埔军校、中共北方局等地抽调的富有较强工作能力的优秀共产党员。

正在莫斯科中山大学学习的中共党员邓希贤，就是由苏联奉调到冯玉祥部队的第一批人员。这一批共选调二十几人，他们于 1926 年年底从莫斯科启程，先乘火车，到乌金斯克换乘汽车，到达当时蒙古的库伦（即今乌兰巴托）。等了一个短时期后，由于车辆容载的限制，首先派了三个人为第一批先遣队，这三个人就是共产党员邓希贤和王崇云、朱世恒两名共青团员。他们三人乘坐的是苏联给冯玉祥部队运送子弹的汽车，一共三辆，都由苏联人驾驶。

从库伦到包头，虽然只有八百多公里的路程，今天可能只需要坐一个小时的飞机便可到达，但在当时，却是茫茫草原，人烟绝迹，风沙四起，寻路何难。

就在这漫无边际的荒原上，三辆苏联汽车颠颠簸簸、摇摇晃晃地向前行驶。饿了，吃点干粮，冷了，找点牛粪烧火取暖。当时蒙古的草原，绝非今日般的水草丰茂、牛羊成群，而是僻地千里，皆为荒原，加上时值隆冬，雪压冰封，寒风刺骨，一路之上，艰苦异常。荒原本无路，遇有困境，有时还需人来推车，只能日行几里。

好不容易，走出了荒原，而荒原之外，却又是沙漠。

这沙漠比草原更加荒凉，无草，无水，无树，无人，风刮起来满天黄沙，日晒之下，赤地千里。到了夜间，上有苍穹星繁似锦，下无人寰黄沙如海。草原无路，尚可行车，到了沙漠，车也不能行走了，只好改乘骆驼，整整走了八天八夜，才算是走出了这看似无边无际的死亡之海。

就这样，历尽千难万险，走了一个多月，终于到达了中国西北宁夏的银川。父亲告诉我们，这一路上，足足一个多月，连脸都没洗过一次。在银川稍事休息，他们又改为乘马，日夜兼程，经陕甘大道，终于在 1927 年 2 月间到达了西安。

父亲说过，他们从莫斯科经蒙古草原、西北沙漠而来的二十多个同志，到了西安后都已经是衣不掩体了。有一次冯玉祥召见他们这些中共派来的人员，所见到的，几乎个个都是这个样子。

父亲到达冯玉祥部队后，即见到刘伯坚。父亲与刘在法国时就很熟识，同志相见，自是十分高兴。不久，和父亲一起作为先遣队来的王崇云和朱世恒被分配为军里面的政治处长，而父亲则被分配到刚刚成立的西安中山军事学校任政治处长。

父亲回忆道："这个学校是当时担任国民革命军驻陕总司令的于右任办的，于当时属于国民党左派，这个学校的主要职务都是由党派人担任的。校长史可轩是党员（后牺牲），副校长是由苏联回国的李林同志（我们在法国就熟识，李后在中央苏区牺牲），我同时担任校党的书记。学校经过短期筹备，很快办起来，学生不少是党团员，除了军事训练外，主要是政治教育，健全和发展党团等项工作。政治教育主要讲革命，公开讲马列主义，在西安，是一个红色的学校。这个学校在1928年成为陕西渭华暴动的基础。"

父亲在西安期间主要做学校工作，也曾短期兼在西安中山学院讲课，这个学院也是由我党派人领导的。除此以外，他还参加西安的一些党团会议和革命群众集会。当时西安的群众革命气氛很浓，游行集会自不会少。

在西安的这一段时间内，父亲等人的生活费用是由冯玉祥部队发给的，这种军旅生活当然并不宽裕，因此他们这些共产党派去的同志们，就时常找机会"打打牙祭"。父亲告诉我，那时他们几乎每个礼拜都去西安的鼓楼，敲军事学校校长史可轩的竹杠，让他请客，吃牛肉泡馍。他至今还感叹地说，那时候，能吃到牛肉泡馍就是好东西了！

父亲和他的同志们在冯玉祥的军队里不过三四个月的时间，到了6月，第一次国内革命战争的政治形势，发生了巨大突变。

1927年4月12日，蒋介石背叛革命，发动了"四·一二"反革命政变。

孙中山先生创立国民党后，英明地提出了"联俄、联共、扶助农工"的新三民主义政策，国共第一次合作，使得大革命的形势迅速发展，北伐战争战果辉煌。但是，在第一次国内革命战争期间，国民党内部，始终贯穿着左派与右派势力的尖锐斗争。在革命统一战线内部，也始终贯穿着革命和反革命的尖锐斗争。

孙中山先生逝世不久，1925 年 8 月，坚强的国民党左派、孙中山先生的亲密战友、广州国民政府财政部长廖仲恺先生被反动派刺杀逝世。这是反动势力企图消灭国民党左派的一次卑鄙阴谋。

"五卅"运动后，革命和反革命，革命统一战线内部无产阶级和资产阶级争夺领导权的斗争日益尖锐。共产党在进一步发动群众、壮大党的组织的同时，展开了与国民党右派的坚决斗争。国民党内部的右派势力，如北京的"西山会议派"和戴季陶等代表人物，纷纷组织反动团体，反对孙中山先生的三大政策，反对国共合作，反对国民党左派。特别是新右派集团中的蒋介石，表面接受孙中山遗嘱，实际上坚持反共立场。他一边培植和壮大自己的实力，一边暗中进行反对国民党左派和共产党的行动。

蒋介石为了达到攫取革命军权的目的，必先排除共产党这最大的障碍。1926 年 3 月，蒋介石一手制造了"中山舰事件"。他下令海军局代理局长、共产党员李之龙调中山舰到黄埔港候用，又反咬共产党阴谋暴动，并逮捕和扣押了李之龙等国民革命军中的共产党员。为此，周恩来曾当面质问蒋介石，严词斥责他破坏国共合作的行径。蒋介石一面装作悔过，一面进一步打击和分裂国民党左派。

随着北伐战争的开展，中国共产党组织和发动了多次大规模的工人罢工运动和反帝反封建的工人武装起义，同时组织了轰轰烈烈的农民运动，这些斗争，有力地配合和促进了北伐战争的胜利。面对人民革命力量的壮大，帝国主义一边派兵加紧对华干涉，一边拉拢国民政府中的右派人物。1927 年初，蒋介石便与亲日派人物及奉系军阀张作霖秘密磋商，加紧勾结，并同时公开乞求英美帝国主义的"援助"和日本帝国主义的支持。国民革命军攻克南昌后，蒋介石以南昌为大本营，霸占地盘，扩充实力，反对国民政府迁都武汉，并在江西开始纠集反动势力破坏和镇压农民革命运动，残杀农协会员。

1927年3月24日，英、美、日帝国主义用军舰炮轰南京革命军和平民，死伤两千余人，制造了轰动一时的"南京惨案"。蒋介石为了向帝国主义邀宠，竟然亲自出马，向帝国主义表示歉意和承担"全部责任"！蒋介石的卑劣行径，引起了全国人民公愤，武汉三十万人集会，公开质问蒋介石。同时，共产党人士和国民党左派人士掀起了一个恢复国民党党权的运动。1927年的3月，国民党左派宋庆龄、何香凝、邓演达等在共产党配合下，召开了国民党二届三中全会，通过决议维护三大政策，反对蒋介石军事独裁，挫败了蒋介石企图控制国民党中央和武汉国民政府的阴谋。

在蒋介石利用革命达到其独裁目的的同时，中国共产党内以陈独秀为代表的右倾投降主义路线也始终干扰和阻碍着革命的发展。

陈独秀是我党的主要创始人之一，曾是新文化运动的一面旗帜，但是，在他作了共产党的总书记后，却执行了一条右倾退让的错误路线。他一味主张在统一战线方面要执行让步的策略，对北伐持消极态度，甚至公开反对广东革命政府出师北伐。他还宣扬先达到"民族资本主义之建设"的二次革命论和"在野党"的右倾观点，反对共产党和工农掌握政权，反对发展共产党领导的革命工农武装。他认为蒋介石是中派，对其丧失警惕，甚至在蒋介石和汪精卫之间大搞所谓的"均势"，进一步向国民党右派妥协退让。1926年12月，在中共武汉中央特别会议上，陈独秀的右倾错误严重发展，对于日益高涨的人民革命热情和工农革命斗争，认为是左派幼稚病。他主张蒋介石执掌军权，把国民党党权和国民政府政权交汪精卫，将整个革命民众运动的领导权拱手送给国民党。虽然周恩来、瞿秋白、毛泽东、陈延年、刘少奇等坚决抵制和反对，但陈独秀右倾投降主义在中共中央最后取得了统治地位。

在帝国主义和封建买办势力的策动和支持下，在陈独秀右倾投降主义的退让下，1927 年 3 月，蒋介石有恃无恐地开始了他的反革命大屠杀。

3 月底，蒋介石首先派何应钦缴了南京国民革命军三个团的枪械，继而袭击了杭州总工会，屠杀工人领袖和革命群众。4 月 12 日，蒋介石解除了上海二千七百名工人纠察队的全部武装，查封一切工会组织，大肆逮捕和枪杀工人领袖和革命群众。4 月 13 日，上海工人大罢工，召开十余万人群众大会，蒋介石武装镇压，当场枪杀百余工人，伤者无数。三日之内，上海工人被杀三百余人，被捕五百余人，下落不明者五千余人。

4 月 15 日，蒋介石指使广东的李济深又制造了"四·一五"广州惨案，逮捕枪杀大批共产党人和工人积极分子。此后，又在南京、无锡、宁波、杭州、福州等地先后大批屠杀共产党员和革命群众。中国共产党优秀领导人陈延年、赵世炎、萧楚女、熊雄等，都在蒋介石的屠刀下英勇牺牲。与此同时，军阀张作霖杀害了在北京的中国共产党卓越领导人李大钊，以及京津地区的共产党人和国民党左派。

蒋介石的反革命罪行，激起了革命人民的无比愤怒，毛泽东、董必武、恽代英、林伯渠、吴玉章等共产党员联合国民党左派邓演达、宋庆龄、何香凝等，联名通电讨蒋。武汉国民党中央及武汉国民政府发布了斥责蒋介石的命令，开除蒋介石的党籍，撤销其一切职务并下令通缉蒋介石。

一波未平，一波又起。1927 年，真是中国革命运动史上无比悲壮和惨痛的一年。

5 月，江西吉安反动军官枪杀革命群众；武汉十四师师长夏斗寅勾结四川军阀杨森叛变革命，进攻武汉；长沙反动军官许克祥叛变革命，屠杀一百余人。6 月，许克祥在湖南屠杀一万多人；武汉反动军官何键宣布与共产党分裂，拘捕共产党员；该月 10 日，汪精卫、孙科、谭延阎等与冯玉祥在郑州召开反共会议。7月15日，汪精卫正式宣布和共产党决裂，并在武汉地区疯狂屠杀共产党人、进步青年和工农革命群众。

由于蒋介石、汪精卫背叛革命，大肆屠杀共产党人和革命群众，中国共产党的组织被破坏，一大批优秀的党的领导人被屠杀，日益高涨的群众反帝反封建的革命运动遭到血腥镇压，蒋介石逐步在全国建立了一个反共、反民主、反人民的新军阀统治。共产党人和革命工农群众的鲜血，染红了江河，染红了山川，染红了中华大地上的漠漠黄土和殷殷绿草，一场轰轰烈烈的大革命失败了。

曾经参加革命，倾向进步的冯玉祥，在这场全国风云突变之中，倒向了蒋介石。

6月10日，冯玉祥参加了汪精卫在郑州召开的反共会议，19日，他以集训为名，下令其部全军政治处长集中开封，并逮捕了中山军事学校校长、共产党员史可轩，将其杀害。冯玉祥一边对其军队中的共产党人进行清除，一边在开封对被囚禁起来的共产党员搞集中营，洗脑筋。

父亲其时在中山军事学校任政治部主任，"四·一二"以后触目惊心的国内形势早已历历在目，由于他直接和刘伯坚保持联系，因此消息比较灵通，在得到所有共产党员要被集中的消息后，他与刘伯坚、史可轩以及李林等商量，大家一致认为邓应去武汉找中央，而不到开封去"受训"。因此，6月底，父亲离开了西安，经郑州，很快到达武汉。

冯玉祥虽附和了蒋介石、汪精卫的反共活动，但他毕竟受过进步思想的影响，对大多数共产党人手下留情，并未加害，最后将刘伯坚等二百多名共产党员"礼送出境"。

冯玉祥离开了革命，离开了共产党，他走上了一条崎岖不平的人生之路，一次又一次的失败和教训，使他幡然醒悟，最终积极投身于抗日的革命洪流，并再次与共产党携手合作，共反独裁。1948年9月，他应共产党的邀请，从国外回来准备参加新政治协商会议的筹备工作，不幸在途中，因轮船失火而遇难。

　　冯玉祥将军的一生，是不平静的一生，也是不平凡的一生。本来，他还可以参加新中国的建设事业，为人民和祖国的建设做出更大的贡献，却不幸早逝。他的夫人李德全女士秉承冯玉祥将军的遗志，为新中国的建设竭尽全力。她在担任中央人民政府卫生部长之职时，其诚恳待人，慈祥勤政之风范，为同志们留下了难忘的印象。父亲因为曾在冯玉祥部工作过，所以对李德全女士相当亲切与尊敬。李德全女士于 1972 年病逝北京，享年七十六岁。

第23章
走出腥风血雨

1927年6、7月间，父亲到了武汉，向中央军委报到。

父亲报到后，旋即将党的组织关系转到党中央，并被分配担任中央秘书工作。当时的中央秘书长是邓中夏。父亲在法国就已熟识的周恩来此时也到了武汉，担任政治局委员和中央军事部长。父亲的工作主要是管中央文件、交通、机要等项事务，在中央的重要会议上作记录和起草一些次要性的文件。

为适应秘密工作的需要，父亲改名邓小平。

汪精卫背叛革命后，国民革命的政府所在地武汉，已处于一片白色恐怖和血腥屠杀之中，中国共产党被迫转入地下秘密状态。这时全国到处都是白色恐怖，许多地方党的组织遭到严重破坏，共产党员大量牺牲，党中央与全国大多数党组织失去了联系。由于同各地联系很少，那时中央机关的工作量不大。

父亲告诉过我们，陈独秀当时准备在中央秘书长之下设八大政治秘书，他任命了刘伯坚、邓小平等几个人，但由于形势的变化，八大秘书并未设满，连已任命的几个人也未到任，所以在中央秘书长之下，只有父亲一个人作秘书工作。

父亲以秘书的身份参加了当时中央的各种会议。有一次会议是陈独秀亲自主持的，讨论河南问题。父亲的印象是，陈独秀搞一言堂，主持开会亦相当简单，会议没开多久，他说了一句"耕者有其田"就宣布散会，显得相当武断。会后让父亲根据会议记录起草一个给河南省委的文件。父亲当时刚到中央，既不了解情况，又不熟悉问题，会议本身讨论得又少，因此只写了三百多字。邓中夏看了以后说，太简单了吧，不过这次就这样，下次再写长点。陈独秀是一个地地道道的大知识分子，所以当时的文牍主义是相当厉害的。父亲说过，由于他是刚到中央工作的，因此对此事印象很深。

7月中旬，中共中央召开政治局会议，决定陈独秀去共产国际讨论中国革命问题，国内组织一个五人政治局常委会代行中央政治局职权，成员有张国焘、周恩来、李维汉、李立三和张太雷。自此，陈独秀即不视事。[1]

这次中央改组，是一个肃清右倾投降主义的重要转折点。

7月下旬，中央决定举行南昌起义，周恩来、李立三、张太雷、邓中夏等相继奔赴南昌，中央秘书长的职务改由李维汉兼任。父亲和李维汉先前在法国时虽未有机会面晤，但李维汉毕竟是留法勤工俭学的"学长"，因此父亲对他的大名可谓早已如雷贯耳。父亲在李维汉的领导下继续工作，并一直同他一起住在汉口一个法国商人的楼上。

"四·一二"反革命事变后，以蒋介石为代表的国民党右派，建立了新军阀的统治。他们依靠帝国主义、封建势力和财阀的力量，更加残酷地压迫和剥削广大工农群众，镇压革命力量。

中国革命由高潮转入了低潮，中国共产党的组织由公开转为秘密，党的活动也由公开转入地下。

在血腥的白色恐怖下，革命队伍中的人，有的被杀害了，有的被逮捕了，有的彷徨了，有的惊慌失措了，有的脱离了党和革命的队伍，有的甚至投向了反革命的阵营。

---

[1]　李维汉《回忆与研究》，第158页。

在新军阀迫害下，中国革命力量遭到了极大的摧残。到 1932 年以前，约有一百万人死于反革命的屠刀之下，仅 1928 年 1 月至 8 月，就有十万余人殉难。党的组织也遭到严重破坏，到了 1927 年底，党员人数由五万多锐减到一万余人。

在这血雨腥风、一片黑暗的日子里，"共产党和中国人民并没有被吓倒，被征服，被杀绝。他们从地下爬起来，揩干净身上的血迹，掩埋好同伴的尸首，他们又继续战斗了"。[1]

陈独秀离开了中央，但新的党的中央政治局常委却没有停止工作。

1927 年 8 月 1 日，党中央军委书记周恩来和贺龙、叶挺、朱德、刘伯承等直接指挥，发动了具有伟大历史意义的"南昌起义"，这是中国共产党领导的革命武装力量向国民党反动派打响的第一枪。

南昌起义是在一片白色恐怖和强大的敌人包围之中举行的，虽然它失败了，但却开创了无产阶级武装夺取政权的先河，从此，中国出现了一支完全由中国共产党领导的、独立的人民武装力量。

1927年8月7日，邓小平参加了"八七"会议。这是位于湖北省汉口原三教街41号（今鄱阳街139号）的"八七"会议旧址。

南昌起义爆发后不久，8 月 7 日，中共中央在汉口召开紧急会议，在瞿秋白、李维汉主持下，会议坚决地纠正了陈独秀的右倾投降主义，确定了进行土地革命和武装反抗国民党反动派的总方针，号召全体共产党员和人民群众继续进行革命战斗，并且决定派遣有经验的干部到主要省区去组织领导农民起义。会议选出了

[1] 毛泽东《论联合政府》。《毛泽东选集》第 3 卷。

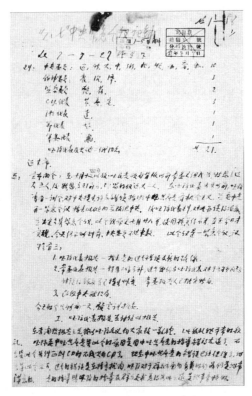

邓小平在"八七"会议上负责记录。这是会议记录。

临时中央政治局。9日，政治局会议选举瞿秋白、李维汉、苏兆征三人为常委，瞿秋白为负责人。

虽然"八七"会议也有助长冒险主义和命令主义等不正确倾向，但在党的危机时刻，它确实纠正了右倾投降主义错误，稳定了党的局势，坚定了斗争信念，指出了革命方向，所以具有不可磨灭的历史意义。父亲作为中央秘书，列席了这次会议。

"八七"会议后，为了避开武汉的险恶局势和适应革命运动发展需要，中共中央于9月底到10月初从武汉迁往上海。父亲也随中央一同迁往上海。

上海，位于中国的东海之滨，是全国最大的城市。由于地理位置重要，交通方便，因此当时已成为我国最重要的经济中心。在上海，有当时在中国已开始发展的民族工业，有已具雏形的金融基础，有较为发达的商业贸易系统。20年代初叶前后，大批的留法勤工俭学生，就是从这一海上通道离开祖国，去远方求学。

由于上海工商业发达，因而在那里形成了一支力量可观的工人阶级队伍。在"五四"运动中，在"五卅"运动中，在历次反帝反封建斗争中，这支工人阶级队伍早就经历了斗争的锻炼。

1926年和1927年，在北伐战争以波澜壮阔之势向前开展之时，上海工人在中国共产党领导下，在周恩来、罗亦农、赵世炎等直接指挥下，发动了三次规模庞大、声威壮阔的工人武装起义。上海的工人阶级，用自己的血肉之躯，为北伐军打开了上海的大门。上海的工人和革命群众具有高度的革命觉悟和丰富的斗争经验，具有光荣的革命传统，是我党依靠的一支重要革命力量。

上海作为中国资本主义的发祥地之一，近百年来就已成为帝国主义进行殖民侵略的基地。各国帝国主义势力麇集上海，把上海的地盘作为他们的势力范围，各自分一杯羹。这里外国租界遍地，外国巡捕房林立。在上海，外国军队、外国官员、外国商人、外国传教士俨然是世界的统治者和一等公民。在公园的警示牌上，写的是"狗与华人不得入内"！

上海乃黄金宝地，官僚资本、外国帮办、各路封建帮会势力，各种政治派别分子，无不盘桓于此。高楼大厦之内，是腰缠万贯的金融巨子。阴沟歧巷之中，是流氓地痞的栖身之地。这些见得人的和见不得人的，冠冕堂皇的和下三烂的，"正人君子"和魑魅魍魉，统统都纠集在一起，勾结在一起，缠绕在一起，形成了一个巨大的网，真正是"剪不断，理还乱"。表面上是十里洋场、纸醉金迷，骨子里却是污泥浊水、污秽腐烂至极。

上海曾经是北伐军的革命基地，现已成了反动新军阀的势力范围，这里军警森严、特务猖獗。他们到处搜捕，收买叛徒。他们和外国巡捕房勾结起来，大肆镇压革命群众和共产党人。这里，几乎每个星期都有人被捕被杀。这里，同样是白色恐怖的血腥战场。这里，陈延年、赵世炎等著名共产党人惨遭杀害。

正是因为上海具有这样一种十分特殊的环境，因此，我们的党中央，就可以凭借着这错综复杂、无常变化的社会情况，在反动势力的眼皮底下，在各种派别活动的缝隙中间，站住脚跟，建立机关，开展工作。

这，就是中共中央从武汉迁往上海的原因。

在中共中央进行改组并迁往上海的前后，中国共产党一边恢复党的建设，一边继续组织武装起义。

1927年9月，毛泽东受中央委托，以中央特派员的身份前往湖南，在湖南举行了闻名于世的"秋收起义"，组建成五千人的工农革命军第一军第一师。起义军先攻湖南省会长沙不下，毛泽东迅速总结经验，放弃攻打中心城市的计划，把革命力量转移到敌人统治力量比较薄弱的农村中去，坚持斗争，发展革命力量。

这支秋收起义的工农革命军，于10月到达江西湖南边界的井冈山，在那里创建了第一个中国工农红军的革命根据地，开创了在革命转入低潮的形势下，重新聚集革命力量，武装夺取政权的新局面。井冈山革命根据地的建立，成为中国革命战略任务伟大转变的起点。

紧接着秋收起义，中国共产党又发动了震惊中外的广州起义。

广州，是中国民主革命的发源地，它经历了革命高潮的巨浪冲击，也遭受了反革命大屠杀的腥风血雨。1927年12月，在张太雷、叶挺、恽代英、叶剑英、聂荣臻等领导下，广州起义骤然爆发。英、美、日、法等帝国主义大为震惊，公然派遣海军陆战队登陆镇压。起义军总指挥张太雷壮烈牺牲，广州起义在中外反动势力的合击下终于失败。但起义军的余部分两路撤离广州，其一路与朱德、陈毅所率起义军在粤北韶关会合，另一路与东江农民起义军在海陆丰会合，继续战斗。

　　南昌起义、秋收起义和广州起义，一次次地对国民党反动势力进行沉重地打击，它们显示出，共产党人并未气馁，他们具有坚韧不拔、不怕流血牺牲的英雄气概，他们站起来了，又在战斗了，而且不达目的，势不罢休！

　　这三大起义，成为中国共产党建立自己领导的革命武装力量，创建红军，最终以武装夺取政权的伟大开端。

　　有一个人曾发感慨地对我说，中国共产党建党时才有五十几个党员，一枪一炮皆无，短短的二十八年后，它居然拥有千军万马，而且夺取了政权，这是怎样的一种力量呀！

　　是的，中国共产党就是这么一个特殊的党，特殊就特殊在它是由历尽苦难的中华民族孕育出来的；特殊就特殊在它的胜利的桂冠是用无数先驱者的热血和生命编织起来的。

　　是的，中国共产党人就是这么一些特殊的人，特殊就特殊在他们是从苦难深重的劳苦大众之中走出来的；特殊就特殊在他们的天下，是凭借着大无畏的英勇气概，用枪杆子打出来的。

　　他们走出了腥风血雨，毫无畏惧地向着更加艰苦卓绝的斗争道路迈进！

第24章
二十四岁的中央秘书长

"八七"会议后，党中央迁往上海。新的党中央在非常紧张的政治局势和十分严重的全国范围内的白色恐怖下，积极开展了大量的工作。

党中央通过各种秘密渠道迅速向全党传达了"八七"会议的精神，派了一些同志到湖南、湖北、广东等地进行指导工作；党中央先后组织发动了湖南的"平江起义"、湖北的"黄麻暴动"、江西的"弋横起义"等革命的工农起义，有力地回击了国民党的疯狂屠杀和血腥镇压，并开始把革命向农村推进，为壮大工农红军和开辟农村革命根据地提供了经验，在这些军事斗争中，直接打出了苏维埃的旗帜，直接组织了由我党领导指挥的中国工农红军；党中央还在国民党新军阀的统治下，积极开展了工人运动、学生运动和妇女运动，建立秘密工会，组织秘密学联，并组织了一些城市的工人斗争。

党中央到上海后，很重要的一项任务就是要进行极其艰难的组织工作，恢复、整顿和重建党的组织，改变在严重白色恐怖之下全党的散乱状况。

在上海，很快地，党中央便建立了秘密组织系统，建立了秘密工作机关，组织了全国的秘密交通网络，并出版了党的秘密机关报。

1928年1月，中央决定中央政治局常委周恩来兼任组织局主任。

1927年至1928年，设在上海同孚路柏德里(今石门一路336弄9号)的中共中央政治局联络点，是负责处理中央日常事务的重要机关。有人称它为"中央办公厅"。

周恩来即在中央担负起处理日常工作的重要责任，他对于国民党统治区的秘密工作，根据实际情况，提出"以绝对秘密为原则"，要求党的"机关群众化和负责干部职业化"。

父亲随中央迁到上海后不久，于1927年12月间，就被任命担任党中央秘书长的职务，协助周恩来等中央领导处理中央日常工作。

除了列席和参加中央各种会议外，父亲还负责文件、电报、交通、中央经费、各种会议安排等项工作。由于上海处于敌人的严密统治之下，周围环境异常险恶，因此当时的中央领导同志需要不断地变换居住点和姓名，像周恩来这样重要而又出名的人物，更是需要注意隐蔽，住处有时一月半月就要更换一次。为了秘密工作的需要，中央领导同志之间，都互不知道他人的住处。而父亲作为中央秘书长，则掌握着所有中央负责同志和各处中央秘密机关的地址和地点，而且只有他一个人掌握这些绝密情况。

中共中央的机关，当时一般都设在外国租界区，中央机关大部分设在公共租界的沪中区。

在闹市中心四马路(福州路)上有一个天蟾舞台，在舞台后面的447号，就是党中央的一个秘密机关。

这里，楼下，是一家"生黎医院"，楼上，则由熊瑾玎、朱端绶夫妇租有三间房子，作为中央政治局开会和办公的地方。熊瑾玎扮成一个湖南来的经营土布土纱的商人，门上挂个"福兴布庄"的牌子，当时人们都称其为熊老板。从1928年11月到1931年4月间，中央政治局会议差不多都是在这里召开。

1990年的时候，我去看望了一下革命老人朱端绶。其时，她已经82岁了，但还是精神抖擞，步态康健。

朱妈妈告诉我："我是在1928年夏天到上海的，到了上海就认识你父亲了。那时他才二十四岁。我们的机关在公共租界，我们这个机关一直没有被破坏，直到1931年顾顺章叛变，我和熊老板才撤离。你爸爸是中央秘书长，经常来我们这个机关，来了呆半天就走，有时只呆一两个钟头，办完事就走。中央政治局和政治局常委的会议都是在我们这个机关开。你爸爸管开会的议程，头一次开会定好下次开会的时间。常委会人少，在一间屋子里开。政治局扩大会人多，有时两间屋子一起开。你爸爸常在会上发言。有一次他的发言我记得最清楚，就是李立三主张先取得一省数省的胜利，你爸爸反对，说国民党有几百万军队，我们刚刚组织起来，没有武装，土枪土炮的怎么打得赢？当时的书记是向忠发，一点本事都没有，你爸爸和周恩来同志他们，到过法国和苏联，知道的东西多。"

朱妈妈还告诉我："我是专门在中央机关当交通，直接在你爸爸的领导下工作。从各地和苏区来的报告，都是用药水密写在毛边纸或者布上，由我洗出来，用明矾水洗，然后誊抄好。我抄的文件都是最绝密的，不出政治局的门。熊老板在秘书处搞特会（特别会计），也归你爸爸领导。政治局这个机关归我管，我除了抄写文件和当交通外，还给来机关工作和开会的同志烧开水、做饭。中央的同志们都爱吃我做的几样菜，周恩来同志爱吃我做的狮子头，你爸爸爱吃辣椒。你爸爸性格挺好，平易近人，他比我大四岁，叫我小妹妹。你爸爸爱讲话，也爱开玩笑，但很文雅。当时做地下工作，装的是有钱人，所以要穿长袍，戴礼帽。

你爸爸也是这样的打扮。"

朱妈妈是在湖南加入党的组织的,她到上海中央机关工作时才二十岁,由周恩来同志介绍,她和熊老板一起"坐机关",先是扮作假夫妻,后来于1928年8月结了婚,当时请了两桌客,向忠发等中央的同志,包括我的父亲他们都去参加了,熊老板比朱端绶年长二十多岁。离开上海中央后,他们二人到湘鄂西苏区工作,曾双双被捕。解放后熊老板生病在北京医院住院时,父亲还去看过他。熊老板先逝,朱端绶还健在,这对革命夫妻在上海地下工作期间,在中央机关里,可以算得名声不小,功劳亦很大的了。

1991年7月,我在北京全国工商联的办公地点拜访了一位革命老人黄介然。他原名黄文容,1926年入党,曾在上海中央担任过秘书处长。1929年我的父亲被中央派到广西工作时,他曾接替我的父亲担任中央秘书长。他详细地给我介绍了许多当时的情况。

黄老说:"我在武汉时,给陈独秀当过秘书,中央迁到上海后,我先在党的《布尔什维克》刊物工作,后在北四川路永安里坐过机关,1928年夏天调任中央秘书处处长。我第一次认识你爸爸是在1928年。那时在上海同孚路柏德里700号有一个两楼两厅的房子,那就是中央的一个机关,当时由彭述之两夫妇、陈赓的夫人王根英、内交科主任张宝泉和白戴昆等同志以房东房客的关系住在里面。实际上这个地方负责处理中央机关的日常工作,我们都称这个地方为中央办公厅。那时候恩来同志和小平同志每天都来这里,中央各部分、各单位都来请示工作。属于机关事务性的问题和技术性的问题,小平同志作为秘书长进行处理解决。中央和各部门、各地区来请示的问题,如要人、要经费、汇报工作和请示中央的问题等等,恩来同志能解决就当场解决,不能解决的和重大的问题,他就交到政治局会上去讨论决定。恩来同志实际相当于党内日常工作的总管。我当时在党刊工作,也是去请示工作,在那里头一次见到恩来和小平同志。他们非常忙,我们请示工作的人很多，有时还要排队在外面等。

"1929 年小平同志要调往广西以前，我准备接他的工作，因此也参加一些政治局在熊老板那个机关的会议，有两三个月的时间，这时接触就多了。政治局开会，由总书记向忠发主持。会议的内容都是事先定好的，都是讨论专门的问题。如工人运动，国际形势，国内形势，经济问题，全国和局部地区的形势、策略、对策、方针、工作方法和斗争方法等等，都是大的问题。每次讨论的问题都由主管这一工作的负责同志作中心发言，其他同志围绕中心发言谈看法、意见和不同意见。发言不能时间太长，不能长篇大论。向忠发有时也很能发挥一通，但没有水平。发言最多的是周恩来，他了解的问题多，管的工作多，准备又充分，还常常写好发言提纲，特别是关于苏区的工作和军事工作，他发言最多。小平同志是秘书长，负责记录（有时也请别人记录），但他也发言，因为秘书长有权发言，也有权提出问题。因为秘书长要

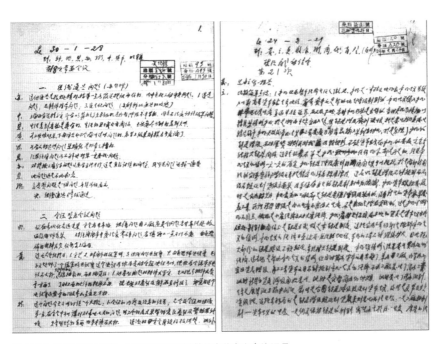

邓小平在1928年1月30日、1929年2月24日做的中共中央会议记录。

负责处理政治局会议决定的工作，起一个承上启下的作用，责任很大。秘书长知道的事情多，处理的事情多，所以他的工作直接牵涉到中央的安危。小平同志的特点是发言不多，但发言和提问都很有分量，他虽然沉默寡言，但说的话深入浅出，容易懂。有些人很能说，但常常说得不知所以然。会议以后，秘书长还要负责起草一些文件，文件的一切处理过程都由秘书长负责。秘书长还要负责管中央机关的秘书处的工作，可以说，秘书长不但管的事多，而且责任很大。

"我们开完政治局会，有时在熊老板家吃饭。朱端绶做的一种鸡汤煲牛肉我们最爱吃。吃饭的时候大家总是又说又笑。小平同志也爱说笑，而且诙谐得很。我对小平同志印象很深，他是非常镇静的，非常谨慎的，而且可亲得很。"

我请黄老介绍一下秘书处的组成和工作。

黄老说："秘书处下属五个科：文书科、内交科、外交科、会计科和翻译科。

"文书科科长是张唯一，工作人员有张越霞、张纪恩等人。这个科要负责刻蜡板、油印、收发文件、分发文件、药水密写。这些工作都是分头去做的，而且都是非常秘密的。中央的文件和会议记录，一式三份，一份中央保存，一份送苏联的共产国际，一份由特科送到乡下保存。据说乡下的这一部分没有损失，解放后都拿到了。有的机关被破坏了，外国巡捕房搜去文件存了档，解放后我们又从巡捕房找了回来。保存文件是很不容易的。文书科还有一个中央负责同志看文件的地方，文件一到，秘书长总要先去看。

"内交科是顾玉良当主任。工作人员有张宝泉、张人亚等。主要工作是把文件送到各处、各单位，还要送一些通知和情报，任务很重。我们常常利用一些夫人来做这个工作，只要镇定的，大胆心细的，能察言观色和处理突然问题的女同志，都可以做。负责干部的夫人们都当过内交。

"外交科归吴德峰管，就是解放后当了最高人民法院副院长的那个吴老。外交的工作就是负责上海中央与顺直、满洲、湖南、湖北、广东、广西等省的联系。主要分为南方线、北方线和长江线三条路线。各线再分支线，建立一个全国的交通网沟通上海的中央和地方。文件、钞票和干部、来往人员都需要交通迎来送往。我们在各地都设有交通站，名义上是开店、开旅馆、开商店，来往的交通员可以住在里面。苏区周围就建了许多商店的交通站，以便以采购的名义去接头。搞交通工作的同志都要经过挑选，要非常坚定的人，要用各种手段，要非常镇定。

"搞内外交通，看来是平平常常的工作，但很艰苦，技术性高，责任性很大。每个人都要动脑子想办法。文件可以藏在书本里、棉被里、热水瓶里。有的微形照片还可以放在钢笔里。其他东西可以放在点心、布匹里。苏区送来的经费，有钱票，也有黄金和金银手饰，怎么送？敌人要搜查，就放在扁担的竹筒里，有的买条鱼放在鱼肚子里。总之要想很多办法。

"会计科就是熊老板一个人，他住的那个地方最保密也最安全，只有政治局同意的人才能去，他的那个机关由秘书长直接管理。熊老板负责管理党的经费，政治局决定后由熊老板去发送，政治局派人检查财务的支出情况。中央苏区送来的黄金、手饰都要去兑换，钱票也要兑换，可是又不能拿到一般银行去兑换，怕暴露。于是就利用章乃器的关系。章乃器那时是上海的浙江实业银行的副董事长，他与陈云同志关系很好，但不知道我们是共产党。陈云同志和我找他去玩，顺便叫他帮忙换点银票，他还很高兴，因为银行可以拿点手续费。

"翻译科编制在秘书处，但实际由中央政治局直接领导。刘少文是俄文翻译，徐冰是德文翻译，浦化人是英文翻译，还有一个法文翻译。刘少文主要是保持和苏联人的联系。"

刘少文解放后担任中国人民解放军情报部部长，徐冰解放后担任中共中央统战部部长，浦化人战争年代在八路军一二九师和第二野战军担任高级顾问。外交科主任吴德峰担任过我最高人民法院副院长，内交科主任顾玉良担任过上海市的领导工作。黄介然老人已是九十一岁高龄，但还常常参加全国工商联的各项活动，实为可敬。1952年他参加亚太地区和平会议时，在中南海怀仁堂还见过我的父亲一面，不过这也已是四十年前的事情了。

1990年2月，我在上海看望了另一位革命老人张纪恩。他生于1907年，1925年参加革命，1928年到党的中央机关工作。他和黄介然一样，都曾在上海法科大学念书兼作学运工作，该校的校长是沈钧儒先生。党中央迁上海后，张纪恩开始在永安里135号一个中央机关工作，后来转到五马路的清河坊坐机关，机关的楼下是一个杂货铺，卖香烟、肥皂、洋火等什物。

张老告诉我："这个铺子原来是邓小平开的。那时候我们开很多的铺子作掩护。我这个楼上原来是政治局委员李维汉住的，李调到江苏省委当书记后，就不能住在中央的机关里面了，而要搬到沪西区江苏省委的地方去，我们夫妇就调到这里来了。在我这个机关，开了好几次中央政治局会议。向忠发、周恩来、瞿秋白都来开过会，会上讨论的是浙江问题和云南问题。我们还接待过许多来往的人。周恩来最注意秘密工作，提倡女同志梳髻子，穿绣花鞋，住机关要两夫妇，不要革命腔。我这个机关属于秘书处管。我曾经在文书科工作过。"

据张老介绍，在党的组织方面，中央有一个直属支部，支部书记是邓颖超。直支的支委叫干事，大约有五六个干事，其中一个就是恽代英，他曾任黄埔军校政治总教官，五大中央委员，参加过南昌起义，1928年担任中央宣传部秘书长，1931年在南京被国民党杀害。还有一个是张国焘的弟弟，1930年在江西牺牲。支部下面还有分干，几个人组成一个分干，相当于现在的支部。以分干为单位过党员的组织生活。直支的主要任务是秘密工作和保密工作，还负责党员的思想工作，组织党员过组织生活。直支还办有刊物，都是些短小精悍的文章。周恩来、瞿秋白都在上面发表过文章。

张老后来调到机要部门工作，他说："中央政治局开会，邓小平作过记录。他走了以后，叫我作记录。中央很多负责同志都是湖南人，我听不懂他们讲话，作记录可就困难了！"

在上海做地下工作，住的地方和开会的地方要经常更换，而且要找那种在几个弄堂里面都要有出口的房子，以应付敌人的搜查。父亲曾和李维汉一起住过一段，还和周恩来夫妇一起住过半年。那时候，和他工作关系最密切、个人关系也最亲密的，第一要算周恩来夫妇，其次就是李维汉。不过，他那时在中央工作，所以接触人的范围是很广的，像赵世炎、陈延年、李硕勋、邓中夏、罗亦农、瞿秋白、关向应、苏兆征、李立三、顾顺章、向忠发等中央和各地方的负责同志，他都很熟。

李维汉在回忆录中说，1928 年党的六大开会期间，"我和任弼时受命留守中央，中央秘书长是邓小平。从 1928 年 4 月开始到同年 9 月新中央负责人回来的期间，开会的地方仍在上海四马路天蟾舞台后面楼上的两间房子里。这个秘密机关是 1927 年冬或 1928 年初建立，作为中央常委开会的地方。房子是租赁来的，由熊瑾玎、朱端绶夫妇住守。那时，开会的同志从天蟾舞台西侧云南路的一个楼梯上去，就可以直到开会的房间。房间内朝西的窗下有一张小桌子，开会时，小平就在小桌子上记录。这个机关从建立起一直到 1931 年 1 月六届四中全会以后，都没有遭到破坏。后来，大概由于 1931 年 4 月顾顺章被捕叛变，中央才放弃了这个机关（1952 年毛泽东在杭州主持起草宪法时，通知小平和我到他那里去。路过上海时，小平和我去看过那个老地方）。当时，每天上午九时，我、弼时和小平碰头处理日常事务，不是在这个地方，而是在离此不远，隔一条街的一个商店楼上，到场的还有熊瑾玎、内部交通部主任和其他负责干部，例如江苏省委留守负责人李富春有时也来参加。"[1]

党的第六次代表大会是在苏联莫斯科召开的，绝大部分中央领导同志都赴苏参加会议，在上海的留守中央继续抓紧开展工作。他们开展反日运动，反对国民党政府勾结英美出卖山东、满洲给日本帝国主义；他们加紧城市工人运动、发展农村工作和加紧对敌军士兵的争取和瓦解工作；他们抓紧整顿和发展党的组织，加强党的秘密工作。

父亲在上海期间，一直在中央机关工作，作为掩护，他当过杂货店老板，当过古董店的老板。作为中央秘书长，他熟知所有中央机关的地点和秘密接头地点，对于上海的大路小路、街巷弄堂，特别是秘密机关所在的那种四通八达的弄堂，他都相当熟悉。当时由于上海市区的大部分地区都是外国租界，因此许多街道用的都是外国名字，例如贝当路、福煕路等等。有趣的是，父亲对上海街道的旧名称很熟悉，但却对不上现在的新名字。1991年父亲去上海，上海市的一些同志陪同他乘车观看上海市容。父亲兴致很高，于是便讲起了他们当年在上海做地下工作的一些情形。他说，为什么有一条路叫福煕路呢？那是因为这条路在法租界，而福煕则是一个法国有名的将军，因此用这位法国将军之名来命名了这条路。父亲提起一些街道的旧名，还问上海的同志这些路现在叫什么名字。对于这些几十年前的陈年旧事，年纪较轻的这些上海的"地方官"们，只能面面相觑，无言以答！

父亲在上海党中央共作了一年半的秘书长，在派遣他去广西工作以前，中央本来准备派康生接替他的工作，父亲于是便和他见了面，带他看了中央的地方，那时康生是在上海的一个区委工作。后来中央派康生作了其他的工作，没有接替父亲作中央秘书长。但父亲从那时起认识了康生。

解放后，父亲和康生都在中央工作，工作关系相当密切。特别是

---

[1] 李维汉《回忆与研究》（上），第243页。

在和苏共中央进行意识形态的论战时，在中央写"九评"时，父亲为主要的负责人，康生是主要的主持人，一时之间来往更多，有时还一起出差。记得有一次到云南，康生让我们所有随行的孩子们都背诵昆明大观楼清朝文人孙髯翁的一百八十个字的巨幅对联，而且还要考试，因此，我们这些人，直到今天还能把这副不朽的对联一字不差地倒背如流，连我们家最没有"文化水儿"的弟弟飞飞，也能像炒崩豆儿一样地一口气背完。

康生本是个文化人，肚子里墨水又多，故事也多，我们从小都爱听他讲故事。他还带我们这群孩子去他家看他的收藏，就是那些珍藏在柜子里面的各种宝砚。我们最喜欢的是那些令人眼花缭乱的玉石的、玛瑙的、孔雀石的砚台，而他自己最珍贵的则是我们这些小孩子连看也不看的那些青铜器皿和古汉陶砚。我们还看过他的夫人曹轶欧收藏的古字画，我只记得其中有一幅是武则天的字。因为当时刚看过京剧《谢瑶环》，对武则天颇有兴趣，因此一看便记住了。康生还特爱看戏，经常在钓鱼台小礼堂组织戏剧晚会，那时候又正值戏剧艺术发展的鼎盛时期，京戏、昆曲、川剧，甚至晋剧，什么戏都看。《关汉卿》、《谢瑶环》、《杨门女将》……看得我们如醉如痴。康生还特地推荐和组织观看"鬼戏"昆曲《红梅阁》，李淑君演的李慧娘，真是令我这样的少女为之大大地神魂颠倒了一番。所以，小时候，在我们眼里，康伯伯那个留着小胡子的瘦长脸是格外有趣和亲切的。

谁想，到了"文化大革命"，他一改常态，再露狰狞，积极参与林彪、"四人帮"的阴谋，并亲手打倒、屈死了无数的人。我们也没有想到，他的那么多珍贵收藏，竟是用各种手段强取豪夺而来。我们更没有想到，他自己所推崇的"鬼戏"，竟成了他用来迫害他人的利刃。

1973年父亲出来工作后，曾带着妈妈和我去钓鱼台十号楼看过康生一次。我们所看到的康生，已是病入膏肓，骨瘦如柴。那时，他为了争权夺利，已和"四人帮"闹得水火不容，于是开口就骂江青，张嘴就骂张春桥。父亲坐在那里，静静地听着他时而激动、时而咬牙切齿的怒骂，一言不发。我在旁边，一边听，一边感到惊奇，一边感到不可思议。

这是我最后一次看见康生，后来他就死了。

第25章
张锡瑗妈妈

1989 年夏天，在离北京不远的避暑胜地北戴河，我去看望了张闻天的夫人，老红军刘英妈妈。

刘英妈妈告诉我："我认识你爸爸可早咧！"

那是 1928 年，湖南省委在白色恐怖中受到严重破坏，省委书记也牺牲了。湖南党的组织就派刘英到上海，找中央。刘英千辛万苦地来到上海，找到了周恩来，湖南的党组织找到了党中央。

刘英是在 1925 年"五卅"运动时，由当时的湖南省委书记李维汉发展入党的。到了上海后，李维汉就让刘英住到他的家里，假装成他的姨妹子。

刘英妈妈说："那时候周恩来经常来找李维汉谈问题，每次都带着小平同志，他们就在李维汉的家里开会，那时候党中央总书记是向忠发，中央还有瞿秋白、李立三、周恩来和李维汉。李维汉分管湖南的工作。"

刘英妈妈笑着对我说："我就是这样认识小平同志的。1928 年，他二十四岁，我二十三岁，大家都喜欢开个玩笑，所以一下子就熟了。我连问也没问他是干什么的，就小平、小平地叫开了。那时候他很活跃，爱说爱笑。我记得写东西的都是他，很随便的一个人。"

父亲在我们眼里，人很内向，话不多，又慈祥又严厉。只有当他在他的老同志、老朋友之间时，才话也很多，声也很大，还常常哈哈

张锡瑗

1925年12月,张锡瑗在中山大学学习时填写的"旅莫中国共产党支部和中国共产主义青年团支部团员调查表"。

大笑。对于我们来说,真是要凭点想象力,才能想象得出一个活跃开朗、爱说爱笑的年轻的邓小平的形象。

父亲那时候心境开朗,是有原因的。一是到了上海后,党的工作逐步得到了恢复。还有一个原因,父亲于1928年春天,结婚了。

大家一定还记得,在第二十一章里,我提到过一个父亲在莫斯科的同学,张锡瑗。

在莫斯科时,一个是从国内来的十九岁的共产党员,一个是从法国来的二十一岁的共产党员,两人同学不同班,相互很熟识,印象也很好。那时候他们的任务是学习,专心致志地学习,还要同国民党右派做斗争。因此，同学就是同学，并未有感情的发展。

1927年，父亲回国后不久即遭遇国民党右派背叛革命，他从西安到了武汉，进入武汉的党中央当秘书。这时，他惊喜地遇到一个人，就是刚刚从莫斯科回国的张锡瑷。

张锡瑷于1927年秋天，约在八九月间，经过蒙古回国。回国后她参加领导了一次保定的铁路工人罢工运动。这次罢工的筹划领导工作，自始至终是在张家进行的，因此连张锡瑷当时只有八岁的小弟弟都印象很深。此次罢工后，张锡瑷到了武汉，在武汉中央的秘书处工作。在这里父亲和她老同学相遇，必有一番喜悦。

不久，武汉中央迁往上海，父亲到了上海，张锡瑷也到了上海，而且就在父亲下属的秘书处里工作。

1928年刚过年不久，父亲和张锡瑷结婚了。父亲不到二十四岁，张锡瑷不到二十二岁。

为了庆祝这对年轻的革命者喜结良缘，中央的同志们特地在上海广西中路一个叫聚丰园的四川馆子办了酒席。周恩来、邓颖超、李维汉、王若飞等在中央的大部分人都参加了，共有三十多人。

当时曾参加吃喜酒的郑超麟老人对我说："因为上海比较松（1928年10月以前），所以可以办酒席，还有几个在中央工作的同志也是这样办喜酒结的婚。"郑超麟已经九十一岁了，可他还记得清清楚楚："张锡瑷人长得很漂亮，个子不高，是保定第二女子师范的学生，和李培之（王若飞的夫人）一道闹学潮的，在武汉也作过秘密工作。张锡瑷的朋友很多，当时也有其他的人追求她，可她和你爸爸结了婚。后来我住在一个叫王少兴的人家里，你爸爸在西北军里认识王，他和张锡瑷常到王少兴那里去看他，因此我常见到他们。"

革命老妈妈朱月倩也对我说："在上海时，我的丈夫霍步青在中央军委工作，我也是在中央军委机关工作。那时我们夫妇和你爸爸、张锡瑷，还有恩来同志和邓大姐，六个人一个党小组。我们一起过组织生活，一个礼拜过一次，地点换来换去，主要内容是学习。你爸爸是个很好的干部，工作能干。张锡瑗是北京人，一口北京话。我现在还记得她的样子，个子和你差不多（注：我是一百六十厘米高），讲话轻声轻气的，长得蛮漂亮，白净的脸，很秀气，人温柔得很，和你父亲的感情很好。"

1990 年我看见朱月倩时，她已八十一岁，她于 1909 年出生。那么 1928 年，她和父亲一个党小组时，应该只有十九岁，比张锡瑗还小三岁。周伯伯那时刚刚三十岁，邓妈妈和父亲同岁，也是二十四岁。他们的平均年龄才二十出头，可真是一个年轻的党小组呀！可我想象得出，这个党小组，又是一个成熟、坚定和活跃的党小组。

朱端绶妈妈也告诉我："我当然认识张锡瑗！她来过我们机关，和我挺要好的。她人很漂亮，性格挺好，挺活泼的，和我一个脾气，很爽快，有话就讲。她的性情温和，很可爱，对人很好，我们年龄差不多，很是谈得来。那时候我们做地下工作，装的是有钱人，所以张锡瑗也是穿旗袍，短头发，穿高跟鞋。恩来同志和你爸爸他们也是，穿长袍，戴博士帽。"

父亲和张锡瑗，曾经有大半年的时间，和周恩来与邓颖超两对夫妇住在一起，那是在公共租界的一幢房子里。周伯伯和邓妈妈住楼上，父亲和张锡瑗住楼下。邓妈妈曾经说过，他们常常听见父亲和张锡瑗在楼下又说又笑的。

我问过父亲，他说："那时候都是年轻人，当然又说又笑！"

有一次，父亲沉思般地说过："张锡瑗是少有的漂亮。"

父亲和张锡瑗，既是同学，又是战友，更是一对感情笃深的年轻夫妻。

在那白色恐怖的上海滩上，在那巡捕森严的租界地里，还真有这一片纯洁、美好的人间真情存在其中，实在令人看之悦目，闻之清心。

我常常想，张锡瑗是个什么样子？长得什么样？个性什么样？在她的周围，好像有一层既神秘又朦胧的光环，会引起人的遐想和追念。

她死的时候才二十四岁，刚生下来的孩子也死了，说起来令人不禁心酸。

但是，在人们的心目中，她永远年轻，永不衰老。

她不是我的妈妈，她又是我的妈妈。

张锡瑷在良乡的家是一个大家庭，她有好几个弟弟和妹妹。

大妹妹张锡瑞与她一起参加革命，一起到苏联莫斯科中山大学留学，后来回国参加革命斗争，于天津牺牲。

小妹妹叫张晓梅，原名张锡珍。父亲和张锡瑷结婚后，就把张晓梅接到上海，介绍她加入了中国共产党，并安排于党中央职工部工作。

父亲 1925 年在莫斯科中山大学时有一个同学，名叫徐冰。他本名邢西萍，1903 年出生于一个富裕的工商业家庭，1924 年在德国留学时加入中国共产党，1928 年，任党中央秘书处翻译科的德文翻译。

由父亲介绍，徐冰和张晓梅在上海结了婚。

张锡瑷虽然早年去世，但张晓梅和徐冰则一直和我们家保持着相当密切的往来，我们叫张晓梅姨妈，叫徐冰姨爹。

徐冰解放后任中共中央统战部部长，张晓梅任北京市妇女联合会主任。他们这一对夫妇可是活跃人物，因为多年的工作关系，他们和周总理夫妇、叶剑英元帅以及中央的各位领导人都相当熟识。他们两个人都是性格活跃而又开朗，说起话来是大声大气，笑起来是哈哈大笑。他们常请父母亲去统战部吃饭，而我们一去，就是连家带口、老老少少的一大家子人。席间，父亲母亲和他们总是又说又笑的。我们这些孩子们，从小就喜欢这个姨爹和姨妈。他们的女儿叫邢舒，是个医生。邢舒姐姐有一个儿子，叫小猴子，患有先天性心脏病，人瘦瘦的活像个小猴儿，嘴唇也总是紫黑紫黑的，我们大家都很宠爱这个孩子。

"文革"开始以后，无妄之灾从天而降。1966 年 8 月召开了党的八届十一中全会，这是一次由毛泽东亲自主持召开的，正式由党中央确认"左"倾指导方针，进一步扩大"文化大革命"，错误改组中央领导机构和领导人的会议。在小组会上，徐冰曾与陈伯达、江青有过面对面的斗争。为此，陈伯达叫嚷要"炮打徐冰领导的统战部"，江青也攻击徐冰"在会上一直唱反调"。不久，"四人帮"即网罗罪名，打倒徐冰。徐冰曾于1932年在青岛被捕过，后经家庭营救出狱。"四人帮"便诬徐为叛徒，加以陷害，并对其进行了长期的监禁和摧残。徐冰与林彪、"四人帮"进行了顽强的斗争，始终坚贞不屈，终于1972年3月18日，被迫害致死，终年六十九岁。直到1979年粉碎"四人帮"后，中共中央才举行隆重的追悼大会，为徐冰等同志平反昭雪。追悼会由中共中央副主席李先念主持，当时为中央组织部长的胡耀邦致悼词。

悼词说：徐冰同志的一生，是革命的一生，战斗的一生，他为中国人民的解放事业和伟大的共产主义事业贡献了自己毕生精力。他对人民无限忠诚，他襟怀坦白，光明磊落，顾全大局，在重大原则问题上坚持原则。他对和他共同战斗的战友和朋友们，诚恳真挚，热情亲切，对干部对下级宽厚热忱，平易近人。他为不断发展和巩固统一战线，作出了重要贡献，成绩卓著。

张晓梅姨妈也没有摆脱"文革"冲击的厄运。在林彪、"四人帮"疯狂批判北京市市委书记兼市长彭真，彻底砸烂旧市委的同时，张晓梅被罢官、免职，遭到残酷的揪斗和迫害。她本来就患有高血压症，在强迫劳动改造中，突然摔倒，1968年4月28日含冤去世。一个第一、二、三届全国人民代表大会代表、全国妇联主席团委员、北京市妇联主任，就这样死去了，时年只有五十七岁。

她在1925年，只有十五岁时便参加了北京的进步学生运动和中国共产主义青年团，1928年加入中国共产党，参加过党的文化工作、统战工作和军调部的工作，与周恩来和邓颖超的关系特别亲密。组织上对她的评价是：政治原则性强，组织性强，掌握政策，对工作认真、负责、细致、谨慎，考虑问题周密，能够照顾全面。

她的两个姐姐都把生命献给了党和人民的事业，她也把毕生献给了党和人民。1978 年 2 月 17 日，党和人民为她平反恢复名誉，举行了追悼会和骨灰安放仪式。

他们走了，都这么早早地走了。

但他们终生无悔，因为他们都实现了他们的诺言，为党和人民、为实现共产主义理想而贡献一切，乃至生命都在所不惜。

我们没有忘记他们，后辈们没有忘记他们。愿只愿，后辈们也能像这些先辈一样地光明磊落，一样地奋斗不息，一样地有这种勇于奉献一切乃至生命的英雄气魄。如后世子孙都能如此，那中华民族振兴腾飞之日，也就定会实现了。

…………

感叹够了，议论也发得不少了。还是让我们回到上海，回到党的地下工作，回到党的中央机关来吧！

第26章
战斗在龙潭虎穴之中

蒋介石背叛革命后，大肆屠杀中国共产党人。在一片腥风血雨的白色恐怖之中，共产党中央于1927年9、10月间从武汉迁至上海。

邓小平作为中央秘书长，随中央在上海从事地下工作。

上海虽为鱼龙混杂之地，有利于我党开展地下工作，但其地仍为帝国主义和反动势力所严密控制。敌人利用各种手段，企图破坏我党地下组织和捕杀我们党的领导人。他们利用外国巡捕镇压，利用特务监视，利用叛徒告密。在大革命失败后的三年内，江苏省委书记陈延年、江苏省委代理书记赵世炎、中央政治局委员罗亦农、中央政治局候补委员彭湃、中央军事部长杨殷等党的许多重要领导人先后被叛徒出卖，被捕牺牲。1928年11月，中央决定由向忠发、周恩来、顾顺章组成特务委员会，负责领导中央特科，加强对党的工作和党的领导同志的保卫。

早在1928年春天，在周恩来直接领导下，由陈赓等负责，我党的特科就建立了第一个反间谍的关系，杨登瀛。

杨登瀛，又名鲍君甫，曾留学日本。杨社会关系复杂，与各党各派、外国租界人士以及黑社会都有来往。有人称他为"四朝元老"，就是因为他与国民党、日本人、汉奸、共产党都有联系。1928年，蒋介石着手在上海建立特务组织。他们选定由杨登瀛来建立侦探机关。杨登瀛同情革命，因此他将这一情况告诉了我党。我党便由特科负责人陈赓亲自负责，把杨登瀛发展为在敌人侦探机关中的第一个反间谍关系。

在我党的指示下，杨登瀛很快和国民党情报系统的头面人物陈立夫、张道藩拉上了关系，并变为他们的亲信。他还得到了上海特务头子徐恩曾的特别赏识和倚重，同时，他与外国巡捕房，特别是英国巡捕房也建立了密切的联系。从杨登瀛那里提供出的大量情报，对于防止我党的机关被破坏、营救被捕人员和清除叛徒内奸起了重要作用。1929年，我特科又利用杨登瀛的关系和介绍，把共产党员李克农、钱壮飞、胡底派遣打入国民党高级特务机关。钱壮飞还担任了国民党中央组织部党务调查科主任徐恩曾的机要秘书。

党中央特科在周恩来的直接领导下，顺利而卓有成效地开展着工作。1928年，由李强负责，在上海中央建立了我党第一个秘密无线电电台。同年，在香港的南方局，又由李强建立了第二个秘密电台，并于1930年开始沪港通讯。

李强叔叔告诉我："后来我们又在江西的中央苏区建立了第三个电台。建这个电台还有个故事。那时广西军阀俞作柏在香港买了一个电台设备，放在他弟弟俞作豫手里。俞作豫不敢用，就给了我。这台机器买的是英国马科尼公司的，我不敢直接去拿，就通过在香港熟悉的德国西门子公司帮我取来，然后找人带到上海，再由上海带到苏区。我、伍云甫、曾三，和一个做机器的工人，四个人到了苏区，1931年才建立了苏区的电台。当时我们在苏区的电台用的是手摇发动机，很艰苦的。"

1931年以后，上海中央的工作环境，由于敌人的破坏，变得更加危险和恶化了。这时，发生了两起恶性事件，给党中央造成了巨大的损失。

一个是中共中央政治局候补委员顾顺章的叛变。

顾顺章原是上海的工人，但此人原来参加过青红帮，三教九流的关系都很多。据一些老同志介绍，他人很精明能干，路子也很多，他在组织上海工人运动中是有能力的，在负责特科的工作，特别是除奸工作中是得力的。但是他的个人品质不好，有流氓无产者的习气，生活腐化，还抽大烟，为此多次受到周恩来的批评。1931年4月25日，顾顺章送张国焘去鄂豫皖根据地后，私自在武汉的游艺场公开耍把戏（他会耍魔术），结果被一个叛徒认出而被捕。当天，顾顺章就叛变了。

顾顺章是党的中央政治局候补委员，长期负责党的保卫工作，了解的机密极多，还知道许多中央机关和负责干部的住址。因此他的叛变，将会给我党带来灭顶之灾。

武汉的国民党特务机关抓到这样重要的中共要员，当天即发电报给南京特务本部。这份电报，当即为我党党员、徐恩曾的机要秘书钱壮飞截获。钱壮飞一见情况紧急，立即亲自赶到上海向周恩来汇报。

针对这一极其危险和严峻的局面，周恩来当机立断，立即亲自布置，采取措施，把顾顺章知道的机关和人员立即转移，废止顾顺章知道的一切秘密工作方法。周恩来甚至不顾个人安危，亲自去通知一些负责同志转移。朱月倩回忆说，那天晚上，她听见敲门，一看是周恩来，原来周恩来是来通知她转移，并和她商量如何保障她的丈夫、军委负责人霍步青的安全。霍步青此时刚从上海出发坐船到武汉。正是由于周恩来的紧急安排，霍才中途下船，避免了在武汉遇险。

当敌人于4月28日开始根据顾顺章提供的情报大肆搜捕时，党中央的机关和人员早已安全转移，渡过了这一险关。

但是，顾顺章的叛变，毕竟使我党中央多年经营起来的地下工作系统和局面受到了无可估价的损失。一些机关撤离了，一些负责人和工作人员转移离开上海。顾顺章还出卖了为敌人逮捕但没有暴露身份的中央领导恽代英，使其惨遭杀害。顾顺章同时也出卖了杨登瀛，后杨登瀛因与张道藩的特殊关系，才得以脱险。

顾顺章这个罪大恶极的叛徒，最终还是没有逃脱厄运的惩罚。

1935 年，他在国民党特务机关内因闹派别、拉山头而被国民党特务机构"中统"处决。

此乃千古罪人，死有余辜！

第二起事件是中共党中央总书记向忠发被捕叛变。

向忠发原来是一个工人，其人并没有政治水平和领导能力，只是由于共产国际的扶植才当上中共党的总书记。在他任总书记期间，党中央的实际日常工作都是由周恩来和其他同志处理。

向忠发历来生活作风不好，又不遵守纪律，他还从妓院里讨了个小老婆。任弼时的夫人陈琮英妈妈说："恩来同志发现了这些情况，就派我的妈妈去和向忠发的那个小老婆住在一起，注意他们。恩来当时想把向忠发弄到苏区去，于是先把向忠发的小老婆转移到一个旅馆住下，把向忠发转移到周自己的住处，告诫他不要外出。但是向忠发违反纪律，乘恩来同志不在，便偷偷去看他的小老婆，而且住下就不肯走了。我妈妈还去敲门警告他们，他们也没理。第二天他叫出租汽车，被司机认出，报告了警察局，向忠发就被捕了。"

这是 1931 年 6 月 22 日的事情。24 日，向忠发就叛变了。

当年的地下工作者黄定慧，也就是黄木兰告诉我："我当时和一个律师在咖啡馆，在一起的还有一个在巡捕房作翻译的朋友。那人说，国民党悬赏十万元的一个共产党头头抓到了，是湖北人，金牙齿，九个手指头，六十多岁，酒糟鼻子，他是个软骨头，坐电椅，吃不消。我一听，这不就是向忠发吗！我马上回来通过潘汉年向康生报告了。当天晚上十一点，周恩来、邓颖超、蔡畅几个人赶快转移住到一个法国的饭店里面。午夜一点，我们布置在恩来住宅周围的装作馄饨担子的特科工作人员，看见巡捕带着向忠发来了。向忠发有恩来的房子钥匙，他们看见向忠发带着手铐，去开恩来的门，结果里面已经没有人了。真险哪！"

向忠发身为中共党的总书记，他的叛变，本来会给我党造成更大的破坏，但是，好像是老天有眼，该叫这个十恶不赦的叛徒绝！

向忠发一被捕，上海的特务机关立即给南京的总部发报，说抓到匪首。当时蒋介石在庐山，他一看到电报，当下批示立即就地枪决。向忠发一叛变，上海又马上发电给南京报告，可是不久就收到立即枪决的指示，于是奉命枪毙了向忠发。等蒋介石收到向忠发叛变的电报，着急也没用了，因为人已作枪下鬼了！

这些恶性事件的连续发生，使得党中央在上海的活动越来越困难，一些中央负责人纷纷转到苏区，周恩来也于 1931 年 12 月离开上海前往江西的中央苏区。

父亲曾回忆说："我们在上海作秘密工作，非常的艰苦，那是吊起脑袋在干革命。我们没照过相，连电影院也没去过。我在军队那么多年没有负过伤，地下工作没有被捕过，这种情况是很少有的。但危险经过好几次。最大的危险有两次。

"一次是何家兴叛变，出卖罗亦农。我去和罗亦农接头，办完事，我刚从后门出去，前门巡捕就进来，罗亦农被捕。我出门后看见前门特科一个扮成擦鞋子的用手悄悄一指，就知道出事了。就差不到一分钟的时间。后来罗亦农被枪毙了。

"还有一次，我同周总理、邓大姐、张锡瑗住在一个房子里。那时我们特科的工作好，得知巡捕发现了周住在什么地方，要来搜查，他们通知了周恩来，当时在家的同志就赶紧搬了。但我当时不在，没有接到通知，不晓得。里面巡捕正在搜查，我去敲门，幸好我们特科有个内线在里面，答应了一声要来开门。我一听声音不对，赶快就走，没有出事故。以后半年的时间，我们连那个弄堂都不敢走。

"这是我遇到的最大的两次危险。那个时候很危险呀！半分钟都差不得！"

在上海党的秘密工作中，最最可恶的就是那些叛徒，他们出卖了自己的灵魂，还出卖了其他共产党人的生命。

父亲提到的何家兴就是一个，他们夫妇从苏联归来，不满足于清贫的生活，遂背叛了革命，在1928年4月15日出卖了党中央政治局常委、组织局主任罗亦农。

1929年8月，原为中央军委秘书的白鑫，叛变投敌，出卖了正在召开军委会议的彭湃、杨殷、颜昌颐、邢士贞、张际春五同志。彭湃、杨殷、颜昌颐、邢士贞四同志惨遭杀害。

同月，内奸戴冰石告密，国民党沪淞警备司令部当场逮捕了我一秘密机关的七位同志。

还有，黄埔一期学生叛徒黄第洪出卖过周恩来和他的会面地点，一些叛徒还出卖过李维汉、李立三等党中央负责人。这些罪大恶极的叛徒，最后都没能逃脱正义的法网，受到了应得的严惩。

白区的地下工作是异常艰苦的，只有在艰苦危险之中，方能暴露那些败类，也只有在艰苦危险之中，方能显出中国共产党人的英雄本色！

第*27*章
在广西的政治舞台上

1929 年 7、8 月间，中共中央派邓小平去广西工作，以党中央代表的身份，领导广西党的工作和准备、组织武装起义。

这次中共中央派人去广西，是应广西省政府主席俞作柏的要求而派遣的。

为什么在举国上下一片白色恐怖之中，俞作柏却要邀请共产党前去广西呢，话还要从头说起。

1927 年，在蒋介石、汪精卫等国民党右派相继背叛了革命后，大革命运动宣告失败，而国民革命的目标——北洋军阀政权却并未消亡，加之国民党内部的分崩离析，使得蒋介石实现独裁统治的美梦难以实现。当时的中国，出现了北京的军阀政权、汉口的汪精卫政权和南京的蒋介石政权三足鼎峙的政治局面。

中国，仍然是军阀割据的混乱局面，而且，新的割据必然酝酿着新的战争。

1927 年 10 月，首先爆发了宁汉战争。蒋介石联合两广和北方冯玉祥，出兵讨伐武汉唐生智。11 月，唐生智寡不敌众，下野出逃。宁汉战争虽使"三湘悉平"，但桂系势力却借机得以膨胀，蒋桂矛盾由此加剧。

1929 年 9 月，蒋介石暂时强忍与汪精卫的对立，联合原来支持汪精卫的广东张发奎，在广东发起兵变，强行迫使控制了广东的桂系军队退回广西。蒋介石利用汪、桂矛盾，一面打击了桂系，一面又驱逐了汪精卫，一举两得，坐收渔翁之利，转眼间便掌握了国民党军政大权。

但是，解决了宁汉、蒋桂之争，并不等于已经独得天下。当时的局势是，冯玉祥占据着豫、陕、甘、宁地区；阎锡山占据着晋、冀、绥、察和平津地区；桂系势力占据着桂、湘、鄂地区；而蒋只占有沪、宁、杭和江浙地区。

蒋、冯、阎、桂，各路盘踞，互存戒心。

蒋介石为了进一步实现独裁统治的目的，削弱冯、阎、桂各派实力，以"整理军事"和"实施训政"为名，要将全国各路人马和各派势力的军额、饷额进行"编遣"，以图加强对各个派系的控制。

这一编遣计划，非但未能付诸实施，结果反而更加加剧了蒋介石与各派势力之间的矛盾。为了向蒋介石示威，冯玉祥在西北加紧备战，阎锡山在山西进行作战演习，李宗仁在武汉实行兵工政策，白崇禧在河北大搞军事会操。一时之间，真是大有战乱将起，举国惊恐之势。

旧军阀去了，新军阀又来了。中国的政治舞台，仍是由这些"你方唱罢我登场"的军阀势力充当主角。

旧军阀的仗打完了，新军阀的仗又开场了。这成年累月，无休止的军阀混乱，把中国人民推向了更加苦难的兵祸战乱的苦难深渊。

这乱、这灾、这苦、这怨，真不知何时可休，何日可了！

新的军阀混战终于来了。

1929年3月，蒋桂战争爆发。

同年11月，蒋冯之战爆发。

同月，第二次蒋桂战争爆发。

1930年3月，阎锡山联合汪精卫、冯玉祥、张学良及桂系李宗仁、张发奎，通电反蒋，"中原大战"爆发。

此战历时七个月，百万大军厮杀于中华腹地千里战线之上，双方死伤三十余万。这场大战规模空前，耗资巨大，出场人物也最多，是中国近代史上规模最大的一次军阀混战。

通过这些战争，蒋介石一再利用各派系之间的矛盾以及各派系内部的矛盾，一用重兵弹压，二用重金收买，三用高官拉拢，极尽纵横捭阖之能事，终于逐次击败了阎、冯、桂等实力派系的几十万军队，实现了独裁统治和形式上的统一。

以上讲的是全国范围内的军阀混战，下面单讲蒋桂之争。

在这些军阀混战中，蒋介石与桂系势力的争斗最先爆发。在蒋介石实现独裁统治的道路上，桂系势力的威胁一直如鲠在喉，必欲先吐为快。

在蒋介石和汪精卫的宁汉对立局面中，蒋介石曾联合桂系攻打武汉。后来，桂系又与蒋介石一起北上共讨盘踞京、津的奉系旧军阀张作霖。在这两度攻伐之中，桂系军队能征善战，锐勇无敌。

桂系利用战争之便，迅速扩张势力，占领地盘。白崇禧进驻华北，黄绍竑占据广西，李宗仁则进驻武汉。桂系以李济深坐镇广西，李宗仁统辖两湖，白崇禧进驻唐山、山海关。一时之间，桂系势力，从广东至长江，再到华北，大有虎视眈眈，欲与蒋氏一争雌雄的架势。

桂系也是"得势便猖狂"，占了地盘还不算，又免去了蒋介石信任的湖南省主席的职务，以何键取而代之。此事恰如一条导火线，使本来就已岌岌可危的蒋桂联盟终于破裂。

1929 年 3 月，蒋介石下令讨伐桂系，准备以南北两路夹击武汉。而桂系方面亦严阵以待，加紧在武汉一线的布防，准备与蒋一行决战。

正在这双方都已剑拔弩张，大战行将爆发之际，桂军大将李明瑞突然率领所部第四旅由武汉南撤至湖北孝感，然后又宣布服从蒋介石的"中央"。李明瑞的这一行动，顿使桂系大惊失色。眼见大势已去，桂军遂放弃武汉，向荆州、沙市、宜昌一带撤退。

4 月 4 日，蒋军进入武汉，并下令继续对桂系实行武力追剿。同时，

俞作豫

蒋介石继续以金钱、官位相许,使更多的桂系军人倒桂投蒋。

蒋介石一方面对付武汉的桂系;一方面讨伐占据平津的桂系白崇禧,迫其弃军逃港;一方面调广东的李济深北上软禁,拆散了粤桂联盟;一方面下令由湘、粤、滇三路进攻桂系大本营——广西。

桂系李宗仁、白崇禧、黄绍竑虽积极组织力量反攻,但终因寡不敌众,于激战之后败退广西。6月,粤军相继攻占桂林、梧州和广西首府南宁。李宗仁、白崇禧、黄绍竑丢兵弃将,相偕逃往香港。蒋介石任命俞作柏为广西省政府主席。

蒋桂之战以蒋胜桂败而告结束。

在这场蒋桂战争中,使得桂军败北的中心人物,就是桂系中的俞作柏和李明瑞。那么这俞李二人究竟是何等之人呢?

俞作柏,广西北流县人氏,与李宗仁共为陆小同学。年轻时参加广东讨袁护国军,曾任参谋、连长。在两次粤桂战争后,粤军占据广西,李宗仁接受粤系的收编,为粤桂边防军第三路司令。俞作柏在李宗仁麾下担任第一统领,下辖两个营。

俞作柏一边随李宗仁受编于粤军,一边在广西暗中发展自己的实力。

后来粤军陈炯明阴谋背叛孙中山,为了集中兵力,把粤军从广西撤回。这样,李宗仁便趁势宣布脱离与粤系的关系,自我改编为"广西自治军第二路",并自封为司令。

就在李宗仁在广西发展新桂系的同时,原粤军统领黄绍竑和白崇禧,联合俞作柏,一致决定脱离李宗仁,相约追随孙中山,进行国民革命。1925年6月,孙中山委任黄绍竑为"广西讨贼军总指挥",俞作柏担任第一团团长。在孙中山国民革命军统一广西的战争中,俞作柏能征善战，继而又升任第三路军司令。

俞作柏这次行动，使他与李宗仁之间的关系从此伏下嫌隙。

李明瑞

李明瑞，广西北流人，俞作柏的姑表兄弟，自幼靠其舅舅（俞作柏的父亲）接济上学，后靠俞作柏介绍进入广东韶州滇军讲武堂第一期甲班学习，毕业后一直投效俞作柏麾下，历任排长、营长、团长职。李明瑞年轻胆大，骁勇善战，一直为桂军中的一名身先士卒的战将。他和其表兄俞作柏一道，义无反顾地追随孙中山，投身国民革命。

1926年两广统一，此时，正值国共合作的高潮到来。中国共产党派黄日葵、谭寿林、陈勉恕等共产党员来到南宁，组成中国共产党广西省筹备小组，开展党的工作。在大革命高潮到来的形势下，广西也呈现出一派革命的生机，工会、农会、学生会、妇女会等进步组织纷纷成立。俞作柏、李明瑞对于这一派革命形势深感兴奋，衷心拥护孙中山先生的"联俄、联共、扶助农工"的三大政策，成为桂军中的国民党左派人物。

这时，国民革命第七军进行了整编，军长为李宗仁，党代表为黄绍竑，政治部主任为共产党员黄日葵。李明瑞为第二旅旅长，下辖三个团。而原来拥有兵权的旅长俞作柏却改任中央军事政治学校广西分校校长，实被削去兵权。这，当然是由于李宗仁对俞作柏心怀不满而暗做手脚所致。

1926年7月，北伐誓师大会后，全国掀起了国民革命的浪潮。北伐军一路北进，所向披靡。

李明瑞在统一两广时曾屡建战功，在北伐战争中，更是功勋卓著。作为第七军的主攻部队，他与友军攻下长沙，攻下咸宁，攻下武汉最后一道防线险关贺胜桥，进而挺进江西。不到三个月即三战三捷，最后在南京附近龙潭战役中，全歼渡江北来的孙传芳部队。李明瑞勇不可挡，屡建奇功，是北伐军中赫赫有名的一员能征善战的战将。

本来，对于像这样一位有功之臣，应该是奖赏有加，但却不想，李宗仁、黄绍竑却竟然嫉贤如仇。为了削弱李明瑞的实力，他们下令撤掉了李明瑞左右的得力助手的职务，还为了一己私利，重用他人，而且拖欠军费，使得官兵困苦异常。而一些李宗仁、黄绍竑所用之鄂籍军官，却营私舞弊，贪赃枉法，无恶不作。因此，李宗仁、黄绍竑与李明瑞之间的矛盾已发展到了水火不容的程度。

桂系内部这一矛盾，早已为蒋介石所获悉，这时，他正为桂系势力迅速膨胀而焦虑万分呢。蒋介石将计就计，要倒李宗仁、黄绍竑、白崇禧，必用俞作柏和李明瑞。

蒋介石秘密派人，分别向李明瑞及在香港的俞作柏表示拉拢之意。一时之间，传闻四起，连桂系部队内部都已谣言不断，人心疑惑。

俞作柏被李宗仁等削去兵权，排挤出广西，一个人在香港权当寓公。蒋介石以重诺许他：一是委任他为海陆空军总司令上将参议兼广西省主席，二是给军饷二百万元，三是俞作柏和李明瑞共掌广西，桂军由俞李二人编遣。

蒋介石的为人，阴险多疑，诡计多端，众所周知。他的坐榻之旁，岂能容他人安睡？俞作柏和李明瑞早已知道，蒋介石分明是想利用他们除掉李宗仁等桂系实力派，并非真的对俞氏兄弟特别青睐。但是，利用蒋介石除掉李宗仁和黄绍竑，对他们来说，仍不失为一个良机。

蒋桂大战爆发以后，蒋介石部队大举向桂系实行全线进攻。桂系李宗仁也气势汹汹，誓与老蒋决一胜负。

正在此时，李明瑞看看时机已到，便突然宣布独立，不参加蒋桂大战，这一举动，好似抽掉了桂军的一根主筋。很快，桂军便兵败如山倒，显赫一时的桂军李宗仁、黄绍竑、白崇禧外逃香港，鄂军胡宗铎、陶钧等被迫下野。蒋介石万分惊喜地通电全国："兵不血刃而定武汉。"

倒桂成功之后，李明瑞立即挥师南下，经广东而回广西，未遇抵抗地占领了梧州，继而占领桂平，最后占领南宁，一举平定广西局势。

目的已经达到，俞作柏就任广西省政府主席，李明瑞任讨逆军第八路副总指挥（总指挥陈济棠）、广西军事编遣特派员和广西省绥靖司令。

俞、李执掌广西军政大权后，军政基础极为薄弱，军费方面筹措艰难，省内经济困难重重。蒋介石原许二百万金，其实根本没有兑现。原黄绍竑所留部队虽然接受编遣，但其实并不甘受俞李节制，实力仍存。

蒋介石利用俞李打败了桂系，谁知何日何时又会用何人来打败俞李？

蒋介石绝不可信，旧桂系乃是死敌，于是，俞作柏、李明瑞便通过俞作柏的弟弟俞作豫找共产党，希望共产党派人，帮助他们撑持局面。

其实，俞作柏和李明瑞并非与共产党素昧平生，早在第一次国共合作的时期，即有黄日葵、姜祖武等一批共产党员进入桂系部队，并担任一定要职。俞作柏受到大革命进步思潮和进步人士的影响，支持工农学生运动，1926 年就任过国民党广西省党部执行委员兼农民部长和农工厅长，还举办过农民讲习所。"四·一二"事变后，黄绍竑以共产党嫌疑开除了俞作柏的国民党党籍，迫使俞作柏避走香港。事偏有巧，俞作柏在香港期间，又与我党在港的共产党人士多有接触，并参加了我党在香港的外围组织"中华革命行动委员会"。俞作柏还通过其弟俞作豫向我党提供过一部电台。

俞作柏对于共产党，心中本无芥蒂，而且向有好感。而李明瑞则本来就生性磊落，倾向革命。"四·一二"事件后，他对于蒋桂军阀以"清党"名义迫害共产党人十分气愤，忍痛送走了所部共产党员。

更为凑巧的是，在俞作柏和李明瑞身边，还有一个秘密共产党员，每日耳濡目染，对他们进行提示。那就是俞作柏的同胞兄弟俞作豫。

俞作豫曾在广州护法军燕塘讲武堂就读，大革命时期参加北伐战争，任李明瑞旅下辖第三团团长，也是一员勇猛战将，在汀泗桥、贺胜桥和江西德安等战役中建有战功。大革命失败后，俞作豫于1927年10月在香港加入了中国共产党，同年12月参加了广州起义，后被派回广西从事革命活动，领导农民运动，组织农民自卫队。1929年春奉命到桂军俞作柏、李明瑞部进行秘密工作。当其兄俞作柏、表兄李明瑞一经表示想邀请共产党共事商议之时，俞作豫义不容辞，立即与我党取得了联系。

由此，中共中央决定派遣干部到广西工作，中央代表即为邓小平。

第 *28* 章
到广西去

1929 年 7 月到 8 月间，正是南方盛夏酷暑之际，父亲奉党中央和中央军委的派遣，告别了妻子，坐上南下的船，经过香港，赶赴广西。

此时的邓小平，已不是从苏联刚刚学习回国的那个邓希贤了。在国内两年多的革命实践活动，特别是大革命失败后在艰难困苦和白色恐怖之中的革命活动，使他增加了不少的革命斗争经验。自从在"八七"会议之前到党中央机关工作以来，特别是在担任了中央秘书长的职务后，他有机会列席党中央的各种最高会议，有机会看到全国各地的工作报告，有机会参加党的一些重大决策活动的技术性工作，这对于他增加工作经验，提高政治政策水平，了解全国革命工作的情况和经验，不啻是大有裨益。

此时的邓小平，已具有更丰富的革命斗争经验和更高的政治水平。

父亲乘船到香港后，立即与党的南方局取得联系。

当时党中央的南方局设立在香港，负责广西、广东两省的工作。因为香港和上海一样，是租借地，因此便于我党的工作掩护。

南方局的书记是贺昌，聂荣臻任中共广东省委军委书记。贺昌和夫人黄木兰（定慧）、聂荣臻与夫人张瑞华两对夫妇住在香港跑马地的凤凰台附近。父亲一到香港，便与他们取得了联系。

据黄定慧回忆："那时我们夫妇和荣臻、瑞华住在一起，小平同志到香港后住在一个旅馆里，他到我们住的那里来过一次，主要是与贺昌同志和聂荣臻同志一起谈广西的工作。他还在我们那里吃了晚饭，菜是我和瑞华烧的。后来贺昌曾去了广西，参加了广西省委的会议，还和你爸爸两个人都讲了话。贺昌在广西几天就回来了。"

为了保持和中央的联络，党中央还派了特科的龚饮冰与邓小平一道前往广西，并带着电报密码，负责机要工作。

与此同时，我党还陆续派了几十名军政干部，利用各种渠道和关系，进入俞作柏的省政府和李明瑞的军队中去工作。他们或是由人介绍，或是改换姓名，都未公开使用共产党员的身份。他们之中有张云逸、陈豪人、龚鹤村（楚）、徐开先、李谦、冯达飞、叶季壮、李干辉、佘惠、李朴、沈静斋、许卓、许进、何世昌、宛旦平、袁任远、袁振武（也烈）、史遽然等。

张云逸是粤军海军司令陈策写信介绍来的。袁任远是李明瑞的秘书、共产党员姜祖武介绍来的，而袁任远又介绍了佘惠这一湖南同乡。

就这样，无声无息地，一个又一个的共产党人，按照党给他们的指示，来到了广西。

大约在9月间，父亲和龚饮冰到达南宁。

到达南宁后，父亲首先和广西特委书记雷经天取得了联系。9月10日，中央代表邓小平主持召开了中共广西第一次代表大会，南宁、梧州、左右江地区等三十多名代表参加了会议。会上父亲介绍了当前的形势和任务，会议作出了开展土地革命，建立工农武装，准备武装暴动等重要决议。还通过了有关农村工作、宣传鼓动工作、职工运动、妇女运动、共青团等问题的文件，确定了新形势下广西党组织的斗争任务和策略，并选举了以雷经天为书记的广西特委。

父亲回忆："我们到南宁后，我同俞作柏见过几次面，根据中央指示的方针进行统战工作，同时注意把中央派到俞处的干部分配到合适的地方。"

　　父亲到广西后化名邓斌，公开以广西省政府秘书的身份作为掩护，实际则以中共中央代表的身份负责领导广西党的工作。

张云逸

　　在广西，父亲迅速和俞作柏建立了密切的合作关系。在我党的影响下，俞作柏、李明瑞首先释放了一批"政治犯"。这些政治犯都是大革命时期的共产党员、工会农会会员和进步青年，都是在"四·一二"以后被桂系逮捕关押的。早在5月份，李明瑞倒戈反桂的进军途中，在梧州就曾释放过被关押的一批党团员和进步青年。现在，广西军政大权均已在握，俞作柏和李明瑞便作出决定，释放全部在押"政治犯"。在群众的热烈欢迎和震耳欲聋的鞭炮声中，中共南宁区负责人罗少彦、工人运动领导人何健南、共产党员谢鹤筹、吴西等一大批共产党人和进步人士从狱中释放出来。这些人，特别是一批党团员干部，后来都成为建立广西红军的骨干。

　　李明瑞在掌握广西军事大权以后，鉴于过去的经验教训，非常需要扩建军队，以充实力量。李明瑞由武汉带回的部队仅有三万余人，而旧桂系吕焕炎收编的桂系残部也有三万多人，这些桂系旧部名义上虽接受编遣，但实际上并不能为李明瑞所调用。因此，李明瑞急需建立一支自己能够掌握的部队。于是广西警备大队应运建立，下辖新编第四、第五两个大队。

　　在这种形势下，父亲等人通过俞作豫，向李明瑞提出建议，建立教导总队，以培训初级军官。用这种方式，我们党把一百多名干部学员安排进教导总队，培训和教育了近千名李明瑞旧部队中的进步青年，并在学员中发展了一批新的党员。

　　在与共产党的协商下，一批共产党人被安排到新建立的警备大队中。四大队，共产党员张云逸为大队长，共产党员李谦任副大队长。

五大队，共产党员俞作豫为大队长，共产党员史遽然为副大队长。按照中央代表邓小平的指示，张云逸等在四大队中安排了一百多名共产党员担任连排干部。他们还对士兵加强了革命思想教育，惩办了民愤极大的旧军官，吸收了大量工人、农民和进步学生参加部队，使部队的成分和思想面貌都得到了改造。由于群众的踊跃参加，第四大队由一千人很快扩大到两千人。在第五大队，俞作豫也调来了一些农民运动分子充实军队，人数也迅速上升为两千人。而教导总队，也由共产党员徐光英担任负责人。这次扩充的新军，便成为以后建立红七、红八军的基本武装基础。

在我党的影响下，俞作柏在广西开展了进步的群众运动，省农协得到了恢复，而且召开了代表大会。工会、妇女协会、学生会等进步组织相继恢复，整个广西，在短短的时间内，好像又回到了大革命前那种生气勃勃的革命热潮之中。

在我党的影响下，俞作柏着手在农村拔掉黄绍竑的旧势力，任命了一批大革命时期涌现出来的农民运动领袖担任各县县长，其中就有东兰县的韦拔群。俞作柏还根据共产党的推荐，委任一批共产党人和进步人士担任左右江各县县长，致使左右江二十多个县都由共产党人和进步人士所执掌。

在共产党支持下，俞作柏、李明瑞支持农民武装，给了东兰农民武装革命军以"右江护商大队"的正式名义，并发拨几百支枪以示支持。

右江东兰的农民运动，早在大革命时期就曾蜚声省内外，因为这里有一个卓越的广西农民运动领导人，韦拔群。

韦拔群出身富裕之家，早年即有爱国之志，曾参加讨袁护国，1925年进入广州农民运动讲习所，并参加中国共产党。1926年，当大革命在全国迅速发展之时，广西右江地区由韦拔群领导的东兰、凤山等地农民运动发展得如火如荼，成为当时全国最发达的农民运动地区之一。韦拔群不但建立了农民协会，而且建立和发展了农民自卫武

韦拔群

装。他们反贪官、抗捐税、打土豪、毁契约，把农民运动搞得一派热火朝天。1926 年春，桂系军阀慌忙派军镇压，制造了骇人听闻的"东兰惨案"。韦拔群乃是真正的革命英雄，在强大的敌人面前，他率领农民军坚决打击敌人，占领了县城，迫使当时的桂系省政府承认了东兰农运的合法地位，取得了这次斗争的胜利。"四·一二"事变以后，广西革命斗争转入地下，而在这一片白色恐怖之中，独有东兰拔哥率领的这支农民队伍，始终坚持公开的武装斗争。

韦拔群，拔哥，是广西广大农民群众的骄傲和英雄。他在右江地区创下的武装力量和建立的深厚的群众基础，为今后红军创建右江革命根据地提供了极为有利的条件。

除了兵运工作以外，父亲和广西特委，针对原广西中共地方组织非常零乱的状况，抓紧恢复和发展各地方组织，使广西地方党的组织逐级建立了联系，同时还举办党员学习班，出版了党内刊物。

南宁变了！广西变了！

一个新的革命热潮在南宁，在广西，迅速发展了起来。

在全国革命形势处于低潮，在反动派一片白色恐怖之中，唯独广西，出现了革命新高潮。这种局势，真是令革命者和进步人士耳目一新，为之振奋。而桂系首领李宗仁则惊呼：俞作柏、李明瑞"南归后，为虎附翼，共祸始炽，桂省已成为共产党之西南根据地！"[1]

父亲到了广西后，在他的主持下，广西党的活动已积极活跃起来了，和俞作柏、李明瑞的合作已顺利开展起来了。他和其他党中央派来的

---

[1]   李宗仁《第四集团军军事经过概略》。

同志们的工作，已迅速初见成效。

但是，当时在广西，人们并不知道有邓小平这么一个人。根据中央的指示和多年从事秘密工作的经验，父亲到了广西后，并未公开露面，只在极小的范围内活动，只和极少数的人进行接触和联系。除了党内很小的范围以外，父亲只和俞作柏见过几次面，对俞加强工作。父亲在积极开展广西工作的同时，和党中央始终保持着密切的联系，以便及时请示和汇报工作。

广西局势的发展，早已引起了各色人物的注视。共产党虽未以公开名义活动，但活跃的革命气氛已足以引起反革命人士的密切关注。已经有人在高喊："俞作柏、李明瑞来捣乱，致使左右两江赤焰滔天，原东兰之共匪，也就死灰复燃。"

这，尚且是局外人士的惊诧，那么曾经支持俞李倒桂的蒋介石，就更加关切广西局势的发展了。

蒋介石这个人，素来以城府很深，工于心计而著称。早在联合俞作柏、李明瑞倒桂之时，他就已着手安排，派员进入李明瑞的十五师当政治部主任，以进行监视。这员大将，就是鼎鼎大名的国民党高级特工，黄埔四期学生郑介民。广西发生的所有的这一切，当然由郑介民这一耳目一五一十地全部向蒋介石进行了报告。而蒋介石，对于广西所发生的情况，亦当然不会满意，但如何才能挟制住俞、李所为，一时尚未有妙策。

说来也凑巧，势态的发展，很快便为蒋介石提供了一个除掉俞、李的良机。

1929年8月间，一直与蒋介石龃龉相争的汪精卫，以中国国民党二届中央执行委员会的"正统"名义，企图联合冯玉祥、阎锡山、唐生智等一些对蒋介石的作法心有不满的军事集团，共同反蒋倒蒋。汪精卫一边策动张发奎的第四军由鄂西经湘、桂进攻广东，欲夺广东作为反蒋基地；一边派薛岳到南宁游说俞作柏、李明瑞共同反蒋。

当时俞作柏和李明瑞感到，反蒋虽是他们的既定目标，但他们刚刚打败旧桂系，军政权力均未巩固，而且军费军饷都十分缺乏，因此对于此时反蒋，尚觉迟疑。

汪精卫看到俞、李的犹豫，于是一再电催，同时还让薛岳带了不少的港币，以作诱饵，敦促俞、李迅速发动反蒋，以配合张发奎东下的军事行动。[1] 汪精卫还委任俞作柏为"国民革命军第四集团军讨蒋总司令"之职。

消息传到南京，蒋介石大惊。

蒋介石一面让郑介民赶紧对俞、李加紧劝说，一面于9月亲自给李明瑞来电。电中大骂：汪精卫的改组派，"买空卖空，专以牺牲他人为惯技"，"早为总理之叛徒，为党之败类，陈炯明之余孽，共党之走狗"。电中劝说李明瑞亲赴南京，"以息谣诼"。蒋介石还威胁，如李明瑞不从，则"吾为党国计，不得不以公忘私，以尽吾革命之天职"。

在汪精卫的一再催促和蒋介石的威逼恐吓之下，俞作柏、李明瑞认为，联合张发奎的第四军夺取广州，对广西也是有利的，于是便义无反顾，选择了坚决反蒋的道路。

1929年10月1日，俞作柏和李明瑞在南宁举行了反蒋誓师大会，发出通电，宣布俞作柏为讨蒋南路总司令，李明瑞为副司令。随后，俞、李立即对其所辖各部队作了战斗部署，李明瑞还亲赴前线，指挥军队向广东进攻。

俞、李通电反蒋后，南京《中央日报》惊呼：俞、李勾结共产党反蒋。蒋介石分析了广西的形势，决定以收买方式瓦解俞、李部队。

蒋介石的确不愧为一代枭雄。他之所以能纵横捭阖，最终实现独裁的目的，全凭了他善于分析形势，善于利用矛盾，善于使用各种手

---

[1]　何家荣《回忆中国工农红八军》。《广西文史资料》第十辑，第1页。张文鸿《李明瑞倒桂投蒋和倒蒋失败的经过》。《广西文史资料》第十三辑，第142页。

段以对付各种敌手。

李明瑞手中部队，只有十五师和五十七师为亲信，其余吕焕炎、梁朝玑、蒙志仁等部均为桂系旧部，本来就难于控制。蒋介石先下手为强，以约二百万元的重金和第七路军总指挥之职收买了吕焕炎。并以三十万块大洋和师长之职，收买了李明瑞最亲信的旅长黄权。

李明瑞刚刚到达前线桂平的黄权旅部，正准备亲自督战，不料突闻吕焕炎等桂系旧部，以及杨腾辉和黄权已为蒋介石收买，倒戈通电拥蒋。这一下子，三个主力师和一个旅均已倒戈，李明瑞手中的军事实力瞬间丧失殆尽。

这次反蒋，不到十天就告失败，眼见大势已去，李明瑞只得带着少数随从，仓促返回南宁。

在俞作柏、李明瑞决定参加通电反蒋时，我党即客观地分析了形势，认为李明瑞只有三个师的兵力，内部又不一致，来广西时间且短，立足未稳，政治、经济基础都很薄弱，因此此次反蒋定会失败。

俞、李不听我党劝告通电反蒋后，为了保存革命实力，以防不测，父亲决定把我党已经控制的第四、第五警备大队和教导总队留下，担任保护后方的任务。经父亲等人一再说服和坚持，俞、李终于同意了这一方案。

俞、李率大队出发后，父亲与张云逸等立即着手准备应变。他们派四、五大队各一个营去左、右江地区，先行准备工作。在南宁，利用张云逸兼任南宁警备司令的职权，接管了省军械库等机关，控制了五六千支步枪以及山炮、迫击炮、机枪、电台和堆积如山的弹药。同时，将汽船备好停在江边待用，做好一切应变准备。

幸亏有父亲等共产党人的远识和未雨绸缪，否则，俞作柏、李明瑞这次倒蒋将会遭到全军覆没，不但不会东山再起，就连一块容身之地，恐怕亦难找到了。

俞作柏、李明瑞仓皇逃回南宁后，立即准备再向左江逃去。父亲和他的同志们商议后，当机立断，决定即刻举行兵变，把部队拉出南宁，向左、右江地区转移，并以百色、龙州作为重点，重新开创局面。

这一决定经秘密电台上报了上海的中共中央，并得到了批准。

时间紧迫，刻不容缓。

10 月中旬的一天，入夜时分，南宁市区内枪声四起。兵变部队突然行动，打开了军械库，搬取了所有的枪械和弹药。第四大队、第五大队和教导总队在宣布行动后迅速撤离南宁。

第四大队和教导总队的一小部分，由张云逸率领沿右江逆流撤向西北方向的百色地区。第五大队，由李明瑞、俞作豫率领沿左江撤向西南方向的龙州地区。

而父亲，则率领着党委和地方做秘密工作的同志，指挥着装满军械的船队和警卫部队，沿水路溯右江，向百色地区进发。

参与当年兵变的许凤翔回忆："十月中旬的一天早晨，晨雾迷茫，在南宁海关的码头上，同志们紧张而有秩序地把枪械弹药等军用物资搬上大小船只，然后上船出发。我乘坐的是一艘汽船，最后上船的一位同志，身材不高，体态结实，二十多岁年纪，精力充沛。他一边登船，一边微笑着和先上船的同志们问好。我不认识这位同志，忙向别人打听，正在这时，有人开玩笑地说：'秘书来了，咱们把铺位让出来吧！'原来，他就是我们行动的最高领导人邓小平同志，公开身份是广西省政府秘书。"[1]

当时在教导总队任政治教官的袁任远回忆："小平同志指挥军械船和警卫部队从水路向右江进发。很巧，我和佘惠是与小平同船而行。过去我们只知道小平是我们的领导，但从未见过面，这是我第一次见到小平。他当时化名叫邓斌，第一次见面就给我留下了难忘的印象。

---

[1] 原红七军副官许凤翔回忆。《广西党史研究通讯——纪念百色起义和龙州起义六十周年特刊》，1989 年第六期，第 51 页。

小平遇事冷静沉着，机智果断。他平易近人，没有架子，很健谈，有时也很诙谐。"[1]

父亲率领着他们的船队，在滔滔江水中逆流而上。江水在船舷边翻起浪花，南方十月的风吹拂着每一位革命战士的脸庞，他们的心，犹如阳光般的明亮，他们的激情，犹如这江水翻滚激荡。

船队一路顺风，不久即到达右江地区。

对于中央代表邓小平，张云逸早已久闻其大名，只是由于秘密工作的原因而从未谋面。部队到了田东后，他才第一次见到了邓小平。

张云逸在回忆中写道："我们到达不久，军械船也到了。过不一会儿，忽然见叶季壮陪着一个不认识的同志，向大队部走来。那位同志中等身材，二十多岁年纪，神采奕奕，举止安详。我们连忙迎上前去，叶季壮就给我介绍说：'这位就是邓小平'——'哦！你就是邓小平！'我不禁欢呼起来。三四个月来，我经常得到他的许多宝贵的工作指示，解决了许多工作中的疑难，但却一直没有见过面。邓小平也很激动，紧紧握着我的手不放，同志的温暖感情充满心间，使我们一时忘记了说话。坐下来后，雷经天和特委会的几位同志也来了，大家互相介绍，兴奋地谈笑。这时邓小平说我们明天到百色去，大部分军械都带去，目前不用的重武器和弹药，则疏散到东兰、田东的山区里保存起来。大家都赞成这个意见，便马上行动起来，继续走了两天，到达百色。从此，邓小平就和我住在一起。"[2]

就这样，在作为中央代表的邓小平和其他共产党人的精心安排和组织下，广西的党组织有效地保存了革命的有生力量，把部队转移到百色和龙州地区，为在不久的将来，打起红旗，成立红军和建立红色革命根据地提供了基本条件。

---

[1] 袁任远《从百色到湘赣》。《左右江革命根据地》(下)，第621页。

[2] 张云逸《百色起义与红七军的建立》。《左右江革命根据地》(下)，第585页。

第29章
举行百色、龙州起义

　　广西的形状就像一片扁平而宽阔的大桑叶。

　　它的水是红水河水，它的土是红土地，而在红土地之上，则是满山遍野的绿，是那种恰如桑叶般的郁郁葱葱的绿。

　　首府南宁，在广西的西南部。北部，有通往湘黔的重镇柳州。东部，有通往广东的门户梧州。而左右江地区，则在其西部。

　　从南宁往西，一条邕江一下子分为南北两江，西北方向通向百色的叫右江，西南方向通向龙州的叫左江。左右两江之间的三角地带，称为左右江地区。

　　百色，距南宁约二百一十多公里，这里已非广西腹地，周围没有大镇，西边就是云南。

　　龙州，距南宁约一百五十公里，这里紧临我西南要塞镇南关（今凭祥市），对面跨过十多公里就是越南。

　　右江地区地处桂、滇、黔三省交界之地，是一个聚居着壮、汉、瑶等民族的多民族地区。大革命时期，韦拔群即在该地区的东兰、凤山两县建立了农民革命武装。在这里，我党领导的革命斗争，即使在大革命失败后的白色恐怖时期，也从未停息过。韦拔群和他的战友们在右江地区打下的深厚的群众基础，为迎接邓小平、张云逸率领的革命武装部队的到来，提供了极为有利的条件。

红七军、红八军政治委员兼前敌委员会书记邓小平。

父亲曾回忆："广西右江地区，是一个比较有群众基础的地区，这里有韦拔群同志那样优秀的、很有威信的农民群众的领袖。东兰、凤山地区是韦拔群同志长期工作的地区，是很好的革命根据地，这给红七军的建立与活动以极大的便利。"

父亲和他的同志一到百色，就积极进行政治工作和组织工作，根据当时当地的情况，立即筹划武装起义。

据袁任远、韦国清等回忆："邓小平同志召开了党委会议，决定进一步发动群众，宣传党的'六大'主张；改造和扩大部队，建立政治工作制度，组织士兵委员会，实行官兵平等；通过地方组织，武装农民，开展打土豪劣绅的斗争。右江地区的革命活动日益发展。至11月初，党中央批准了在左右江地区举行武装起义的计划，颁发了红七军、红八军的番号，任命了领导干部。邓小平同志根据党中央的指示，立即在百色和龙州筹划一切，具体部署武装起义的各项准备工作。"[1]

袁任远回忆：到百色后，根据小平的指示和部署，积极开展工作。首先，在部队和群众中宣传我党的主张，发动群众；第二，把政权掌握过来，在我们力量所及的地方，撤换一些反动的县长，换上我们自己的人；第三，整顿军队，扩大武装。我们的部队是从李明瑞的旧部队拉过来的，成分复杂。为了把这支旧部队改造成革命的军队，我们首先清洗了一些反动的军官，对他们不抓、不杀，发给路费，"礼送出

---

[1]　袁任远、韦国清、陈漫远、莫文骅、吴西《纪念百色起义》。《广西革命斗争回忆录》，第1页。

境"，然后在部队中实行民主革命，成立士兵委员会，实行官兵在政治上、生活上一律平等，禁止打骂，建立政治工作制度；第四，建立和发展党的组织；第五，消灭地主武装和土匪，巩固根据地；第六，培训干部，小平对这项工作非常重视，他亲自给我们讲课。我记得党的"六大"决议、"十大纲领"、苏维埃政权等问题，就是他亲自给我们讲的。他讲课深入浅出，通俗易懂，理论联系实际，很受欢迎。[1]

许凤翔回忆，在百色，"我在小平同志身边工作。当时，我们不断接到派往右江各地的同志给'邓秘书'的信函、电文，反映旧政权的残酷压迫和土豪劣绅的胡作非为，以及人民群众对我军的热烈欢迎。每当我把这些信函、电文送给邓小平同志时，小平同志都很重视这些由各地传回的消息。为了准备起义，小平同志夜以继日地工作着，白天找同志谈话、开会，布置工作。晚上则与张云逸等首长在一起商讨大计、运筹起义事宜。不久，我军就消灭了反动的警备第三大队，进一步发动工农群众，继续整顿改造部队。"[2]

就在这时，回上海向党中央请示工作的龚饮冰秘密回到百色，向父亲他们传达中央的指示。中央批准了父亲他们的建议，要他们在广西左、右江地区创建根据地，创建红军，颁给的番号是红七军，委任张云逸为军长，邓小平为政委。左江地区的部队编为红八军。

听到中央的决定，父亲他们一定十分振奋。当即，他们又派龚饮冰回上海，把部队撤到右江地区的情况再向中央汇报，并表示："我们坚决执行中央的指示，大概需要四十天的准备，就可以就绪，那时就立即宣布起义。

"邓小平当即召开了党委会议，传达了中央的指示，决定加紧准备，

---

[1]　袁任远《从百色到湘赣》。《左右江革命根据地》（下），第 621 页。

[2]　原红七军副官许凤翔回忆。《广西党史研究通讯——纪念百色起义和龙州起义六十周年特刊》，1989 年 6 月，第 51 页。

在 12 月 11 日广州起义二周年纪念那天，宣布起义，成立红七军和右江苏维埃。"[1]

公元 1929 年 12 月 11 日，百色城头高高升起了武装起义的红旗，宣告中国工农红军第七军正式诞生。

按照党中央的任命，张云逸为军长，邓斌（小平）为政委。下辖三个纵队：第一纵队司令李谦，政治部主任沈静斋；第二纵队司令胡斌，政治部主任袁任远；第三纵队司令韦拔群，政治部主任李朴；军部经理处长叶季壮。

第二天，在平马召开了右江地区第一届工农兵代表会议，选举产生了右江苏维埃政府，雷经天任主席，韦拔群、陈洪涛等为委员。[2]

红七军成立后，建立了前敌委员会，中央代表邓斌为书记，张云逸、陈豪人、雷经天、李谦、何世昌等为委员，统一领导部队和地方的工作。

在百色起义的前夕，也就是在 11 月的下旬，父亲突然接到上海党中央发来的电报，要他去上海报告工作。于是父亲便同张云逸等作了工作布置，于百色起义的前几天，也就是 12 月初，由百色动身，由一个向导带路，化装成商人，准备首先到龙州布置检查工作，为龙州起义和成立红八军做准备，然后再由龙州经越南海防乘船到香港，再乘船去上海。

父亲带领袁任远和佘惠由百色出发，先到田东住了一宿，第二天，他们在路上，正巧遇见李明瑞。

原来，李明瑞、俞作豫到了龙州后，一方面筹集军饷，一方面整理部队。而俞作柏此时已离开广西去了香港。11 月末，李明瑞欲乘粤桂两军对峙、广西政局混乱、南宁空虚之际，发动攻势反攻南宁。他已命令俞作豫率领左江部队开进崇善待命，并亲自过右江与右江的部

---

[1] 张云逸《百色起义与红七军的建立》。《左右江革命根据地》（下），第 585 页。

[2] 同上。

队商议联合攻取南宁。正在他去右江的途中，遇到了邓小平。

邓小平和李明瑞，都已相互闻名已久，而这次路遇，却是他们第一次的相见。从这一次相识开始，父亲便和李明瑞结下了深厚的战斗友情，并开始了一段并肩作战、生死与共的战斗历程。

这次相遇后，据袁任远回忆：小平和李明瑞谈了一会，便决定一块返回百色。

这是因为，父亲和李明瑞接触后，发现李明瑞和俞作豫对于是否打红旗，还持犹豫态度，但又感到除此之外没有别的出路。

据何家荣回忆："当李明瑞到百色时，路遇邓小平同志，邓小平同志和李明瑞又转回百色，做李明瑞的政治思想工作，宣传革命道理，指出军阀混战的危害，说明党的计划是建立左右江革命根据地，准备百色、龙州起义，成立红七军、红八军，至时请他任红七、八军总指挥，希望他跟共产党走革命的道路。李明瑞同志欣然接受邓小平同志的劝告，毅然走革命的道路。"[1]

决心下定之后，李明瑞立即返回龙州。邓小平也再度踏上回上海向中央汇报工作的路程。

李明瑞回到龙州时，发现当俞作豫率部队向崇善前进时，大队副蒙志仁竟在龙州叛变。李明瑞和俞作豫会合后，当即决定夺回龙州。经过对龙州的封锁和围攻，蒙志仁战败逃窜，五大队于 12 月 3 日光复龙州。

红七军老战士黄一平回忆：李明瑞反蒋失败到龙州后，"形势更逼迫他靠近革命。邓小平和张云逸多次亲自找他做思想工作，介绍《共产党宣言》等革命书籍给他看，指出革命前途和出路，启发他打起红旗，参加革命，在政治上给予信任，安排他担任红七、红八军总指挥。在我党政策的感召下，李明瑞亲眼看到右江红军力量日益扩大，各族

---

[1]　何家荣《回忆中国工农红八军》。《广西文史资料》第十辑，第1页。

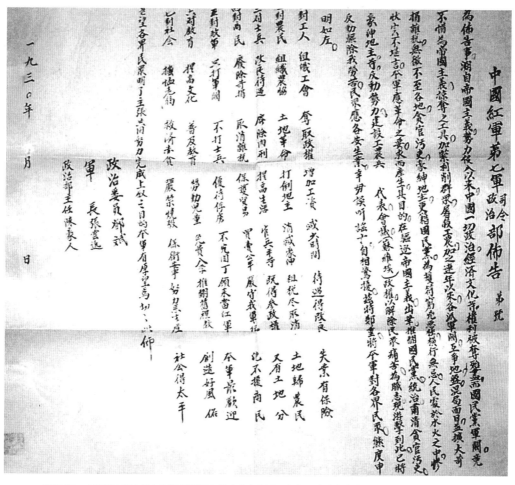

1930 年，由邓斌（邓小平）和张云逸署名发布的红七军司令部、政治部布告。

广大群众热情拥护党和红军，使他认识到，只有跟着共产党走，参加革命队伍，才是唯一的出路。在此期间，蒋介石曾多次派心腹特务带着广西省主席、第十五军军长的委任状和巨款到龙州等地，向李明瑞及其亲属进行拉拢、引诱，但李明瑞不为所诱，断然拒绝。"[1]

　　据何家荣回忆："龙州光复后（吴西回忆是在光复龙州的第二天——

[1]　黄一平《红七军初创时期的若干政策》。《左右江革命根据地》（下），第 687 页。

作者注），邓小平同志带同严敏、何世昌、袁振武等随即到达龙州，他和李明瑞、俞作豫等同志研究了龙州起义的工作计划和具体部署之后，即经越南去上海向党中央汇报。左江的革命空气高涨起来了。秩序迅速恢复，地方政权的建立，工农赤卫队的成立，组织群众和宣传教育等等工作，都在积极进行。特别是接受邓小平同志对改造部队的重要指示和吸取过去的教训，加紧整顿改造第五大队成为可靠的革命力量。"[1]

遵照邓小平的意见，李明瑞等人抓紧在起义前进行部队的整顿改造和地方政权建立的筹备工作，撤销了一批反动旧军官的职务，派袁振武等共产党员充实了各级岗位。

经过整顿改造，部队的情况很快得到了变化。士兵委员会的建立，更使得部队的革命热情高涨。与此同时，为了积极做好起义的准备工作，部队还派兵剿匪反霸，并积极组织和宣传群众。

1930 年 2 月 1 日，广西左江人民革命起义，在龙州爆发了。在古龙州城上，竖起了铁锤镰刀的红旗。

龙州沸腾了，到处是红旗，到处是鞭炮声，到处是嘹亮的歌声。国际歌声响彻云霄，游行的工、农、学生和红军队伍威武雄壮。

中国工农红军第八军正式成立。

军长：俞作豫。

政治委员：邓斌（邓小平）。

政治部主任：何世昌。

下辖两个纵队，第一纵队司令何自坚（何家荣）。第二纵队司令宛旦平。

左江革命军事委员会，肃反委员会，工人、农民、妇女等各委员会也相继建立。

龙州起义后，红八军派部队开展打土豪和剿匪斗争，除掉了罪大

---

[1]　何家荣《回忆红八军》。《左右江革命根据地》（下），第 867 页。

恶极、民愤极大的恶霸，相继在八个县建立了工农民主政权。

在建立红色政权的同时，龙州人民在共产党领导下，还进行了英勇的反对法国帝国主义的斗争。

龙州，自清末以来，就一直是法国的势力范围。龙州起义后，法国帝国主义势力万分惊恐，竟用"照会"污蔑龙州"陷股匪握"之中，并宣称其驻越南总督要派武装卫队十五名及机关炮车一辆，"以资保护"，此外，还派飞机侵入龙州上空进行武装威胁。

红八军严厉驳斥了法方的诽谤和威胁，明确声明"取消帝国主义在华一切特权"。

法帝国主义的无理行径，激怒了早已饱受帝国主义侵略之苦的龙州人民。数万群众奋起示威，包围了法国驻龙州领事馆、由法国人把持的海关大楼和天主教堂，查抄了他们准备发动暴乱的武器、电台和其他军用物资，缴获银元十五万，并驱逐了法国领事和传教士。

"在数天内的政权，他已做了国民党军阀政府数十年所不能做所不敢做的事。实现了中国共产党之反帝国主义政纲，开辟了中国革命的新纪元。"[1] 这是当时的中共中央负责人李立三对龙州人民反帝爱国斗争的高度评价。

百色起义和龙州起义，使中国共产党人在中国的南疆大地上豪迈地高高举起一面呼啦啦飘扬的赤色旗帜，在一片白色恐怖中，极大地震动了反动势力，鼓舞了革命者的战斗士气。

百色起义和龙州起义后，左右江区域二十个县，一百多万人口，成为当时全国瞩目的红色革命根据地之一。

根据中共中央和中央军委的任命，李明瑞任红七军、红八军总指挥，邓斌（小平）为红七军、红八军总政委兼任前敌委员会书记。

其时，李明瑞三十三岁，邓小平二十五岁。

---

[1] 李立三《赤色的龙州》，1930 年 3 月 20 日。《左右江革命根据地》（下），第 251 页。

第30章
国事家事伤心事

1930年1月的一天，父亲受中央汇报工作之命，回到了上海。

他首先向党中央和中央军委汇报了广西的工作。

中央档案馆现存的《军事通讯》第二期，也就是1930年3月15日那一期中，有一篇名为"对广西红军工作布置的讨论"。据考证，这次讨论会时间应为1930年1月。文中所载人物用的都是化名，我认为，其中的报告人应为邓小平，参加讨论的人可确定都应是党中央和中央军委的负责人。

《军事通讯》为发表这份"讨论"加了一个编者按，内容如下：

> 我们本来不准备再把讨论记录的全部发表，只因为广西这个转变是在全国范围内最有组织最有意识的一次兵变，站在目前应扩大全国兵变的意义上，发表这个记录，把这次兵变所得的教训和经验传播到各地方党部是很重要的。因此我们把这个记录全面发表了。

报告人（应为邓小平——作者注）在报告中，详细汇报了广西前一阶段的工作，并对今后的工作提出了设想。

报告认为，前一阶段广西军事工作可分为四个时期。第一个时期为军委（即前委）未建立时，士兵运动未能有计划地开始。第二个时期为邓斌[1] 去后建立军委，开始有计划地注意士兵运动，并有计划地派了些人到军队中去。第三个时期，教导总队已带了红色，有可能拖出来发动游击战争，但已引起敌人注意。第四个时期，俞作柏反蒋失败到现在，已将警备大队第四、五队拖到右江百色，决定正式成立红七军。

关于前委今后的工作，报告中提到，要继续深入土地革命，建立直接由群众选举的苏维埃革命政权，建立由贫农组织的农会，防止无目的的烧杀主义，一切工作向着群众，要扩大宣传，发展工人组织，对小商人实行保护，对大商人加重捐务，废除苛捐杂税，健全地方党的工作等等。

关于军队，要加紧军队的战斗力，建立游击战争的战术，改善待遇，做到官兵一律平等，在成分上改造红军，开展军事训练，加强军中政治工作，注意维护军纪党纪。军事发展方向是左右江取得联系，推向湘粤边界发展，以造成与朱（德）毛（泽东）会合的前途。

另外，红七军中军事人才够用，但缺乏党和军队中的政治工作人才。地方党的组织，以前等于没有，目前党的组织干部甚为缺乏。当地农民生活很苦，土地大部分集中在中小地主手中，自耕农多，但大都很穷，豪绅对农民压迫很厉害，因此农民对土地革命的积极性很高。广西的商品交换以鸦片为中心，现在一是扣留一部分鸦片，一是加重鸦片交易的税收。

以上是报告人报告内容的大意。

在讨论中，发言人对广西的工作提了很多意见和建议，其中一些意见一看即知带有浓厚的"左"倾味道，例如认为广西红军应向柳州、桂林发展（即攻打大城市）等等。特别是几位发言人（广东老、奥洋）都提到对李明瑞绝对不要存"丝毫的幻想"，并要加紧与之斗争，否则

---

[1] 此处原文中用××，我分析应为邓斌。——作者注

将为其出卖。表现了对李明瑞极大的不信任和排斥。

众人发言后，报告人（应为邓小平）根据讨论者的意见做了补充说明，重申了一些工作重点，就一些人的意见和误解进行了说明和解释。

对于李明瑞，父亲和他一起组织领导了百色、龙州起义。李明瑞虽为旧军官，但他毕竟是北伐名将，是反蒋勇士，是百色、龙州起义的领导人之一，而且，他已经接受了共产党的感召，已经坚定地毅然投身于革命队伍的行列。父亲认为他最了解李明瑞，也最信任李明瑞。面对中央和中央军委一些领导的不同意见，他十分诚恳地解释道："对李明瑞，我们当然不好怎样还存幻想，但是现在，在左江我们主观的力量还不够赶走他，而以为暂时利用他的线索去发动其下层群众工作也不是不可以的。当然，主要的要发动下层群众工作是对的，但是我们不能把建立工作的上层线索忽视掉！"父亲后来对我说过："中央派我去广西，就是去做统战工作！"

看到这里，我可以更加确定这位未署名的报告人一定就是父亲，就是那个亲手创建红七、红八军的政委邓小平。因为，这种面对谬误敢于坚持真理，面对持有错误意见的上级敢于大胆陈述意见的作风，正是符合父亲一贯的为人与风格。

讨论会的最后，一位中央军委的领导同志作了结论。

他认为，广西是适合于革命的发展，也适合于反革命势力的生存，因此要了解到，"这一时期还不能怎样乐观。"政治方面，要为武装保卫苏联和反军阀战争这两大党的任务服务，同时要加紧对红军政治纲领的宣传，建立经工农兵群众大会选举的苏维埃政权，深入地进行土地革命，建立工会农会。在军事上明确前委是军中党内的最高机关，要开展士兵运动和扩大红军，红七军兵力应相对集中，龙州亦应与百色兵力会合，以与广东、福建朱毛红军相呼应而达到会合的前途。

这个结论性的发言，虽然未能脱离中央当时"左"的大框框，但总的来说，比较客观和求实地分析了广西的形势，指示了广西红军今后的工作，与前几位发言人的风格和水平大不一样。当时主持军委工作的是周恩来，因此我估计这个结论性的发言或许就是周恩来所作。[1]

在这个结论性的发言中，没有提及李明瑞的问题，但据父亲说，他向中央建议批准发展李明瑞为中国共产党党员，他的这一建议得到了中央的批准。

父亲向中央和中央军委汇报完不久，即在3月2日，上海党中央给中共广东省委转红七军前委发了一份指示，上面写道：

"小平同志来，对于过去广西军中工作及转变情形有详细的报告，除与小平同志详细讨论许多具体问题由他面达外，更有下面的指示。"

指示说：目前的形势是，帝国主义进攻苏联的危机更加深刻，全国军阀战争的局面更形混乱，加速了统治阶级的危机，红七军是在全国客观条件下产生出来的，是在广西群众斗争的影响之下产生出来的，他虽出现在偏僻的广西，但并不能减低他伟大的作用与意义。

指示总结了红七军前一阶段的工作中的优缺点，指明今后工作的主要路线是：深入进行土地革命，扩大游击战争，彻底摧毁封建势力，建立在广大群众信任之上的苏维埃政权，红七军发展的前途，"是向湘粤边、广东的中心推进与朱毛红军以及北江地方暴动取得联络，以争取广东一省或数省先胜利的前途。

指示批准七军前委名单，指定邓小平、陈豪人、张云逸、李谦、韦拔群、雷经天、何世昌七人组成前委，邓小平为书记。张云逸为第七军军长，邓小平为政委。[2]

党中央的这份指示，为七军指出了今后的任务和方向。其中许多指示十分重要，比如深入进行土地革命、建立苏维埃政权、发动群众、

---

[1] 《对广西红军工作布置的讨论》，1930年1月。《左右江革命根据地》（上），第174页。

[2] 《中共中央给广东省委转七军前委的指示》，1930年3月2日。《左右江革命根据地》（上），第218页。

加紧反对帝国主义等等。但其内容中仍充满了"左"倾冒险主义的精神，特别是提出保卫苏联、攻打大城市、一省数省先胜利，以及一些"左"的政策措施。而正是这些"左"的指示和精神，为红七、红八军定下了一条必须去走的，极其艰难而又充满危险的道路。

父亲在上海忙完公务后，便又急忙去忙他的家事。因为，在上海的时候，父亲的个人生活遇到了一件不幸的事。

父亲汇报完工作，赶忙去看他的妻子。此时，张锡瑗正住在上海宝隆医院里，准备生孩子。十月怀胎，一朝分娩，本是天大的喜事，但是，谁也没想到，偏偏孩子难产。好不容易，孩子总算生下来了，可是张锡瑗却因此得了产褥热。那时候虽是住在医院，但医疗条件是很差的。父亲在医院以极其焦虑的心情日夜陪伴着妻子，不幸的是，几天以后，张锡瑗就去世了。

孩子，生下来后便放在徐冰和张晓梅家里，可能因难产的关系，没有几天，孩子也死了。

这是一个女孩儿。

听邓妈妈讲过，张锡瑗的死，令父亲十分悲痛。

但是，再不幸也是个人的不幸，再悲痛也只能把它深深地埋在心底里。

因为，前方，形势逼人，军情如火。

张锡瑗的突然不幸去世，使得父亲在上海多耽搁了几天。大约在1月底，他连妻子也未来得及掩埋，便又急匆匆地赶去广西了。中央已批准他们的计划，广西的部队和同志们正等着他去布置指挥呢！

父亲再次取道香港时，他通过我党当时在香港的地下交通，找了一下正在香港建立秘密电台的李强，向李强询问到广西后如何与上海用无线电联络的有关事宜。李强告诉了他有关的呼号等事项。李强回忆说，那时"也谈到托我埋葬他的夫人的事情。那是我第一次认识小平同志"。

李强是特科的工作人员，当时党内有些同志死后，都是由他负责去埋葬的，比如中央政治局委员罗亦农被敌人杀害后和政治局委员苏兆征病逝后，都是由李强去掩埋的。

1930年春天，李强回到上海后，承中央军委之命，负责安葬张锡瑗。父亲自被派到广西工作后，就离开了中央机关，改为由中央军委领导。当时的中共中央军委书记是周恩来。

李强叔叔告诉我："我们把张锡瑗埋葬在上海江湾的公墓。墓碑上写的名字是张周氏，但在公墓进行登记时用的是原名张锡瑗。当时埋葬这些同志们多用假名，罗亦农用的是毕觉，苏兆征用的是姚维常。给张锡瑗送葬的，有邓颖超同志和她的妈妈，还有一位姑娘，我们安葬好了以后按当时的规矩祭奠了一下。后来我才知道，同我们一起去的那个姑娘就是张锡瑗的妹妹张晓梅。"

我的二叔邓垦说，他在1931年去上海念书，5月份找到了当时正在上海的兄长。父亲带二叔到江湾公墓去看了张锡瑗的墓。二叔记得，那个墓碑上立碑人用的不是父亲的真名，而是随便起的一个名字。这些都是地下工作的需要。

1949年，上海解放后，父亲一进城，就去查找张锡瑗的墓。因为战乱，日本人又在公墓那里动土修机场，许多烈士的墓地都找不到了，罗亦农的墓地，也不知下落了。还是李强的记忆力好，在他的帮助下，终于找到了张锡瑗的墓地。当父亲和母亲两个人一起前去查看时，发现那里都被水淹了。于是父亲叫人把张锡瑗的遗骨取出来，放在一个小棺木中，和当时找到的苏兆征的遗骨一起，两个小棺木，都放在父亲他们在上海住的房子楼下，也就是当年国民党励志社的那个房子。不久，父亲就又离开上海，率军挥戈南下、西进，进军大西南，直到把蒋介石的最后一些残余赶出中华大陆。

张锡瑗和苏兆征的棺木，一直放在上海励志社的旧址里，直到"文化大革命"爆发，就根本无法顾及了。

事情也是很怪，苏兆征、张锡瑗等革命烈士的遗骨，最后于1969年被安葬在上海烈士陵园。

当时正是"文化大革命"最汹涌澎湃的时期，父亲被当作全国"第二号最大的走资派"已经打倒。我想，当时建立上海烈士陵园的人，一定不知道张锡瑗是谁，看到她和苏兆征的棺木放在一起，就一起安葬了。如果他们知道这个张锡瑗是邓小平的妻子，那非但不会将她安葬，而且还不知要怀着多大的阶级仇恨来处置张锡瑗的遗骸以示对邓小平的彻底批判呢。

也可能，在冥冥之中，真有什么力量，在那一片疯狂与混乱之中，就这么把张锡瑗保护了下来。

现在，上海烈士陵园已改名为龙华革命公墓。张锡瑗那块朴素简单的墓碑上镌刻着"张锡瑗烈士之墓"，她那张在莫斯科时的照片镶嵌在石碑之上。她和苏兆征、杨贤江、顾正红等革命烈士一起，安详地静卧在青松翠柏之中。

当我们去她的墓地瞻仰时，献上了许多鲜花，让这些美丽绚烂的花朵，伴随她宁静地安息于此。

…………

1930年1月，父亲还未满二十六岁。他前来上海时，想的是与妻子重聚，迎接他的第一个孩子的诞生。而他离开上海时，则是妻子去世了，孩子也死了。这突如其来的巨大不幸，使父亲遭受的悲痛是可想而知的。

但是，他不能沉湎于个人的悲痛之中，他甚至不能够多在上海停留片刻以掩埋妻儿，他必须马上启程，马上赶回广西去。

广西那时不我待、瞬息万变的革命形势正等着他呢！广西的千千万万的革命同志正等着中央代表和他们的政委回去呢！

共产党人不是没有感情，不是没有眼泪。

有多少共产党人都是这样失掉了亲人和战友，而他们，则往往都是把感情深埋进心中，把眼泪强吞进肚里。因为，在他们的心目中，革命利益高于一切。

这些革命者，为了人民和祖国的解放事业，连自己的生命和热血都可以献出，还有什么痛苦不能忍受，还有什么困难不能战胜！还有什么力量可以压垮和战胜他们呢！

第*31*章
红八军的兴衰

1930 年 2 月 7 日，父亲再次经香港取道越南，回到了广西龙州。

当他还未走出越南的地界，远远望去，就看到镇南关上高高飘扬着红旗。他知道，龙州起义一定举行了，红八军也一定已经成立了。

他一到龙州，才发现红八军已分头到各县去剿匪反霸，只有第二纵队司令员宛旦平在红八军司令部。

宛旦平向邓小平详细汇报了红八军工作情况和龙州的形势。

邓小平发现，八军和左江的工作存在一些问题。

左江革命委员会虽已成立，但尚未实际开展工作，政权仍不稳定。八军刚刚建立，人数不多，只有一千多杆步枪，部队基础完全在旧军官手中，共产党员许多都未掌握带兵的工作，大军已经出发，而后方留守的是极不可靠的收编队伍。同时，龙州起义以来，红色政权与反动势力之间的矛盾更加深刻和激化，而左江地区本来群众基础就较差。

2 月上旬，八军第二支队游击司令、龙津县县长黄飞虎叛变，还杀害了左江革命委员会农民运动委员会主任、中共党员何健南。同时，靖西、镇边、天保等县的反动势力，已相互勾结，成立保安部队以对抗红军。左江的形势，已日益变得困难。

父亲得知，此时此刻，在红七、红八军总指挥李明瑞和红七军军长张云逸的带领下，红七军正在向南宁进兵，途中，在隆安与桂军近四个团的兵力发生激战。同时，红八军在军长俞作豫带领下，也正按照预定计划，向崇善方向进军，准备配合红七军攻打南宁。

父亲认为，从主客观条件上估计，攻打南宁必遭失败，甚至有全军覆灭的可能。根据党中央不打南宁的精神，父亲立即急电李明瑞、张云逸，要求他们停止进攻南宁，并同时通知俞作豫回师龙州。

接到邓政委的指示后，俞作豫立即赶回龙州。

随即，父亲召集了一个广西军委和地方党委的干部会议，根据他在上海向中央汇报工作的精神，做了几次详细的报告，指出左江各方面的工作尚未抓住中心工作。经过几次会议的讨论，决定了职工运动、农村斗争、发展党的组织、反帝斗争、土地革命、扩大和发展红军等问题的方针政策。会议同时决定，八军暂时组成一个前委，总的方向是与七军会合，集中力量向湘、粤边进展，以期与朱、毛红四军会合。[1]

会后，由于明确了目标和方针政策，左江的工作很快地做出了相当的成绩，特别是将反对法国殖民主义（近在越南）的运动与土地革命结合起来，受到群众热烈欢迎。

邓政委告诉俞作豫要严加戒备，在不能立足时，就向右江的红七军靠拢。但因为当时红八军的部队经费全靠龙州地区的税收解决，因此俞作豫一时还下不了决心向右江靠拢。

不久，父亲他们得知七军在右江的隆安战斗失利，主力已退出右江，不知何往。此时，重掌广西军政大权的桂系军阀，以四个团的兵力进犯龙州。八军此时已认识到龙州是绝对不能守的，因此为了保住与右江七军的联系，决定打下左、右江之间的重要通道靖西。

父亲在龙州布置完工作后，急于赶赴右江。首先，他于 3 月 7 日到达雷平的八军第一纵队。为了实现对旧部队的改造，他在部队安排建立了党的委员会，指出，党委是部队的最高领导机关，纵队中的一

---

[1]　《红军第七军报告（给苏代会）》，1930 年 5 月。《左右江革命根据地》（上），第 290 页。

切大事，都要经过党委讨论通过后才能执行，以此确保党对部队的绝对领导，并团结党内外同志以实现部队的团结和行动一致。[1]

据第一纵队司令何家荣回忆，邓政委"3月7日赶到雷平，在雷平建立第一纵队党组织之后，便亲自指挥第一纵队向靖西敌人进攻。他对年轻的第一纵队，无论在政治、军事工作上，都作了指示。在行军到达湖润时，他对第一纵队官兵讲话。他说：'我们红军每一个战士都要用两杆枪，除你们手上的武器之外还要掌握一杆宣传的武器，要做到是一个战斗员，同时又是一个宣传员。对敌人作战时，要一面打敌人，一面喊口号，问他们为什么要打仗？是为自己的利益呢？还是做了军阀的工具呢？天下穷人是一家，穷人不打穷人，我们欢迎你们过来！把这些道理讲清楚了，敌人的军心就会动摇的，就会向我们投诚，或者是不拼命作战。'邓政委的指示，对第一纵队尔后的行动起到巨大的影响。特别是邓政委那种艰苦朴素、坦率热情、和蔼可亲的风度，给我留下深刻的印象。"[2]

当年八军老战士周志回忆道："我们红八军第一纵队一千多人，在总政委邓斌（小平）直接指挥下，从龙州出发向靖西进军。当时我在第二营当勤务员。在行军途中，邓政委跟我们一起爬山越岭，同甘共苦，他那豪爽的风度，平易近人的作风，革命乐观主义的精神，给人以深刻印象。一路上，他关切地询问部队的思想和生活情况，勉励我们：做一个战士既要懂得打仗，又要懂得做宣传群众的工作，在任何艰难的情况下，都要坚持斗争。邓政委的教诲，给我们很大的教育和鼓舞。"[3]

第一纵队于3月11日包围了靖西的敌人。何家荣回忆："邓政委

[1]   袁也烈《苦战七千里》。《左右江革命根据地》(下)，第859页。

[2]   何家荣《回忆中国工农红八军》。《广西文史资料》，第1页。

[3]   周志《与红七军会师》。《广西革命斗争回忆录》，第53页。

亲临前线和我同在南门外阵地（即现在的靖西大桥附近）指挥作战。在围攻了四天尚未能攻下之际，邓政委因不能在靖西耽延太久，我便派谭晋连长率领第八连护送他过右江。握别时他指示第一纵队领导一定要把靖西攻下，扫除左、右江联系的障碍，并随时注意龙州方面的情况。邓政委由第八连战士护送，经过代㷖、把荷、东江、巴马、思林、武篆，安全到达韦拔群同志处。"[1]

在靖西时，父亲得知右江沿岸还有果化在红七军手中，他为了赶去传达中央指示，离开红八军第一纵队赶赴右江。行前，他电告龙州，务须照决定原则，迅速向右江推进，以取得与红七军的联络。

父亲离开红八军后，第一纵队久攻靖西不下，在撤回龙州时，在铁桥与敌人激战，严敏等四百多名指战员壮烈牺牲。

这时，敌人已调重兵袭击龙州，红八军在敌众我寡的情况下进行了英勇抵抗，最后放弃龙州，由俞作豫军长率领退至凭详。敌人尾随追击，第二纵队司令宛旦平、营长雷献廷等牺牲，俞军长所率部队仅剩七百余人。这时红八军第二纵队内部已不巩固，在和敌军进行了多次艰苦的战斗后，红八军的第二纵队遭受惨重损失，政治部主任、共产党员何世昌突围时被捕、被杀害，一批政工人员被迫离开部队，许多红军战士和农军战士牺牲。团长刘西定叛变革命，致使红八军第二纵队丧失。龙州被敌人占领，红八军和龙州革命政权至此失败。

红八军军长、共产党员俞作豫为了找党组织而去香港，不幸为叛徒出卖被捕押送广州。1930年8月18日，俞作豫军长及廖光华、王敬轩三同志被陈济棠杀害于广州黄花岗。俞作豫年仅三十岁。在慷慨就义之前，俞作豫无比悲壮地写下了"十载英名宜自慰，一腔热血岂徒流"的绝笔诗句。

红八军失败后，其攻击靖西的第一纵队，在司令何家荣和参谋长、

---

[1]　何家荣《回忆中国工农红八军》。《广西文史资料》，第1页。

共产党员袁振武的带领下，几次企图与红七军取得联系，均因敌人强大围攻而不得，乃退至贵州边界，但仍坚持战斗。

最后，这支红军队伍，历尽千辛万苦，转战滇桂、黔桂边境数月，历经半年的时间，剩下三百多名战士，在参谋长袁振武的率领下，终于于同年9月间在广西河池地区与李明瑞、张云逸率领的红七军会合。当袁振武紧紧握住李明瑞总指挥的手时，两军的战士们像久别重逢的亲人一样，激动得热泪盈眶。

红八军第一纵队余部，从此并入红七军建制，一起参加了平马整编。

第32章
红七军的勃兴与右江红色革命根据地

　　1930 年 3 月，父亲和红八军第一纵队的一个连，从靖西一带冲到右江。这时，右江沿岸已完全为敌人占领，红七军已退入东兰一带。3 月下旬，父亲终于在重敌重围之中，迂回到了东兰。

　　自百色起义以来，右江的形势也发生了很大的变化。

　　1929 年 12 月百色起义以后，右江的形势一片大好。但是，在大好的革命形势下，前委没有将工作中心放在深入发动群众进行土地改革，而是决定攻打南宁，结果在途中隆安即吃了败仗，部队伤亡很大。部队向后撤回平马后，又再被敌人追至亭泗，双方交战，激烈异常，由于损失不小，双方都同时撤退。我红七军主力粉碎了敌人围歼我于右江河谷的企图，在摆脱了敌人的尾追后，于 2 月中旬进入东兰、凤山一带休整。约半月时间，前委决定向外游击一个时期。一、二纵队由张云逸军长带领向北边河池方向活动，韦拔群率领的第三纵队留在东兰右江。

　　一纵、二纵经东兰、河池、怀远，于 4 月初到思恩（今环江）。在思恩因桂军突然来袭，受到一个小的挫折后，部队翻越苗山，到达贵州榕江地区。1930 年 4 月底，红七军攻占了榕江（当时名古州），缴获了大批武器、弹药和其他物资，部队士气也大有提高。在榕江稍事休整后，七军一、二纵队回师广西右江地区。

1930 年 4 月的一天，父亲到达东兰县武篆区，他来到魁星楼旁，找到在县妇联工作的黄美伦。

黄美伦回忆：那一天，"飘着毛毛细雨，近掌灯的时候，一位精悍的年轻人，戴着竹笠帽，提着拐棍，穿着草鞋，裤脚卷得高高，后面跟着一位红军战士，神采奕奕地来到我家门口。"这就是邓斌，邓政委。

黄美伦立即带邓政委去见韦拔群，两人相见，格外亲切。韦拔群"安排邓政委换了湿衣服，吃了饭，坐在我们壮家的火盆边，说个没完"。

第二天一早，韦拔群便带邓政委上魁星楼去。

魁星楼，原为人们祭祀文神魁星之地，现已成为农协和苏维埃政府办公的地方。

"邓政委来到武篆，拔哥就在二楼上增加一张竹床和一张旧的八仙桌，供邓政委办公和学习之用。从此，魁星楼上的灯光，经常明亮至深夜。"[1]

到武篆后，父亲一面设法同已向北行动的七军主力取得联系，一面与韦拔群一起进行土地革命的调查研究和试点工作。

邓小平和韦拔群，经常在魁星楼上一起召开军政干部会议和党员领导骨干会议，研究制定有关土地革命的方针政策。他向第三纵队的党员领导干部介绍了红四军的土地革命工作，引导干部们进行热烈的讨论。他还经常和韦拔群一起下乡，宣传土地革命政策和布置工作。

右江一带，虽然在大革命时期已建立了较好的群众基础，各县约有千余党员，但由于各地工作指导委员会成员的成分和水平不同，土地革命有的偏左，有的偏右，只有东兰县的干部状况好，土地革命比较深入。父亲他们在进一步发动群众进行土地革命时，提出要纠正政权"新豪绅化"的富农倾向和"平分一切土地"的过左作法。他们提出了"平分"、"共耕"、"没收豪绅地主反革命土地分给贫苦农民"三

---

[1] 黄美伦《邓政委来到武篆》。《左右江革命根据地》(下)，第682页。

东兰县武篆魁星楼。1930 年春夏，邓小平、张云逸曾在这里办公。

个办法，以适应不同的地区和由农民群众自己选择。同时，针对右江地区苏维埃政权内部一些领导和党员腐化和新豪绅化的问题，提出在"重新分配土地"的口号下来改造、改组苏维埃。

由于右江地区开展工作主要的困难是干部太弱，许多地区找不出足以胜任的领导干部，因此父亲除了对实际工作的指导外，还办了一些训练班，吸收贫雇农参加。据红七军老战士姜茂生回忆："1930 年 4 月，前委书记邓小平同志亲自在东兰武篆主办了一期党员训练班。他亲自编写教材，亲自讲课，简明地讲解马克思列宁主义的基本原理和党的各项方针政策。"[1]

父亲曾说过，他在右江地区开展土地革命的一些作法，是他在上海党中央工作时，从由毛泽东、朱德领导的红四军的报告和红四军到上海的同志向中央进行的口头报告中学习的经验。

袁任远、韦国清等对这一时期回忆："邓小平同志在东兰县和率领第三纵队的韦拔群同志等一起，着力开展根据地的土地革命。邓小平同志向干部们介绍了井冈山地区土地革命的情况和经验，阐述了土地革命对于扩大红军、巩固和发展工农民主政权的重要意义。韦拔群同志是广西著名的农民领袖，工作的开展至为顺利。1930 年 5 月 1 日，右江苏维埃政府颁发了《土地法暂行条例》,宣布没收地主阶级的土地，分给贫苦农民耕种。"[2]

父亲在武篆的魁星楼住了两个月左右。到了 5 月底，他们估计红七军主力可能向河池方向移动，父亲便决定去河池一带寻找红七军。

由韦拔群派去护送邓政委的牙美元回忆，当他们来到邓政委住地时，看到年仅二十五岁的邓政委"身着一套深灰色军装，头戴一顶红

---

[1]　姜茂生《忆红七军的党组织和士兵委员会》。《广西革命斗争回忆录》第二辑，第 34 页。

[2]　袁任远、韦国清、陈漫远、莫文骅、吴西《纪念百色起义》。《广西革命斗争回忆录》第二辑，第 1 页。

军帽，脚穿一双凉鞋，红彤彤的圆脸上，长有一对特别和蔼而机灵的眼睛"。[1]

在晨曦之中，父亲和他的随行人员，告别了拔哥，策马上路，去找红七军。

他们一路翻山越岭，涉水渡河，吃的是干粮，饮的是泉水，一路快马加鞭，加紧寻访。

到了第四天，他们打听到已有一队打着铁锤镰刀大红旗的部队到达河池。

第六天，父亲赶到河池，终于与李明瑞、张云逸会合。

到河池后，父亲与红七军领导集中开会，传达中央的指示，并研究回师右江的问题。

父亲在河池召集了一个党员大会，决定回师右江，在右江深入开展土地革命和改造红军，总的方向还是迅速向外发展。并决定乘红七军从贵州回来一路上取得的胜利成果，一鼓作气，挥师百色，收复百色。

会议后，红七军上下士气大振，全军指战员整装待发。

父亲回到广西后，还办了一件事，就是按照中央的批准，根据李明瑞的要求，接受李明瑞为中国共产党党员。这一决定，当父亲一到龙州后便宣布了。从此，李明瑞，由一位具有爱国民主主义思想的旧的军事将领，成长为一名具有坚定的共产主义信仰的革命战士。

李明瑞由一个旧军人转变为一名红军革命将领这一过程，是一个非同寻常，却又极带普遍意义的事例。也就是说，在中国历史迂回曲折而又历尽磨难的发展过程中，许许多多的人经过奋斗、失败、彷徨、迷惘，最终，都幡然觉悟，选择了这条通往真理之路，走上了这条唯一可以拯救中国人民于水火之中的道路。因为，只有中国共产党领导的革命，才真正彻底摆脱了军阀和外国势力，才真正是为了受尽苦难的中国和中国人民，才可以称得上是一种真正的人民革命。

---

[1]　牙美元《护送邓政委》。《左右江革命根据地》（下），第795页。

在中国共产党的革命队伍中，有多少像李明瑞这样走上革命道路的人啊！

朱德、彭德怀、贺龙、叶剑英、刘伯承，这些未来的中华人民共和国的元帅们，都是这样走过来的。从中国工农红军建立，直到三年解放战争，又有多少人也都这样地走了过来。

他们加入革命队伍，一没有高官，二没有厚禄，他们为了什么呢？为只为，他们心中明白，他们找到了真理；为只为，他们感到自豪，因为他们的生命，从此与中国的前途命运，与四万万中国人民紧密相连。而他们，也从此便成为革命功臣，人民英雄。

父亲与李明瑞之交，仅才一年不到的时间，但他们之间已建立了真诚的友情和信任。对于李明瑞，对于他旧军人的出身背景，许多人存有疑虑，当时"左倾"的立三中央，更是明确地三令五申，不要对李存有幻想，甚至明确指示，"坚决反对他入党"，并强令"驱逐他离开该地"！[1]

对于中央的这些态度，由于广西和中央音信隔绝，所以父亲当时并不知道。不过，即使知道了，他也会顶住压力，十分坚决地，十分热忱地，用真诚和勇气把李明瑞欢迎到革命队伍中来。因为，是他，最了解广西的情况，是他，最了解李明瑞。他知道，李明瑞需要革命，革命也需要李明瑞。

父亲就是这样的一个人，作为一名党员，他具有十分强的组织纪律性，同时，又绝不轻易向谬误让步，敢于坚持真理，敢于实事求是，敢于承担责任。

1930 年 6 月初，红七军在李明瑞总指挥、邓小平总政委和张云逸军长的带领下，向百色进发。6 月 8 日，红七军一、二纵队向百色发

---

[1] 《中共中央给军委南方办事处并转七军前委指示信》，1930 年 6 月 16 日。《左右江革命根据地》（上），第 315 页。

起进攻。由于敌人工事坚固，两天仍未拿下。李明瑞、张云逸亲到前线指挥，令二纵二营营长、共产党员冯达飞用山炮轰击。在红军猛烈攻击之下，胜利收复百色。

收复百色后，前委决定继续扩大战果，红七军乘胜战斗，又收复了奉议、恩隆、思林、果德等右江沿岸各县县城，全部恢复了右江苏区。在红七军于军事上取得一系列的胜利的同时，右江地区继续开展土地革命，扩大群众基础，巩固红色根据地的建设。

"红七军一、二纵队从贵州边境回师右江，进行整训，并开展以土地革命为中心的根据地建设工作，经过土地革命，有二十多万群众参加了农会、工会、妇女会等群众组织，地方赤卫队发展到数万人，各级党政机关举办的干部训练班、少数民族训练班、乡村宣传队，以及劳动小学、农村夜校等，遍布山寨村镇。整个右江地区呈现出一派生机勃勃的景象。"[1]

4月初，冯玉祥、阎锡山、李宗仁、张学良与蒋介石之间的中原大战开始。桂系参与反蒋，李宗仁、白崇禧、黄绍竑亲率桂系主力北上湖南参加中原会战。正是在这军阀混战的空隙中间，桂系主力北上，红七军才得以取得了一系列的胜利，巩固了右江革命根据地。

但是，右江红色烈焰的熊熊燃烧，早已引起了蒋介石的忐忑不安。

7月初，在中原战局刚刚变得对蒋方有利的情况下，蒋介石的南京政府便即刻下令，命云南滇军龙云，取道龙州、百色，沿左右两江进攻南宁。

这是一石二鸟之计，也是渔翁得利之举。

滇军攻桂，主要目的是趁桂系北上之机，抄袭桂系后方，牵制桂系的讨蒋行动，同时，又打击右江的红色政权。利用滇军进桂，一打桂系，

---

[1] 袁任远、韦国清、陈漫远、莫文骅、吴西《纪念百色起义》。《广西革命斗争回忆录》第二辑，第1页。

二打共产党，真是一个"以夷制夷"，不伤蒋介石个人实力分毫之绝妙好计。

针对这种形势，红七军撤出百色，向思林撤去。

滇军，素来勇猛善战，这次以卢汉为总指挥，师长张冲为先锋，率三个师来打广西。两万人的滇军，浩浩荡荡，的确气势不凡，而且一到右江，他们就占了百色，于是乎便更加趾高气扬。不想滇军大将张冲带领部队继续向南宁进发的途中，于平马附近的果化一带突然遭到早已埋伏在那里的红七军的伏击，恶战一场，滇军死伤五六百之多。经过这一战斗，气势汹汹的滇军真好像当头挨了一棒，以后再未敢与红色区域为难。

1986年，我们随父亲去广西桂林，在游览漓江的时候，父亲曾回忆起当年在广西的战斗生活，他说到这次伏击滇军一战："云南军队能打仗，最沉着。但是每个兵都是两杆枪，一个是步枪，一个是烟枪。抽鸦片烟走不动路，所以滇军是打防御战打得好。我曾经与张冲打了一仗，在百色东面平马附近。张冲是云南的战将，滇军三个师就要打广西！后来张冲参加了革命，他是彝族人，解放后才死的。"

与滇军一战之后，红七军也伤亡二百多人，因此部队便开到平马，进行整训。

红七军在一开始建立的时候，就注意到部队的改造和发展党员、建立党的组织，同时在部队建立士兵委员会，废除军阀作风。七军的各连队，在发展党员的基础上都建立了党支部，在战斗中发挥了党组织在军队中的战斗堡垒作用。七军前委之下各纵队设立队委，各营设营委，各连设连支部，从上到下形成了完整的党的领导系统。在建立党组织的同时，前委还十分重视对党员进行思想教育，提高理论水平。

七军各连队的士兵委员会，一般由七人组成，由连队政治指导员召开军人大会选举产生。士兵委员会是士兵群众民主管理连队的一种组织形式，在党支部的领导下开展工作。由于当时党组织处于秘密状态，因此由士兵委员会负责贯彻党的决议，进行政治思想工作，建立正确的官兵关系，废除军阀主义，维护部队纪律，管理部队物质生活，贯彻官兵平等的原则，同时对驻地群众进行宣传、发动工作。党组织领导下的士兵委员会的建立，是工农红军根本区别于旧军阀部队的标志之一，是红军战士自我管理、自我教育的有力组织形式。

在平马，为了提高军队政治素质，红七军军部举办了一期为时三个月的教导队，以培养连排基层干部。

据七军老战士磨力回忆，教导队共培养了一百多名学员。邓斌政委亲自主持开学典礼，亲自作了形势报告，还亲自给学员讲课。邓政委几乎每隔几天就给学员们上一次政治课，讲授的内容有工农民主政权问题、土地革命、武装斗争、帝国主义等。"他讲课能够照顾到学员的不同文化程度，深入浅出，讲得形象、生动、通俗易懂，密切联系中国革命的具体实际。记得他讲到土地革命问题时，明确地指出：当前农村的土地集中在地主阶级手中，而广大贫苦农民没有土地，或只有很少土地，这是农民一切痛苦的根源。目前革命的主要内容是深入土地革命，实现耕者有其田，铲除封建基础，进一步调动广大农民的革命积极性。"[1]

红七军在对部队进一步进行政治思想、组织和军事整训的同时，在地方党委的配合下，进一步开展土地革命，颁发了《土地革命宣传大纲》及《土地问题决议案大纲》等指导性文件。

由于进行了土地革命，广大贫苦农民欢欣鼓舞，热情高涨，一批又一批的青年农民踊跃参军。由于贫苦青年农民的参军，红七军的部队成分大大地得到了改变，精神面貌为之一新。

红七军在右江约有三个半月的时间，在整训的同时，还与豪匪武装作战。父亲说过，在那个时期，几乎没有一天停止武装行动。

---

[1]　磨力《在红七军军部教导队里》。《左右江革命根据地》(下)，第 741 页。

　　为了保卫土地革命成果，保护秋收，红七军决定在整训之后于 10
月初出发向河池地区行动。

　　红七军老战士莫文骅回忆："整训结束，根据地的土地革命也基本
胜利完成。广大贫苦农民不仅在政治上当家作主了，而且在经济上也
得到了翻身，因而大大激发了广大农民的革命热情和生产积极性。许
多翻身农民纷纷要求参加红军和赤卫队。有几千农民报名参加了红军，
这就使红军队伍由三个纵队扩大为四个纵队，全军发展到八千人。这
时红军兵强马壮，跃跃欲试，为迎接新的战斗，开辟新的局面，做好
了充分的准备。"[1]

　　按父亲的说法，此时，"是红七军的极盛时期"。

　　1930 年 9 月间，由袁振武率领的红八军余部，历经六个月的转战，
终于到达河池，与红七军胜利会师。从此，红七军、红八军，汇成广
西革命的一支英勇的武装力量，开始了新的征程。

　　自 1930 年 2 月间父亲向上海党中央汇报广西工作离沪回桂后，
由于种种原因，中央失去了与广西的联络。

　　4 月，中央给七军前委一封信，称"自小平同志去后，中央没有
得到你们的报告，仅从反动的报纸上得到你们一些消息"。[2]

　　同月，中共广东省委给中央的报告称："前天广西左右江已有交通
来，隔绝很久的消息，到现在才能恢复，但可惜他们带来的两件报告
因缮写技术不好，致糊涂不清，只知其大概。"[3]

　　到了 6 月，中共广东省委因经费缺乏等困难，还未打通与广西红
七军的交通联络。[4]

　　6 月 16 日，中央给军委南方办事处并转七军前委发了一封指示信，

---

[1]　莫文骅《百色风暴》，第 156—157 页。

[2]　《中共中央给七军前委信》，1930 年 4 月 20 日。《左右江革命根据地》（上），第 258 页。

[3]　《中共广东省委给中央的报告》，1930 年 4 月。《左右江革命根据地》（上），第 264 页。

[4]　《中共广东省委给中央的报告》，1930 年 6 月 10 日。《左右江革命根据地》（上），第 313 页。

上面称：“关于七军问题，自小平同志回七军后，中央即未曾得到报告，自退出龙州百色后除龙州部分失败情形有同志到沪报告外，关于从百色退出的大部分的行踪，中央都不甚明了，近日上海有西文报纸载说已到柳州附近，但详情亦不知道。”[1]

在这封信中，党中央重申了立三路线的观点，认为“世界革命有首先在中国爆发的极大可能”，要求“革命首先在一省或重要几省之内胜利”，在南中国要争取广东的胜利，“坚决地进攻敌人的柳州桂林向着广东的西北江发展”。同时批评七军前委对于李明瑞、俞作豫的态度是“非常错误而且危险的问题”，是“没有遵照中央正确指示做法，故结果遭受机会主义的失败！”

可以看出，上海立三中央因对七军前委一些做法不满，又联络不上，情绪十分焦急。

因此，党中央为了在广西更有保证地贯彻“左”倾方针，特派邓岗（又名邓拔奇），前往广西指导工作。

9月31日，中共南方局代表邓岗（拔奇）来到红七军。

10月2日，红七军前委在平马召开前委会。会上，邓岗传达了6月11日中共中央政治局会议精神。红七军前委决定，七军由四个纵队改编为三个师，十九、二十两个师北上向河池方向行动，在河池集中全军举行全国苏维埃代表的阅兵典礼，以鼓舞士气，并召开全体党员大会。韦拔群率领第二十一师留在右江地区坚持右江根据地的斗争。

10月4日，红七军主力七千余人浩浩荡荡，威武雄壮地整装北上，向桂黔边界的河池地区进发。

这支红军队伍，正是朝气蓬勃、士气旺盛之时，他们怎么会想到，他们的总政委、前敌委员会书记邓小平的心里，却是思绪万千，很不

---

[1] 《中共中央给军委南方办事处并转七军前委指示信》，1930年6月16日。《左右江革命根据地》（上），第315页。

平静！

原来，中央南方局代表邓岗到来后，传达了党中央政治局会议精神，认为新的革命高潮已经到来，要取得一省或几省先胜利，进而建立全国革命政权。命令红七军进攻柳州、桂林，最后夺取广州，以配合红三军团夺取武汉，要求"会师武汉，饮马长江"。

除了军事部署以外，邓岗还传达了中央对广西右江根据地土地政策的批判，说右江特委所执行的土地政策是右倾富农路线。

党中央的新的战略部署和对右江土改工作的批评，引起了父亲的沉思和忧虑。

对于革命形势和现阶段革命任务的不同看法，对于红七军这支七千多人的红色革命武装力量的前途命运的担忧，不容他不深刻地思考，不容他不心存忧虑。

一省或数省先胜，进而建立革命政权，革命高潮已经到来，这就是"立三路线"的战略布局。

那么，什么是"立三路线"，它又是怎样形成和发展的？

在下一章里，我有必要做一详细的介绍。

第**33**章
立三"左"倾冒险主义的由来

　　在我采访诸多的革命老前辈时，有一位革命老妈妈在给我讲述了许许多多的党的历史以后，叹了一口气，说："那时候，我们的党，还处于幼年时期和左右摇摆的时期呀！"

　　事情的确是这样的。一个人，总要经过从幼年无知逐渐成长为成熟的成人这一过程，同样的，一个党，也必得经历从小到大，从弱到强，从幼年的左右摇摆到成熟以后的坚定强大这一进程。

　　自从中国共产党在 1921 年创立以后，直到 1935 年遵义会议这一个期间，曾经历了陈独秀、瞿秋白、李立三、王明等几个历史阶段，而在长达近十四年的战斗历程中，尽管中国共产党和中国共产党人用他们的英勇斗争和顽强奋斗，取得了光辉的成就和巨大的革命成果，但是，由于党的路线、党的政策一再的变化，由于党的领导者的决策和认识一再的失误，同时，也由于共产国际的不当影响，致使中国革命的道路经历了那么多的曲折和风险，遭受过那么样令人痛心的损失！

　　父亲曾经说过，遵义会议以前，我们的党从未形成过一个真正的领导核心。

　　从 1921 年到 1934 年，中国共产党不断发展壮大，建立了红色武装，建立了红色革命政权，同时，也经历了陈独秀右倾投降主义、瞿秋白"左"倾盲动主义、李立三"左"倾冒险主义和王明"左"倾机会主义的错误和挫折。

1921年7月，中国共产党成立以后，党员人数由成立时的五十多人，迅速发展到大革命高潮时期的近六万人。1927年，由于国民党右派背叛革命和中共党的总书记陈独秀所犯的右倾投降主义错误路线，使得大革命惨遭失败，共产党人锐减到一万余人。在批判了陈独秀的右倾投降主义错误路线后，党中央进行了改组，在白色恐怖的恶劣环境中顽强战斗，卓有成效地迅速恢复了组织和开展工作，到了1928年6月党的第六次代表大会时，党员人数已上升为四万多人。

在党的领导下，进行了周恩来、朱德等领导的南昌起义，毛泽东领导的湖南秋收起义，彭湃领导的广东海陆丰起义，湖北的黄麻起义，张太雷等领导的广州起义，朱德、陈毅领导的湘南起义，刘志丹、谢子长领导的陕西清涧起义和渭华起义，贺龙等领导的湘鄂边起义，彭德怀等领导的湖南平江起义，邓小平、张云逸等领导的广西百色起义等。在这些起义中，公开打出红旗，建立了共产党领导的中国工农红军，建立了各苏维埃红色政权和红色革命根据地。在进行革命武装斗争的同时，中国共产党人在红色区域还进行了土地革命运动，使中国革命从此走上了武装斗争和土地革命的新的历史阶段。

1927年8月7日在武汉举行的党中央紧急会议，及时纠正了陈独秀右倾投降主义，确定了进行土地革命和进行红色武装斗争的方针。"八七"会议，具有其不可磨灭的历史功绩。但是，在党中央反对右倾错误的同时，却为"左"的错误开辟了道路。

1927年11月上旬，中共中央召集了临时政治局扩大会议，会议由瞿秋白主持，会上通过了《中国现状与共产党的任务的决议案》。会议认为当前的革命形势仍在继续高涨，反对退却，要求继续进攻，其"总策略"的核心便是进行武装暴动，进行农村暴动和城市暴动的汇合。这种暴动的实质是强求工人暴动，搞"城市中心论"，而对农民暴动的估计，也过于盲目乐观，认为甚至可以发展成农民总暴动。

在这次中央扩大会议上，以瞿秋白为代表的"左"倾盲动主义，在党中央领导机关取得了领导地位，并受到共产国际代表罗米那兹的坚决支持。

在"左"倾盲动主义错误的领导下，中央的主要工作都围绕着全国总暴动的"总策略"，先后发动了宜兴、无锡、上海、武汉、长沙等城市暴动，由于缺乏广泛的群众基础，这些暴动先后失败，党的组织和革命力量也受到了严重的破坏和损失。

瞿秋白的错误指导方针，曾在党内受到许多同志的批评和抵制，同时，共产国际也对中共和共产国际代表的错误提出了批评。从1927年11月到1928年4月，不到半年的时间，以瞿秋白为代表的"左"倾盲动主义就基本结束。

瞿秋白，生于1899年，江苏常州人，曾参加"五四"运动，1922年加入中国共产党，是党的第四届到第六届中央委员。1927年大革命失败后，主持召开"八七"会议，批判了陈独秀的右倾投降主义，确定了进行土地革命和武装起义的方针。在他主持中央政治局工作期间，虽犯了"左"倾盲动主义错误，但他接受了中央和同志们的批评，在被解除了中央领导职务后，继续为党努力工作。他曾遭受王明"左"倾教条主义和宗派主义的打击，曾在上海与鲁迅一起领导了"左联"的工作，著有约五百万字的作品，后在中央苏区坚持斗争。1935年，瞿秋白在福建武平被国民党逮捕，6月18日在长汀英勇就义，时年三十六岁。

李维汉是这样评论瞿秋白的："当然，我们也应该承认，像一切杰出历史人物都有他的缺点一样，秋白同志也不是完美无缺的，他犯过'左'倾盲动主义的错误。但是，这不是他一个人的责任，也不是他一个人负主要责任，主要责任更在国际代表。况且，当时党还不成熟，秋白还年轻，他主持中央工作期间只有二十八岁，犯错误的时间也只有短短的几个月，而且很快就改正了。他犯错误主要是认识问题。我认为秋白是一个正派人，他没有野心，能平等待人，愿听取不同意见，能团结同志，不搞宗派主义，他的弱点是在接触实际上有点教条主义。1935 年被捕以后，他在敌人面前宁死不屈，英勇就义。因此，正如《关于若干历史问题的决议》所说，他的'无产阶级英雄气概，乃是永远值得我们纪念的'。"[1]

瞿秋白是我党早期领导人之一，他犯过错误，但勇于承认和改正错误。他才华横溢，斯文隽雅，却又坚定顽强，视死如归。他的一生，绝非"如歌的行板"，而是一首悲壮的交响诗。这样的人，子孙后辈、千秋万代是会永远纪念他的。

1928 年 6、7 月间，为了避开中国白色恐怖的险恶局势，中国共产党在苏联的莫斯科召开了党的第六次全国代表大会。

党的六大基本上是正确的。它正确地总结了过去革命工作的经验教训，反对了右的和"左"的两种倾向，正确地分析了中国社会的性质和中国革命的性质，正确地估价了中国革命的政治形势，还决定了党在各方面的工作任务。会议批判了陈独秀的右倾投降主义和瞿秋白的"左"倾盲动主义，确定了中国革命现阶段的性质仍然是资产阶级民主革命，当前的革命形势是处在两个革命高潮之间，党的总任务不是进攻，而是争取群众，准备暴动。大会制定了反对帝国主义和封建主义、实行土地革命、建立工农民主政权的革命纲领。但是，这次大会对于中国革命的长期性，对农村根据地的重要性等问题缺乏正确的认识，没有从根本上纠正"左"倾错误，因此而留下了再犯"左"倾错误的后患。

党的六大还选举出了新的中央委员和政治局委员。由于受共产国际的影响，过分强调工人成分，使得根本不能胜任的工人出身的向忠发被选为中央常委主席（相当于总书记）。

---

[1]　李维汉《回忆与研究》（上），第 237 页。

早在"八七"会议之前,陈独秀便离开了党中央的领导岗位,"六大"以后,他拒绝中央给他分配的工作,联合了一些观点相同的人,反对六大路线和党内对他的批评。他进一步提出了取消主义的政治纲领,认为南京政府的国民党统治已经稳定,中国的资产阶级民主革命已经完结,中国无产阶级只有等待将来去进行社会主义革命,他还组织了反对党中央的小组派别活动,因此1929年中共中央决定将其开除出党。以后,陈独秀便自立门户,联合各托派,组织成立了统一的托派组织。1932年,陈独秀被国民党逮捕,1937年出狱,1942年病故于四川省江津县,死时62岁。

陈独秀是中国新文化运动的组织者和领导者之一,"五四"运动以后,接受和宣传马克思主义,是中国共产党的主要发起人和组织人之一,是中国共产党的第一任中央局书记(总书记)。他曾经是新文化运动的一面旗帜,是中国进步青年心中的偶像;他曾经当过六年中国共产党的主要负责人,对中国革命作出过重要贡献。但是,他个性很强,固执己见,是党内有名的"大家长",因此他非但不能接受意见、正视错误和改正错误,反而和党分道扬镳,从此失去了他人生的光彩。最后,正当全国进入抗日战争高潮的时候,他却默默无闻地病死他乡。所以,可见,一个革命者,无论他曾经多么著名,无论他个人的贡献曾有多么巨大,当他离开了革命的群体,离开了革命的队伍之后,他的影响和作为就会黯然失色。因为,中国的革命,不是依靠任何一个个人,而是依靠千千万万志同道合的革命者的集体奋斗,才最终取得成功的。陈独秀的悲剧正在于此。

尽管如此,对于中国共产党的创始人和早期的领导人,无论他犯过什么样的错误,无论他的错误曾造成过多么大的危害,但只要他没有走向反共、反人民,甚至充当汉奸卖国贼的道路,后世的人们,总会全面评价其功过,总会把他放在他应得的公正的历史地位上的。

前面说过,1928年召开的党的六大,批判了陈独秀的右倾投降主义和瞿秋白的"左"倾盲动主义，确定了一个基本正确的路线，因此在六大以后，党的组织结束了涣散状态并得到了进一步的发展。到了1930年9月，共产党员的人数已增加到十二万二千三百多人，白区工作得到了整顿和发展，一些中心城市，如武汉、广州等党的工作得到恢复，党在群众中的影响进一步扩大，赤色工会会员达到十万以上。

到了1930年年中，党领导的工农红军有了较快的发展，建立和巩固了农村革命根据地。全国正式红军共十几个军，连同地方武装力量共约十万人，开辟了大小十几块农村革命根据地。

在赣南、闽西地区，毛泽东、朱德领导的红一军团，近两万人，纵横驰骋数百余里，形成了比较巩固的革命根据地。

在湘鄂赣边地区，由彭德怀等率领的红三军团，下辖两个军，形成了具有一万五千余人的武装力量。

在湘鄂西地区，贺龙、周逸群领导的红二军团，建立了有部队一万人，在长江、汉水之间的红色根据地。

在鄂豫皖地区，由许继慎、徐向前领导的红一军，建立了有部队五千余人、二十多个县区的红色革命根据地。

在赣东北，在方志敏、邵式平领导下，形成了一个拥有十几个县，两千余红军的革命根据地。

在广西右江地区，邓小平、张云逸率领的红七军，七千余人，建立了右江十一个县的革命根据地。

此外，在苏中，在广东东部，在陕甘边和陕北等地区，都建立了规模不等的革命根据地和红色政权。

在军阀割据、相互混战、无暇他顾的大好时机，全国各地，特别在军阀势力薄弱的南方各省交错之地，红色革命根据地和中国工农红军得到了发展壮大。星星之火，现已成为即将照亮中华大地的燎原之势。

与此同时，各革命政权建立以后，迅速开展了土地革命。

当时的中国，是一个贫困落后的农业国，民族工业十分薄弱，因此，要取得革命的胜利，必先解放千百万贫苦农民，发动农民，形成一个以农民为主体的革命大军。中国的革命，实际上主要是农民的革命。在土地革命中，许多根据地排除了"左"、右倾干扰，实现了毛泽东提出的依靠贫雇农，团结中农，限制富农，保护中小工商业者，消灭地主阶级的路线。由于贫苦农民分到了土地，获得了人身解放，大大地激发了农民群众的革命积极性。广大农民拥护红色革命政权，踊跃参加红军和支援前线，使根据地的革命形势一片高涨，有力地壮大了红军和巩固了革命根据地。

在国内革命形势发展和革命力量增长的时候，中共中央内的某些领导人滋长了骄傲情绪，党内本未彻底肃清的"左"倾思想又开始抬头，并进一步发展成为"左"倾冒险主义。

1930年6月，中央政治局召开会议，会上由向忠发主持，李立三为主导，通过了由李立三起草的《目前政治任务的决议》。这个决议夸大了中国革命的形势和力量，否认中国革命发展的不平衡性，坚持"城市中心论"，提出爆发"一个伟大的工人斗争"，马上形成革命高潮，紧接着举行武装暴动，达到以武汉为中心的附近省区的"一省或几省的首先胜利"，进而建立全国革命政权的"党的策略总路线"。

由此，形成了以李立三为代表的"左"倾冒险主义。

基于这一"左"倾冒险路线，中央规定了一整套以武汉为中心的全国中心城市武装起义计划，并下令全国工农红军进攻中心城市。中央命令：红三军团攻打武汉；红一军团进攻南昌、九江，以夺取整个江西；红二军团配合进攻武汉和长沙；红一军切断京汉路以进逼武汉；红十军进攻九江；红七军进攻柳州、桂林并最后夺取广州。最终实现"会师武汉，饮马长江"的冒险计划。

同时，立三冒险主义还制定了白区各大城市的总罢工和武装起义计划。

对于持有不同意见的党内同志，立三中央对他们扣上"调和派"、

"取消派"、"右倾势力"等帽子以行压制。恽代英、何孟雄、林育南等同志因反对冒险主义而遭到压制和打击，乃至受到组织处理，被排斥出中央和撤销、降低职务。这些做法，发展了党内的宗派主义错误。

为了切实保证贯彻立三冒险主义总策略的执行，党中央还派了许多特派员，到各苏区和红军去指挥和监督。

派往广西红七军的代表，就是邓岗。

第34章
红七军的遭遇

这是 1930 年的秋天，七千多红七军健儿，在他们的总指挥李明瑞、总政委邓斌、军长张云逸的带领下，到达了广西北部黔桂边境的河池地区。

10 月 10 日，红七军前委在河池召开了全军党员代表大会。

在会上，中共南方局代表邓岗（拔奇），坚持遵照立三中央的指示，让红七军首先攻打柳州。红七军的参谋长龚楚（鹤村）和政治部主任陈豪人也积极支持这一主张。

而父亲，则明确表示了不同的意见。

父亲说过，他这时的心理是，听到中央代表传达全国革命高潮到来的中央精神，的确很兴奋，但他冷静地考虑到，当时的广西，已被桂系李宗仁、白崇禧重新恢复了统治，红七军虽在右江地区开辟了根据地、壮大了队伍，但军力只有几千人，当时打百色都已十分艰难，要想打下桂林、柳州甚至广州这样的大城市，是没有把握的。

但是，打柳州是中央的命令，又必须坚决执行。怎么办呢？

父亲曾和一些同志交换过意见，发现大家的思想很不统一，有的认为不行，有的不表示意见。最后，在会上，父亲提出，由河池到东南的柳州，隔着一条大江，不好打，可以先打东北面的桂林，然后再打柳州。这一意见取得了多数代表的同意。

　　尽管父亲和其他的同志表示了不同的意见,但是由邓岗把持的河池会议,完全接受了立三路线,确定了红七军的任务是:"打到柳州去"、"打到桂林去"、"打到广州去",以完成南方革命。会议上还批评了七军前委过去的"错误",组织了一个由陈豪人为书记的"兵委",并错误地免除了广西党的特委书记和右江苏维埃主席雷经天的职务,以后又开除了他的党籍。

　　11月5日,红七军全体指战员在河池举行了阅兵典礼,七千多名红军将士情绪高昂,精神抖擞地接受了检阅。

　　11月9日,红七军整装出发,向东开进。

　　当这支革命队伍满怀豪情壮志奔赴战场,去执行党中央"左"倾决议之时,他们并不知道,就在他们出发的两个月前,也就是在中共南方局代表邓岗到达广西推行中央"左"倾路线不久,党中央在上海于9月底即召开了党的六届三中全会。

　　在这次全会上,批评和纠正了李立三等人的"左"倾冒险主义错误。这次会议的召开,使得许多正在执行中的错误冒险行动得以停止,及时地减小了"左"倾冒险主义所造成的损失。

　　这次会议,对于中国革命不啻是一次至关重要的会议。

　　可是,由于山高路远,消息隔绝,地处西南边陲地区的红七军,对于这么重要的一次党的会议和党中央方针政策的重要转变却毫不知晓,乃至在中央纠正"左"倾冒险主义错误两个月后,他们仍然按照原"左"倾中央的指示方针,出发了。

　　他们身着军装,头戴红星,高举红旗,威武雄壮地出发了。

　　他们并不知道,摆在他们面前的,将是一系列不可能取得胜利的战斗。

　　他们并不知道,在他们未来的征途中,将要遭遇到多么大的艰难困苦和成败波折。

　　这并不是历史有意的嘲弄,历史就是历史,任何人也改写不了。

红七军出发了，一路向东开进。

第二天，红七军打下小镇怀远，敌人退至河南大镇庆远（今宜山县城）。

这时，红七军前委内部产生了两种意见，有人主张南下渡河打庆远，而政委邓小平和总指挥李明瑞则认为，庆远乃敌军重镇，不易攻打，应立即东进渡口。

部队放弃攻打庆远后，曾在四把与敌人接触，又在天河附近与敌人相持三日之久。此时离开河池已有数日，却才仅仅推进了五六十公里，战斗且有胜有败。七军乃转向北，到达三防。

三防在大苗山地区，没有敌军困扰，又因雨而得休息数日。这时中央代表邓岗和龚楚、陈豪人等指责邓小平违反中央命令，坚持要先打柳州的方案。于是在三防召集营以上干部会加以讨论，会上争论激烈，最后，大家表示服从中共南方局代表的指示。邓小平深感在会上的孤立，便提出辞去前敌委员会书记一职，建议由中央代表或他人来担任这一职务的请求，而邓岗和龚楚、陈豪人又不同意，结果，邓小平只能服从了大家的决定。

在这个漫长而又艰苦的军旅途中，红七军前委内部，从未停止过争论，从未消除过分歧。按父亲的话说，就是一路上天天吵，吵了一路！

三防会议以后，红七军即向东南方向而下，准备攻打柳州。

行至中途，到了融江一岸的长安，发现敌人已有两个师的重兵驻防。

12月15日，红七军以主力攻打长安镇。李明瑞亲自指挥，一再向敌人发起攻击，但由于敌人工事坚固，火力密集，因此一直未能攻入镇内。仗越打越激烈，越打越胶着。红七军在这场战斗中打出了"北伐老兵"的威风，打得敌人丧胆，只有退缩在城内死守。桂军看到大事不妙，特派白崇禧亲到长安督战，而且斩断后退的浮桥以令其部队背水死守。同时，白崇禧向李宗仁要求增援，桂军便赶紧调集一个师的兵力前往长安。此时，这场战斗已打了整整五天，红七军也已伤亡数百人，在这种情况下，七军决定撤出战斗。由于红七军在战场上显示了的雄威，使得敌军眼看红七军撤走而不敢追出一步。

从长安撤出后，红七军终于为现实所迫放弃了攻打柳州的计划。但是，以邓岗为首的人，既未放弃立三路线，也未放弃攻打桂林的方针，只是因为当时敌人已有布防，所以红七军只好北上，想从湘南迁回广西继续攻打桂林。

红七军于是直线北进，越过崇山峻岭，穿过苗乡侗乡，取道湖南通道县，于12月21日占领了湖南西南小镇绥宁。

红七军进入湖南占领绥宁的消息，很快为敌人的报纸报道。我党的机关报《红旗报》对此也作了报道："24日长沙讯：红军第七军由广西义宁三江一带，进攻湘南通道、绥宁各县……由李明瑞指挥，约三千余人，20日攻绥宁，继续向武冈、城步两县进攻，声势甚张。湖南军阀何键得知消息，十分紧张，急令王家烈由靖州派兵三个团倾击通道绥宁，令章亮基旅开赴武冈，与绥宁黔军取得联系，令段珩由广州派兵驻新宁，向武冈城步警戒，令湘乡新化各县团队开宝庆集中，以资抵抗，观此布置，可见湘南白军吃紧到如何形势了。"

敌我双方的报道，红七军并没有看到，对于敌军的各项军事部署，红七军也全然不知，在绥宁稍事休息后，又挥军向东北方向前进了。

从长安出发以来，经过二百余公里的跋涉，红七军终于到达了湖南西南边界重镇武冈。

红七军到武冈地区，原本只想筹点钱款，没有攻取武冈的意图，后来听说武冈城内只有民团驻守，并无正规军队，因此当即决定攻下武冈。结果不想一连攻了数日，仍未攻下。到了第四日，部队已有相当的伤亡，此时已经发觉不当，准备作出调整，不料湘军陈光中师赶到增援，红七军只好撤下来，攻城失败。

此次武冈一战，红七军伤亡二百余人，十九师五十五团团长何莽壮烈牺牲。部队的士气大受挫折，在撤退的途中部队又跑散不少。红七军收集了部队，决定立即继续向东南方向转移。途经湘桂交界之地的"八十山"时，又受到敌军一个小的打击。最后，红七军总算安全地回到了广西，到达湘桂边境城镇全州。

到了全州后，红七军的领导干部召开了一个会议，讨论红七军的前途。

自从10月初红七军从河池出发以来，经过四次与敌遭遇，长安攻城失利，武冈作战失败，仅仅两个月的时间，部队已由七千多人锐减到三四千人。此时，部队中士兵的失败情绪很深，逃兵也很多，虽然时入冬季，部队尚且衣食无着。而且，北有湘军虎视眈眈，南有桂军严阵以待，在这种困境下，再要打柳州、桂林，进而"饮马长江"，真是谈何容易！至此，红七军在严酷的现实和教训下，终于彻底放弃了"立三"冒险主义，再也不提攻打柳州、桂林的计划。

会后，中共南方局代表邓岗要求回上海党中央汇报工作，离开了红七军。而支持他的红七军政治部主任陈豪人，也随后离开了红七军。父亲说，陈豪人是在一次战斗后自己悄悄走了的，没有告诉任何人，也没有人知道他的去向。

他们走后，"立三"路线对红七军的指挥也从此丧失。红七军的指挥权，又重新回到了邓小平、李明瑞和张云逸手中。

邓岗和陈豪人，对于在红七军中推行"立三"冒险主义，对于红七军的一再失利具有不可推卸的责任，但是，他们不是错误路线的制定者，只是坚定的推行者，因此，对于红七军的遭遇，他们要负责任，但主要责任在中央。

邓岗，又名邓拔奇，广西怀集人，1926年加入中国共产党，参加过广东的工农运动，参与领导过恢复广西党组织的工作和农民革命武装的游击战争，曾任广西特委书记。1931年初离开红七军，前往上海向中央汇报工作途中，被留在广东任中共广东省委秘书长。后去上海，被国民党逮捕并牺牲，年二十八岁。

陈豪人，又名陈昭礼，福建福州人，1925 年加入中国共产党，曾任福州地委书记，1929 年 8 月被派往南宁，在俞作柏的广西省政府中任国民党广西省政府秘书，从事兵运工作，参与领导百色起义和创建广西右江革命根据地，1931 年初离开红七军后，曾去上海向党中央汇报工作，后继续从事革命工作，1940 年，在福建崇安被国民党特务杀害而牺牲，年三十三岁。

人孰能无过，但求能改。邓岗、陈豪人二人在红七军的作为有过过错，但纵观其一生，仍是革命的一生，有功于党的一生，而且最后都为革命英勇地献出了生命。

红七军在全州会议以后，深切地感到部队急需休养和补充，他们在全州驻了三天，筹了点款，给全体官兵发了点零用钱。

这时得知桂系军队正在向全州进发，红七军便决定向东南越过桂湘边界，往湘西南边界道州地区开进。在途中经过与敌军的一些小的接触后，红七军又进入了湘南地界。

红七军占领道州后，开了一个群众大会，一方面为了教育群众，一方面鼓舞部队士气。

才驻两日，七军又得知湖南的湘军已派兵从三个方面向道州袭来，因此七军又不得不南下湖南边界的江华。这时，一路上正遇隆冬，大雪纷飞，北风呼啸，天气奇寒。九十里雪地行军，饥寒交迫。士兵缺衣少饷，有的身上还穿着单衣、草鞋，甚至只穿平膝的短裤，冻饿交加，凄苦不堪，一天之中，竟有多名红军战士被严寒夺走了生命。

到了江华后，发现此地环境比道州还要恶劣，而且一点党和群众基础都没有，红七军只能再度跋涉，先向广东连州前进，再翻湘、桂、粤三省交界的老苗山，一路不断地与地主武装交火，最后于 1931 年元月中旬到达广西边界的桂岭山区。

在桂岭，红七军休整了四天。此时的红七军，兵力已不足四千。邓小平和李明瑞、张云逸商量后，决定将部队进行整编，将原来两个师的建制改编为两个团，为提高部队士气，以主要官长兼任团长。原十九师缩编为五十五团，龚楚为团长，邓小平兼政委，下辖两个营，共一千二百余人。原二十师缩编为五十八团，总指挥李明瑞亲兼团长，下辖两个营，有一千三百多人。军直属队还有八百多人。全军还有六挺重机关枪和三门迫击炮。

这样改缩以后，组织比较严密，且军首长亲任团领导，原团长皆任营长，营长任连长，干部较前充实，部队的战斗力又得到了一些恢复，而且吃穿问题都得到了一些解决，官兵的情绪也有好转。

桂岭，地处桂、湘、粤三省交界之处的重要位置，其时正值广东粤军和云南滇军大举向广西桂系李宗仁、白崇禧进攻，在桂粤边界上气氛已很紧张。而且桂岭一带地主豪绅力量强大，民团也多，地方反动武装还强迫老百姓集中在炮楼不许出来。这些，都给红七军带来了不少的困难，因此，红七军决定离开桂岭，向广东方面的连州地区进发。

行不多久，即出了广西地界，进入广东，1月19日到了距离连州城六十里的东陂后，七军即讨论是否攻打连州，经权衡利弊后，决定不打连州。根据龚楚的建议，决定还是北上湖南，到湖南的宜章一带，因为那里原来就具有一定的群众基础，且地势险要，利于生存。七军乃向东北方向开进。

途中，在1931年的1月17日，七军到达离连州八十里的星子，时闻前往湖南的途中已有湘军千人布防，因此七军又折返连州。

红七军的到来，引起连州敌人万分惊恐，乃放火烧城，企图阻挡七军。七军闻讯，立即入城救火，使得连州城没有全部毁于烈焰。红军救火的英勇行动，大大地感动和教育了连州市民。市民和商人们主动为七军筹款、筹粮，慰劳七军，还接纳了百名红军伤员。

到达连州后，红七军的总部署还是想北进到湘南地区，在那里站稳脚跟，建立苏维埃和开展土地革命，并补充红军。因此红七军再度掉头北上。

1 月底，红七军途经广东星子，30 日到达广东乳源县梅花村一带。

其时，正是隆冬未过，腊梅正开的季节。

梅花村是湘粤边界的大村，离七军的目的地宜章已经很近。三年前，朱德、陈毅领导宜章起义，梅花村曾住过红军伤员，群众基础较好，因此，七军前委便决定在这里着手发动群众，为创建苏维埃做好准备。经过数日的工作，发动群众工作取得了相当的成绩，并同时武装了几十个农民，发了六十支枪。

在梅花，部队刚住下，中共湖南省乐昌县委派宣传部长谷子元前来和红七军联系。谷子元带来了党的六届三中全会紧急通告等文件。

看到这些文件，父亲和红七军前委才知道，原来，早在去年的 9 月，也就是他们在河池之时，党中央便已批判了"左"倾冒险主义，结束了立三路线！[1]

1930 年 9 月到 1931 年 1 月，这个时间上的差距，竟使红七军辗转作战数千里，不但丢失了革命根据地，而且兵力减少三分之二！

这么大的责任，这么大的损失，这么大的差误，回想起来，怎么能不令人深感震撼！

逝者已逝，无可挽回，也没有时间去挽回。

红七军刚在梅花住下几天，2 月 3 日，他们即得报，说粤军邓辉一团从星子方向追来，七军前委认为，只有一个团的敌军，正是一个歼灭敌人的大好机会，乃决定进行战斗的军事部署。

仗一打响，敌我双方一经接触，才发现，敌人的兵力绝非一个团，而是三团之众，其中两个团是由乐昌方向过来的。

错误的情报导致了错误的决定，错误的决定导致了失败。

经过五个小时的激烈而又残酷的一场恶战，红七军歼敌一千多人，但本身伤亡亦很大，最后于黄昏时撤退下来。

---

[1] 吴西《老骥忆烽烟》，第 73 页。

在这场恶战中，七军损失巨大，伤员不下二百，二十师师长李谦、五十五团团长章健等英勇牺牲，七军参谋长龚楚、五十九团团长袁振武、五十八团营长李显等负伤。全军干部损伤过半，部队人数只剩两千多人。

对于梅花一仗，父亲记忆深刻。1992年他到广东时，还曾感慨地提起他在广东的这些战斗经历。他万分惋惜地说，在梅花一仗中，牺牲了许多重要的干部，比如李谦！

1931年2月5日，梅花村战斗结束，在掩埋好牺牲的战友后，红七军退入山区。

经梅花一战，七军损失严重，兵力疲惫，部队情绪不佳。

红七军前委决定，放弃在粤北湘南一带建立根据地的计划，速出乐昌，向江西前进，到中央苏区与中央红军会合，在中央苏区休整部队，并任命张翼为五十五团团长，冯达飞为五十八团团长。

在安排好了二百多名伤员后，红七军在邓小平、李明瑞、张云逸的带领下，向西开拔，强渡乐昌河（即武水）。

中午时分，邓小平和李明瑞率五十五团先过乐昌河，不想此时敌人由乐昌、韶州两处用汽车运来部队，阻止我军过河，张云逸率领的五十八团仅过了一个连，便为敌人炮火截断而不能渡河。

经乐昌河一役，红七军又被割断为两部，五十五团由邓小平、李明瑞率领向江西进发；五十八团则由张云逸率领继续在湘粤边界迂回，最终渡过乐昌河，向江西方向前进。在此期间，红七军的两部失去联系，全无音信，直到4月中旬，两部方才在江西永新会师。

红七军第五十五团，在邓小平政委、李明瑞总指挥的带领下，突破了企图阻止红军过河、并将红七军全歼于此的敌人的围击，一千多人的队伍经过广东北部仁化地区，向北直入江西。2月8日左右到达内良，在这里，他们欣喜地遇到了中央湘赣边特委领导的崇南游击队。

江西，毕竟是我党第一个革命根据地的发祥之地。这里，有党的组织，有坚实的群众基础，有地方游击武装，有中央正规红军，比起广西来，真是另外一番天地。所以，红七军一进江西，便遇到了自己人。自己人，哪怕只是一支小小的地方游击队，也足以令人倍感亲切！

红七军虽然几经挫折，几损兵力，但仍不失为威名远扬、英勇能战之师，因此，红七军一到江西，敌人的报纸立即登载消息：

"李明瑞率红七军入湘赣边"；

"李明瑞率红军由小道趋乐昌仁化"；

"粤北民军散兵及当地农匪联合响应红军第七军，牵制我军攻击红军"；

"红军第七军分两路入湘南攻赣"；

…………

到了这个时候，敌人仍然密切注视着红七军，仍然不敢小视红七军！

红七军在游击队的安排下，安置了伤员，还听取了情况介绍。

他们得知，这一带尚属游击区，群众基础还比较薄弱，六十里外的崇义县城还是敌占区，但敌人兵力较弱。

红七军乃决定，北进六十里，拿下崇义！

红七军以较强的战斗力和兵力上的压倒优势，很快占领了崇义县城。

崇义，在江西西南部，此地地处湘鄂赣三省边界地区，离井冈山约一百公里，已是我红军湘赣根据地的外围地带。2月14日到达崇义后，即得知离城二十五里处有我红军三十五军的一个独立营，有苏维埃政府。三日后，红七军与他们取得了联系，并会见了中共赣南行委的同志。

根据当时、当地的情况，红七军决定在崇义开展工作，以崇义为中心创建一个巩固的苏维埃政权，进行深入的土地革命，同时加紧创建党的工作及整顿发展红军，在粤赣大道上，实现扰敌后方的任务。

红七军在乐昌渡武水河时虽被分割为两部，但后来东进途中一路无战事，武装没有大的损失。五十五团到崇义时，有人员千余（其中

党员约占四成），枪支近八百支，迫击炮一门，机关枪五挺。在崇义，
为了加强地方武装，七军把崇南游击队改编为红色独立营，派出军事
干部加强地方武装，还特拨八十支枪给苏维埃政府和新建之独立营。

在崇义二十几日后，红七军迅速创造了几个区苏维埃政权，在全
县形成了一片红色区域，与此同时，开始提出分配土地的问题，工作
开展比较顺利，部队也有了暂短的休息，战斗力已大大恢复。

在此期间，恰逢1931年的旧历新年。也就是在公历2月17日那
一天，崇义家家户户辞旧迎新，过了一个平平安安的新年。红七军全
体指战员，也在经历了千难万险之后，与民共乐，享受了一个欢乐的
节日。

过了年后，七军得知，敌军对崇义之红军已不能安枕，在讨论红
七军的行动时，赣南行委书记等提出，崇义地区原本是游击区域，群
众基础薄弱，如敌大军前来，恐不能立足。在崇义东南的信丰一带，
我三十五军已经离开，红色区域正逐渐失去，因此建议红七军开到信
丰一带，以便巩固信丰的红色政权。红七军前委书记邓小平和前委委
员李明瑞、许卓商议决定，采纳行委的意见，将部队转移至信丰地区。

在崇义时，父亲他们从行委的同志那里得知，中央召开了六届四
中全会，王明占据了中央的领导地位。

这一消息 使父亲的心中有所震动。因为，对于王明此人，他向无
好感。他想到，自从1930年从中央回广西后，一直没有和中央取得联
系。现在，红七军终于到达江西，周围敌情并不严重，而且当地行委
有可靠的交通线可达上海中央，因此父亲考虑赴上海向党中央汇报工
作。他和李明瑞、许卓召开了前委会，会上一致同意邓小平去上海汇
报和请示工作。邓小平指定，他走了以后，由许卓代理前委书记。邓
小平一再叮咛，红七军不能独立行动，必须在有群众基础的地区，与
群众会合起来，才能站稳脚跟完成任务，在必要时，可向井冈山革命
根据地方向靠拢。

交代完工作后，父亲告别了李明瑞，告别了这个与他共创红七军，共同开创左、右江革命根据地的战友，离开了崇义。他当时绝对没有想到，他与李明瑞的这一别，竟成了永别。

父亲和许卓一起，先到离崇义三四十里的一个镇子去，一是看望留在那里的百余伤员，二是和行委的同志讨论和布置了建立根据地的工作，并商定由行委的交通员送他去上海汇报工作。

在父亲告别许卓时，听见远处有枪声，他再度叮嘱，必要时，部队可向井冈山靠拢。

此后，父亲化装成一个买山货的商人，由行委派一个交通员带着，步行几天经粤赣交界处的大庾，到了广东的南雄。

南雄当时是我党的一个主要的交通站，由一对姓李的夫妇主持。父亲在交通站上住了一夜之后，即由他们派另一位广东的交通，带领步行到韶关，然后乘火车到广州。在广州的一个旅馆住了半天后，又由交通代买了到香港和由香港到上海的船票，当晚由广州到香港，并很快再由香港坐船到了上海。一路平安。

第*35*章
红七军光辉永存

父亲离开红七军回上海向党中央汇报工作以后，李明瑞、许卓便准备出发东去信丰，在信丰保卫根据地的建设。

正在此时，不想国民党在南昌坐镇的江西"剿匪"总司令何应钦，令赣州的蒋光鼐及长沙的何键，两面夹击，想歼灭红七军于赣南。敌人的两个团及一些民团很快接近了崇义城。

由于我方的情报侦察工作做得不好，因此等敌人到了城边，我军才得知敌人大军三面来袭。当时天下浓雾，李明瑞巧布疑阵，下令红七军迅速从城内撤出，他们一会儿向北打一阵，一会儿向南打一阵，边打边撤，结果，红七军很快地就像神兵一样地消失在浓雾之中，而敌人的双方则认认真真地自相残杀了一场，到后来才发现是自己人打了自己人，后悔莫及。而红七军呢，早就向北开进，到达了井冈山附近的遂川。

1931年3月，李明瑞再率红七军北上，到达永新。在永新，他们见到了由滕代远带领的红三军团的一部，这是红七军屡经征战以来，首次见到其他兄弟红军部队。由此，红七军便与江西红军会师。在永新，他们一边开展工作，一边继续打听张云逸军长和五十八团的消息。

4月，那是一个春光明媚的一天，时间已是下午四时许，李明瑞和许卓带领一支队伍，打着红旗，正在过桥，突见前面一支部队迎面而来，原来就是红七军在乐昌河失散的五十八团！

李明瑞激动地握住张云逸的手，两个人都像孩子般地热泪长流。红七军的五十五团和五十八团，终于在永新会合了！

两个月以前，也就是1931年2月渡乐昌河时，红七军被拦腰斩为两段，留在河西未能过河的五十八团大部和军教导队、特务连及直属队的一些非战斗人员，在张云逸军长的带领下，当机立断，后撤并迂回在崇山峻岭之中。张军长安排好了部队的伤员，对部队的行动作了周密的部署，他们北上一百余里，终于在乐昌地下党和当地群众的帮助下，在广东坪石和湖南宜章之间的粤湘交界之处渡过了乐昌河（武水）。然后，张云逸率部队向湘赣边区进军。他们穿过粤湘赣边的崇山峻岭，冲破了敌人的围追堵截，来到了湘赣革命根据地的湖南酃县。

3月底，这一部分红七军遇到了湘赣苏区红军独立一师第三团的红军战友，见到了自己的同志，七军这一部的全体人员都兴奋得流下了激动的泪水。

4月，部队屡经苦战后，到达江西永新。在一场战斗中，他们从敌人那里缴获了一张国民党的《中央日报》，该报上一排大字赫然跃入眼中：

"共匪李明瑞残部向遂川流窜。"

他们终于知道了红七军主力的方位！张云逸及全体指战员真是万分高兴，立即将部队向遂川靠拢。

在遂川城东河口的一座小木桥上，红七军的五十五团和五十八团，李明瑞总指挥和张云逸军长，历尽千辛万苦，分别两个多月，终于会合了。

在永新城头，高高飘扬着"中国工农红军第七军司令部"的大旗，全体红七军二千五百多名指战员，在这里召开胜利会师大会。

到处是欢声笑语，到处是抑制不住喜悦的脸庞。

主席台上，李明瑞总指挥和张云逸军长面露喜色地端坐在上，此时鞭炮震天响，军号直冲云霄。

张军长讲话时，回顾了红七军在党领导下所走过的艰难曲折的战斗历程，他指出，经过残酷的斗争考验，红七军锻炼得更加坚强了，红七军的胜利会师，证明红七军是经得起任何考验的！

李明瑞总指挥和永新县苏维埃的负责同志也相继讲了话，整个会场就像一片欢腾的海洋。

不久，红七军接到中央红军毛泽东总政委、朱德总司令的命令：成立河西总指挥部，李明瑞任总指挥，直接指挥红七军、红二十军、湘赣苏区红军独立第一师三支部队。

在永新休整数天之后，红七军精神抖擞，斗志昂扬，投入了粉碎蒋介石第二次反革命"围剿"的战斗。红七军活跃在赣西和湘东一带，先后参加了安福、茶陵、安仁、袁州（今宜春）、酃县、宁冈等多次战斗，配合中央红军粉碎了国民党军队对中央苏区的第二次"围剿"，并扩大了湘赣革命根据地。

1931年6月中旬，红七军奉中央红军的命令，主力东渡赣江，开到兴国县，与中央红军胜利会师。[1]

红七军老战士们不无感慨地回忆道："红七军自1930年9月离开右江，至1931年7月到达兴国县桥头镇与中央红军会合，在长达十个多月的时间里，转战桂、湘、粤、赣四省，英勇地粉碎了敌人的围、追、堵、截，战胜了难以想象的各种困难，终于实现了'汇合朱毛红军'的殷切愿望。从此，红七军成为中央红军的一部分，在毛主席、朱总司令直接指挥下，转战南北。"[2]

是啊，十个月的迂回转战，七千里的战斗征程，这就是红七军，这支中国工农红军的钢铁之师所走过的曲折而又光辉的道路。

---

[1] 姜茂生《从乐昌河被截到永新会师》，《广西革命斗争回忆录》，第123页。

[2] 袁任远、韦国清等《纪念百色起义》，《广西革命斗争回忆录》，第1页。

1931 年 11 月，在中央苏区的"红都"瑞金，召开了第一次中华苏维埃共和国工农兵代表大会。红七军派出五名代表参加大会，其中张云逸、韦拔群当选为临时中央政府执行委员。为了表彰红七军的革命精神和卓著功绩，临时中央政府主席毛泽东在大会闭幕式上，亲手授予红七军锦旗一面，上面书写着"转战千里"四个大字。父亲说，到了 70 年代，毛泽东还几次对他说："红七军能打啊！"

红七军的历史，是一部悲壮的历史，是一部轰轰烈烈的革命战斗史。

其中，有光辉的篇章，有凯歌高奏的篇章，也有遭受失败和悲惨壮烈的一页。

红七军、红八军从无到有，左、右江革命根据地从小到大，使中国工农红军的声威震撼广西，其赫赫声威和盖世英名，将和其他中国工农红军兄弟部队一起永载革命史册。

对于父亲本人来说，红七军、红八军的革命历程和战斗实践，的确给予了他更多的锤炼。无论是经验还是教训，无论是胜仗还是败仗，都为他在今后更广阔的领域内进行革命斗争实践，积累了更加丰富的经验，打下了更加坚实的基础，使得他愈益成熟。

在红七军、红八军的队伍中，多少革命战士为了革命事业，英勇战斗，前仆后继，甚至献出了自己的生命；又有多少红七军、红八军的革命者在后来的革命征途中，成长为革命军队的高级将领。

李明瑞，北伐战将，红七军、红八军总指挥，他放弃了优越的社会地位，拒绝了蒋介石要给予他的高官厚禄，毅然选择了一条万般艰难的革命之路。他参加了中国共产党，在严酷的考验面前毫不动摇，勇挑重担。他有胆有谋，指挥有方，为红七军、红八军创下了不可磨灭的功勋。

万万没有想到，就在 1931 年的 10 月，李明瑞在王明"左"倾机会主义路线统治下，被执行王明路线的人诬为"改组派首要"，不幸惨遭枪杀，时年三十五岁。红七军的许多指战员，也纷纷被扣上"改组派"

和"AB团"的帽子。原右江苏维埃主席雷经天，是在毛泽东的保护下才没有被杀，但第二次被开除了党籍。红七军政治部主任许进、原红七军政治部秘书处长佘惠、魏伯刚、黎必诚等一些负责同志也含冤而死。直到1945年，在党的第七次代表大会上，党中央才为李明瑞公开昭雪平反，恢复名誉，追认他为革命烈士！

红七军的老战士们，看到他们的总指挥终于可以在九泉瞑目了，心中真是欣喜夹杂着心酸。如果李明瑞不死，在今后的革命战斗历程中，他还能荣立多少功勋呀！那虎虎有生气的勇将声威，也将会得到党和人民给予他应有的荣誉和地位！

1986年父亲去广西，他回忆起红七军、红八军的情形，特别回忆起李明瑞，他说："我同李明瑞第一次见面是从百色到龙州的路上，李明瑞入党是我到上海请中央批准的，我们两人一路走向江西。李明瑞是红七军、红八军的总指挥，我是总政委，苏维埃主席是雷经天。八军被打垮了，七军能打。俞作柏跑到香港去了，李明瑞是坚决的！"父亲还询问了李明瑞家属后人的情况。

对于李明瑞，在长达几十年的岁月中，父亲一直是怀念他的。父亲说过，70年代的时候，他曾几次对毛泽东说过："李明瑞是错杀的！"至今提起李明瑞，在父亲的言辞之中，还总是显露着激动难平之情。

李明瑞由一名旧民主主义革命的军人，变成了一个矢志不渝的共产主义战士，这条路是他自己选择的，是一条光辉之路。虽然他被错误路线迫害致死，但如果让他再生一次，他一定还会选择这条革命的道路！

韦拔群，广西东兰壮家人，十几岁就自募乡友护国讨袁，后赴贵州讲武堂学习，毕业后在黔军任参谋。"五四"运动后受到进步思潮影响，参加孙中山领导的革命。1924年进入广州农民运动讲习所学习，后在广西开展农民运动。1927年"四·一二"反革命事变后，他领导右江农民自卫队坚持公开的武装斗争，为右江革命根据地的建立奠定了基础。1929 年，韦拔群参加了中国共产党，并参加百色起义，任工农红军第七军第三纵队司令。1930 年红七军奉命北上后，他担任第二十一师师长，告别了主力，担负了留守右江革命根据地的艰巨任务。他领导右江人民和革命武装力量，在极其艰难困苦的环境中坚持斗争。在残酷的斗争中，桂系白崇禧采取"步步为营"、"梳毛篦发"、"缩网收鱼"的战术，实行烧光、杀光、抢光的政策，妄图扼死红军。

许多右江红七军战士牺牲了，许多右江根据地的革命群众被杀害了，韦拔群的弟弟、儿子牺牲了，连他的母亲也被反动派驱赶到山上饿死了。敌人出一万四千元大洋缉拿韦拔群，而韦拔群，则不仅坚持住了斗争，还先后率领红军粉碎了桂系军阀对根据地发动的两次"围剿"。1932 年 10 月 19 日，在第三次反"围剿"中，竟遭叛徒暗害，时年三十八岁。右江人民冒着生命危险，将他埋葬在广西的土地之中。

韦拔群是广西著名的农民领袖，是广西人民心目中的英雄，他曾写过这样的话："在红军，任红军，都是救人民而奋斗；你先死，我后死，大家为革命而牺牲！"在那种残酷艰险的环境中，以那样的革命英雄气概进行斗争，这是怎样一种大无畏的精神呀！这，就是人民革命的英雄，这，就是中国共产党人！

1962 年 12 月，父亲为他的亲密战友，为他的拔哥，题了词。他写道：

　　韦拔群同志以他的一生献给了党和人民解放事业，最后献出了他的生命。

　　他在对敌斗争中，始终是英勇顽强，百折不挠的。他不愧是无产阶级和劳动人民的英雄。

　　他最善于联系群众，关心群众的疾苦，对人民解放事业，具有无限忠心的崇高感情。他不愧是名副其实的人民群众的领袖。

他一贯谨守党所分配给他的工作岗位，准确地执行党的方针和政策，严格地遵守党的纪律。他不愧是一个模范的共产党员。

韦拔群同志永远活在我们的心中，他永远是我们和我们子孙后代学习的榜样，我们永远纪念他！

今天的人们，身处和平盛世，生在温饱之乡，你们可曾想到过，在你们脚下的黄土地中，埋葬过多少为你们今天的幸福安宁而牺牲的英烈吗？有的人，蔑视中国的黄土地，看不起自己祖先开垦的这片家园，而我却认为，这片黄土地，几千年来，是由我们的先人的汗水所孕育，更是由无数为国为民的先驱的热血所浇灌，因而，是最为丰沃的土地，最为值得骄傲的土地。

广西的山山水水，广西的斗争经历，红七军、红八军的革命战友，父亲永远不会忘记，在广西首府南宁的南湖公园，建立了李明瑞和韦拔群烈士的纪念碑，父亲在碑上题写道：

纪念李明瑞、韦拔群等同志，百色起义的革命先烈，永垂不朽！

让我们记住这些红七军、红八军的英烈们吧！

俞作豫，1927年加入中国共产党，中国工农红军第八军军长，1930年9月6日在广州红花岗英勇就义，时年二十九岁。

宛旦平，1924年加入中国共产党，红八军参谋长兼第二纵队司令，1930年在战斗中牺牲，时年三十岁。

李谦，1924年加入中国共产党，黄埔军校一期学员，红七军第一纵队队长、第二十师师长，1931年在梅花村战斗中英勇牺牲，时年二十二岁。

唐克，1925年加入中国共产党，红八军政治学校大队长，1930年在战斗中负伤被俘，英勇就义，时年二十七岁。

许进，1924 年加入中国共产党，红七军政治部主任，1931 年 10 月在"肃反"扩大化中被诬陷杀害，时年三十五岁。

罗少彦，1925 年加入中国共产党，红七军第四纵队政治部主任，1934 年因"肃反"扩大化被扣押在狱中病死，时年三十七岁。

陈洪涛，1926 年加入中国共产党，右江中共特委书记兼右江苏维埃政府主席及红七军第二十一师政治委员。1932 年率领游击队在东兰开展斗争时，为叛徒出卖被捕而慷慨就义，时年二十七岁。

许卓，1924 年加入中国共产党，红七军政治部主任，红七军前敌委员会委员、书记兼红七军政治委员，1934 年在福建武平一次战斗中牺牲，时年二十九岁。

李朴，大革命时加入中国共产党，红七军第二十一师政委，1935 年在湖南一次战斗中英勇牺牲，时年三十岁。

冯达飞，1924 年加入中国共产党，红七军营长、纵队司令员，皖南事变被捕，1942 年被敌人杀害，时年四十三岁。

还有，还有那些在历次战斗中英勇牺牲和死难的成百上千的红七军、红八军的指战员们……

…………

红七军、红八军是一支英雄的人民军队，在它的战斗历程中，培育出了许许多多的优秀战士，他们成为在以后抗日战争、解放战争和建设新中国的各个时期的军事将领和领导干部。

雷经天，解放后任广西人民政府副主席等职。

叶季壮，解放后担任对外贸易部部长等职，是中国共产党八大中央委员。

陈漫远，解放后任广西人民政府代理主席、中央农垦部副部长等职，是八大中央候补委员。

龚饮冰，解放后担任轻工业部副部长、中央统一战线工作部副部长，第二届全国人大常委会委员。

袁任远，解放后任内务部副部长、青海省省长等职，第五届全国人大常委会委员。

原红七军军长张云逸曾说过："红七军出了不止五十个将领吧？一个将领是多少次战斗打出来的？五十个将领加起来有多少次？"[1]

1955年中国人民解放军授衔时，原红七军、红八军共出了大将一名、上将二名，中将四名，少将十二名。

大将张云逸，曾任红七军军长。

上将韦国清，壮族，曾任红七军连长。

上将李天佑，曾任红七军特务连长。

中将有莫文骅、覃健、韦杰、冼恒汉等人。

少将有袁也烈（振武）、韦祖珍、卢绍武、朱鹤云、吴西、姜茂生、黄惠良、黄新友、覃士冕、覃国翰、黄一平、欧致富等人。

中国工农红军第七、第八军，虽然只有数年的革命历程，但它们不愧是中国革命军队中的一支坚强队伍，为中国革命作出了卓著的贡献。

百色起义、龙州起义，作为中国共产党在土地革命时期所领导举行的许许多多次革命武装起义中的一个组成部分，将永载史册。

[1]　覃国翰、黄超、谭庆荣《革命战斗友谊》，《广西革命斗争回忆录》，第162页。

第36章
30年代初期的变迁

1931年大约在 2 月间，父亲从江西，通过党的地下交通线，回到了上海。

他按照交通站给他的地址，很快与中央的交通员接上了头，向中央报了到。他先由交通安排在老惠中旅馆住了几天，又由交通代找了一个亭子间住了进去。

到上海后，父亲当即通过交通请求向中央负责同志汇报红七军的工作。在等待向中央汇报的同时，他于 4 月 29 日写完了一份《七军工作报告》。

在这份工作报告中，父亲十分详尽地叙述了红七军、红八军组建的经过和战斗历程，叙述了红七军在广西右江，转战七千里的沿途以及在江西崇义开展地方党的工作及土地革命工作的状况。最后，他以十分诚恳的态度，认真分析和总结了红七军这一时期工作中的体会和教训。

他认为，首要的不足，是在七军的工作中，处处以军事为中心，而没有以群众为中心来决定问题，结果常常处于被动地位，在右江攻滇军之役，攻武冈之役，攻连州之役，均是如此。由于忽略了群众的工作，一路处于被动地位，到处站不住脚，一直跑到赣南。

其次，七军应更快地离开右江地区，因为七军在右江的作用很小；

七军到达广东、湖南交界的乳源、宜章一带的梅花村后，不应企图在北江立足，而应迅速到江西，如果这样决定，就不会发生在梅花村那场损失很大的战斗了。

第三，"左"倾路线对七军的指挥，导致了几次集中攻坚的错误和挫折，因此向柳州、桂林、广州进攻便成了纯粹的空谈。

另外，在战役上，七军侦察工作较差，常有轻敌的观念，对于由旧部队转变而来的官兵的改造工作不够，党及政治工作仍有很多缺点，加之土地革命没有深入，工作推动不力。

七军是由旧军队和一批新发展的农民组成的，基础较差，加上立三路线的贯彻执行，使得七军碰了不少钉子。

《七军工作报告》，洋洋一万六千七百多字，这是父亲从一个方面，作为一个政治、军事的主要负责人，对于工作的十分认真的总结，本应得到中央的重视。

但是，半年的时间过去了，党中央竟然根本没有听取父亲的工作汇报。父亲住在上海，只是每月从交通那里领取一些生活费用，他同中央的联系，也就是交通隔些时候来看他一下，如此而已。

在上海，父亲很快同几个熟悉的同志见了面，有李维汉、贺昌、李富春、聂荣臻等。他还在李维汉和贺昌家里搭过铺。

父亲逐渐了解到，1929年夏季他离开党中央机关赴广西工作后，时至今日，党中央和党的工作都已发生了相当大的变化。

1930年6月立三"左"倾冒险主义的推行，不只使红七军受到严重损害，而且使其他地区的党的事业和武装斗争也遭受损失。在白区，由于敌我力量过分悬殊，立三的各大城市的总同盟罢工和武装起义计划失败，刚刚恢复的党在白区的组织和革命力量遭到严重破坏，许多同志被捕牺牲。在苏区和红军方面，红三军团由于误攻长沙失败，致使洪湖革命根据地受到严重破坏，部队亦受损严重；闽浙赣的红十军，也因攻九江未成，造成很大损失。只有毛泽东、朱德率领的红一军团，在攻打南昌时，注意了发动群众，见机行事，因而非但没有损兵折将，反而扩大了红军。1930年8月，在赣南、闽西一带中央苏区的红一军团和湘赣边的红三军团会师，成立了红一方面军，朱德任总司令，毛泽东任总政委，共辖四万余部队。

立三"左"倾冒险主义的错误在党内引起了广大干部党员的反对和不满，因此，为时不长，仅仅三个月的时间，立三路线便已宣告失败。

1930年9月，根据共产国际的指示，瞿秋白和周恩来主持召开了党的六届三中全会，批评了李立三等人的"左"倾错误，停止了其冒险计划，改组了中共中央的领导机关。李立三本人承认了错误，离开了中央领导岗位。至此，立三"左"倾冒险主义结束。

李立三，原名李隆郅，湖南醴陵人。1919年与湖南众同学一起留法勤工俭学，曾与赵世炎等共组"劳动学会"，后又与蔡和森等共组"留法勤工俭学学生代表大会"，因参加"争回里昂大学运动"而被法国当局押送回国。1921年加入中国共产党，领导了安源路矿工人大罢工，参加了"五卅"反帝爱国运动，1926年在第三次全国劳动大会上当选为中华全国总工会执行委员，长期从事工人运动，在1927年党的五大上当选为中国共产党中央委员和中央政治局委员，同年7月中央改组后任临时中央五名常委之一，曾参加南昌起义，在1928年党的六大后任中央政治局候补委员、中央政治局候补常务委员，后任中央政治局常委，是当时党的主要领导人之一。以他为代表的立三"左"倾冒险主义曾给党和革命武装事业造成严重损失，他因此离开了党中央的领导地位，并在以后的实际工作中认识和改正了错误。此后，他赴苏联学习，任中共驻共产国际代表，从事马克思、列宁著作中文版的翻译工作。1945年在党的七大上当选为中央委员，1948年当选为中华全国总工会副主席。解放后，任中央人民政府委员，政务院委员，劳动部部长。后历任中央工业交通部副部长、中共华北局书记处书记等职。1956年在党的八大上继续当选为中央委员。"文化大革命"中被林彪、

江青反革命集团诬以"特务"等多种罪名并被关押，1967 年 6 月被迫
害致死，终年六十八岁。1980 年，党中央为他昭雪平反，恢复名誉。

李立三也和瞿秋白一样，都是为中国革命作出过重大贡献的人，
都是由于他们的错误领导而使党的事业遭受巨大损失的人，也都是知
错能改、胸襟磊落之人。李立三后来能从点滴小事做起，继续为党和
人民工作，在与林彪、江青斗争中，坚持了一个共产党人的气概，他
的名字将与中国共产党同在，虽死犹生。

中国共产党在其发展的早期，的确是命运多舛。在它自身的发展
成长过程中，一次、二次、三次地遭受到错误路线的干扰和破坏。而且，
年轻的中国共产党，那时甚至尚不能完全把握自己的命运，既需要共
产国际的支持，又屡遭共产国际的干涉和错误指挥。

1930 年 9 月，立三"左"倾盲动主义结束后，共产国际的米夫来
了，直接插手指挥中国共产党和中国革命。

米夫假手于王明，独断专行，横加指点，由王明发展成了一条更
为有理论、气焰更盛、形态更完备的"左"倾机会主义路线。

王明，原名陈绍禹，安徽金寨人，1925 年加入中国共产党，同年
秋去苏联莫斯科中山大学学习，1927 年曾随该校副校长米夫来华，任
中央宣传部秘书和党的刊物《向导》的编辑，大革命失败后又去苏联，
在中山大学工作。王明在苏期间，深受米夫器重，在中山大学任支部
局负责人时，即在米夫支持下进行宗派活动，打击迫害反对他的中国
同志。1929 年，王明回国，从事地下工作，他原本支持立三的"左"
倾观点，在听说共产国际批评了中共六届三中全会（纠正李立三错误
的那次会议）后，他在中山大学回国学生中进行串联，积极反对三中
全会和新的中央，他和博古（秦邦宪）两人连续给中央写信，批评中央，
公开打出"拥护国际路线"的旗号，要求彻底改造党的领导。在这种
情况下，周恩来在党中央机关工作人员会议上指出了王明、博古等人
的错误，但王明等人则毫无忌惮。中央对他们让步，不行，分配工作，

也不行，硬是闹着要召开中央紧急会议。

为什么当时的中央奈何他们不得而任他们胡闹呢？就是因为他们有共产国际的米夫作后台。

中国共产党在那个时候，还没有产生自己的坚强领导核心，还没有自己的领袖和中坚人物，所以，在许多问题上，不得不听从和服从共产国际的意见。

1930 年 12 月，米夫来中国了，作为共产国际的代表，直接来插手中国党的内部事务了。

1931 年 1 月 7 日，中共六届四中全会在上海秘密召开，会议的主持人仍是名义上的总书记向忠发，但实际上的操纵者却是米夫。在会上，自始至终充满着激烈的争论。米夫等人在会上名义上是批判立三路线，实际上是要达到改组中共领导的目的，扶植王明上台。在米夫把持下，会议认为"目前党内主要危险"是"右倾"，并改选了党的中央委员会和政治局。

这个新的政治局的名单是由共产国际事先拟定的，总书记仍是不起作用的向忠发，王明进入政治局，实际上把持了中央领导权。

就这样，一个"只有些小聪明"，"没有实际工作经验"[1] 的王明，在米夫的支持下，就这么样地当了中国共产党的家！

王明自称"百分之百的布尔什维克"，把马克思主义教条化，把共产国际和苏联经验神圣化；混淆了民主主义革命和社会主义革命的界限和阶段性，把反对资产阶级乃至中产阶级和反帝、反封建并列起来；继续强调全国性的"革命高潮"和党在全国范围内的"进攻路线"，不仅可以"一省数省首先胜利"，而且可以进而夺取全国的胜利；夸大"城市中心论"，轻视并否定农村革命根据地和红军战士；在党内打着"反右倾"的旗号，实行宗派主义并在党内对持有不同意见者开展过火斗争，

---

[1] 李维汉《回忆与研究》，第 323 页。

甚至进行残酷斗争，无情打击。

由于共产国际的支持，教条主义的唬人架式和党内本身存在着"左"倾情绪，在中国共产党内，很快形成了一条比立三"左"倾错误更加严重的，而且更加气焰嚣张的王明"左"倾冒险主义。

1931年4月，党中央政治局委员顾顺章被捕叛变。6月，党的书记向忠发也被捕叛变。在上海的党中央机关遭到极大破坏的情况下，成立了临时党中央，博古为中央总负责人。王明去莫斯科任中共驻共产国际代表，实际通过博古操纵和掌握党中央的领导权。

这条王明的"左"倾冒险主义，在中国共产党内进行了长达四年的统治，给中国共产党和中国革命的事业造成了极为严重的损失。

与王明"左"倾冒险主义开始在中国共产党内肆虐几乎同时，也是在20世纪30年代初期，在中国的国土上发生了另一件事，把中华民族几乎推向了亡国灭种的深渊，这就是中国东邻，日本，对中国的侵略。

1929年下半年，资本主义世界爆发了一场空前规模和空前严重的经济危机。这场危机起自美国，很快波及到整个资本主义世界。从1930年起，各主要资本主义国家工业总产量下降44％。1933年底，各主要资本主义国家的失业人数已近两千万人。这场经济危机，不但加深了资本主义国家国内的各种矛盾，而且由于资本家为了把危机中的损失转嫁给殖民地人民，因而激化了帝国主义和殖民地之间的矛盾。

1931年9月，趁英美等国正在措手不及地忙于内部事务之时，同时也趁中国的蒋介石正在全力以赴"围剿"红军之时，日本军国主义加快了侵略中国的步伐。

1931年9月18日，日本武装进攻我国东北。蒋介石的南京政府竟然下令"不许冲突"，严禁张学良的东北军进行抵抗，结果几十万东北军一枪未发地退入了山海关以内，张学良落得个为国人所误骂的"不抵抗将军"的恶名。不到五天的时间，日军几乎全部占领辽宁、吉林两省。

短短的三个月，中国东北辽宁、吉林、黑龙江三省，完全为日军占领。

1932年1月，日军不战而得我东北后，更加肆无忌惮，悍然进攻上海，3月3日，日军占领上海。5月5日，蒋介石同日本签订《淞沪停战协定》，承认日本可以在上海驻军，答应取缔全国的抗日运动，并下令原本在上海抵抗日军的第十九路军撤离上海，赴闽"剿共"。

对于蒋介石来说，日本帝国主义不是首要的敌人，大片国土沦丧也不算什么，他的心腹之敌，乃是共产党和共产党领导的红军！

1931年11月30日，正当国难当头之日，蒋介石却提出"攘外必先安内"，意思是说，不先除共产党，就谈不上抵御外敌！这是什么样的一种奇怪的逻辑！

"九·一八"事变后，全国为之大哗，纷纷愤怒声讨。全国各地工人罢工，学生罢课，要求政府抗日。1931年9月28日，南京学生义愤填膺，捣毁了国民党政府的外交部。同年底，北平、天津、上海、汉口、广州等地学生在南京请愿示威，被蒋介石派出的军警镇压，当场有三十余名学生被杀，一百多名受重伤。蒋介石的国民政府不抵抗外敌，却血腥镇压学生的行为，使得全国上下更为愤怒。宋庆龄、蔡元培、鲁迅、杨杏佛等发起"中国民权保障同盟"，要求蒋介石释放政治犯，保障人民抗日的自由权利。

1932年9月，中国共产党临时中央作出决议，号召全国人民武装起来，抵抗日本帝国主义的侵略。在共产党的领导和影响下，上海等地的要求抗日的人民群众运动掀起了一个又一个高潮。

本来，在民族矛盾上升为主要矛盾之际，中国共产党应该把握时机，尽一切之可能，调动一切积极因素，团结一切可以团结的人，进行抗日斗争。但是，在王明把持下，以博古为首的党中央，却极不恰当地错误估价了形势，提出"武装保卫苏联"的口号，在国内，则主张"打倒一切"，并认为已具备了夺取中心城市的条件，提出了进攻城市和总罢工等冒险主张。由于这些错误主张和口号，使得中共丧失了机会，并脱离了各个阶层的抗日群众，使同盟者和同情者纷纷离开。

蒋介石趁此机会大肆镇压，大批共产党员被逮捕杀害，党的力量日益削弱。在白区，党的组织几乎百分之百地遭到破坏。到了1933年初，连为"左"倾分子把持的党的临时中央，在上海也已难以容身，不得不迁往江西的中央苏区。后来，由于电台遭到破坏，连党中央和共产国际的联系都"不幸"中断了。

在历史的长卷中，20世纪30年代初期这一章，就是这样翻开的，国有国耻，党有党误。

父亲是1931年初回到上海的，其时正碰上这国难、党误的最错综复杂之时。

他回上海半年，党中央和中央军委没有听他一次汇报，没有见他一面。他也不知道，在他4月29日写出《七军工作报告》之前，同样赴上海汇报工作的原七军政治部主任陈豪人和一位名叫阎衡的原七军人员，早已在3月9日和4月4日分别向中央写出了关于红七军的报告，[1] 他们除了详述七军的经历之外，用许多"左"的观点分析了七军的成败得失，特别是在阎衡的报告中，观点尤为激烈，例如指责七军的阶级性表现得非常模糊等等。

王明的中央，是一个比李立三的中央更加"左"倾的中央，他们一方面对前来汇报的红七军政委邓小平不予理睬，另一方面则于5月14日发出了一封《中共中央给七军前委信》，以高高在上和极其严厉的口吻，对红七军的工作横加批评。[2]

---

[1] 陈豪人《七军工作总报告》，1931年3月9日。阎衡《关于第七军的报告》，1931年4月4日。《左右江革命根据地》(上)，第358页和第382页。

[2] 《中共中央给七军前委信》，1931年5月14日。《左右江革命根据地》(上)，第412页。

　　信中以"左"倾的姿态指责七军前委失败的主要原因是阶级路线的缺乏。认为七军的路线，"很明显的是立三主义的盲动冒险路线，但同时又充分地表现出这条路线下所掩盖的右倾机会主义与富农路线"。信中说，七军转战数千里，但从没有做过发动广大群众起来做没收土地与改良他们生活的斗争，对商人、地主都表示出特别的谦让（这主要指的是七军沿路向地主商人礼貌筹款的作法——作者注），而且七军内部充满了失败逃路的情绪。"我们认为，立三主义'左'的言词之下，右倾机会主义的本质与富农路线，没有像七军前委的领导表示得明显的了！"

　　从以上寥寥数语，即可看出，王明中央，是多么的"左"，多么的咄咄逼人，多么的蛮不讲理，多么的会用大帽子压人！

　　信是发往在江西的红七军的，身在上海的红七军政委邓小平早已被"打入冷宫"，根本就不知道中央对七军工作的如此严厉的批评和对他本人的不满。

　　但是，王明中央对于他的那种明显的冷淡，他是心中有数的。

　　父亲曾谈到，于是乎，在上海，他除了按时从中央领取生活费外，就是和几个老友偶尔相聚，发发牢骚。

　　5月份的时候，我的二叔邓垦到上海上学，找到了父亲。父亲带着他，两人一起去江湾公墓看了张锡瑗的墓地。

　　父亲说过，这一个时期，可以说是他在政治上的一个很困难的时期。

　　作为一个共产党员，怎么可以这样终日闲住，无所事事呢？于是父亲通过交通向中央要求，回七军去工作。中央答复，没有交通联络，未被批准。以后，父亲又向中央请求，到苏区去工作，大约在1931年6月间，得到了中央的批准。

　　在去苏区之前，约在5月和6月之交，中央命父亲去驻在芜湖的安徽省委巡视工作。父亲与一位安徽籍的交通一起赶赴安徽，到了芜湖，上岸后，父亲在一个饭馆等候，由交通先去省委机关接头。不久，交通便回来了，告诉父亲说，安徽省委机关的暗号没有了，机关已被破坏。鉴于情况十分危险，当天，他们即买船票回到了上海，向中央报告了情形。按父亲的说法，就是"交了差"。

7月中旬，父亲从上海上船，经广东赴江西。和他同行的，有一位女同志，名叫金维映，人们都称她阿金。

金维映，原名金爱卿，浙江岱山人，与父亲同岁，1904年出生。阿金于1919年曾在县立女子学校参加声援北京"五四"运动的宣传，毕业后任女校教员，1926年组织女校师生响应"五卅"运动，1926年加入中国共产党，并从事工运工作，1927年被选为舟山总工会执行委员，"四·一二"反革命事变后被捕，经营救释放后到上海中华全国总工会工作，从事秘密的工人运动，1929年任中共江苏省妇女运动委员会书记，开展妇女革命斗争和工人运动，1930年任上海丝织业工会中共党团书记和上海工会联合行动委员会领导人。

父亲和阿金是1931年在上海认识的，他们同被派往江西的中央苏区工作，一路同行，后来结为夫妻。

父亲这次离开上海，是自他回国后第三次离开上海。

第一次，是1929年夏季，在他二十五岁时，踌躇满志地受中央之命奔赴广西组织武装起义。

第二次，是1930年1月底，他匆匆而来，又匆匆而去。来是奉命汇报工作，去则是经历了一番丧妻失女的悲痛，并十万火急地赶回军情日紧的前方。

第三次是1931年7月，也就是这一次。当他乘船再度南下之时，已又是一番春秋了，红七军的七千里转战仍在心头萦绕，党的前途命运又几多疑问，中央苏区的工作则令他向往。

两年的时间，才仅仅两年的时间，仿佛是转眼般的短暂，又好似无比的漫长。

两年的时间，又是军旅，又是战火，又是胜利，又是曲折。

这日月星辰，是一年一度照旧地过；而这人，却是一年一变，岁岁成熟。

此时的邓小平，已将满二十七岁。在过去的革命历程中，他又丰富了阅历，正在日趋更加成熟和深沉。

而他的未来，则将是更加充满战斗激情的，更加如火如荼的。

第*37*章
瑞金与中央苏区

1931 年 7 月中旬，父亲和阿金两人由上海上船，到广东汕头上岸，找到了交通站，即由交通站派一广东同志带路，径直北上，经广东边界大埔，顺利地进入福建的永定，这里已经进入中央苏区的地界。然后，他们再向西北经上杭、汀州（长汀），最后向西，跨过闽赣边界，到达江西的瑞金。

这时已是 1931 年 8 月间。

瑞金，是中央革命根据地的中心。

1927 年 8 月南昌起义失败后，9 月，毛泽东在湖南领导了秋收起义。

秋收起义后，毛泽东认为，目前攻打中心城市不可能取得胜利，应把部队转移到敌人统治力量比较薄弱的农村中去，保存力量，继续坚持斗争，以发展革命力量，并决定向湘赣边界的山区进军，在湘赣交界之处的井冈山建立革命根据地。

毛泽东提出，共产党和军队要把开展武装斗争、深入土地革命和建立革命根据地三项任务结合起来。而井冈山地处江西、湘南之间，远离敌人中心城市，且山势险要，易于攻守。这个地区曾受第一次国内革命战争的影响，地方群众基础较好，还有中共的地方组织和地方群众武装，最宜作为革命根据地。

井冈山革命根据地的开创，点燃了"工农武装割据"的星星之火，成为武装夺取政权的一个伟大转变的起点。

1927 年底到 1928 年，由朱德率领的南昌起义部队，广州起义部队和彭德怀率领的平江起义部队相继到达井冈山地区，与毛泽东率领的秋收起义部队会师，成功地在井冈山开辟了一片革命的区域，并建立了红色革命政权。

1928 年 4 月，毛泽东、朱德、陈毅等经中央批准，决定建立中国工农红军第四军，即红四军，朱德任军长，毛泽东任党代表，陈毅任政治部主任，全军下辖三个师九个团，共一万余人。

井冈山革命根据地的创立和发展，引起了蒋介石的极大恐慌。1928 年底，敌人成立了湘赣两省"剿匪"总部，纠集了二十五个团，约二万余人的兵力，分五路向井冈山猛扑。

为了打破敌人的"会剿"，1929 年 1 月，在毛泽东、朱德率领下，红四军三千六百人的主力开始向赣南转移，留彭德怀率红五军等留守井冈山。

2 月，红四军攻占赣东南的宁都，此后由于蒋桂战争爆发，蒋介石将湘粤赣三省军队抽调到武汉地区，闽赣境内空虚。乘此机会，红四军先进闽西，再转赣南，连克闽西长汀，赣南瑞金、于都、兴国、宁都等县。到了 6 月，红四军在赣南、闽西边境进行游击战，同时发动群众，开展土地革命，扩大红军和地方武装，相继建立了十多个县的红色政权。

1930 年，红四军打退了敌人的"会剿"，排除了"左"倾冒险主义的干扰，又打通了赣、闽、粤三省红色区域的联系，解放了赣南大片土地，建立苏维埃和土地革命等各项工作蓬勃开展。1930 年初，闽西革命根据地已扩大为拥有八十五万人口、纵横数百里的广大地区。八十万农民在土地革命中分到了土地，各县普遍建立了苏维埃红色政权。

1930 年 6 月，根据中央的指示精神，红四军前委将红四军、红六军等部队整编，成立红军第一军团，总指挥朱德，政治委员毛泽东。

在一年半的时间里，红军在赣南、闽西开辟了新的根据地，形成了比较巩固的中央革命根据地，又称中央苏区。

1930年10月，蒋介石与阎锡山、冯玉祥的中原大战结束后，蒋介石掉转头来，集中兵力，"围剿"他的心腹之患——红军。国民党军十万部队，于11月间开始向我中央苏区进行第一次"围剿"。

毛泽东、朱德采取了机智灵活的战略战术，先是诱敌深入，而后中间突破，接着各个击破，到12月30日，全歼敌军九千余人，活捉敌前线总指挥张辉瓒，取得了第一次反"围剿"的胜利。

蒋介石经此惨败，并未罢休，狂妄地叫嚣要"三个月内消灭共军"。1931年2月，蒋介石令何应钦带队，调军二十万，对中央苏区发动第二次"围剿"。

毛泽东制定了集中兵力，先打弱敌，在运动战中各个歼灭敌人的作战方针，红军三万余人，经过十五天的激战，横扫七百余里，打了五个胜仗，缴枪二万余支，痛快淋漓地粉碎了蒋介石的第二次"围剿"。

蒋介石闻讯气急败坏，立即又于1931年7月，集中三十万兵力，亲任总司令，还带着德国的、日本的和英国的军事顾问，坐镇江西省会南昌，向中央苏区发起第三次"围剿"。

针对这一严峻的形势，毛泽东提出"避敌主力，打其虚弱"的作战方针。采用盘旋式打圈子的方式歼灭敌人有生力量，声东击西，巧妙回旋，使得敌人不知红军主力何在，成天疲于奔命地追跑，却又屡遭红军主力和地方武装的袭击。经三个月的时间，敌军最后撤退，而我军则歼敌三万余人，缴枪二万余支。

蒋介石亲自出马督阵指挥的第三次"围剿"，就这么失败了。

经过三次反"围剿"的胜利，赣南、闽西及周围革命根据地连成了一片，形成包括二十一个县，二百五十万人口的中央苏区。

蒋介石不顾民心，不顾国耻，"先安内，后攘外"的如意算盘，在坚不可摧的红军面前，彻底破产。

父亲到达江西瑞金是 1931 年 8 月，其时正是红军主力反击敌人第三次"围剿"的时刻。

瑞金是中央苏区的后方，父亲到那里后，发现瑞金县的党政领导权，已被反革命分子篡夺，许多革命干部和革命群众被杀害，仅瑞金县城对面的一个山上就有百余人被杀害，群众情绪很大，干部情绪低落，全县面貌死气沉沉。这时，在红军工作的谢唯俊正在瑞金，由上海党中央派到中央苏区工作的余泽鸿也到了瑞金。当时他们与上级还没有建立联系，他们和邓小平一起商议，推举邓小平担任瑞金县委书记。

在担任瑞金县委书记后，邓小平和谢唯俊、余泽鸿二人，首先迅速地惩办了反革命分子，为被冤屈的革命干部平了反，然后召开了县的苏维埃代表大会，建立了红色革命政权，并着手发动群众。不久，瑞金的干部和群众的积极性发挥起来了，特别是大多数本地的农民干部情绪很高。有了大批的群众和与群众有着密切联系的本地干部的支持，全县局面大为改观。

在第三次"围剿"被粉碎后，中华苏维埃的政权中心迁到瑞金，瑞金由此成为享誉全国的"红都"。

为了庆祝第三次反"围剿"的辉煌胜利，"红都"瑞金召开了五万人的盛大祝捷大会。父亲说过，由于当时条件十分艰苦，没有扩音设备，因此大会分设在四五个会场。父亲是大会的主持人，他曾陪同毛泽东到各个会场讲话。

那种庆祝胜利的场面，真是红旗标语如海，口号欢呼鼎沸，整个瑞金一片革命热情高涨。

有了在广西革命根据地开展地方工作的经验，使得父亲在瑞金的工作进行得得心应手，十分顺利。

对于在瑞金的这一段经历，时间虽短，父亲却常常提起。1992 年的一天，我们全家在吃饭，我弟弟六岁的儿子小弟饿极了，吃得狼吞虎咽的。看着小孙子这么能吃的样子，爷爷笑了，他说："我们在瑞金工作的时候，搞土地革命，制定分地的政策。有人说小孩子不应该分地，我就对他们讲，四川俗话说，三岁小子，吃死老子！小孩子吃得也不少呀，因此也应该分地。后来他们接受了我的意见。你们看，小弟不就是三岁小子，吃死老子！"我们都笑了，我对父亲说："应该是六岁小子，吃死爷爷！"

父亲肚子里的故事一定还有很多，很多，就是他太不爱讲述自己的过去了。如果他能像这次这样多讲点儿，我就可以"多捞点稻草"了，这本书也就可以更加生动一些了！

父亲在瑞金担任县委书记不到一年的时间。1932年5月，江西省委书记李富春，将邓小平调离瑞金，到瑞金以南的会昌担任县委书记。

1972年秋天，父亲因"文化大革命"的冲击被打倒后谪居江西时，他和母亲二人曾获准在江西境内"调查研究"。他们从南昌南下，先到井冈山，凭吊了井冈山革命根据地的革命遗址，后向东南，到瑞金、会昌、寻乌等地。这次到瑞金，离他在瑞金当县委书记，已时隔四十春秋有一之久。虽然他当时，还是全国第二号最大的"走资本主义道路的当权派"，还未复出工作，但江西老革命根据地的干部和群众给予了他热情的接待。瑞金县的同志对他说："你是我们瑞金的老县委书记！"这句话曾令父亲感动不已。在他蒙冤遭受打击的时候，老区人民还惦念着他。

在中央苏区进行第三次反"围剿"的时候，王明的"左"倾冒险主义逐步推行到中央苏区和其他各革命根据地。

1931年6月，"左"倾错误统治的党中央给红军及各地方党组织发出训令，说由于反动统治的政治危机继续增长，革命力量逐渐发展，当前党的紧急任务是力争在一省或数省的胜利，实现湘、鄂、赣三省打成一片的苏区。这个训令，就是要红军不顾现实状况地去攻击比我们力量强大得多的敌军，把整个的湖南、湖北和江西都变成苏区。

"九·一八"事变后，党中央又错误地决定，革命时机正在全中国成熟，争取革命在一省或数省首先胜利的前途在望，红军要不给敌人喘息机会，集中力量追击敌人退却部队，取得一两个中心的或次要的城市。王明中央还气势汹汹地指出，党内两条路线斗争的加深与组织上的巩固，是实现上述任务的必要前提，目前主要危险还是右倾机会主义。

为了推行"左"倾冒险主义，犯有"左"倾错误的领导者在组织上发展了宗派主义。对于那些对"左"倾政策怀疑、不满或不积极拥护和不坚决执行的人，一律扣上"右倾机会主义"、"富农路线"、"调和路线"、"两面派"等大帽子，并对这些同志在组织上和人身上进行"残酷斗争"、"无情打击"，甚至使用对敌人的斗争方式来进行党内斗争。

1931年4月，上海的党中央派出中共中央代表团到达中央苏区。中央代表一到中央苏区，就像太上皇一样发号施令，横加指责。他们劈头就指责，红一方面军的前委和中央苏区犯了许多严重错误！"最严重"的错误是：缺乏明确的阶级斗争路线与充分的群众工作。在巩固革命根据地、红军、土地、党政关系、工人运动等问题上，中央都对中央苏区和中央红军加以斥责。

1931年11月，在江西瑞金召开了中国共产党中央苏区第一次代表大会，会议在中央代表团的把持下，"完全同意"了中共中央对中央苏区工作的"批评"。会议指责中央苏区在根据地、红军、土地、政权、工会运动、反帝运动、共产党与共青团、肃清一切反动派的斗争方面犯有"错误和缺点"，指责毛泽东制定的土地革命路线是"富农路线"，犯了"向地主豪绅及富农让步的右倾机会主义错误"，指责毛泽东不去建立真正的工农红军，认为红军还没有脱离"游击主义的传统"，攻击中央苏区的肃反工作"有很大的错误"，致使"群众没有发动"，"反革命组织满布于苏区"。会议还十分错误地要求在党内开展两条路线的斗争，"集中火力，反对党内目前的主要危险——右倾"。在红军的问题上，会议强调必须"建筑在大规模的作战基础上"。会议最终排斥了毛泽东等在中央苏区对党和红军工作的正确领导。

与此同时，1931年11月，在瑞金召开了中华工农苏维埃第一次全国代表大会，会上选举毛泽东为中华苏维埃共和国临时中央政府主席，项英、张国焘为副主席。

本来，这是一次群英聚会、庆祝胜利的盛会，但在中央代表团的主持下，这次会议以错误的"阶级路线"为原则，规定地主"没有分配任何土地的权利"，富农"可以分得较坏的劳动份地"等等过"左"的经济政策和劳动政策。"左"的高压气氛，使这次大会蒙上了一层不可名状的阴影。

父亲参加了这次大会，在会上他认识了许多苏区的同志，其中就包括著名的铁路工人出身的红军将领"王胡子"王震。

父亲还说过，在这之前的一次大会上，他曾远远地看见了李明瑞。生死与共的老战友相见，本应令人十分高兴和激动，但是，父亲知道中央对自己的不悦，又鉴于那时的"左"的气氛，为了不影响李明瑞，父亲竟然没有上前去与李明瑞打招呼。他们二人，只是远远地相望了一下。这，也是父亲与李明瑞见的最后一面，后来，李明瑞终于没有逃脱"左"的魔掌，含冤被杀。

一系列"左"倾错误政策的制定，给中央苏区的各项工作带来了极大的危害性。而这些错误的决定，从一开始，便遭到了毛泽东等人的抵制。

从此，中央苏区的广大红军指战员和根据地的广大干部群众，一方面要面对敌人的强大军事进攻，另一方面又要与"左"倾错误路线相抗争。

中央苏区和中央红军的命运，经受了一系列险象环生的重大考验。

第**38**章
第一任会昌中心县委书记

1932 年 5 月，父亲奉江西省委之命，调往会昌担任县委书记。

会昌，在瑞金以南五十公里，与瑞金紧相毗邻。1930 年 4 月，毛泽东、朱德率领红四军来到会昌时，在这里发展了党的组织和建立了中共会昌县委会。在粉碎了敌人第三次"围剿"后，会昌县农村许多地方已属红色区域，但会昌县城则仍是一个白点。1931 年 11 月，红三军团攻克了会昌县城，12 月，成立了中共会昌临时县委。1931 年底，红一方面军总前委秘书长古柏任中共会昌县委书记，这时，会昌全县已有党员六百六十人，区委十个，党支部六十六个。1932 年 5 月，古柏调任江西省裁判部长，父亲由此到达会昌，领导会昌地方党政军工作。

父亲一到会昌，几天之内，首先处理了排除敌人"靖卫团"骚扰的事情。其时，由于会昌县城刚刚解放才几个月，城外一些小股的国民党地方"靖卫团"和散兵游勇，经常向城内放冷枪，并四处骚扰群众。父亲主持召开了会昌各区委书记参加的县委工作会议，决定加强巡逻和搜索，并派出赤卫队继续清剿"靖卫团"的残余，从而稳定了局面，保障了人民生命财产的安全。

邓小平在和县委组织部长罗屏汉等研究工作时提出，会昌是江西的重要门户，离"红都"瑞金只有五十公里，又是一个大县，有十四五个区，应设立一个军事部，以适应斗争的需要。经罗屏汉介绍，决定由原红十一军独立团副团长钟亚庆出任军事部长。钟亚庆担心自己没有文化，怕不适应工作，在邓小平几次电话催促下，他才背起背包，步行到会昌。

钟亚庆回忆道："碰巧，当我走到会昌县杉塘区苏维埃住址时，突然遇到邓小平同志，他一见我就问：'你这个同志，从哪里来，到哪里去？姓什么？'声音很大。

"'从澄江来，叫钟亚庆，到会昌去。'

"'你叫钟亚庆，好啦，我是邓小平，走，到杉塘区苏维埃去坐坐。'

"我向邓小平同志行了个礼，跟着他走到在大河排顶上的杉塘区苏维埃。苏维埃主席接待我们喝了茶。小平同志用带有批评的口吻对我说：'你好调皮，老罗打了好多电话给你，你还不来。我又打电话批评罗贵波主任，你现在才来。你看看！'他手指着墙壁上挂着的文件说：'你任会昌县军事部长，文件都发了，你还敢不来！'接着，邓小平同志把话题一转，说：'你不要走，今天我到罗塘区，你跟我去。'

"我跟着小平同志，一路步行，到了罗塘区苏维埃。晚上，小平同志叫区委、区苏维埃领导开会，布置了扩大红军等任务。第二天早饭，区委领导款待我们吃猪肉，记得吃饭时，小平同志对区委书记说：'猪肉，好是好，就是少了一项。'区委书记问：'少什么？'小平同志直率地说：'辣子！'区委书记即起身去寻找，很快就抓了一把新番椒回来。小平同志拿了一个放进嘴里咬了一口，说：'不太辣，也还可以。'大家吃得非常愉快。

"在会昌，我们军事部的同志经常要下到各区去组织赤卫队。凡十八岁到二十五岁的为基干赤卫队，其他是普通赤卫队。要分别造册向小平同志汇报；还有扩大红军等任务都要同小平同志研究。小平同志对我的工作总是热情指导，生活上平易近人。"[1]

---

[1]　钟亚庆《跟邓小平同志在会昌工作的时候》，《二十八年间——从师政委到总书记》，第256页。

　　钟亚庆的回忆，生动地勾画出了二十八岁的会昌县委书记邓小平的工作面貌和生活形象。

　　1932 年，蒋介石仍然坚持对日本帝国主义的侵略绝不抵抗，而对抗日民主运动却大肆镇压的政策，视中国共产党人和红色革命根据地为心腹之患。在前三次对中央红军进行"围剿"失败以后，于 6 月又调集十余万大军，向我湘鄂西苏区发动进攻。由于"左"倾错误的指挥，令红三军向荆州、沙市进攻，致使我军蒙受重大损失，丢失了湘鄂西根据地。

　　蒋介石一方得手，便又开始调集更大的兵力，向我中央苏区开进，誓欲扼死中国工农红军而后快。在南路，广东的陈济棠部占领了福建上杭和广东梅县一带。

　　会昌，和它南面的寻乌、安远两县，是我中央苏区的边沿地带，三县毗邻，与福建、广东相接壤，东是武夷山，南有九连山，山峦重叠，地势险要，是江西的重要南边门户，也是我中央苏区的重要边区。为了适应战争形势的需要，加强中央苏区的边区工作，更有效地粉碎敌人的南面进攻，中央和江西省委决定，将会昌、寻乌、安远三县联成一个整体，在会昌的筠门岭建立中共会昌中心县委，也称会寻安中心县委，领导会昌、寻乌、安远三县的革命斗争。

　　筠门岭，古称军门岭，距会昌县城五十五公里，系会昌、寻乌、安远三县的交界点，同时，它又是通往福建、广东的咽喉重地，为历代兵家必争之地。这里离红色首都瑞金仅一百公里之遥，实可称为守卫中央苏区的南大门。

　　1932 年 7 月，在筠门岭倒水湾召开了会、寻、安三县党的活动分子大会，三县区以上的党员干部共一百多人参加，中央代表罗迈（李维汉）出席会议。会上，邓小平、罗屏汉等讲了话，正式成立了中共会昌中心县委，邓小平任中心县委书记，县委机关设在筠门岭坝笃下。

　　8 月，以会昌边防游击队为主体的地方武装，成立了江西省军区第三分区，会昌县军事部长钟亚庆调任三分区指挥员，会昌中心县委书记邓小平兼任三分区政委。三分区的任务，主要是配合主力部队，在东留、桂坑一带牵制闽西敌人。

扩大红军，无论在中央苏区，还是在各个革命根据地，都是一件十分重要的工作。对于会昌中心县委，扩红同样是一项重要的工作。

1932年，根据中共中央和江西省委关于扩大红军的决议精神，会昌、寻乌、安远三县在中心县委的领导下，对扩红工作进行了详细的研究布置，把任务落实到各区。当时扩红的对象主要是十六到二十五岁的农民和工人；方针是耐心进行政治动员，提高觉悟，反对强迫命令和欺骗、贿买；形式是干部、党员带头报名，亲劝亲，邻劝邻，父母劝儿子，妻子劝丈夫，轰轰烈烈，广泛宣传，在9月，还搞了一个扩红竞赛。由于工作深入，觉悟提高，广大青年纷纷要求参加红军，在1932年7月到9月的三个月中，仅会昌一县就扩大红军一千多名。

会昌中心县委，在扩大红军的同时，十分注意发展党员，壮大党的组织，会昌县还曾于1932年10月、11月连续召开两次党的代表会议。其时，会昌发展到党员二千五百多名，乡党支部八十二个，区委十三个；寻乌县党员二千多名，乡党支部四十五个，区委七个；安远县党员一千四百多名，乡党支部十六个，区委五个。三县共计党员近六千多，乡党支部一百四十三个，区委二十五个。在会昌中心县委的领导下，党员人数迅速增加，党的工作活跃，组织健全。

为了巩固和发展苏维埃政权，由中心县委书记邓小平主持，召开了多次三县苏维埃主席和各部门负责人的会议。

地方苏维埃的工作，主要是组织动员扩大红军，完成公债的推销任务，彻底地分配土地，健全城乡代表会议，反对贪污腐化、消极怠工，并根据中央人民政府颁布的选举条例，开始在一些地方进行正式的选举活动。会、寻、安三县都是中央苏区的边区，赤白对立很厉害，所以苏维埃政权还加紧了肃反工作和赤色戒严，实行坚壁清野，打破敌人的经济封锁。

1932 年间正处于第四次反"围剿"的战争时期，战火时刻威胁着苏区的生产。敌人对苏区实行了经济封锁，给苏区的经济建设带来了极大的困难。同时，原来的一些"左"的经济政策，阻碍了经济发展，使得许多商店关门，财政经济十分困难。在会昌中心县委的领导下，群众的热情很高，生产积极性也空前高涨。1932 年 5 月，会昌县委成立了县、区、乡的各级春耕生产委员会，组织群众积极投入春耕生产，当年，全县的粮食即获得了好收成。会昌中心县委还有计划地恢复和发展手工业，在会昌等地还办了小型兵工厂。中心县委为了改善财政收入，在筠门岭设立了"关税处"，取消苛捐杂税，实行统一累进税，并成立了"对外贸易局"，代表政府经营盐、布、药材、烟、纸、粮食等重要物品的进出口，利用各种方式冲破敌人封锁，使物资源源不断地进行交流。1932 年还推销国家公债约十七万九千元。

会昌中心县委十分注意发展地方武装组织。当时在会、寻、安活动的红军正规部队主要是红军独立三师，师长王云桥，政委李井泉，政治部主任罗贵波，参谋长宋时轮，下辖两个团，三千余人，一千五百条枪。为了更有力地保卫苏维埃政权，会昌中心县委积极发展地方的武装组织，到了 1932 年 11 月，会昌共有赤卫军四千九百七十人，模范师二千五百二十九人，其主要任务是镇压反革命，保卫苏区，帮助红军运输和抬伤病员。除此以外还建立了赤少队，进行赤色戒严和站岗放哨。在各县，还各有一个二三百人的独立团，各区还组织了游击队。

会昌中心县委注意发展各种组织。

1932 年 7 月，召开了会昌县第一次共产主义青年团的代表大会，中心县委书记邓小平出席并讲了话。到了 1932 年 8 月，三县共有团员一千二百一十人。1932 年 9 月，会昌县举办为期七天的县、区团的干部训练班，有四十多人参加，中心县委书记邓小平亲自为训练班学员作了报告。

1932年下半年，会昌设立了职工运动委员会，同年12月，召开了全县工人代表大会，会后成立了手工业、店员、木船等行业的工会组织。

1932年，会昌成立了妇女指导委员会，还举办了妇女训练班，发动妇女群众，慰劳红军，支援前线。

会昌中心县委还十分重视文化建设，到了1932年8月，三县共办起了七十三所小学，百分之九十的儿童都入了学。各区县还设有俱乐部和剧社，演出"送郎当红军"等深受群众欢迎的节目。

1932年11月，寻乌县城失守，根据这一情况，会昌中心县委在筠门岭召开了会、寻、安三县县委书记、县苏维埃主席、军事部长联席会议。邓小平主持会议，研究部署了新的军事行动和有关扩大地方武装问题。[1]

会昌县的中心县委史稿上写道："会昌中心县委书记邓小平经常深入会、寻、安三县，调查研究，对各县苏维埃的工作进行具体的指导。1932年秋，邓小平在安远县视察工作时，出席了县委、县苏维埃在城南门坝举行的万人'提灯会'，庆祝安远赤化一周年纪念，并在会上作了重要讲话。他在讲话中指出：要继续扩大和巩固赤色区域，加强自己的武装力量，提高警惕，随时打击和消灭来犯之敌。会后不久，安远县委、县苏维埃根据邓小平的指示，领导本县独立团、模范营等地方武装，在正光一举打退了敌伪四十四师王赞彬的两次偷袭，并打退了伪民团匪的几次捣乱，从而，进一步巩固了苏维埃赤色区域。"

有一次父亲告诉我们，那时他在苏区，一个人，一匹马，一个警卫员兼马夫，轻骑简从，就这么在瑞金、会昌一带那么大的一个区域内往来往去。他的那匹马，长征过雪山前死了。他的警卫员，也在长

---

[1] 本章内容参考了《中国共产党会昌中心县委史稿》。

征之前换掉了。父亲这个人，最不讲排场，反对烦琐哲学。这种一人、一马、一警卫的习惯，他一直保持到抗战开始。在他就任更重要的职务后，他也是这样崇尚简朴。整个抗战期间和解放战争期间，他没有私人秘书。解放后直到"文革"开始前的十七年中，他也只有一个秘书。对他来说，不在人多，重要的是效率要高。

父亲是一个实干的人，也是一个有魄力的人。凡是在他主持工作的地方，他都能够迅速地打开局面，创造局面。在广西左、右江，在江西的瑞金和会昌，他都是这样，果断、坚定、有组织、有计划地进行工作。这种魄力和能力，不断地因时日和经验而增加。在几十年后，当整个中国的命运掌握在他手中的时候，正是这种魄力和能力，加上那不同寻常的远见卓识，使得他能够为整个的中国，开创一个全新的局面。

从1932年到1933年，父亲在会昌这一区域的工作，不但彻底改变了会昌这一红区边沿地带的面貌，而且在他的战友们心中，留下了深刻的印象。

原在会昌的江西军区第三作战分区指挥员钟亚庆回忆道："1932年9月，我在福建东留同福建钟少奎部几百人打了一仗。在战斗中，我又负了伤。部队由参谋长带，我被抬到桂坑。由于出血过多，连夜又抬到会昌的罗塘区。第二天，又转到粤赣军区筠门岭收容所。邓小平同志（其时任三分区政委）接了战报，知道我受了重伤，亲自打电话询问。我不能起来接，收容所所长罗天观接了电话说，小平同志再三叮嘱，要我第二天坐船到会昌去医治。我叫罗所长回话说，由于我伤势重，一动就流血，暂时不能去，要等候几天。那时，小平同志天天都打电话来询问我的伤情。我过意不去，在收容所住了四天，人比较精神了，就搭了一条小船到会昌去。次日下午，邓小平、罗屏汉同志就到医院看我。小平同志亲切地安慰我：'你从前线写来的报告，我看过了。前线的事已有人负责，不要惦记，好好休养！'说毕，拿给我五十元,作营养费。我接了钱,心里久久不能平静。小平同志工作繁忙,亲自来看望我,经济很困难,还给了我这么多钱,不觉流下了眼泪。

"我在会昌医院一直住到1933年3月。一出医院,我就去会昌县委,见到了罗屏汉同志,却没有见到邓小平同志,心里十分失望。一转眼,五十年过去了,五十年的变化真大啊!罗屏汉同志早在战斗中壮烈牺牲了。邓小平同志幸还健在,正带领我们搞四化建设。每当我想起往事,想起邓小平同志对革命事业深谋远虑、兢兢业业的精神,对同志体贴入微的言行举止,心里就非常激动。"[1]

是的,当钟亚庆于1933年3月出院时,他没有见到会昌中心县委书记邓小平,因为,邓小平已被调离会昌,原因是,他已经受到了"左"倾路线的批判。

---

[1] 钟亚庆《跟邓小平同志在会昌工作的时候》.《二十八年间——从师政委到总书记》,第256页。

第39章
"邓、毛、谢、古"事件

王明"左"倾冒险主义和宗派主义来到了中央苏区，来到了中央红军，并把它的触角伸向各个革命根据地。

1932年10月，中共苏区中央局在江西宁都召开会议，"左"倾冒险主义者认为要坚决地攻打大城市，攻击毛泽东"消极怠工"，"不尊重"他们的领导，犯有"等待敌人进攻"的右倾错误。毛泽东在会上同"左"倾错误进行了坚决的斗争，于是被撤销了他所担任的红一方面军总政委的军事职务，调他"专做政府工作"，实际上是剥夺了他的军权。

1933年1月，由于"左"倾冒险主义的错误政策，使我白区工作丧失几乎百分之百，中共中央临时政治局也不得不从上海迁入中央革命根据地的瑞金，这就使执行王明路线的临时中央，形成了对中央苏区工作的更加直接的领导。

"九·一八"事变后，蒋介石的南京政府对日本帝国主义的侵略采取了一味的不抵抗政策，致使日本侵略者肆无忌惮地占领了我国东北三省，并于1932年建立了日本操纵下的伪"满洲国"。日本军队对中国东北实行残酷的殖民统治，疯狂"讨伐"抗日组织和抗日力量，杀害无辜平民，使我国东北人民陷于水深火热的悲惨境地。1933年1月，日军继续扩大侵略，强行武装占领了我华北要冲山海关，大肆屠杀中国军民，并把侵略矛头直指我热河省。3月初，日军攻占热河省会承德，同时进抵长城各口,已经摆开大举进犯我中原之势。

在这国难当头、强虏压境之形势下,蒋介石竟然不顾全国各界民众的强烈反对,从 1932 年 7 月到 1933 年 3 月,调集了八十一个师、二十九个旅另三十九个团,共六十五万兵力,对红军发动了第四次"围剿"。蒋介石亲自坐镇武汉,自任"剿匪总部总司令",兼豫鄂皖三省"剿匪"总司令。

1932 年 6 月至 10 月,蒋介石首先调集十万兵力,向湘鄂西洪湖和湘鄂赣三个革命根据地进攻,我各根据地均受到了重大损失,红军被迫撤离和转移。在这种形势下,由于张国焘等的"左"倾错误,使红四方面军未能打破敌人的"围剿",主力两万余人退出鄂豫皖苏区,转至川北。由此,红军对武汉所构成的威胁基本解除。

1933 年 2 月至 3 月,蒋介石气焰嚣张地出动五十万兵力,向我中央苏区发动进攻。此时,毛泽东已被排挤离开了红军,周恩来、朱德抵制了中共苏区中央局的"左"的干扰,坚持了正确的战略战术,经过黄陂、草台岗等战斗,巧计歼敌,粉碎了敌人第四次"围剿",共全歼敌人第一纵队的三个师,生俘敌二十五师师长李明和五十九师师长陈时骥,缴枪万余,俘敌万余。

红军的第四次反"围剿"的胜利,正如毛泽东所说的,是取得了"空前光荣伟大胜利",而蒋介石则在致陈诚书信中哀叹为"有生以来的隐痛!"

经过第四次反"围剿"的战斗,中央苏区扩大到地跨湘赣闽粤四省,并和闽浙赣苏区连成一片,中央红军发展到十万人,全国红军三十万人,全国共有中共党员三十万人。

第一、二、三、四次反"围剿"的胜利,是由于红军采取了机动灵活、正确得当的战略战术,也是由于中央苏区在建立红色革命政权的同时,开展了土地革命,毛泽东等实行了正确的土地政策,广大贫苦农民分到了土地,各阶层人民群众的生产积极性和革命积极性都空前高涨,在人民群众的支持和配合下,革命根据地一天天巩固,红军一天天壮大,红军的战斗取得了一次又一次的胜利。

但是,天下从来没有天生成就的大道坦途。有真理就有谬误,二者就像正数和负数般地不可分割。真理,也只有在与谬误的较量中,方可显示其不朽的光辉。历史的发展总是曲折的,总是有许许多多的跌宕起伏。有时真理占据主导,而有时,则是谬误占据主导。

1933年初,中共临时中央政治局迁入中央苏区后,以博古为代表的"左"倾冒险主义的一些人,反对毛泽东等在苏区所施行的政策,他们不但将毛泽东排斥出对红军的领导,而且对于其他抵制"左"的政策的同志大加排挤和打击,他们还派出代表到各苏区,开展所谓的"反右倾"斗争和"改造各级党的领导",大行宗派主义。

1933年2月,中共福建省委代理书记罗明,由于不赞成"左"倾错误政策,提出"党在闽西上杭、永定等边区的条件比较困难,党的政策应当不同于根据地的巩固地区"等建议,被"左"倾领导者斥为犯了右倾机会主义和对革命悲观失望的错误,即所谓的"罗明路线",并受到撤职处分等种种打击。

3月,中共临时中央的斗争矛头指向了江西。

3月12日,中共江西省委给赣南会昌、寻乌、安远三县发出指示信,指责会、寻、安党和团组织犯有"与罗明路线及单纯防御路线相同的机会主义"。

这个事情的起因是"寻乌事件"。

1932年,中央苏区进行第四次反"围剿"战争中,广东军阀向我苏区南部步步紧逼,地处苏区边缘地区的会昌中心县委,在敌强我弱的极端困难的斗争环境中,领导三县群众坚壁清野,以灵活的游击战术粉碎敌人的进攻。但是,王明"左"倾冒险主义者却片面地强调扩大中央红军,把会、寻、安三县的一部分地方武装编入正规红军,大大削弱了苏区南部边缘地区的地方武装力量,而后,又命令守卫在苏区南部前线的红军独立三师离开筠门岭一带，开往北线，这样，在中央苏区的南大门，就只剩下少数地方武装力量，进一步造成了苏区南部的兵力空虚。1932年11月，敌军大举进攻，由于敌我力量悬殊，地处最南端，位于赣粤闽交界处的寻乌县城失守，被广东军阀占领。

王明"左"倾错误的领导人抓住这个"寻乌事件"，诬陷会昌中心县委"在敌人进攻面前惊惶失措，准备逃跑退却"，执行的是"单纯防御路线"。

从这里开始，拉开了会寻安反对"江西罗明路线"的序幕。

"寻乌事件"仅是一个由头，这场斗争实际上是"左"倾政策和反对"左"倾政策的一场斗争的结果，是王明"左"倾领导向持有不同意见的党内同志实行宗派主义打击的一个战略部署。

1931年11月中央苏区党的一大前后和1932年苏区中央政治局宁都会议上，批判了毛泽东的"富农路线"并排斥了毛泽东在红军的领导，但是，广大中央苏区和中央红军的党员和干部不赞成王明的"左"倾政策，并对它进行了坚决的抵制和斗争。在福建，就是罗明，而在中央苏区，则以邓小平等为代表。

会昌县的《中国共产党会昌中心县委史稿》中这样记载着：

以邓小平为书记的会昌中心县委从它成立开始，就坚决拥护毛泽东提出的正确主张，反对和抵制王明的"左"倾错误。他们从边缘地区的实际情况出发，进行了卓有成效的工作，使会寻安三县的革命斗争形势大有改观，在一段时期内比较稳定。在具体作法上，他们主要采取了如下几个方面：

第一，在粉碎敌人"围剿"的作战方针问题上，面对强大敌人的进攻，不硬拼，不搞"堡垒对堡垒"和"拼消耗"。邓小平质问坚持"左"倾错误的人：这样的堡垒对堡垒、工事对工事、壕沟对壕沟、公路对公路，这种打法能行吗？而仍然坚持过去几次反"围剿"的打法，采用游击战和游击性的运动战，把敌人引到群众条件好的苏区来消灭。

不同意向中心城市交通要道发展苏维埃，而主张向敌人力量弱的地方发展，巩固农村根据地，积蓄力量和敌人作长期斗争。

第二，在扩大革命武装的问题上，他们认为群众武装、地方部队和中央红军都应不断发展，并应注意质量，反对用削弱地方部队与群众武装的办法来扩大中央红军和不顾质量单求数量地要求"武装一切工农群众"的作法。他们认为，与其这样，"不如扩大地方武装"。

第三，在经济政策问题上，他们不同意"动员一切经济力量为了战争"的口号，认为苏区地瘠民贫，加上连年作战，"群众负担太重"，反对大量推销公债的作法，并主张主力红军要把打土豪筹款当作自己的主要任务。

第四，在土地问题上，他们坚决执行按照人口平均分配和"抽多补少，抽肥补瘦"的正确政策，反对"地主不分田，富农分坏田"的错误主张。

在一系列问题上，以邓小平为书记的会昌中心县委，认真贯彻了毛泽东所主张的，也完全适应当时边缘地区特点的正确路线，在理论上和实际工作中坚决抵制了王明的教条主义错误，力图减轻这一错误给党造成的损失，这就成为王明"左"倾冒险主义者在中央苏区全面推行"左"倾政策的严重障碍。

以上关于会昌中心县委抵制"左"倾政策的这一段的记载，说明了以邓小平为书记的会昌中心县委，是如何对王明"左"倾错误进行抵制和斗争的。

如果说，在红七军的时候，父亲虽心存异议，但还被动地去执行"左"倾冒险主义错误的话，那么，这一次，在中央苏区，他则是毫不犹豫地、旗帜鲜明地对"左"倾错误身先士卒地进行抵制和斗争。

红七军的遭遇，党的事业和革命事业所遭受到的损失，使得像父亲这样的一大批共产党人对于"左"倾冒险主义错误有了十分清醒的认识，王明的教条主义的大帽子和宗派主义的逼人气势，并没有吓倒

红军时期的邓小平。

他们，他们开始斗争了，自觉地进行斗争了。

在这场反对"左"倾政策的斗争中，站在前锋的，除了邓小平，还有毛泽覃、谢唯俊、古柏等人。

毛泽覃，乃毛泽东的弟弟，1923年加入中国共产党，曾在长沙地团委、黄埔军校、中共广东区委工作，从1927年开始在赣西南井冈山、宁冈等地担任领导工作，参加了第一、二、三次反"围剿"战争，任永丰、吉安、泰和中心县委书记。

谢唯俊，湖南耒阳人，1924年加入中国社会主义青年团，1926年参加中国共产党，长期从事工会和农会工作，参与领导耒阳的肥田暴动，1928年到井冈山后在红军工作，后曾任中共赣东特委书记、江西省苏维埃政府委员、红一方面军总前委秘书，1932年时任江西第二军分区司令兼红军独立五师师长。

古柏，江西寻乌人，1925年加入中国共产党，曾参加广州起义，后从事农运工作，任中共寻乌县委书记、寻乌苏维埃主席、红一方面军总前委秘书长，1931年任江西省苏维埃裁判部长兼内务部长、江西省党团书记等职。

他们三人都是坚决抵制"左"倾政策，因而，与邓小平一道，受到了王明宗派主义的残酷斗争和无情打击。

一场批判"邓、毛、谢、古"的斗争就这样紧锣密鼓地开场了。

1933年2月，苏区中央局机关报《斗争》上，以反对"罗明路线"为题，点了邓小平、毛泽覃、谢唯俊、古柏四人的名，说他们是："江西罗明路线"的"领袖"。

在另一篇《什么是进攻路线》的署名文章中，点名批判会昌中心

毛泽覃　　　　　谢唯俊　　　　　古柏

县委犯了"纯粹防御路线"的错误，指责"永吉泰与会寻安长期陷在纯粹防御的泥坑口"，提出要"反对一切机会主义的动摇，反对机会主义逃跑和纯粹防御的路线，反对对于这些路线的调和"。

"左"倾领导人，责成江西省委一再向这四人工作的地区和单位发出指示，反复发动基层干部和党员，开展对于邓、毛、谢、古进行直接的批判和斗争。

3月12日，中共江西省委又根据中央局的意图，向江西苏区全党公布了有关会寻安的指示文件，指责邓小平领导的会昌中心县委在敌人大举进攻时，"仓皇失措"、"退却逃跑"，犯了"单纯防御的错误"，"是与罗明路线同一来源"的"机会主义"。

3月下旬，会昌中心县委书记邓小平被派到万泰、公略、永丰解决有关问题。

3月底，在筠门岭召开了会寻安三县党的积极分子会议，由中央局代表洛甫（张闻天）主持会议并作了政治报告和结论。3月31日，会议通过了《会寻安三县党积极分子会议决议》，对邓小平实行了围攻，决定"加强和部分地改造中心县委和会寻安县委之常委"，"召集各级代表以及三县党各级领导保障三县工作的彻底转变，在中央局领导之下开展这一反机会主义路线的斗争，使这一斗争深入到支部中去"。会后，邓小平被调离会昌中心县委，撤销其中心县委书记的职务，调任江西省委宣传部长。

1933年4月，"左"倾宗派主义继续对邓、毛、谢、古四人不断进行"残酷斗争，无情打击"，责令他们作出"申明"和"检查"。邓小平等四人并没有屈服，在原则问题上未作丝毫让步，旗帜鲜明地与"左"倾宗派主义者进行斗争。他们两次写出声明书，在声明书中陈述了自己所坚持的观点和作法，并把强加于他们头上的污蔑、攻击和不实之辞顶了回去。他们毫不妥协的立场，更加触怒了"左"的领导，他们以更加凶猛之势向邓、毛、谢、古发起了大规模的围攻。

5月5日，在临时中央和中央局派员主持的江西省委工作总结会议上，江西省委通过了《江西省委对邓小平、毛泽覃、谢唯俊、古柏四同志二次申明书的决议》，对他们作了组织处理，部分或全部地撤销了他们的职务，还当众缴了他们的枪，责成他们去基层改造，进一步"申明"和"揭发"自己的错误，作出新的检查，"再不容许有任何的掩藏"。

邓小平被撤销了省委宣传部长的职务，给予党内"最后严重警告"处分；毛泽覃被撤销军内职务；谢唯俊被处分调离工作；古柏被撤销职务并给予"最后严重警告"的处分。

这次人为制造的反"江西罗明路线"的斗争，不仅打击和斗争了邓、毛、谢、古四人，而且在"将反机会主义的斗争深入到下层去，深入到实际工作中去"的口号下，从上到下，把坚持正确意见的省、县直至支部的各级干部打成"罗明路线"的代表人物。不仅在会寻安、永吉泰搞得乌烟瘴气，而且中央苏区的其他地区也不得安宁，宜乐崇中心县委书记胡嘉宾、宁广石中心县委书记余泽鸿等都受到了打击。各地还撤换了大批干部，造成党内人心惶惶。在会寻安三县，宗派主义者们一边排挤掉反对"左"倾政策的人，一边轻率地提拔了一批新的各级领导干部，而这些人，由于只能执行"左"的政策而谨小慎微地工作，致使苏区南部形势日趋严重，敌人步步深入，直接威胁中央苏区的南大门，筠门岭，给根据地的工作造成了严重的损失。[1]

邓、毛、谢、古虽然受到批判、斗争，乃至撤职与处分，但他们都是坚定的共产主义者，都是久经锤炼的革命者，他们最终也没有屈服，而是始终坚持正确主张，始终坚持真理，甚至在相当一段时间内忍辱负重，继续坚定地履行他们作为一名中国共产党员所应尽的义务，继续在革命斗争崎岖而又艰难的道路上奋进，直至生命的最后一息。

有人会问，为什么，这是为什么？为什么他们没有向谬误低头？为什么他们没有因受到不公正的对待而意气用事？为什么他们不因此而离开革命队伍？

这就是因为，他们是中国共产党人，他们具有坚定的信念。他们相信，他们的事业是正义的，虽然有时会遇到曲折；他们相信，他们的党始终是伟大的，尽管有时会为谬误所误导；他们相信，救国救民的革命事业是前途光明的，虽然途中多有险阻。他们是真正的中国共产党的优秀党员，是真正的革命者。

毛泽覃，在中央红军于1934年10月开始向湘西转移并开始长征后，留在中央苏区坚持游击战争，任中央苏区分局委员和红军独立师师长。1935年初，率独立师一部前往福建长汀，任闽赣边界军区司令部领导成员。1935年4月率领游击队进军时，在江西瑞金红林山区英勇牺牲，时年三十岁。

谢唯俊，在受到"左"的打击后，曾任巡视员，做过筹粮和扩大红军的工作，在逆境中忍辱负重，努力工作，任劳任怨。1934年参加长征，1935年遵义会议后，曾任红军总政治部地方工作部秘书，到达陕北后任中共三边特委书记。在率领部队向保安挺进时，途遇土匪袭击，在激战中壮烈牺牲，时年二十七岁。

---

[1] 本章的内容参考了中共江西省会昌县党史征集小组办公室1984年编写的《中国共产党会昌中心县委史稿》。

古柏，受到"左"的批判后，曾作过筹粮工作，1934 年长征开始后，留任闽粤赣红军游击纵队司令，1935 年春夏之交率部到达广东龙川，由于叛徒告密，被反动民团包围，在战斗中壮烈牺牲，时年二十九岁。

他们三人都是十几岁参加革命，二十多岁经历了"左"倾错误的打击，不到三十岁便为革命献出了年轻的生命。

十几岁，二十几岁，三十岁，都是多么好的青春时光啊！谁不珍惜青春，谁不热爱生命？而他们，为了革命，则义无反顾地全部奉献了。

现在的十几岁，二十几岁，三十岁的青年们，你们现在又在做些什么呢？是在校园内努力学习？是已走上工作岗位勤奋工作？还是终日闲散碌碌无为？遇见社会上和个人生活中的不如意事，你是意志坚定，信念明确，胸襟宽阔，勇于克服？还是是非不明，刚愎自用，或者意志消沉，牢骚满腹？

面对那些与你们有着同样的青春年华，而又经历过与你们大相径庭的生活道路的革命先烈们，你们是否应该悟出一点什么人生的哲理？是否更应该学习一点做人的准则和气概呢？

是啊，在任何一个人的人生道路上，挫折和困难总是难免的。有的人在挫折面前畏惧了，有的人在困难面前却步了。而对于革命者来说，对于作为一个革命者的邓小平来说，在其漫长而又充满传奇色彩的革命生涯中，困难和挫折，早已成为寻常之事，而每当他战胜和克服了这些挫折和困难之后，他便又向前迈进了一步。

两千多年前，春秋时期著名思想家老子就曾说过：祸兮福所倚，福兮祸所伏。这就是说，祸福之间的关系是辩证的，甚至是可以转化的。一件事情的发生，究竟是祸是福，并不是一个绝对的概念，这要因人而异，也会因时而异。

在中央苏区遭受"左"倾错误打击的这次事件，当时的确使父亲在政治上背上了相当沉重的负担，但是，在四十年后，这个在 30 年代发生的事件，却成为决定父亲政治生命的相当重要的因素之一，而且是好的因素，积极的因素。

事情是这样的，1966 年，"文化大革命"爆发，1967 年，邓小平被当作"全国第二号最大的走资本主义道路的当权派"而被打倒。1971 年，被毛泽东指定为接班人的林彪妄图早日篡权，阴谋谋害毛泽东未遂事泄，在逃跑时因飞机坠毁而自我灭亡。1972 年，邓小平在他正在被软禁的江西听到了林彪罪行始末的传达。他十分激动，提笔给毛泽东写了一封信，叙述了对于林彪事件的自我看法。8 月 14 日，毛泽东对邓小平的这封信作了批示：

> 邓小平同志所犯的错误是严重的。但应与刘少奇加以区别。（一）他在中央苏区是挨整的，即邓、毛、谢、古四个罪人之一，是所谓毛派的头子。整他的材料见两条路线，六大以来两书。……（二）他没历史问题。即没有投降过敌人。（三）他协助刘伯承同志打仗是得力的，有战功。除此之外，进城以后，也不是一件好事都没有做的，例如率领代表团到莫斯科谈判，他没有屈服于苏修。这些事我过去讲过多次，现在再说一遍。

> 毛泽东
> 七二年八月十四日

这是毛泽东的批示，在当时就是神圣的最高指示。

从这个批示开始，父亲遭受彻底批判的政治命运开始得到了转机，并终于于 1973 年 3 月回到了北京，重新恢复了中华人民共和国国务院副总理的职务，协助周恩来总理主持国务院的日常工作。1975 年，父亲再被任命为中共中央军事委员会副主席兼中国人民解放军总参谋长，此后，他开始逆当时的"左"的疯狂的潮流而动，开始了对于全国各个领域的全面的整顿。

父亲在第二次倒台后之所以能受到毛泽东的起用，除了在毛泽东的批示中所谈到的和毛泽东认为邓小平"人才难得"等因素以外，30年代的"邓、毛、谢、古"事件，的确是一个不可忽视的重要因素。这是因为，邓小平当时挨整的原因，就是邓小平当时执行的是毛泽东所主张的政策和作法，也就是"毛派的头子"。

"党外无党，帝王思想；党内无派，千奇百怪"。

这是毛泽东的一句名言。

30年代的这一场斗争，把邓小平划进了毛泽东这一派里面。

对于这一点，毛泽东是记得的，而且记了整整四十年。

这，是当时挨整的邓小平连想也没有想到的。

第40章
《红星报》的主编

　　1933 年 5 月，父亲遭受王明"左"倾冒险主义的宗派主义批判，撤销了江西省委宣传部长的职务后，被派到乐安县属的南村当巡视员。到了乐安不足十天，又令他回到省委，原因据说是，乐安是边区，怕出问题。

　　不久，父亲被调到总政治部任秘书长。

　　当时，总政治部主任是王稼祥，副主任是贺昌。王稼祥在战斗中负伤，身体不好，总政治部的工作实际上是贺昌负责。

　　贺昌在担任中共南方局领导工作时，曾和父亲一起去广西筹备百色起义，后来他们二人在上海时又常常在一起，父亲还在贺昌住的地方搭过铺，两人非常熟悉。父亲这次受到王明"左"倾冒险主义的打击，非但他本人不屈服，周围的同志们也对此很是看不惯。贺昌就对父亲的遭遇十分同情，于是把父亲要到总政来当秘书长，以解脱他的困境。

　　当时在总政治部工作的有一个女同志，就是朱月倩。

　　朱月倩的丈夫霍步青曾经在上海时期的中央军委工作。在上海时，霍步青夫妇、周恩来夫妇和父亲、张锡瑗同在一个党小组过支部生活。后来霍步青到江西中央苏区后，和父亲也时常见面，他们是四川老乡，又都是县委书记，关系比较密切。

　　朱月倩告诉我说："霍步青是四川齐江县人，和你爸爸两个人是老乡。他们两个人在江西，都是背驳壳枪、穿草鞋、打绑腿。他们有时在瑞金见面，就一起去吃面条。在那个时候，肉丝面条就是好东西了，鸡呀、肉呀都吃不上。你父亲虽然年轻，但很开朗。当时王明路线，许多干部受迫害，小平同志提出意见，反对王明的极'左'，王明就打击你父亲，给予最严重的党内警告处分。霍步青也受到了党内警告。可是你爸爸毫不在乎，还是又说又笑很开朗，从来没有愁眉苦脸。他们都是对党负责，对人民负责。1933 年 9 月，霍步青得病去世了。福建省委书记陈潭秋把我调到总政治部工作。你爸爸是总政的秘书长，什么事情都要管。那个时候，霍步青刚刚死了，我又怀着孩子，精神很不愉快，你爸爸常常劝我。由于有过张锡瑗的教训，你爸爸让我要生孩子时早点告诉他，好作准备。我临产时，你爸爸派了一个担架，三个人抬着，还把他的警卫员派了去送我，二十几里路送到医院。生下孩子后，我只有两套衣服替换，孩子连一件衣服、一块尿布都没有，只好用我自己的衣服包上。我写了一个条子给小平同志，说小孩没有衣服和尿布，请帮我代领我这一份红军公田，让我买几件衣物。那时候，红军有公田，每个红军都有一份收成。你爸爸回了我一个条子，说，月倩同志，像我们这样的干部，不应该要红军公田这一份，应该让给战士。他给我领了十块钱的生产费，四块钱的保育费，叫警卫员送来，给我解决了问题。他既坚持原则，又关心下面的同志，而他对自己，却并没有什么照顾。你爸爸是一个很好的干部。"

父亲就是这么一个人，工作上兢兢业业，原则上绝不让步；对同志非常关心，为他们做实事但不溢于言表；对自己十分严格，无论遇喜遇悲都不轻率地形于颜色。

其实，在那个时候，父亲不仅仅在政治上受到打击，生活上也有波折。

在他遭受批判以后，1933 年，阿金离开了他。

月有阴晴圆缺，人有悲欢离合，此事古难全。人这一辈子，真不知要经历多少悲欢离合，要经受多少事业和生活上的磨难，才算得"修成正果"，才能达到涅槃超俗的境地。

事业上的一沉一浮，生活上的一波一折，都让父亲赶上了。

生活上，他已是两度失妻（当然，原因不同），而政治上，其实这才是他遇到的第一次磨难，而且是最小的一次磨难。三十三年以后，他还将要遭受两次更大的政治上的打击。

三次被打倒，又三次复出，而且复出得一次比一次光荣，一次比一次震撼人心，这种经历，的确足以令人惊叹不已！

世人评论，这三起三落，使得邓小平的一生富有特别强烈的传奇色彩，令人赞叹。一位撰写邓小平传记的德国作家乌利·弗朗茨（Uli Franz）写道：邓小平"用非凡的能力战胜了政治上的三起三落和无数阴谋诡计，并且每次都向他生命的目标更接近一步。在我们的世纪里，我在东方和西方都没有见过像邓小平那样走过如此崎岖曲折的生活道路，却又卓有成就的政治家"。[1]

经受磨难挫折，绝不是一件令人轻松的事情，但是，一辈子没有经历过任何磨难挫折的人，他的一生，一定平淡无奇。

父亲在1933年经历政治和生活上的挫折时，已是年近三十的人了。

别人是三十而立，而年近三十春秋的邓小平，却早已经历得太多、太多。连政治上的大风大浪都不畏惧的他，当然更不会为个人生活中的不愉快而过分地在意。

阿金和父亲一起到中央苏区后，曾任过中共于都县和胜利县的县委书记，领导两县党政军民开展经济建设、扩大红军和支援前线，是一位有能力的红军女干部。和父亲分离以后，她被调到中央组织部任组织科长，次年改任中央革命军事委员会武装动员部副部长。1933年10月，阿金受命担任瑞金县扩红突击队总队长，出色地完成了任务，

---

[1]　乌利·弗朗茨《邓小平——中国式的政治传奇》。

受到中央的好评。1934 年，中央红军开始长征，阿金和红一方面军的二十几位女战士一起编入中央第二纵队，也就是"红章纵队"，在地方工作部工作，任务是沿途发动群众。后来，阿金被调到中央直属的一个干部休养连担任党支部书记。在这个休养连中，大都是身患疾病的女同志和年龄较大的老同志，有董必武、徐特立、谢觉哉、蔡畅、邓颖超、康克清等老同志和老大姐。长征到达陕北后，阿金担任过中央组织部组织科长、抗日军政大学第四大队女生区队的区队长、陕北公学生活指导委员会副主任等职。长期的战争生活和艰苦环境，使许多长征过来的女同志身患疾病，阿金也是如此。因此，1938 年，组织上决定送她去苏联治病。1941 年，苏德战争爆发，战火很快燃烧到莫斯科，其时阿金正在莫斯科郊区的一家医院治病，不幸死于战乱之中，时年三十有七。

…………

父亲在总政治部任秘书长的时间并不长。两三个月后，因为秘书长一职没什么事做，父亲要求另调工作，想多做一些实际工作，于是总政治部分配他到下属的宣传部当干事，除做一般的宣传工作外，还主编总政治部机关报《红星报》。父亲做这个工作一直到长征途中遵义会议的前夕。

张闻天的夫人刘英妈妈对我说："1933 年我从莫斯科学习回来，在中央苏区看到你的爸爸，那时候他犯了错误，被撤了职，在总政治部编《红星报》。我被分配在少共（青年团）中央当宣传部长。我们少共离总政治部非常近，中央局一座房子，总政治部一座房子，少共一座房子，都在一个村子里，没几步路，隔得很近。我们那时候是一帮子年轻人，在乡下也没有什么文化生活，吃完晚饭就串门子。我们这些人很喜欢到贺昌的屋里玩，很喜欢和你爸爸天南地北地吹牛，因为他知识多。他是很乐观的。他怎么挨整的，怎么离婚的，都是贺昌告诉我们的。贺昌在总政治部实际上负责工作，他非常同情小平同志，说小平同志非常能干，受了好多委屈。后来我当扩红队长，超额完成了任务，你爸爸还跟我开玩笑说：你不鸣则已，一鸣惊人，《红星报》还登了你呢！"

《红星报》，是第二次国内革命时期工农红军军事委员会的机关报，由中国工农红军总政治部出版，创刊于1931年12月11日。

中央档案馆尽其可能，将现在所搜集到的《红星报》汇集成册。虽不完整，但已是一份十分珍贵的历史资料。

1931年12月11日的创刊号上，庄重地写着《红星》二字，下方为"中央革命军事委员会，总政治部出版"，上方通栏为"全世界无产者和被压迫民族联合起来"！《红星报》头期头版头条的"见面话"说得明白：

他是一面大镜子，凡是红军里一切工作和一切生活的好处坏处都可以在他上面看得清清楚楚。

他是一架大无线电台，各个红军的战斗消息，地方群众的战斗消息，全国全世界工人农民的生活情形，都可以传到同志们的耳朵里。

他是一个政治工作指导员，可以告诉同志们一些群众工作，本身训练工作的方法，可以告诉哪些工作做得不对，应该怎样去做。

他是红军党的工作指导员，把各种军里党的工作经验告诉同志，指出来哪一些地方做错了，和纠正的方法。

他要成为红军的政治工作的讨论会。无论哪一个同志对于政治工作，文化教育工作，红军生活有意见，都可以提出在他上面来讨论，要有问题他也可以答复。

他是我们全体红军的俱乐部，他会讲故事，会变把戏，会作游戏给大家看。

他是一个裁判员，红军里有消极怠工，官僚腐化，和一切反革命的分子，都会受到他的处罚，并且使同志们能明白他们的罪恶。

总之,他担负很大的任务,来加强红军里的一切政治工作（党的，战斗员群众的，地方工农的），提高红军的政治水平线，文化水平线，实现中国共产党苏区代表大会的决议，完成使红军成为铁的任务。

这份报纸面对的读者，是中央苏区的广大红军指战员和地方干部群众。在条件十分艰苦的情况下，这些从工农中来的红军战士和指挥员的文化大都很低，甚至还有许多的文盲。那个时候，没有其他的报纸、书刊，没有广播，当然更没有电视了，因此，这份《红星报》，自然地成为了中央苏区广大红军指战员的消息来源和学习材料，成为传播党的思想和文化知识的一个很好的阵地。

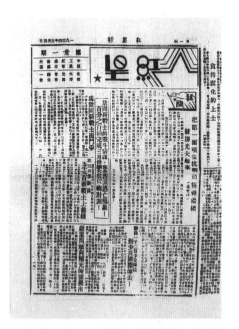

邓小平被调到红军总政治部,负责主编红军总政治部出版的《红星报》。从1933年8月起，邓小平主持编印了七十多期。

从 1931 年 12 月到 1933 年 5 月，是《红星报》的第一个阶段，共出版三十五期。其中第一到第十二期，是铅字排版；第十三至第三十期缺收；第三十一至第三十五期改为手刻蜡板油印。

《红星报》的第二个阶段，是从 1933 年 8 月 6 日到 1934 年 9 月 25 日，期刊顺序号重新开始从一排起，共出版六十七期。现搜集的集册中，缺第六十七期，其中有十期还是从国外搜集回来的。这六十七期为铅字排版。从 1934 年 10 月至 1935 年 1 月，《红星报》又出版了七、八期。由于红军开始了长征，所以改为手刻蜡板油印。

这一个时期，也就是从 1933 年 8 月到 1935 年遵义会议召开之前的这七十多期《红星报》，就是由父亲主持编印的。

《红星报》在遵义会议后又继续出版了十多期，到 1935 年 8 月 3 日后停止。停止的原因可想而知，红军已踏上了更加艰苦的长征道路，继续办报已经不可能了。

父亲并非文化中人，更非新闻报界人士，但是对于办报，特别是办革命报刊，他并不陌生。遥想十年前在法国的巴黎，他就与周恩来等一起办过中共和青年团旅法组织的刊物《赤光》，还被美称为"油印博士"呢！

从那时起到现在，十年的时光过去了。在法国的那个二十来岁的青年共产党员，已成长为一个成熟的红军干部。

这十年，是令人眼花缭乱的十年，多少事件，多少人物侧身而过；多少体验，多少思绪长驻心头。这些经历和经验，特别是政治水平的提高和理论水平的提高，使得他办起报来驾轻就熟，游刃有余。

翻开《红星报》，你就会到处发现父亲的字迹。虽然是铅字排版，但常常会有父亲手写体的标题。手写标题，显然是为了醒目内容和活跃版面。父亲那时的笔体，相当隽秀有力。

父亲告诉过我们，他那时编《红星报》，手下只有几个人，很长时间只有两个人，所以从选稿、编辑、印刷到各种新闻、文章的撰写，都要他自己亲力亲为。那些手写的标题，是他写下后，由别的同志在木头上刻下字模，再印到报纸上去的。父亲说，《红星报》许许多多没有署名的消息、新闻、报道乃至许许多多重要的文章、社论，都出自他的笔下。我曾经把中央档案馆汇集的《红星报册》拿给他看，请他辨认哪些文章是他写的，他一挥手，说："多着呢！谁还分得清楚！"

的确是的，一个"主编"，两个手下，八开的报纸，每期至少四个版面，平均五天就要出一期，工作量可不算小。

《红星报》是中央革命军事委员会的喉舌，上面登载了许多党中央、中央军委的决议和命令，周恩来、朱德、博古（秦邦宪）、洛甫（张闻天）、王稼祥、李维汉、罗荣桓、聂荣臻、陈云、陈毅、杨尚昆、贺昌、左权等党政军领导人都在上面发表过文章和社论，其中最多的当属周恩来，因为那时他是军委的主要负责人之一。

在《红星报》上发表的社论，署名的和不署名的各占一半，不署名的据我分析大多为父亲所撰写。这些社论的题目有:《猛烈扩大红军》、《与忽视政治教育的倾向作无情的斗争》、《五次战役中我们的胜利》、《向着游击赤卫军突击》、《五一劳动节的工作》、《加强巩固部队的工作，彻底消灭开小差与个别投敌的现象》、《把游击战争提到政治的最高点》、《用我们的铁拳消灭蒋介石主力争取反攻的全部胜利！》等等。

抛开数不清的各类文章、报道不算，仅就这些社论来说，可以说，比起当年在法国时，父亲无论在政治水平、理论水平和实践水平上来说，都大大地跨上了一个台阶。撰写这些文章的这支笔，政治思想成熟，充满战斗性，法国时期的那些尚带幼稚之气，已一扫而光。

《红星报》除了报道各种消息、战况以外，还编写了许多知识性的和生活常识一类的内容，例如军事军械知识，卫生防病知识，甚至还有趣味问答和谜语。从这些不显眼的小的内容，可以看出，父亲在编辑这份报纸时，真是把全身心的力量都使上去了。他是一字一句，一点一滴，十分认真地，全心全意地做好这份工作。

有的老前辈告诉我，你爸爸总是很乐观，能上能下。

我想，只要看看这些《红星报》，你就会明白了。像他们这样的共产党员，的确是忘我的，是把个人的荣辱利害全都置于不顾的。他们能够叱咤风云地指挥千军万马，也能在一个普通而又平凡的岗位上做好一点一滴的工作。

小的时候我们常常听到一句话："为了党和人民的事业，我个人算得了什么！"

现在听起来，有人会认为这可真是一句老话，一句套话了。但仔细想想，父亲他们那一代人，那一代的革命者，那一代的红军战士，真的就是这样的。

在当时，面对艰难困苦而未丧志的，又岂止是父亲一个人？千千万万的革命战士，都是这样顽强而又乐观地战斗着和生活着的。

李维汉的一段回忆，可以使你更加详尽而又形象地了解这些革命战士。

中央苏区的生活是很艰苦的，现在年轻人不太清楚。当时中央苏区提出的口号是："一切为了前线"。其实，前线战士的生活也不好，只比后方人员多给些盐，饭能吃饱。那时还不知道自己搞生产，粮食运到瑞金，是用肩膀挑来的。因为粮食不够，后方人员每天只能吃两餐饭还吃不饱。吃饭前，每人把分给自己的米放在蒲包内拿到厨房去蒸，上面写着自己的名字。如果当时不是分饭吃，那么，吃得快的就多吃了，吃得慢的就少吃了。在饭不够吃的情况下，吃大锅饭是不行的。那时实行军事共产主义，搞供给制。每餐的菜都很少，菜是没有油的，盛菜的容器是铁制的小盆，菜连盆底都盖不住。每天上午十时到十二时，我们就饿得发慌。晚上也是如此。心中发慌，就在床上躺一躺，休息一下又起来工作。……当年红军的生活与现在解放军相比，真是一个天上，一个地下。当时盐运不进苏区，就自己熬硝盐。由于敌人封锁，中央苏区不但吃饭困难，穿衣也困难。衣服是蓝色的，用白布染成，很易掉色。不管到哪里，晚上都不脱衣服，和衣而睡，随时准备行军打仗。子弹更困难，打仗要留弹壳，用旧弹壳再去装火药。那时政治思想工作做得好，那样艰苦的条件，毫无怨言，一心为革命。老百姓分到革命胜利果实，得到了利益，也积极拥护革命。我亲眼看到扩大红军的情景，参加红军的，大多数是基干民兵。到处出现父母送子、妻子送郎当红军的盛况。参加红军的人，背上还背着布单子和草鞋。那时党和红军与群众关系十分密切，在群众中威信很高。[1]

是的，那时的生活是难以想象地艰苦的，那时的对敌斗争是无以言状地残酷的，如果不是有着军为民，民拥军，军民一致，官兵一致的优良作风和传统，那么红军早就会被强敌打垮了。如果不是由于拥有这么一批无比英勇、无比坚定的共产党员，无论在什么情况下都始终忠诚于人民，忠诚于革命，忠诚于党的事业，那么中国共产党和中国革命也就不可能取得最终的胜利。

---

[1] 李维汉《回忆与研究》（上），第341—342页。

第41章
第五次反"围剿"的失败

1933年和1934年，在中国共产党和中国工农红军的历史上，真是祸不单行的年月。

在一年多的时间里，外，面临着强大的敌人的更加疯狂残酷的"围剿"；内，受王明"左"倾错误的困扰愈益严重。

1933年3月，北侵之敌寇日军占领了我热河省会承德。驻长城内外的中国守军，在全国抗日热潮的推动下，自动奋起抵抗。宋哲元率领的第二十九军在喜峰口、罗文岭一线，与日军展开了浴血奋战，获得了重大胜利。

但是3月上旬，身为国民党政府军事委员会委员长的蒋介石，却下令"侈谈抗日者杀无赦！"命令取缔河北各地义勇军、救国军等抗日组织。在蒋介石的退让下，到了5月，日军轻取我察哈尔省的多伦、张北等七个县。在占领我长城各口后，又攻下玉田、通州等地，将北平、天津置于日军强大军事包围之中，唾手可得。

在北平、天津危急的形势下，5月31日，国民政府竟派员与日本关东军代表冈村宁次，在塘沽签订了《塘沽协定》，这个协定规定：

一、中国军队撤至延庆、昌平、高丽营、顺义、通州、香河、宝坻、林亭口、宁河、芦台所连之线以西以南之地区，"尔后不越该线而前进，又不行一切挑战扰乱之行为。"

二、"日本军为确认第一项之实行情形，随时用飞机及其他方法以行视察，中国方面对之应加保护予以各种便利。"

三、"日本军如确认第一项所示规定，中国军业已遵守时，即不再越过该线追击。且自动归还于长城之线。"

四、"长城线以南，及第一项所示之线，以北以东地域内之治安维持，以中国警察机关任之，所属警察机关，不可用刺激日本感情之武力团体。"

根据这一协定，国民党政府已把我中华山河的四个省，拱手送给了日本侵略者，并使我华北的门户洞开，为贪得无厌的侵略者进一步扩大战争铺平了道路。

《塘沽协定》的签订，是继《中英南京条约》、《中美望厦条约》、《中法黄埔条约》、《中英法美俄天津条约》、《中英法北京条约》、《中俄伊犁条约》、《中英烟台条约》、《中日马关条约》等丧权辱国的不平等条约之后，又一次出卖中国的可耻行径。

据统计，自 1840 年以后至 1949 年，中国与外国侵略者共签订了一千一百多个丧权辱国的不平等条约。封建王朝在签，民国政府也在签；旧军阀在签，新军阀还在签。

中国这长达整整一个多世纪的历史，犹如一支悲歌，犹如一首哀曲，其悲惨凄楚，令人不忍倾听。

由于日本侵略者加紧侵略步伐所造成的民族危亡感和对国民党政府卖国政策的义愤，全国人民又一次掀起了高涨而又激昂的抗日反蒋浪潮。北平、天津、南京、上海等地的人民群众，纷纷集会，发出通电，要求国民政府对日宣战。中华苏维埃临时中央政府和中国工农红军革命军事委员会发表宣言，提出和一切武装部队订立停战协定，共同抗日。1933 年 5 月，身为国民政府要员的冯玉祥将军，联合方振武、吉鸿昌，在张家口发出通电，组成抗日同盟军，到 7 月份便把日伪军完全驱逐出察哈尔省境外。同年 11 月，被从上海抗日前线调往福建和红军作战的国民党第十九路军，与福建省政府在福建发动了抗日反蒋事变，推举李济深、陈铭枢、蒋光鼐、蔡廷锴等组成福建人民政府，与苏维埃中央政府签订了条约，共同反蒋抗日。

在这种抗日呼声不断高涨的形势下，蒋介石仍旧绝无反悔之心，照样坚持"先安内、后攘外"的方针。他一边继续对日妥协，制定了一个"不绝交、不宣战、不讲和、不订约"的卖国外交方针，[1] 大谈"敦友睦邻之道"，表示要"制裁一时冲动及反日行动，以示信义"[2]；一边大肆弹压抗日行动。他首先对冯玉祥的抗日同盟军实行分化瓦解和武力镇压，调集十五万军队对其"围剿"，致使冯玉祥腹背受敌，忍痛去职，抗日名将吉鸿昌也终为蒋介石所杀。11 月，蒋介石又调集十五万兵力，对福建人民政府和抗日的十九路军进行"围剿"，到次年 1 月，终于将历时两个月的福建事变镇压下去，迫使李济深、蒋光鼐、蔡廷锴等人相继离闽。[3]

与此同时，蒋介石虽经四次对中央苏区的"围剿"失败，但誓把共产党斩尽杀绝之心不死。

1933 年 9 月，蒋介石调集一百万军队，二百架飞机，向各个苏区同时发起进攻，开始了第五次军事"围剿"，并一改过去"长驱直入"的作战方式，采取"步步为营，堡垒推进"的新方法，企图逐步压缩苏区，消灭红军有生力量，以与红军主力进行决战，最后消灭红军于苏区。

第五次"围剿"之前，经过四次反"围剿"的胜利，在土地改革和发展经济的强大推动力下，红军迅速发展，已扩大到三十万人之多。[4] 苏区广大农民群众分到了土地，革命情绪和战斗热情也空前高

---

[1]　《总裁关于外交方针之训示》。《革命文献》第 72 辑，第 136 页。
　　《华北事变资料选辑》，第 83—86 页。

[2]　《华北事变资料选辑》，第 83—86 页。

[3]　《中华民国史纲》，第 402—408 页。

[4]　《中国共产党历史》第一册，第 461 页。

涨。在这种情况下，是完全有可能战胜敌人第五次"围剿"的。

但是，由于占据中央领导地位的博古等人，仍旧推行王明的"左"倾错误，把毛泽东等排斥在中央和军事领导之外，致使中央革命根据地的军民经过一年的艰苦斗争，却终于没有能够粉碎国民党的第五次"围剿"，于1934年10月，被迫转移。

王明他们为什么要反对和排斥毛泽东呢？

第一，因为毛泽东在许多大的方针政策方面不赞成"左"倾冒险主义，特别是在军事路线和土地政策等方面。

第二，因为中央红军和中央苏区是在毛泽东等一手领导下建立起来的，毛泽东在苏区的党、政府、军队里享有很高的威信。

"左"倾错误的领导要彻底推行他们的冒险主义，就必先排除思想上的和组织上的障碍。俗话说，打蛇要打头，于是他们便首先夺去了毛泽东在党内和红军内的领导权，把他架空，然后逐步控制了中央苏区的党政军权。

1933年9月末，正当第五次"围剿"开始之际，中央苏区里来了一个人。

这个人是共产国际派来的军事顾问，是一个德国人，名字叫李德。

李德（LiTeh），本名叫奥托·布劳恩（Otto Braun），德国慕尼黑人。早年参加德国共产党，1928年赴苏联进入莫斯科伏龙芝军事学院学习。1932年，受共产国际派遣，到达中国上海，在中共中央机关任军事顾问。1933年，李德从北平经上海、汕头转福建，于9月末进入中央苏区。到达瑞金后，任中华苏维埃共和国中央政府革命军事委员会顾问。

从此，中共临时中央依靠李德主管军事领导工作。

就这样，李德，这样一个只在苏联的军事学校中学过几年军事，不了解中国的情况，更不了解中央苏区的情况的外国人，独揽了中国工农红军的指挥大权，掌握了中国工农红军的命运。

李德一来，就提出反对"游击主义"，不适当地要求红军部队要"正规化"，要求进行阵地战和单纯依靠军队的"正规"战，要求进行战略的速决战和战役的持久战，要求固定的作战线和绝对的集中指挥。这些军事原则，既排斥了我军在多次战争中运用自如的游击战和带游击性的运动战，又完全忽视敌强我弱的现实状况，一味地照搬军事教科书，是十足的军事上的教条主义！

教条主义从来在中国就没有行之有效过，在政治上不能，在军事上同样不能。

当教条主义掌握了党权后，带来的只会是革命事业遭受巨大挫折。当教条主义掌握了军权以后，带来的也只会是军事战争的重大失利。

中国共产党，中国工农红军，中国人民啊，什么时候，你们才能够正确而又独立地主导自己的命运啊！

1933年9月，蒋介石调用五十万兵力，开始了对中央苏区的第五次"围剿"。9月下旬，敌人首先占领了中央苏区北部的黎川，一下子摆开向南直捣的阵式。

李德等人首先采取了进攻中的冒险主义，指挥红军实行"全线出击"，去攻打敌人的坚固阵地，并提出收复黎川，"御敌于国门之外"。他们令红军攻打敌阵地硝石，不胜；再攻打资溪桥，又不胜，从此完全陷入战略战术上的被动地位。

此时，毛泽东提出，可联合福建的蔡廷锴、蒋光鼐的第十九路军，突破敌人的围困，出奇制胜地突进到以浙江为中心的苏浙皖赣的敌人心脏地区，迫敌回援，以粉碎"围剿"。这一大胆用兵的建议，被置之不理，因而红军只得在黎川一带的堡垒间转战，完全形成不了战斗力。

1934年1月，由博古等人为主的中共临时中央召开了六届五中全会。这次全会的召开，真好比是雪上加霜，使得"左"倾错误发展到了顶点。

他们视严重的内敌外患于不见，盲目地认为"中国的革命危机已到了新的尖锐的阶段"，错误地将第五次反"围剿"的险恶局势说成是

"争取苏维埃中国完全胜利的斗争"，号称共产党现阶段的任务是实现"社会主义革命"，认为主要的危险是"右倾机会主义"，要反对"对右倾机会主义的调和态度"，继续实行其宗派主义的对党内不同意见的过火打击和斗争。

五中全会的召开，巩固了"左"倾的错误领导，而"左"倾的错误领导，则最终造成了第五次反"围剿"的失败。

1934年春，敌军以十一个师兵力的强大进攻，占领了我中央苏区的北大门，广昌。这时，李德等人，却"畏敌如虎，处处设防，节节抵御，不敢举行本来有利的向敌人后方打击的进攻，也不敢大胆放手诱敌深入，聚而歼之"，[1] 将原先进攻中的冒险主义，一改而为防御中的保守主义，实行"短促突击"，和敌人打阵地战，拼消耗。这些极端错误的军事指挥，使得红军节节败退，伤亡惨重。

敌军在占领广昌后，再占兴国、宁都、石城等地。中央苏区的地域日渐缩小，红军力量严重削弱。

仗，越打越被动。损失，越来越惨重。而"左"倾错误则"主张分兵把口，因而完全处于被动，东堵西击，穷于应付，以至兵日少而地日蹙。"[2]

此时，毛泽东再提出，红军主力应立即向湖南中部挺进，调动敌人至湖南而歼灭之，但此建议又为李德等人拒绝。

经过一年的战争，第五次反"围剿"，终告失败。

"打破第五次'围剿'的希望就最后断绝，剩下长征一条路了。"这是刘伯承元帅对当时局面的感叹。[3]

1934年10月，以王明为代表的"左"倾中央，事前未在广大干

---

[1]　毛泽东《中国革命战争的战略问题》。《毛泽东选集》，第1卷。

[2]　毛泽东《中国革命战争的战略问题》。《毛泽东选集》，第1卷。

[3]　刘伯承《回顾长征》，第3—4页。

部和群众中作深入的思想动员，猝然改变依靠根据地的政策，下令红军离开中央革命根据地。

李维汉当时任中央组织局主任，他回忆道："当中央红军在广昌保卫战失利后，各路敌军开始向中央苏区的中心区全面进攻，形势已对我十分不利。红军在内线破敌的可能性已经不存在的时候，1934年7、8月间，博古把我找去，指着地图对我说：现在中央红军要转移了，到湘西洪江建立新的根据地。你到江西省、粤赣省委去传达这个精神，让省委作好转移的准备，提出带走和留下的干部名单，报中央组织局。……听了博古的话，我才知道中央红军要转移了。……

"长征的所有准备工作，不管中央的、地方的、军事的、非军事的都是秘密进行的，只有少数领导人知道，我只知道其中的个别环节，群众一般是不知道的。当时我虽然是中央组织局主任，但对红军转移的具体计划根本不了解。第五次反'围剿'的军事情况，他们也没有告诉过我。据我所知，长征前中央政治局对这个关系革命成败的重大战略问题没有提出讨论。中央红军为什么要退出中央苏区？当前任务是什么？要到何处去？始终没有在干部和广大指战员中进行解释。这些问题虽属军事秘密，应当保密，但必要的宣传动员是应该的。"[1]

当时任红一方面军一军团政治委员的聂荣臻也回忆道："长征之前，一军团在福建打了温坊，奉命回到瑞金待命。我和林彪（一军团总指挥）提前一天赶到瑞金。周恩来同志找我们单独谈话，说明中央决定红军要作战略转移，要我们秘密做好准备，但目前又不能向下透露，也没有说明转移方向。当时保密纪律很严，所以我们也没有多问。"[2]

要进行战略大转移，谁走，谁不走，是一个很重要的问题。

李维汉回忆：

[1] 李维汉《回忆与研究》（上），第343—344页。

[2] 聂荣臻《突破敌人第一、二、三道封锁线》。《回顾长征》，第72页。

我回到瑞金后，开始进行长征的编队工作。

按照中央指示，将中央机关编成两个纵队。第一纵队，又名"红星纵队"，是首脑机关，也是总指挥部。博古、洛甫、周恩来、毛泽东、朱德、王稼祥、李德，还有其他负责同志，都编在这个纵队。[1] 邓颖超、康克清以及电台、干部团也编在这个纵队。……干部团人数虽不多，但战斗力强，实际上是首脑机关的警卫部队，在长征中起过很大的作用。……

第二纵队，又名"红章纵队"，由党中央机关、政府机关、后勤部队、卫生部门、总工会、青年团、担架队等组成，约有一万多人。中央任命我为第二纵队司令员兼政委，邓发为副司令员兼副政委。……李富春是总政治部代主任，也在第二纵队。第二纵队司令部有四个女同志随军行动，她们是蔡畅、陈惠清（邓发夫人）、刘群先（博古夫人）、阿金（金维映）。[2] 司令部下面还有几个单位：一、干部团，或干部连（也叫工作队），约有一百多人，李坚贞是指导员。这个干部团不是打仗的，是做地方工作和安排伤病员的。二、干部休养队，也有一百多人，徐老（特立）、谢老（觉哉）等都在休养队。他们不担任工作，只要身体好，能随军走就行。三、警卫营（营长姚）。四、教导师（师长张建武），担任后卫，约五千人。……配属第二纵队领导的还有一百多名地方干部，他们对政权建设有经验，准备去新区建立政权。……此外，还有运输队，挑夫很多，任务很重。党中央机关的文件、资料之类的东西不多，但中央政府机关的东西很多。如中央银行携带很多银元，财政部有大量苏维埃钞票，

---

[1] 第一纵队司令员是叶剑英。

[2] 李维汉《回忆与研究》（上），第344—346页。洛甫即张闻天。邓颖超系周恩来的夫人。康克清系朱德的夫人。蔡畅系李富春的夫人。阿金即金维映，系李维汉的夫人。

还有银元，都要挑着走。……印票子的石印机也抬着走。军委后勤部把制造军火的机器也带上了，要七八个人才抬得动。每个部几乎都要抬着机器走。卫生部带的坛坛罐罐也很多。真是大搬家。……

长征前，干部的去留问题，不是由组织局决定的。属于省委管的干部，由省委决定报中央；党中央机关、政府、部队、共青团、总工会等，由各单位的党团负责人和行政领导决定报中央。……中央政府党团书记是洛甫，总工会委员长是刘少奇、党团书记是陈云，这些单位的留人名单，是分别由他们决定的。……部队留人由总政治部决定，如邓小平随军长征就是由总政治部决定的。

中央政治局常委决定留下一个领导机关，坚持斗争，叫中央分局。成员有项英、陈毅、瞿秋白等同志，由项英负责。毛泽覃、贺昌、原江西省苏维埃主席陈正人等人因博古不同意而未随队长征，留下了。[1]

这个贺昌，就是曾和父亲一起赴广西筹备百色起义，在父亲遭受错误路线打击时，他又主动把父亲调到总政治部工作的那个人。他生于1906年，山西离石县人，1921年加入社会主义青年团，1923年转为中共党员，曾在安源、北京、天津、上海等地从事青年工作和工人运动。1927年参与组织发动上海工人第三次武装起义，同年被选为中共中央委员。参加过南昌起义和参与研究组织广州起义。1930年任中共中央北方局书记。1931年到中央革命根据地。1932年任红军总政治部副主任、代主任等职务。五次反"围剿"时负了伤。中央红军主力长征后，留在赣南坚持游击战争，1935年3月率所部红军两个营向粤赣边突围，

---

[1] 李维汉《回忆与研究》（上），第344—346页。

在江西会昌与国民党作战时英勇牺牲，时年二十九岁。

…………

1934年10月，那时苏区的军民正在忙着对敌作战，忙着整点人马，忙着准备进行战略转移。

他们怎么也没有想到，这个时间，将成为一个永载史册的举世无双的壮举的起点。

秋风，已开始萧瑟；山川，也似乎变得肃穆。风卷残云，在低空中飞逝而过。在云之外，便是那蔚蓝而又广漠的天空，没有边，没有底。

古歌有云，风萧萧兮易水寒，壮士一去兮不复还。

两千多年过去了，同是一个寒秋，同是壮士即将远行，但是，这歌已不再是悲歌，壮士们则更非此去无回。

苏区的乡亲们含泪送别着亲人，泪花中闪烁着呼唤：红军，你们可要回来呀！

整装待发的红军战士，眼眶也早已湿润，他们在心底里发誓：瑞金，我们一定要回来！

1934年10月10日，中共中央、红军总部从"红都"瑞金出发。

中央红军第一、第三、第五、第八、第九共五个军团八万余人，从福建的长汀、宁化和江西南部的瑞金、于都地区分头启程。

一个将永载史册的战略转移——长征，就这样开始了。

第42章
长征序曲与遵义会议

长征，中国工农红军的二万五千里长征，开始了。

而在一开始，它却不是叫长征，而是叫作转移。

它的路程，也并非从一开始就预定了要走二万五千里。当时想的，只是要先转移到湘西，到那里和红军的另一支部队，即红二、六军团会师，然后再作计议。[1]

长征开始的时候，中央的领导是这样组成的：博古（秦邦宪）任党的中央总负责人，李维汉任中央组织部长，张闻天（洛甫）任中央宣传部长。中华苏维埃共和国中央政府主席是毛泽东，中华苏维埃中央人民委员会主席是张闻天。中央革命军事委员会主席和中国工农红军总司令是朱德，总政委是周恩来，总参谋长是刘伯承，总政治部主任是王稼祥（由李富春代）。中国工农红军的军事顾问是李德。

毛泽东是早已被架空了，党中央的领导权，掌握在执行王明路线和受王明控制的博古手中。军事指挥大权，掌握在军事顾问李德手中。而王明，则早已跑到万里之遥的苏联首都莫斯科，依仗着共产国际作为后台，遥控着中国的党和军队，掌握着中国革命的命运。

中央红军开始出发了。

---

[1] 聂荣臻《突破敌人第一、二、三道封锁线》。《回顾长征》，第72—73页。

聂荣臻是这样回忆的："一军团的部队，是 10 月 16 日以后，先后离开瑞金以西的宽田、岭背等地，告别了根据地群众，跨过于都河走向了长征之途。过于都河，正当夕阳西下，我像许多红军指战员一样，心情非常激动，不断地回头，凝望中央根据地的山山水水，告别在河边送别的战友和乡亲们。这是我战斗了两年十个月的地方，亲眼看到中央根据地人民为中国革命作出了重大的牺牲和贡献，他们向红军输送了大批优秀儿女，红军战士大多来自江西和福建，根据地人民给了红军最大限度的物质上和精神上的鼓励和支持。想到这些，我不胜留恋。主力红军离开了，根据地人民和留下来的同志，一定会遭受敌人残酷的镇压和蹂躏，我又为他们的前途担忧。依依惜别，使我放慢了脚步，但'紧跟上！紧跟上！'由前面传来的这些低声呼唤，又使我迅速地走上新的征程。"[1]

随着主力转移的红军战士，是去迎接新的战斗，是去开辟新的天地；而留下来的，却将要面临难以想象的艰苦卓绝的敌后斗争。他们中间的许多的人，坚持住了斗争，最后冲出敌人的重围去进行新的革命斗争。但是，还有更多的人，则在和敌人的激战中，壮烈牺牲，长眠于中央苏区的青山绿水之中。

父亲，随总政治部机关一道，被编在"红章纵队"中，随着红军主力，开始了长征。

设想一下，如果当时父亲被留在了中央苏区，那他的革命生涯，将会走出另外一条道路来。这两条路，虽然终点只有一个，但是，结局则可能是截然不同的。

秋风乍起，关山肃穆，中央红军大部队静悄悄地，但却是急速地向西行进。

这个关系到红军生死存亡的重大战略行动，是由李德，这个共产

---

[1]　聂荣臻《突破敌人第一、二、三道封锁线》。《回顾长征》，第 72 页。

国际派来的军事顾问指挥的。

有那么多久经沙场、具有丰富战斗和指挥经验的中国红军将领不用，却把整个工农红军的前途命运交给了这么一个毫无经验，又根本不了解中国的外国指挥官。这，真不能不说是中国工农红军史上的一页悲剧。

李维汉深有感触地回忆：

长征初期，整个中央红军的部署是错误的，可以说是个笑话。

中央的两个纵队在中间，一纵队在前，二纵队在后。中央纵队的两边是一、三军团，他们是战斗队，作战的主力。五军团搞后卫，任务是保卫这两个纵队的。此外，还有二十二师、九军团，都是新兵组成，把他们放在离两个纵队更远一些的地方，也是做后卫的，任务是钳制敌人。几个主力军团主要起保卫中央纵队的作用，这实际上是保卫大搬家，还谈得上什么运动战？怎么能机动灵活地打击敌人？这样的部署把自己的手脚完全束缚起来了，因而处处被动挨打。[1]

聂荣臻回忆：

开始出发时，"红星纵队"真像大搬家的样子，把印刷票子和宣传品的机器，以及印就的宣传品、纸张和兵工机器等等"坛坛罐罐"都带上了。这就形成了一个很庞大很累赘的队伍。以后进入五岭山区小道，拥挤不堪，就更走不动了。有时每天才走十几里或二三十里。[2]

---

[1]　李维汉《回忆与研究》(上)，第347页。

[2]　聂荣臻《突破敌人第一、二、三道封锁线》。《回顾长征》，第75页。

刘伯承回忆：

开始长征，由于"左"倾路线在军事行动中的逃跑主义错误，继续使红军受到重大损失。当时中央红军第五军团，自离开中央根据地起，长期成为掩护全军的后卫，保护着骡马、辎重，沿粤桂湘边境向西转移。全军八万多人马在山间羊肠小道行进，拥挤不堪，常常是一夜只翻一个山坳，非常疲劳。而敌人走的是大道，速度很快，我们怎么也摆脱不掉追敌。[1]

李维汉在回忆录中写道：

为了避开敌人，我们的办法一是夜行军，二是爬大山。实在避不开，就硬拼。我这个二纵队司令不了解军事情况，只是按命令走。军委把命令传给二纵队参谋长，参谋长再把命令传给我。我根据命令内容，分析行军的方向。有时，我想今天可能要爬山了，因为大路会遇到敌人不能走，后来果然是爬山。

由于长征前没有进行动员解释工作，行军情况很不好，队伍稀稀拉拉，有时先头部队出发了，后卫才到达宿营地。几乎天天都被敌人尾追，掉队的很多，收容队里的人员大量增加，部队人员大量减少。我所在的"红章纵队"，也是稀稀拉拉的，实在走不动了，才慢慢地把东西扔掉，把一捆捆苏维埃银行的纸币烧掉，把机器也打烂了。我看到年轻的战士牺牲在路旁，心里很难过。后来"红章纵队"因大量减员而缩编为三个梯队，教导师补充到前线作战去了，我也由纵队司令兼政委改任梯队队长。

由于天天夜行军很疲倦，经常边走边打瞌睡。我们走了将近一个月，才到湖南汝城附近的文明司，只走了一千多里路，平均

---

[1]　刘伯承《回顾长征》，第4页。

每天才走四十多里。[1]

第五次反"围剿"失败，红军主力要转移，蒋介石正当一朝得胜、踌躇满志之时，岂能坐视红军从他的手下溜走，于是在红军一开始向西挺进时，便布下了三道封锁线，欲把红军全歼于西进途中。

当红军刚刚离开瑞金，还未走出江西地界，就在赣南的赣州、信丰、安西一线，遇上了敌军从北向南一字排开的第一道封锁线。10月21日，一军团与敌接触，打响长征的第一仗。经过两日的激烈交战，敌军败退，红军共歼敌约一个团，俘敌三百多人。红军一、三军团分兵护卫，中央纵队和后续部队安全通过。红军继续西进。

敌军的第二道封锁线，设在湘赣边界湖南一侧的桂东、汝城和广东的城口一线，也是由北向南一字排开，单等把红军一刀斩尽。11月2日前后，红军运用奇袭包抄之术，巧歼敌军，全队人马绕道迂回，顺利地突破了第二道封锁线，再往西进。

敌军的第三道封锁线设在湘南要道郴县、宜章一线。此线敌人布防严密，且有重兵正从江西、福建追来，大有非在此地全歼红军不可的架势。在聂荣臻等有力指挥下，11月上旬，一军团在左翼先敌人一步，占领九峰山旁的阵地，三军团则在右翼占领宜章、良田等镇，掩护队伍安全通过了第三道封锁线。

敌军吹嘘为"钢铁封锁线"的三道防线，被红军突破了。

在红军主力突破敌人三道封锁线后，蒋介石急调四十万大军，分成三路，前堵后截，誓把红军消灭于湘江之畔。

面临敌人重兵布下的第四道封锁线，"'左'倾路线的领导更是一筹莫展，只是命令部队硬攻硬打，企图夺路突围，把希望寄托在与二、六军团会合上。在广西全县以南湘江东岸激战达一星期，竟使用大军

---

[1] 李维汉《回忆与研究》（上），第348页。

作甬道式的两侧掩护，虽然突破了敌人第四道封锁线，渡过湘江，却付出了惨重的代价，人员损失过半。"[1]

过了湘江，中央红军的人数已从长征开始时的八万六千多人，锐减至三万余人。[2]

从10月中旬出发，到12月1日过湘江，仅仅一个半月的时间，中央红军一路被追、被围、被堵、被截，一路被动，一路损失。这严酷的现实，不但使人员损失一半有多，而且使部队中日益明显地滋长了怀疑不满情绪。

逃跑主义只会造成全军覆没! 广大红军指战员已开始急切地要求改变错误的领导。

12月11日，红军主力进至湘西南边境的道通县，准备北上湘西地区，这时敌人已在通向红二、六军团的路上布下重兵准备堵截，同时用桂军在红军后侧跟追。在这万分危急的形势下，博古等人一意孤行，仍坚持北上湘西，与红二、六军团会合。

面对红军有可能全军覆没这一极其严峻的形势，毛泽东提出放弃会合二、六军团，改向敌人力量薄弱的贵州前进，以争取主动。这一主张顿时得到周恩来、朱德、洛甫、王稼祥等人的支持。

由此，红军改变了北上的作法，转向贵州，并于12月15日攻占贵州黎平。

12月18日，中央政治局在黎平召开会议。

这次会议是由周恩来主持的，讨论红军前进方向的问题。由于博古、李德仍主张北上与红二、六军团会合，会上发生了激烈的争论。最后，绝大多数人赞成毛泽东的主张，会议遂决定放弃北进湘西与红二、六军团会合的计划，改向敌人统治力量比较薄弱的贵州前进，决定在以

---

[1]　刘伯承《回顾长征》，第1页。

[2]　张廷贵、袁伟《中国工农红军史略》，第118页。

遵义为中心的川黔边境建立根据地。

从近六十年后的今天回望当年，真是不由人不感叹万分。如果不是毛泽东及时地提出将长征改道的主张，如果不是这一主张得到广大红军指挥员的强烈支持，那么，中央红军的主力，将会遭到全军覆没的灭顶之灾。

所以，凡人皆云：毛泽东挽救了红军。

对于王明中央的"左"倾错误领导，早在苏区时，就有许多的干部颇存疑虑。第五次反"围剿"的失败、长征以来的迭次失利、红军队伍的巨大减损，这一系列令人痛心的损失，使得越来越多的指战员对"左"倾中央及其错误领导产生了疑问和不满。要求改变现状，摆脱错误领导的呼声也越来越高。

在长征的一路上，毛泽东患结核病，是被担架抬着走的。王稼祥、张闻天因身患重病，也是在担架上抬着走的。这一路，毛泽东和王稼祥、张闻天走在一起。这一路，毛泽东向王稼祥、张闻天反复细致地做工作，向他们分析中央在第五次反"围剿"和长征中在军事领导上的错误。渐渐地，王稼祥、张闻天接受了毛泽东的看法。

中央的一些其他的领导人，在行军途中同博古、李德等人的分歧也越来越大。"从老山界到黎平，从黎平到猴场，一路展开争论。"[1]

黎平会议后，部队进行了整编，进行了精简轻装。

1935 年 1 月，红军强渡乌江，1 月 7 日，打下了贵州古城遵义。

这期间，部队作战顺利，情绪也逐渐振奋，此后，在遵义休整了十二天。

1935 年 1 月 15 日至 17 日，中共中央在遵义召开了政治局扩大会议，就是著名的"遵义会议"。

出席会议的有：政治局委员博古、张闻天、周恩来、毛泽东、朱德、

---

[1]　中共中央党史研究室《中国共产党历史》(上)，第 384 页。

陈云，政治局候补委员王稼祥、刘少奇、邓发、何克全，红军总部和各军团负责人刘伯承、李富春、林彪、聂荣臻、彭德怀、杨尚昆、李卓然，中央秘书长邓小平。共产国际驻中国的军事顾问李德及担任翻译工作的伍修权也参加了会议。

遵义会议是一次极其重要的历史性会议。关于这次会议的著作和文章很多，因此，在这里，就不再详述会议的内容和经过。

这次会议的结果有两个。

第一，形成了著名的遵义会议决议，即《反对敌人五次"围剿"的总结决议》。这个决议明确指出，博古、李德在军事上的"单纯防御路线"，使得红军在第五次反"围剿"中失利，在战略转变与实行突围时实行战略退却。决议在军事路线上彻底结束了王明"左"倾错误指挥。

第二，改组了中央领导机构，选举毛泽东为中央政治局常委，军事指挥主要由周恩来、朱德负责。

遵义会议，是在中国革命处于十分危急的历史关头召开的，它对于中国共产党，对于中国工农红军，乃至对于整个中国革命的前途和命运，都具有非同寻常的重要意义。

遵义会议，在军事上结束了"左"倾错误的指挥。

遵义会议，在组织上结束了"左"倾教条主义在中国共产党内的统治。

遵义会议，在没有外来干预的情况下，中国共产党，根据本国本党本军的实际情况，独立自主地处理自己的事情。

最重要的，在遵义会议以后，形成了一个中国共产党党内的领导核心，这个核心中的擎天支柱，就是毛泽东。

父亲多次说过，在我们党的历史上，直到遵义会议，才真正形成了一个领导核心。这个领导核心，是中国共产党的第一代领导核心。在此以前，没有形成过真正的领导核心。

父亲高度评价这个核心的建立。

遵义会议会址。

　　毛泽东的这个核心领导地位，不是他自封的，更不是外国人赐予的，是在中国革命经历了近十四个春秋的革命实践活动中涌现出来的，是中国共产党人在经历了千般曲折万种困扰后选择出来的。

　　一代人民领袖的产生，对于中国革命和中国共产党来说，是来之不易的，也是不可或缺的。

　　《辞海》中对于"领袖"一词的解释是：国家、政治团体、群众组织等的最高领导人。

　　这个定义，用在毛泽东身上，则是也对，也不对。至少在毛泽东身上，领袖这两个字所体现的内涵要更加深刻得多，更加广泛得多。

　　毛泽东是一个领袖，是一个伟人。他的核心地位一经确立，就确立了整整四十一年。

毛泽东集政治家、军事家、思想家、诗人于一身，才华横溢，文武双全，既具有伟人领袖之宏才大略，又兼备文人雅士之洒脱浪漫。他的一生充满了传奇色彩，他的作为功过皆有。

对毛泽东的一生和他个人功过的评论已多得数不清。有人认为他是一个理想化的共产主义者，有人认为他是一个旷世奇才和政治伟人，有人把他奉为神明，有人则把他斥为东方式的君主人物。要让我说，毛泽东，是马克思主义加理想主义；是共产主义，民族主义，再加点封建色彩；是中国历史所造就的一个最富有时代气息和民族特色的伟大的革命领袖人物……

不管怎样评价毛泽东，反正在遵义会议后，当他掌握了中国革命航船的航向后，中国革命事业才由被动转向主动，才从彷徨走向胜利！

所以，遵义会议，的确可以称之为中国共产党历史上"一个生死攸关的转折点"。[1]

遵义会议，使中国共产党基本上摆脱了王明"左"倾冒险主义、"左"倾教条主义和"左"倾宗派主义长达四年之久的危害，也摆脱了受制于外来干预的被动地位。

这一次时间最长、危害最重的"左"倾错误的主要人物王明（又名陈绍禹），当时远在苏联的莫斯科，他既没有参加长征，和同志们共度甘苦，更没有接受中国共产党对他的错误的批评。1937 年 11 月，他回到了中国，突然一改"左"的面孔而变成了右，提出了右倾投降主义的主张。当然，这时，不管他的主张是"左"还是右，党中央和党的干部都已没有那么多的人再来附和他了。但是，对于他，党中央还是仁至义尽，一直给予了他应有的职务和地位。1956 年王明去苏联后，中共第八次代表大会还选举他为中央委员。王明后来一直滞留苏联，一直在苏联的庇护下写文章反对中国共产党和他自己的祖国。1974 年，

---

[1] 中共中央党史研究室《中国共产党历史》（上），第 388 页。

王明死于苏联。对于他的死，十亿中国人民和数千万中国共产党人，绝大多数既不知道，也不关心。

一个想假外国势力左右中国命运的人，就这样最终为中国人民所抛弃了。

30 年代在中国执行王明路线的主要领导人博古（又名秦邦宪），在遵义会议上被取消了中共中央总负责人的职务，后历任红军总政治部代理主任、中共对国民党谈判代表、新华社社长等职。博古不但在思想上诚恳地接受了党对他的批评和真诚地作了自我批评，在工作上也一如既往地保持了一个共产党员应有的奉献精神。1945 年，他当选为党的第七届中央委员。博古虽有错误，给革命事业造成过巨大损失，但是他为人磊落真诚，知过能改，因此在党内仍享有良好的声誉。1946 年他与王若飞等党的高级领导人空难殉职。延安的党中央和各界人士为他们举行了悲痛而又隆重的追悼会，以兹悼念。

至于那个共产国际派来的军事顾问，李德，这个曾一度被尊为"太上皇"的洋顾问，在遵义会议上神情沮丧，坐在门口。此后，他一路随红军长征到陕北，1939 年回苏联去了。对于中国共产党对他的批评，他一直耿耿于怀，发表了一系列的反华文章，到了 70 年代，还著书为自己在中国革命史上扮演的不光彩的角色辩护和攻击中国。

一个外国人，凡是到中国来参加和支持中国革命事业的，都受到了中国人民的真诚欢迎和纪念。像加拿大医生白求恩，印度医生柯棣华，美国医生马海德，德国医生米勒，美国记者史沫特莱，美国记者斯特朗……，他们同情中国革命，支持中国革命，甚至于把自己的一生和生命都奉献给了中国人民和中国革命事业。中国人民热爱他们，永远、永远地追念他们。但是，像李德这样的人，今天中国的年轻人，大概已经没有几个知道他的名字了。在中国革命的大潮中，他已被无情地淘汰。

遵义会议后，红军主力摆脱了军事上的教条主义，一扫沉闷之气，展开了灵活机动的大踏步运动战。

此时，蒋介石已调其嫡系部队和川、黔、湘、滇、桂五省地方部队数十万兵力，从四面进逼遵义，企图消灭红军于黔西地区。

在毛泽东等人的指挥下，红军主力于1935年1月至3月间，四渡川黔边境地带的赤水河，由贵州先入川南扎西，又转入贵，二入川南后，再折回贵，随即南渡乌江，佯逼贵州首府贵阳，诱敌入贵。当敌兵滇军拉向贵州时，红军主力突然飞速向云南疾进，虚晃一枪，最后神速地转向西北方向挺进。5月初，红军主力在川滇交界处渡过了水流湍急的金沙江，一下子跳出了重敌围追堵截的圈子，把敌人追兵抛在了金沙江南岸，在战略转移中最终取得了主动权。

红军主力这种忽东忽西、忽南忽北的大跨度运动战，在古今中外战争史中恐怕也是少见的妙算。这样的战法，打破了自诩为军事家的蒋介石围歼红军主力的如意算盘。

蒋介石以中央正统之名，挟精锐百万之师，凭借着他那工于心计、善弄权术的本领，翻手云，覆手雨，把各路拥兵割据的封建军阀玩弄于股掌之上，可以说如反掌之易。但是，要对付共产党，要对付毛泽东，单凭他的那些本事，可就不足成事了。

共产党和国民党之较量，毛泽东和蒋介石之较量，这才是开头，真正的大的较量，还在后头呢！

第43章
红军不怕远征难

我问过父亲："长征的时候你都干了些什么工作？"

父亲用他那一贯的简明方式回答我："跟到走！"

每一个经历过举世闻名的二万五千里长征的老红军，都有许许多多的关于长征的回忆，都有说不完的关于长征的故事。

可是，父亲却只有这么三个字！

不过，父亲讲的倒是大实话。长征开始，他那顶"右倾错误"的帽子还没摘，后来一直又没有任军事要职。再说长征嘛，二万五千里，本来就是走过来的嘛。

父亲自己不说，我只好又去东打听西打听，最后总算掌握了他在长征过程中的一些轮廓。

1934年10月，父亲随总政治部机关一道，开始了长征。他主编的《红星报》，因为行军的关系，改成手写油印。

父亲随着中央纵队，过了敌人的四道封锁线。过了湘江，到了贵州的黎平，到了乌江南岸的猴场，1935年1月上旬随中央进驻了贵州遵义。

在这两个多月的时间内，父亲是"跟到走"的。

跟着走的同时，在紧张的行军战斗中间，从10月20日至1月7

日攻占遵义,他克服种种困难,编印了七、八期《红星报》。[1]

到遵义会议前,1935年1月初,父亲被任命为中央秘书长,并以中央秘书长的身份,参加了著名的遵义会议。

父亲之所以被任命为中央秘书长,是因为在到达遵义前,绝大多数军内和党内的高级干部已对"左"倾错误领导强烈不满,毛泽东被排斥领导的状况开始转变。那时,有很多的高级干部频繁地到毛泽东那里,向他反映情况,与他交换意见。毛泽东在党内、军内的影响已日益增大。

毛泽东开始有了发言权后,在他的影响下,中央任命了邓小平为中央秘书长。

这是邓小平第二次担任中央秘书长的职务。

第一次是在大革命失败后的险境之中。

第二次是在长征面临重大转折之前。

就任中央秘书长不久,父亲旋即参加了遵义会议。

在会上,博古首先作了总结第五次反"围剿"的主要报告,其次由周恩来作了关于第五次反"围剿"军事问题的副报告。接着,毛泽东作了重要长篇发言,对"左"倾冒险主义的"消极防御"方针等错误作了尖锐的批评。会上,张闻天、王稼祥、朱德、周恩来、李富春、聂荣臻、彭德怀等相继发言,支持毛泽东的观点,对博古和李德的"左"倾错误进行了批评。父亲没有在会上发言,但他毫无疑问的是毛泽东的坚定的支持者。

遵义会议后,父亲随部队四渡赤水,再渡乌江。

有一次,父亲对我说,那种和敌军兜圈子、打奇袭的运动战方式,

---

[1] 现存《红星报》本阶段第八期缺,因此长征开始后,从10月20日的第一期到遵义会议前,不能确定是七期还是八期。第九期是2月10日遵义会议以后出版的,肯定已不是出于父亲之手。

好比"猫捉老鼠、老鼠捉猫"!

父亲的意思是说,强大的敌人欲"捉"红军,不想却被红军引得昏头转向地团团打转,结果反倒被红军一再重创。大猫想捉小老鼠,反倒被小老鼠着实地捉弄了一番!

听完父亲的比喻,我大笑了一番。

这笑,一是因为,父亲的比喻生动而又形象;二是因为,父亲的这点"灵感",应该归功于他的孙儿孙女们。因为我的女儿羊羊和我弟弟的儿子小弟,总喜欢在爷爷的屋子里看动画片"猫和老鼠"!

1935 年 5 月初,红军主力从云南准备北渡金沙江入川。

"金沙江穿行在川滇边界的深山峡谷间,江面宽阔,水流湍急,形势非常险要。如果我军不能北渡,则有被敌人压在深谷歼灭的危险。"[1]

当时,前有激流恶水,后有敌人追兵,红军想方设法,在皎平渡搜来七只小船,三万五千人经九天九夜,全部渡过江去。

当时的一军团一师师长李聚奎率部在龙街渡几番设法渡江不成,遂奉命率部到一百二十里外的皎平渡渡江。他回忆道:

　　我走在队伍的前头,一到皎平渡,首先见到了邓小平同志,他一见到我就问:

　　"队伍来了没有"?

　　我说:"来是来了,就是走得稀稀拉拉的。"

　　邓小平同志说:"赶快派人去督促,队伍来得快一点,马上过江。"并说,"队伍由刘伯承同志指挥,骡马和行李担子由我指挥。"

　　我们抵达对岸时,见到毛泽东、周恩来、朱德等中央领导同志在渡口一个崖洞里观望渡江部队。听说部队渡了几天,他们就

---

[1]　刘伯承《回顾长征》,第 1 页。

在这个洞里观望了几天，一直到红军全部渡完才离开。[1]

1991年初冬，我去北京西郊李老将军的驻地探望他时，他高兴地拉着我的手，告诉我："我以前只是听说过你的爸爸，知道红七军。这次过金沙江是第一次认识你爸爸，以后，我们就熟了。我以后在他领导下打了好多年的仗！"八十七岁的李老将军头发白了，眉毛也白了，他笑得非常非常的慈祥。

过了金沙江后，红军继续向北。先经彝族地区，再过天险大渡河。

大渡河，乃是清末太平天国名将石达开渡河不成导致败降之地。整整七十二年后，英勇的红军先以十七勇士凭一叶小舟强渡大渡河，再以二十二勇士飞夺泸定桥，三万余红军神兵般地从铁索桥上飞渡而过，粉碎了蒋介石要让红军成为石达开第二的梦想。

父亲说过，在遵义会议后的这一段时间里，他以中央秘书长的身份参加了多次重要的政治局会议。许多次会议各军团的军事首长都来参加了。他记得最清楚的一次会议就是5月过金沙江后在会理召开的一次会议，那次会议开了两天，主要是批评林彪。

父亲告诉我，遵义会议时，他和毛主席住在一起。遵义会议后，他和毛主席、张闻天一起长征。那时候他们白天行军，疲劳得很，晚上到一个地方，赶快找个地方就睡觉。一路都走在一起，住在一起。

红军长征的路途上，过了危险，还是危险，一路险象环生。当然，如果不是有着这些非人所想的艰难困苦，长征，也就不会最终成为一首壮烈的史诗而永载史册。

才过大渡河不久，红军又遇上了千年雪山。

这是长征路上的第一座大雪山，名叫夹金山。

夹金山山势巍峨，终年积雪。人行举步艰难，马行山陡无路。山

---

[1]　李聚奎《李聚奎回忆录》，第143—144页。

顶空气稀薄，以至于不能坐下休息。因为只要一坐下，就可能再也站不起来了。我们的红军战士，长期征战，人不能饱食，衣仅可蔽体，要爬过这高耸入云的大雪山，体力和御寒能力都相当的差。一些红军战士，就从此一坐不起，长眠在夹金山的千年白雪之中了。

父亲说，在过雪山之前，他的马死了，所以，过雪山时，别人还有马尾巴可以拉着借劲而行，而他，却是真正地一步一步地爬过这千年雪山的。

现在，在夹金山上，人们为纪念当年红军的这一壮举，竖立了一座金色的纪念碑。这座金碑，头顶蓝天白云，下踩千年积雪，在阳光的照射下，那金色的反光竟可以照射几十里之遥，成为一大奇观。今天，当人们看到这座金碑，仿佛就能看见当年红军战士在皑皑白雪上踩出的那条曲曲弯弯而又绵延无际的道路……

过了雪山之后，红军到达了当时四川最西边的懋功。

6月14日，红一方面军和从川陕根据地而来的红四方面军会师了。

红四方面军原在湖北、河南、安徽交界地区开辟了鄂豫皖革命根据地。由于蒋介石的重兵"围剿"，红四方面军被迫离开鄂豫皖根据地。经过千辛万苦，浴血奋战，历时两个多月，行程三千多里，于1932年开创了位于陕西南部和四川北部交界地带的川陕根据地。后来经过对敌激战，形成了一个约有二三百里的广大新区，部队也发展到八万余人之众。正当此时，中央红军第五次反"围剿"失败，退出江西中央苏区开始西征。四方面军亦于1935年3月发起强渡嘉陵江战役后，离开川陕根据地，开始转移，并于6月间与红一方面军在懋功地区会师。

在懋功，一、四方面军会师后，父亲遇到了与他一起在法国勤工俭学和从事革命活动的傅钟。他们两个人一起在法国，又一起在苏联学习，交情可不算浅。四方面军从川陕根据地出来，兵强马壮，实力雄厚。傅钟那时候在四方面军任政治部主任，颇有点权，他看见他的老战友的马死了，便立即慷慨解囊。

父亲说:"过了雪山后,傅钟送了我三件宝,一匹马,一件狐皮大衣,一包牛肉干。这三样东西可真是顶了大事呀!"

一方面军和四方面军会师后,摆在中国共产党和红军面前的一个急迫的任务,就是要确定红军发展的战略方针。

当时红军所在的川西北地区,是少数民族聚居的地区。虽然远离敌人控制的中心腹地,但人口稀少,地贫人穷,交通给养都很困难,十多万人的大军根本不可能在此久驻。同时,此时的全国抗日民主形势也发展到了一个新的高潮,华北已成为抗日斗争的前线阵地。

基于对内外形势的分析,中共中央主张红军继续北上,到陕西、甘肃一带建立根据地。这是因为,陕甘地区地域宽阔,物产丰富,又是敌人统治薄弱的地区,易于生存和发展。同时,在那里建立根据地,可以在北方建立抗日的前进基地,使红军加入到抗日民主运动的前哨阵地。

中央的这一主张,遭到了张国焘的反对。

6月26日,中共中央在懋功北部的两河口召开政治局会议,经过讨论,张国焘勉强同意了中央关于北上的意见。此后,中共中央率领红一方面军继续北上。

7月10日,先头部队抵达松潘附近的毛儿盖。

这时,张国焘依仗着自己下辖八万余人,兵力倍于红一方面军,竟然拥兵自重,要挟中央,提出改组中央军委和总司令部,并要让张国焘担任军委主席,给以"独断决行"之大权。此举,实际上是要篡夺中央的军事大权。

中共中央一方面坚决拒绝了张国焘的无理要求,批评了他的错误,一方面为了避免分裂,任命张国焘为红军总政委。

8月3日,红军总部决定把原一、四方面军混合编成左路军和右路军。左路军由朱德、张国焘、刘伯承率领;右路军由毛泽东、周恩来率领。

8月4日，中共中央政治局在毛儿盖附近的沙窝召开会议，讨论当时的形势和任务。会议重申北上战略方针和创建川陕甘根据地，指出要进一步加强党对红军的绝对领导和维护团结，必须纠正对革命前途悲观失望的右倾错误。

8月20日，中共中央政治局在毛儿盖召开会议，再次重申北上方针，批评了张国焘想拉红军西渡黄河的错误。

会后，左、右两路军分兵北进，开始进入了渺无人烟的茫茫草地。

爬雪山、过草地，历来被同引为长征艰难的象征。殊不知，过草地，比爬雪山还要艰难。

川西北的大草地，上面是野草无边，下面是黑水弥漫。这里没有村落，没有人烟，连可以供人吃的东西都几乎没有。这里气候变化无常，时而细雨霏霏，时而晴空万里，瞬息万变。

红军战士们没有吃的，马死了就吃马肉，后面的部队没有了马肉，就啃骨头，连骨头也吃不到时，就吃草根、吃树皮，甚至吃皮带。宿营的时候地上挖个坑，头顶上支个棚，权当避风雨。

过草地整整走了七天七夜。

许多长征过的老前辈都感叹地告诉我，长征中最艰难的是过草地。过草地时，牺牲的战友也最多。

这些红军战士，是死于饥，死于病，死于错食毒草，死于误入沼泽……

父亲说过，过草地时，周恩来得了很重的病，非常危险，他是被人用担架抬着过草地的。当时，抬担架的人力不够，连解放后担任中国人民解放军财务部长的老红军杨立三，都抬过周恩来的担架。

过草地时，父亲没有和周恩来在一起，因为他已经调离中央，离开中央纵队了。

那是在1935年的6、7月间，父亲由中央秘书长任上，调到红一军团政治部当宣传部长。

到达陕北后的邓小平。

老红军刘道生回忆，6 月 26 日两河口会议后不久，他被调到一军团组织部工作，和他一起去一军团的，还有邓小平。

当时在一军团政治部任指导员的梁必业告诉我，"7 月间，在毛儿盖，你爸爸来到一军团政治部任宣传部长。一直到长征结束，他都在一军团。"

我问过父亲，为什么从中央秘书长调任一军团宣传部长。

父亲说，那时候天天行军，没有事情干。

当时在中央纵队的刘英妈妈告诉我："我调到中央纵队工作时你爸爸已经走了，我还整理过他留下来的一个铁皮箱子，里面都是一些书籍和文件。我原来在后梯队，是毛主席把我调到中央纵队工作的，他说后梯队很苦，又没有东西吃，女同志在那里会拖垮的。那时候机关小，凡是精干的同志都送到前方去，充实战斗队伍。王稼祥告诉我，现在中央的工作不重，就把小平同志送到前方去了。我也问过毛主席，小平同志为什么调走。毛主席说，前方需要。你爸爸在中央当秘书长的时候，管中央首长的生活，开会作记录，还要管警卫工作。"

我去看望刘英妈妈时，她身着一套熨得平平的深蓝色西服，系着一条美丽的色彩绚丽的纱巾，身材矮小，却精神焕发。说起长征，她的话可多了！

她告诉我："长征刚刚开始时，我和你爸爸他们常常在一起。只要有半天休息，我们大家就常常凑在一起，没事干，就吹牛。大家开玩笑，成立了一个牛皮公司，陈云是总经理，你爸爸是副总经理。没有吃的，就吹吃的，精神会餐。你爸爸老讲四川菜好吃。到了四川边界，那里穷得要死，我就对他说：'四川有什么，只有醪糟！'他就说：'这里是边区！'反正是四川菜好。你爸爸很开朗，很风趣。那时候大家都是年轻人，都是乐乐观观的。"

8 月初到了毛儿盖以后，一、四方面军开了个联欢会，在会上，李聚奎再次遇见了邓小平，这回他们可是熟人了。

李老将军说:"联欢会上,在河坝里搭了个台子,请张国焘讲话。我们有几个人在下面讲笑话,其中就有小平同志。那时候我们一师刚刚得了点烟丝,小平同志对我说:'你给我烟,我就告诉你一个好消息。'我问他:'什么好消息?'他说:'你不给我烟,我就不告诉你。'我说:'那个简单!'就从衣袋里摸出个洋铁盒子递给他说:'抽吧!'小平同志笑着说:'告诉你个好消息,你升官了!'他告诉我:'军委决定调你到红四方面军去担任三十一军参谋长,命令已经下来了。'那时候一方面军干部多,四方面军兵多干部少,所以向一方面军要干部。我听你爸爸说了以后又去问聂老总,聂老总也证实了这个消息。"

在北京的一条小巷——雨儿胡同里,我去看望了罗荣桓元帅的夫人林月琴妈妈。我们和罗家两家人相互很熟,大人们是多年的老战友,来往亲密,孩子们之间也是好朋友。林妈妈知道我是来了解长征的情况后,一点儿也没客套,她告诉我说:"你爸爸过草地是和罗伯伯在一起的。"

罗荣桓,1902年出生于湖南衡山,青年时代即从事爱国学生运动,1927年加入中国共产党,参加过鄂南暴动和秋收起义,在毛泽东和朱德领导的红四军中历任要职,后担任红四军政治委员和红一军团政治部主任。长征时受"左"倾错误的打击,被撤职改任巡视员,直到1935年9月,才又被任命为一军团政治部副主任。

林月琴妈妈脸庞圆圆的,笑得眼睛弯弯的,她一边喝着茶水,一边对我说:"罗伯伯和你爸爸两个人,一个人一匹马,1935年长征一直在一起。那时候天天就是行军,罗伯伯这个人不爱说话,而你爸爸就经常说笑,哈哈地笑。他们这些人在一起就经常一块儿吹牛,吹牛吹什么呢?就是说什么好吃。说辣椒好吃,一说辣椒就直流口水。说回锅肉好吃,一个说四川的回锅肉好,一个说湖南的回锅肉好。反正没有吃的,就精神会餐嘛!那时候他们没有烟抽,就沿路找点破纸,找点干树叶子,拿破纸包上树叶子当烟抽。你爸爸还说:'我是香烟厂制烟的!'过草地的时候,他们两个人还在河沟里洗澡,四川人、湖南人都爱干净。"

从过草地，到俄界，过岷山，到哈达铺，再过渭河，翻越六盘山，最后到达陕北吴起镇，父亲和罗荣桓一直在一起。

他们一起行军，一起工作，一起下棋，一起找烟抽。他们一个是一军团政治部副主任兼地方工作部长，一个是一军团宣传部长，年龄只差两岁，遭遇也很相同。在长征路上，他们"行军时并辔而行，休息时促膝谈心，宿营时抵足而眠，经常在一起议论'左'倾冒险主义给革命事业造成的危害。"[1]

父亲曾说过，"我们是无话不谈。"[2]

林妈妈也说："你爸爸和罗伯伯，性格上一个主动，一个被动，他们长征时行军在一起，宿营在一起，非常合得来！"

是的，父亲和罗帅十分合得来。战争年代，他们各在一条战线上并肩战斗，解放后，他们经常往来。罗伯伯得了病，爸爸和妈妈经常去看他。50 年代在北京东交民巷盖了四幢房子，本来分给父亲一幢，父亲说："我不去住，让罗帅去住！"罗伯伯不肯去，父亲就限期让罗伯伯搬了进去。有一次，父亲母亲去看罗伯伯，还送给罗伯伯一个从苏联带回来的淋浴用的喷头。1955 年授元帅衔时，罗伯伯请客吃饭，父亲母亲去了，聂荣臻伯伯和张瑞华妈妈也去了。父亲和他的这些老战友们真是亲密极了！林彪虽曾长时期和罗帅一起工作过，但两人的私交并不好。父亲曾说过："连罗帅这样的人，林彪都不能团结！"父亲对罗帅的评价是：为人朴实、诚恳和厚道，在干部中很有威信。父亲对他十分尊敬。1963 年罗伯伯逝世时，我们全家都很悲痛，妈妈还让我到罗家，陪罗伯伯的女儿巧巧一起住了几天。现在，我们两家人依然十分亲密，妈妈和林月琴妈妈两个老太太，还不时地相互探望呢。

---

[1]　《罗荣桓传》，第 130—132 页。

[2]　同上。

话又扯远了！没办法，每每想到这些事情，总会令我心怀怅惘，不能自已。

刚才写到哪里了？

噢，对了，写到红军经过七天七夜的艰难跋涉，终于过了那漫无边际的大草地。

过了草地，红军左、右路军十万余人之众，本应士气振作，大展宏图。

可是，人世间的劫难实在是何其多哉！

唐僧要去西天取得真经，还需度过九九八十一难。共产党人，要实现对真理的追求，征途上遇到的磨难，更是一个接着一个，数不胜数。

红军刚过了草地，就发生了张国焘公开分裂党和红军的危急状态。

过草地后，张国焘一再迟滞，拒绝与中央和右路军会合，同时无视中央的一再劝告，密电在右路军当政委的陈昌浩把右路军拉出来南下，阴谋分裂和危害中央。这封密电，幸被右路军参谋长叶剑英看到，立即报告了毛泽东。

毛泽东、周恩来、博古等紧急磋商后，在十万火急的情况下，决定将右路军中的红一、三军和军委纵队迅速拉出转移，先行北上。方才脱离了危险。

这时，中央和右路军只剩下七八千人的队伍。[1] 他们于 9 月 10 日出发后，[2] 到达甘肃迭部县俄界。

9 月 12 日，中共中央政治局在俄界召开扩大会议，作出了《关于张国焘错误的决定》，指出张国焘反对北上方针的错误，其实质是由于对政治形势的分析与敌我力量较量上存在着原则分歧，号召红四方面军的同志团结在中央周围，同张国焘的错误做斗争，并促其执行北上

---

[1] 刘伯承《回顾长征》，第 1 页。

[2] 张廷贵、袁伟《中国工农红军史略》，第 129 页。

方针。

俄界会议之后，中央率红一、三军团和军委纵队继续北上。相继攻克了"一夫当关，万夫莫开"的天险腊子口，越过了横断川陕的岷山，到达了甘肃岷县以南的哈达铺。在这里，部队改番号为中国工农红军陕甘支队，彭德怀任司令员，毛泽东任政委。

在获悉陕北红军和陕北根据地仍然存在的情况下，中央和陕甘支队继续北进，越过了甘肃东北部的六盘山，于 10 月 19 日终于到达陕甘根据地的吴起镇。

10 月 22 日，中共中央政治局召开扩大会议，指出历时一年的长征到此完成，今后的任务是在西北建立革命根据地，进而领导全国革命。

从 1934 年 10 月，到 1935 年 10 月，整整一年的时间，中央红军从江西中央苏区出发，经过湖南、贵州、云南、四川、甘肃等十一个省，最后到达中国西北的陕西北部。途中战胜了难以想象的无数艰难险阻，战胜了敌军数十万人的围追堵截，实现了史无前例的伟大历史性转移，胜利完成了震惊中外的壮举——长征。

毛泽东说，长征是历史纪录上的第一次，长征是宣言书，长征是宣传队，长征是播种机。长征以我们胜利，敌人失败而告终。[1]

长征之所以举世闻名，并非仅仅因其路之漫长，而是由于，中国共产党人和中国工农红军，以天下无双的英雄气概，战胜了强敌，战胜了天险，战胜了自身的谬误，完成了从被动到主动，从失败到胜利的更新过程，并以此作为基础，开始了一个全新的革命局面，直至夺取全国胜利。

长征的魅力，吸引了无数人的兴趣，有中国人，有外国人。有的人为长征作著，有的人，还沿着当年红军的足迹，去体味长征的意境。

这魅力，这意境，这在历史上永远流传的英名，正是中国共产党

---

[1] 毛泽东《论反对日本帝国主义的策略》，1935 年 12 月 27 日。《毛泽东选集》，第 1 卷。

人的光荣写照。

20世纪30年代的长征，是中国五千年历史上的第一次，但并不是最后一次。

在四十多年后的今天，中国，又开始了一个新的长征。

第一次的长征，是为了夺取政权进行的人民革命斗争。

这第二次的长征，这新的长征，却是为了为中华民族创造一个更加辉煌灿烂的前途而进行社会主义建设事业的一个全新的长征。

第一个长征，只用了一年的时间。而这个新的长征，却将要用十几年、几十年，甚至几百年的时间。

但是，凭着第一次长征所具有的那种大无畏的豪迈气概，中国人民和中国共产党人，一定能够，一定有能力完成这一新的历史使命。令他们的国家更强盛，令他们的人民更幸福，令他们的后人不停止地去承继他们所开创的事业，直至子孙万代、千秋万世！

第44章
在大西北的黄土高原上

1935 年 10 月，由毛泽东率领的中国工农红军陕甘支队到达陕北。

11 月，中共中央决定，恢复中国工农红军红一方面军番号，下辖第一军团、第十五军团等，共一万一千多人。

11 月 7 日，中共中央机关到达陕甘根据地安定县瓦窑堡。

对于红一方面军在陕北的动向，国民党已不能安枕，即调驻陕西的东北军五个师的兵力，分兵两路，对红一方面军进行"围剿"。

11 月 21 日到 24 日，红一方面军英勇迎击国民党军的"围剿"，打响了直罗镇战役，最后取得了以歼敌一个师又一个团共八千三百人的重大胜利，为中共中央把全国革命大本营放在西北举行了奠基礼。

父亲说，直罗镇战役打响了以后，他和罗荣桓等人在一个山头上"观战"，突遭敌人一股部队来袭。敌人火力密集，十分危急。他身上穿的那件傅钟送给他的狐皮大衣，被子弹打了好几个洞，万幸的是人没有负伤。正在危急之时，原红七军的一个连冲了上来，解了围。

父亲常说，他做地下工作没有被捕过，打了几十年的仗没有负过伤，很不容易。

直罗镇一仗打完后，在陕北的红一方面军获得了休养生息的好机会，这一段行军不多，仗也打得少。

那时候，在一军团政治部工作的梁必业，对这一段时间担任政治部宣传部长的邓小平了解最多。

他说："我们宣传部的作用，行军打仗时，要保证部队吃饱走好，保证不要生病，保证战士不要掉队，保证不要减少战斗人员。我们主要是进行宣传，最困难的时候，也要宣传革命一定会胜利的坚定理想，宣传北上抗日的思想。宣传部在长征沿途和长征后，还管编印一份《战士报》，是油印的。宣传部和政治部其他的干部，还要经常去师、团传达重要精神，研究工作。过了草地后，干部们经常下到部队去。那时候队伍不多，早上去，晚上就回来。过了草地以后，宣传工作的内容也多了起来，主要是教育干部战士，讲形势，讲英雄事迹。到了吴起镇后，一军团组织了一个参观团，由李富春、黄克诚带队，去十五军团参观（十五军团由从鄂豫皖长征过来的红二十五军和原陕甘红军组成），还组织了一个战士剧社去慰问演出。小平同志没有去，但对我们交待了注意事项，还专门从中央请了一个艺术家来教我们排演节目。"

梁必业是江西陂头人，1930年当毛泽东、朱德率领的红四军到他家乡时，十四岁的梁必业便参加了革命，当上了儿童团长，加入了共青团，并于同年参加了红军。在红军队伍中，像梁必业这样少年从戎的"娃娃兵"并不鲜见。解放后曾任中共中央总书记的胡耀邦和曾任中共中央政治局委员的陈丕显，都是"娃娃兵"出身。

1936年1月，二十岁的梁必业养病归队，在临真镇看见宣传队在演戏，遇到好多熟人。戏散了以后，大家会餐，一军团政治部主任朱瑞，副主任罗荣桓，宣传部长邓小平都参加了。当时，决定梁必业到宣传队当队长。

梁必业说："这以后我就在小平同志直接领导下工作了。小平同志很注意宣传队。他说，'宣传队不只是做宣传工作，还是准备干部、培养干部的地方'。宣传队要做群众工作，要做部队工作，还要做敌军工作。邓总是说：'宣传队是培养干部最好的地方。'那时宣传队的成员大部分是干部。有一次演出，三个团级干部唱歌，张国华、谭冠三、陈雄，

红军长征到达陕北后，红一军团和红十五军团的部分领导干部在淳化县合影。右起：邓小平、徐海东、陈光、聂荣臻、程子华、杨尚昆、罗瑞卿、王首道。

唱大路歌，唱苏联歌曲和马赛曲。在宣传队，我们经常进行政治学习，还要测验考试。东征以后政治教育就更多了。我们办宣传队需要人，记得有一次有一个新兵入伍，有点文化，可年龄较大，有三十岁了。邓叫警卫员：'把他分到宣传队。'我一看，是个老头儿，就不要。警卫员告诉邓，梁队长不要。邓就说：'要也得要，不要也得要。'邓处理问题就是这么简明扼要。结果这个人很不错，演老太太很像，工作勤勤恳恳，宣传队里的小娃娃也全靠他照顾。我们宣传队演宣传抗日的节目，还编了一首《中央红军长征歌》。"

讲到这里，梁必业将军眼里闪着光，挥起拳头唱了起来：

"中央红军出发自江西，十二月长征历尽险山和恶水，战胜白军与团匪，行程两万五千里，大小五百余仗，都打垮敌人，计算起来，溃敌四百一十团。英勇的、红色的英雄无坚不摧，终于到陕北。会合红十五军团，粉碎敌人的'围剿'，胜利向前进！"

我是1991年秋冬去梁将军那里采访他的，这首歌是他和他的战友们五十六年前编写的，至今，他还一字不忘，唱起来依然气宇轩昂，实在不能不令人肃然起敬。

在红军东征之前，红一方面军一军团政治部一直在陕北道通一带。

1935年，形势不断变化，日本帝国主义在侵占了中国东北三省后，加紧了对华北的侵略，把吞并河北、山东、山西、察哈尔、绥远华北五省作为直接目的。

在日本的压力下，国民党南京政府于1935年6月、7月，相继与日本方面签订了《秦土协定》和达成了《何梅协定》。这两个协定屈从日本的扩张要求，撤退驻河北省的中国军队，禁止全国抗日活动，实际上把包括北平、天津在内的河北、察哈尔两省的大部分主权拱手相让。

日本侵略者一方面加紧对华北地区进行经济控制和掠夺，一方面加紧制造"华北自治"。

日本帝国主义侵略华北的行动和国民党政府丧权辱国的政策，使中国人民更加强烈地感到民族危机的严重，各阶层人士要求国民党政府改变屈辱的对日政策的呼声也日益高涨。

在这民族危亡的紧急时刻，中国共产党连续发表了《为抗日救国告全体同胞书》（8月）、《为日本帝国主义并吞华北及蒋介石出卖华北出卖中国宣言》（11月）和《抗日救国宣言》（11月），郑重呼吁全国各党派、各军队、各界同胞，不论过去和现在有任何政见和利害的不同，有任何敌对行动，都应当停止内战，集中一切国力去为抗日而奋斗，共同救国。建议一切愿意参加抗日救国的党派、团体、名流学者、政治家和地方军政机构进行谈判，共同成立国防政府，组成统一的抗日联军。声明中国共产党人愿首先加入抗日联军，以尽抗日救国的天职。

中国共产党的呼吁，在全国引起了强烈的反响。

1935年12月9日，北平爆发了"一二·九"运动。

长期被压抑的怒火和爱国热情，像火山喷发般地爆发出来。深感沦亡危机的数千名北平青年学生，打起标语，走上街头，举行了群情激昂、声势浩大的抗日救国游行，向国民党北平当局请愿。游行队伍遭到了国民党军队和武装警察的残酷镇压，三十多名学生被捕，数百人受伤。

翌日，北平学生宣布举行全市总罢课。12月16日，北平的爱国学生再次冲上街头，与广大爱国市民一起，万人之众，举行了更加声势浩大的示威游行。国民政府又一次实施镇压，学生被捕数十人，受伤者达三百余人。

在"一二·九"、"一二·一六"北平学生爱国斗争的影响下，天津、保定、太原、杭州、上海、武昌、成都、重庆、广州、南宁等地的学生先后举行抗日集会和示威游行。广州、上海工人召开大会，发表通电，要求抗日。上海文化名人沈钧儒等组织成立救国联合会。一时之间，愤怒的呼声、爱国的呼声、抗日的呼声，遍及中国的大江南北和黄河上下，形成了一股势不可挡的抗日救国群众运动高潮。

1935年12月17日，中共中央在陕北瓦窑堡召开政治局会议。瓦窑堡会议决议指出，当时中国国内政治形势的基本特点是，日本帝国主义"正准备并吞全中国，把全中国从各帝国主义的半殖民地变为日本的殖民地"，一切不愿当亡国奴、不愿当汉奸的中国人的唯一出路，就是"向着日本帝国主义及其走狗卖国贼展开神圣的民族革命战争"。决议呼吁结成最广泛的抗日民族统一战线。

驻在陕北的中国共产党和红军，出于建立统一战线的目的，加强了对驻扎在陕西的东北军的工作，毛泽东和周恩来特别加强了对张学良的工作。1936年2月，红军与东北军达成了互不侵犯的口头协定。此后，周恩来与张学良秘密会谈，商定双方互不侵犯，互派代表，张学良还提出要争取蒋介石抗日。

与此同时，中国共产党还加强了与驻在陕西的西北军杨虎城将军的联系，双方停止了敌对状态，互派代表，联合抗日。

与张学良、杨虎城的协作关系的建立，为中共中央和中国工农红军在陕北建立稳固的根据地，提供了有利的外部条件。

在举国上下抗日呼声日益高涨的形势下，蒋介石也开始秘密与共产党谈判。

为了以实际行动表示红军抗日的决心，1936年2月20日，红一方面军以中国人民抗日先锋军的名义，在毛泽东、彭德怀等人的亲自率领下，实行东征。

红军抗日先锋军冲破山西军阀阎锡山的防线，胜利渡过黄河。

蒋介石与共产党谈判是假，企图通过谈判达到"溶共"的目的是真。一见到共产党真的过黄河来抗日了，蒋介石赶紧调集二十万大军，增援山西的阎锡山，意欲消灭红军于黄河以东。

红军东征队伍过黄河后，仅用三天的时间便控制了黄河东岸南北五十余公里、东西三十五公里的地区，并在关上村之战中歼灭阎锡山一个团的兵力。到3月底，红军左、中、右三路军分头作战，迅速扩大战果。

梁必业将军说："在东征途中，我们宣传部在小平同志的带领下，一路宣传，宣传共产党的主张，宣传抗日。我们还要做敌军工作和俘虏工作。小平同志在东征途中还亲自编写宣传提纲和教材。"

到了1936年5月，为了避免内战，中共中央决定红军撤回黄河以西的陕北地区，结束了历时两个多月的东征。

东征回来以后不久，一军团政治部副主任罗荣桓奉调到红军大学学习。父亲被任命为一军团政治部副主任，接替罗荣桓的工作。那时一军团政治部的驻地是陕北的雨珠。

这期间，中央在大相寺召开了一次会议，总结工作和纠正作风，父亲和一军团、十五军团其他的高级干部出席了这次会议。

这期间，父亲还领受了一个任务，和罗瑞卿一起，受中央直接派遣，在一军团的一些部队做调查研究、考察干部。

王平老将军就是在这次第一次认识父亲的，那时候他是在第四师当团政委。

王平将军告诉我："中央派中央保卫局长罗瑞卿和你爸爸来了解情况，你爸爸找我们大部分干部谈了话。我有什么就说什么，你爸爸说我讲话坦率。后来罗和他还给我们讲了话。那次我对你爸爸的印象是，他很冷静，严肃认真，讲话不多，但简明扼要。他讲话句子短，好记录，而且观点明确，讲的都是有用的话。"

中央直接派邓小平去执行调查研究的任务，这是第一次。调查完以后，罗瑞卿和邓小平二人向中央做了汇报。

红军回师陕北后，蒋介石又调集十六个师另三个旅的兵力，准备对红军陕甘根据地发动新的"围剿"。在这种形势下，中共中央决定红军向陕西、甘肃、宁夏三省交界之国民党军事力量薄弱的地区实行西征。

从1936年5月出发至7月底，红军在陕甘宁交界地带迅速开辟了纵横四百余里的新的根据地，并与陕甘老根据地连成一片，红军和地方武装力量都得到了相应的发展。

此后一段时间，局面相对稳定，前方基本无战事。利用这个机会，部队进行了训练和教育工作。

据梁必业将军回忆："东征回来以后，我们筹了款，筹了粮，还从山西带回不少的骡子。西征以后，仗打得少了，张学良和杨虎城的部队已开始与我们搞统一战线。这段时间里，小平同志任一军团政治部副主任，主任是朱瑞。邓管党的组织工作、宣传工作和教育工作，特别是抓干部教育。我们这些人，从小参军，要讲比较系统地学政治常识，就是在这个时候。学习班的课，从政党、领袖、群众讲起，讲社会发展史。我们听课，讨论，还测验、打分数。朱瑞、小平同志都讲课。许多部队的同志在这里把参加革命的朴素的阶级觉悟，逐渐向理性上升，建立了理性觉悟。我们办学习班的地点在宁夏七营川一带。"

当时在一军团做侦察工作的苏静将军说："1936 年小平同志组织我们学习，办了一个多月的学习班。学世界知识，学社会发展史和马列主义。小平同志给我们讲课，给我们发学习材料，出卷子考试，还打分数。有时开讨论会，我们问问题，他解答问题。以前我们大多数时间都是打仗走路，这次小平同志组织的学习，使我们学到了不少的东西。"

梁必业将军告诉我，政治部除了抓学习教育工作以外，还要管敌军工作和对东北军的统一战线工作。同时，宁夏是回民居住比较稠密的地区，因此，政治工作还要面对民族问题，开展对回民的工作。另外当地哥老会的势力很大，也要注意对他们的工作。这些工作大部分是由邓管的。

梁将军还记得，1936 年 8 月到 9 月间，军团政治部驻在宁夏的豫旺地区的五里洞，这时中央军委托邓小平带一个检查团到十五军团检查工作。

梁将军说："邓带了我、唐亮和蔡元兴三个人，由一个十二人组成的精干的警卫班掩护，到驻陕北的十五军团的八十一和七十五两个师去检查工作。邓主要是和师团干部谈话，我们是和下面的干部战士谈话。这个任务不是一军团派邓去的，而是中央和中央军委派邓去的，这是一项很重要的任务。回来后，邓向中央做了汇报。"

这是中央第二次派邓小平去做调查研究工作。可见，毛泽东、周恩来等中央和中央军委的领导人，对邓小平是十分信任的。

据梁必业和苏静说，这个时期，一军团的许多重要材料和战士报的社论，都是由邓亲自编写的。

梁必业将军说："小平同志写东西快，大家形容他写东西是'倚马可待'。有一次朱瑞主任催他写一个连队讲话材料，他说：'这个好办'。马上找来一张纸，用一支铅笔，没有桌子，就在膝盖上写，很快就写好了。

这也是他的特点。"

就在红一方面军驻扎在陕甘宁根据地的时候，发生了红军史上的一件重要大事。

1936年10月间，红军第二、四方面军，经过极其艰难的跋涉，战胜了张国焘的分裂主义，终于长征到达陕甘宁，与红一方面军胜利会师！

张国焘自从在长征途中和党中央分裂后，把红四方面军拉入川西和西康地区。在那里，他自恃人多枪多，竟然另立"中央"，自封为党中央"主席"。由于国民党大兵"围剿"，川西不能立足，红四方面军被迫不断西撤，到达甘孜地区后，部队仅余四万余人，客观形势迫使张国焘宣布取消了他的第二"中央"。1935年7月，红四方面军与贺龙率领的红二方面军会师。在朱德、刘伯承、任弼时、贺龙、关向应等人力争下，张国焘被迫同意北上同中央会合。

经过三个月的征战，红二、四方面军克服了种种难以想象的艰难困苦，终于北上陕甘宁，与红一方面军实现了会师。

会师以后，红四方面军主力在甘肃宁夏一带西渡黄河，进入人烟稀少的甘肃河西走廊地区。在这里，红四方面军受到了马步芳地方国民党军队的重创，西进失败，许多指战员和著名红军将领英勇牺牲。其中数百人在李先念带领下到达甘肃西部，由陈云接至新疆。其余失散人员数千人东返，受到援西军接待，陆续回到陕甘宁地区。

鉴于张国焘分裂中央、分裂红军的严重错误，1937年3月，中共中央召开扩大会议，作出了《关于张国焘同志错误的决定》。

张国焘先表示认错，但实际上拒绝党对他的挽救。1938年4月，他偷偷摸摸，只身逃离陕甘宁革命根据地，从此投靠国民党，充当了一名为人不齿的反共走卒。同年4月18日，中共中央宣布开除张国焘党籍，将他从革命队伍中除名。

中国共产党在其发展过程中，先后纠正了陈独秀右倾投降主义、瞿秋白"左"倾盲动主义、李立三"左"倾冒险主义、王明"左"倾教条主义和宗派主义，最后战胜了张国焘的分裂主义。这时，中国共产党由其诞生之日起，才经历了短短十六年的岁月。这十六个春秋，是何等的短暂，又是何等的漫长！

中国共产党和中国共产党人，在这十六年中，经历了多少难以形容的磨难，而正是这些磨难，才使得中国共产党人更加成熟，才使得中国共产党这个代表着中国无产阶级和劳苦大众的政党一步一步更加坚强，更加壮大。

共产党对敌对阶级的斗争是自然而然不可避免的；而共产党党内的正确与错误、真理与谬误之间的斗争也同样是自然而然不可避免的。中国共产党之伟大，也正是由于它敢于正视自身的缺点，敢于纠正自身的错误。在建党以来的这十六年中如此，在今后的漫长的革命与建设事业中亦是如此。如其不然，在中国革命的洪流之中，它早就会被淹没，会被摧毁，会自我消亡的。

父亲多次说过，在我们党的历史上，随时都会有"左"的或右的东西影响我们，但是，除了陈独秀一次右倾投降主义以外，根深蒂固的还是"左"的东西。他说："'左'的东西在我们党的历史上可怕呀！一个好好的东西，一下子被他搞掉了。"他说，右，可以葬送我们的事业，"左"，也可以葬送我们的事业。他说，对于这一类的问题，我们必须保持清醒的头脑，这样就不会犯大的错误，出现问题也容易纠正和改正。

这，就是辩证唯物主义的思想和哲学。

中国共产党和中国共产党人，一次又一次战胜了挫折和谬误，一步又一步在寻求真理的道路上前进。他们之所以有如此强大的生命力，以绝对弱小的劣势去最终赢得巨大的胜利成果，就在于他们能够正视自身，能够清醒地正视自身的谬误，并能够纠正谬误，从谬误中走出，继续向着真理前进。

一个政党，一个事业，一个人，都要能够不断地自我更新，才能取得进步与飞跃。教条主义，僵化思想，只会导致自我窒息，甚至死亡。

另一方面，一切不切实际的和不能正确估价形势的盲动或消极，也都会导致事业功败垂成。

作为一个团体，一个政党，一个国家的领袖，随时随地要保持清醒的头脑，随时随地要坚持实事求是的精神，随时随地要防止和纠正"左"的和右的谬误，是多么的不容易，又是多么的责任重大啊！

纵观这十六年的党的历史，纵观这七十多年的党的历程，今人和后人，应该能够从中学习和领悟一二吧！

20世纪30年代中期，中国工农红军一、二、四方面军会师以后，战胜了张国焘的分裂主义和国民党军队的大举进攻，在陕甘宁根据地站稳了脚跟，以这块中国大西北的黄土高原为起点，开始跨入一个新的历史阶段。

中国共产党人，将更高地举起抗日民族解放的旗帜，去开辟一个全新的局面。

而父亲，和他的战友们，也将随之走向那如火如荼的抗日战场。

第45章
西安事变前后

1936 年中国的政治形势，真可谓狂澜迭起，风云变幻。

由于日本帝国主义加紧对中国的侵略，中国广大民众的民族危亡感更趋紧迫，抗日呼声日益高涨。

一方面，抗日救亡运动此起彼伏，不断高涨。在西北，建立了张学良的东北军、杨虎城的西北军与共产党的红军三支抗日力量的联合；在东北，共产党领导创立的抗日联军七个军和其他的抗日力量，在白山黑水之间大力开展游击战争，英勇地抗击日本侵略军；在华南，广东的陈济棠和广西的李宗仁、白崇禧宣布要联合出兵，北上抗日；在华东，上海各界救国联合会宣告成立，选举著名人士宋庆龄、何香凝、邹韬奋等四十余人为执行委员，该会发表宣言，呼吁全国各党各派停止军事冲突，制定共同的救国纲领；在绥远，傅作义将军率领所辖部队，在绥东和绥北地区击溃了日伪敌军的进犯，大长了抗日的声威。与此同时，日本势力在华急遽扩张，也引起了英美势力的忐忑不安，国民党内部亲英美派和亲日派的矛盾不断加大。

另一方面，蒋介石对外，仍坚持对日妥协以换取偏安的幻想，声言"和平未到完全绝望时期，绝不放弃和平，牺牲未到最后关头，亦不轻言牺牲"；对内，大力弹压抗日行动，阴谋瓦解了广西、广东的抗日联合，拒绝了西北张学良、杨虎城停止内战的要求，制造了逮捕沈钧儒、邹韬奋、李公朴、沙千里、史良、章乃器、王造时等爱国人士的"七君子事件"。对于共产党和红军,仍视之为"心腹之患者",誓"铲绝残余之赤匪"而后快,[1] 并逼迫张学良、杨虎城率部立即"剿共"。

在这种民族危亡夹带着内患当头的危急时刻,爆发了震惊中外的西安事变。

事情是这样开始的。

在西北地区率部驻扎的张学良、杨虎城,基于民族大义,实行联共抗日的主张,引起了蒋介石极大的恐慌。为制止这一事态的发展,防止"演成叛乱",[2] 1936 年 12 月 4 日,蒋介石御驾亲征,亲自到西安,迫令张学良、杨虎城立即把他们的部队全部开往陕北"剿共",并威胁,如不从命,就要将张、杨的部队从陕西调走。张、杨反复以国家民族命运的大义劝说未果,反倒遭蒋申斥。

12 月 9 日,西安一万名爱国学生,爆发了请愿游行,要求停止内战一致抗日。由于国民党特务开枪打伤学生,群情激愤的学生冲出西安城去,准备前往临潼华清池向蒋介石请愿。张学良将军深为爱国学生的热忱所感动,答应用事实回答学生们的要求。

10 日、11 日,张、杨二将军再次向蒋介石进谏,竟被蒋斥为犯上作乱。

到了此时,张、杨二将军感到,要避免内战,要抗日,已别无选择,毅然决定发动"兵谏"!

1936 年 12 月 12 日,张、杨发动"西安事变",在华清池将蒋介石拘拿扣留。此后通电全国,说明在国难当头的形势下,发动西安事变是迫于敦促蒋介石进行抗战,并提出了停止内战、释放上海爱国领袖、释放一切政治犯、开放民众爱国运动、立即召开救国会议等八项主张。

---

[1] 张宪文主编《中华民国史纲》,第 440 页。

[2] 蒋介石《苏俄在中国》,第 74 页。

西安事变的发生，顷刻之间震撼了中华大地。

南京国民政府内部陷入一片混乱，社会舆论也为之哗然。蒋派人物要求以和平方式解决，以保全蒋介石的性命；一些别有用心的国府官员则主张轰炸西安，并电邀亲日派头子汪精卫回国；英美为维护蒋介石统治，认为不妨与共产党采取某种形式的合作以共同对日；苏联希望事件和平解决，但却误认为张、杨二将军与亲日派关系密切；而日本则明确宣称张、杨已经赤化，极力挑动中国内战的爆发……

西安事变到底何去何从，张、杨二将军到底何取何舍，一时之间众议纷纷，成为全中国、乃至世界上的一个关注的焦点。

在陕北的中国共产党中央经过反复分析研究，认为西安事变是为了要抗日救国而产生的，是完全正义的。但是，张、杨所采取的方式，把南京置于西安的敌对地位，有可能造成新的大规模内战，这是为日本所期望的结果。于是，中共中央确定了和平解决西安事变的基本方针。

中国共产党是这样决定的，也是这样去做的。

12月15日，中共方面公开致电张、杨，表示支持八项主张，反对亲日派借机发动内战。

12月17日，中共代表周恩来飞抵西安，向张、杨说明了中共关于要推动抗日，避免酿成更大的内战的主张，得到张、杨的赞同。

12月19日，中共中央政治局正式提出和平解决的方针。

12月22日，南京方面代表蒋介石夫人宋美龄和其兄宋子文到达西安。张学良、杨虎城、中共代表周恩来，与宋美龄和宋子文进行了两天的谈判，达成了六项条件：

一、改组国民党，驱逐亲日派，容纳抗日分子；

二、释放上海爱国领袖，释放一切政治犯，保证人民的自由权利；

三、停止"剿共"政策，联合红军抗日；

四、召集各党各派各界各军的救国会议，决定抗日救亡方针；

五、与同情中国抗日的国家建立合作关系；

六、实行其他具体救国办法。

12月24日晚，周恩来面见蒋介石，向他阐明主张，晓以利害。最后，蒋介石终于表示接受停止"剿共"、联共抗日等项条件。

12月25日，蒋介石乘飞机返回南京。张学良突然决定只身陪蒋赴南京"以谢国人"。

为时十三天的西安事变至此得以结束。

西安事变的和平解决，粉碎了日本的阴谋，在全国人民的关注和支持下，迫使蒋介石接受了停止内战、共同抗日的方针，从而在一致对外、一致抗日的大前提下，实现了中国共产党和中国国民党自孙中山的国民革命以来的第二次合作。

第二次国共合作和抗日的新局面即将到来，而张学良将军却从此失去了自由。

张学良凭着那一腔的报国热血，凭着那坚决不打内战的凛然正气，和杨虎城一起，毅然抓蒋，逼蒋抗日。当事件结束后，又是凭着那一股子执著的赤诚之心和少帅的那种特有的侠义之情，头也不回地上了蒋介石的飞机。

他可能万万也没有想到，他是以大量大义度人，而蒋介石却绝不会坦诚相待，以仁回报。

蒋介石记恨人，就会记恨一辈子。

张学良将军此番一去，便是有去无回。

他抓蒋关蒋，仅仅十三天。

而蒋介石抓张关张，却关了五十余年。

直到1975年，蒋介石病逝于台湾，张学良仍旧关在那里。

如今的张学良，已过耄耋之年，不再是当年那英姿勃发的少帅。

但是，他知道否，他的十亿同胞，几十年来一直一如既往地惦念着他。他的故乡的土地，几十年来，一直殷殷地期待着他的归来。那风景如画的临潼华清池，以其潺潺澹澹长流不断的碧水清泉，一直在向游人们叙说着这个当年震撼人心而又悲壮动人的故事。

一个西安事变，一个张学良将军，一个杨虎城将军。

张学良将军被蒋介石囚禁了几十年，而杨虎城将军，却在被蒋介石捕捉囚禁了十二年后，于蒋介石逃往台湾的前夕被蒋杀害。蒋介石不但杀了杨虎城将军本人，还杀了杨将军的十七岁的儿子，九岁的小女儿，他的秘书夫妇及其不足十岁的孩子。连同在此以前病死在狱中的杨将军夫人和两位副官，杨将军及其随行人员，共九口人，死于蒋介石之手。

在西安事变中，为张、杨所捉的这一口恶气，蒋介石是用这种方式出了的。

尽管张、杨二位将军一个被关，一个被杀，但由他们的英勇行为所促成的第二次国共合作和全国抗日新局面的到来，却成为全国时局转变的关键。西安事变的爆发，张、杨二将军之壮举，功不可没，德在千秋。

12月12日西安事变的爆发，父亲是在重病昏迷的状态下听说的。

那是因为，1936年底，父亲得了一场非常严重的副伤寒。

1991年的一天，我去看望杨尚昆爸爸。因为我从小就是他的半个女儿，说起话来也随便，于是我就问他知不知道我父亲得病的事。杨爸爸说："怎么不知道！"

他告诉我："那是在甘肃庆阳一带，你爸爸得了伤寒，非常厉害。他已经是昏迷不醒了，什么东西都没法吃，吃一点东西就会把肠子戳破，只好煮点米汤喂他。正好那时候张学良和我们搞统战，派他的副官来慰问红军，送来两车慰问品，有吃的，还有香烟和一些其他物资。其中有一些罐装的炼乳，聂伯伯（聂荣臻）决定，把这些炼乳全部给小平。全靠这些牛奶，救了你爸爸的命。我们这些抽烟的人，见到有好烟，就几个人轮流抽一根。我们在烟上面划上道道，大家看着，谁多抽了都不行。那是'双十二事变'以前。"

　　萧克老将军在我去采访他时，告诉我："我和你爸爸是1931年在中央苏区党代表大会后认识的，我们两个人都会刻蜡板，所以很快就熟了。我们喜欢在一起讲笑话，你爸爸还开我的玩笑，说我连上海都没到过！1936年11月、12月间，我们的部队走在一块儿，听说你爸爸病了，我就去看他。那时候他病得很重，用担架抬着他，不省人事，很危险。"

　　父亲自己也说，那次他病得很重，差点死掉了。西安事变爆发，他在昏迷中隐隐约约听到几句，就又昏迷过去了。他说他一生得过两次伤寒，一次是在法国，一次是这一次，两次都差点死掉了。

　　西安事变爆发后，我红军主力于12月底先南下至甘肃庆阳地区，再进至西安以北的三原一带。

　　梁必业将军记得，一军团于1937年1月8日进至东里堡，2月22日到达甘肃宫河镇一带，军团政治部驻王家楼。

　　为了进一步开赴抗日战场做好准备，红军开展了较为集中的军政训练。

　　1937年1月，因朱瑞调往红二方面军任政治部主任，邓小平接替朱瑞任一军团政治部主任。

　　父亲身为一军团政治部主任，主管一军团的政训工作。

　　军团政治部办了政训班，军团直属机关的干部在这个学习班里，有计划地学习马克思主义哲学、政治经济学和社会发展史。

　　梁必业将军对那段生活记忆犹新，他说："我们进行军事和政治训练，学习中央瓦窑堡会议决议，学习统一战线的方针政策。学员们每天早上起来出操、跑步，学军事、武器、运动战，还搞比武活动。政治课是小平同志给我们讲。他每天早晨起来看书、备课。他备课的时候，不让我们吵。他给我们讲课，讲政治经济学，从商品的两重性讲起。他给我们讲什么是劳动，劳动创造价值，给我们讲社会主义必然会代替资本主义。我们一礼拜上一堂课，课堂是自己搭的。在院子里，

红军长征到达陕北后，部分政治工作干部在旬邑县合影。前坐者为杨尚昆，二排右起为陆定一、杨奇清、邓小平、李伯钊。后排右起为黄克诚、罗荣桓。

我们用席子搭了一个棚子作教室，一个黑板，向老乡借了二十几个长条板凳。邓每次都是一到时间就讲课。有一次供给部部长邝任农的人迟到了，邓一开课，拿起笔就在黑板上写下：'供给部迟到。写在黑板上。'写完就开始讲课。供给部的人来了，一看这几个字，赶快悄悄坐下。邓没有批评人，但是以后再没有人迟到了。小平同志给我们讲的都是基本道理，很朴素的道理。许多工农出身的干部，都是第一次接受这样的系统教育。他还教我们唱国际歌，因为国际歌是外国歌，许多人不会唱或唱不准。我学会唱国际歌的音调，就是从邓那里学会的。"

梁将军说："在王家楼，我们住一个小院子，两个窑洞，小平同志和我住北面的一个，警卫班住南边的一个。周围有一个小围墙，东面有一个小菜园，我们租来修了个'克拉克'球场。我们每个人每月发五元钱，邓的钱由我管。他喜欢喝可可粉，我有机会去三原时就给他买点。吃饭政治部一个锅，很简单，有时有肉。我们军团政治部有一个炊事员是从江西来的，会做红烧肉，来军团开会的干部都喜欢来政治部吃红烧肉。邓的生活很简单，但很规律。吃完晚饭后，他常去散散步，然后又看书，疲劳了就打打克拉克球，或者看看战士们打篮球。邓同总部联系多，特别与当时的总政副主任杨尚昆联系多，杨每次来信都是鼓鼓的一大信封。邓几乎每天都要去驻在宫河镇的军团司令部看电报，或者和聂荣臻、左权同志他们去谈事情。邓对干部要求很严，他说：'我这个主任，是要管师长的！'一军团的师长、政委们，不管谁到司令部来，都要到政治部来请示邓主任。我那时当总务处处长，机关的一些同志想买点好的东西，买好一点的信封信纸，连糨糊也不想自己做了，想买香糊用，邓批评了，以后就不敢了。1937年上半年，刘伯承、萧克他们率领的援西军经过宫河镇时，他们都来王家楼看了小平同志。小平同志还对他们说：'你们的任务艰巨呀！'西路军失败后，援西军停在庆阳一带，后撤回陕北。中央召开了一个一、四方面军团以上干部会，批判张国焘的错误，中央委托杨尚昆、罗瑞卿和小平同志三个人负责。开会的地点就在我们王家楼。尚昆同志来后，和小平同志、我三个人住一间房子，罗瑞卿个子高，一个人住那间警卫班的房子。这次会议的组织工作由我们政治部负责，要管组织会议、生活和安全保障。这是一次很重要的会议。"梁将军沉思地说："我们一军团前后一共有过五位政治部主任，罗荣桓两任，时间最长。小平同志两年，在他的那个时期军团政治工作主要由政治部主任来抓。朱瑞任过一段，李卓然时间最短。我学习做政治工作，第一是向罗帅学习，第二是向小平同志学习。小平同志有理论水平，写作能力强，有用不完的精力。对问题抓得住，放得下。原则问题抓得很紧，其他问题放得开。"

梁将军介绍，一军团政治部共有一百多人，其中干部七八十人。政治部下设组织部、宣传部、保卫部、民运部、破坏部和总务处。其中设有一个干部巡视团，是储备干部的地方，这里的干部可高可低，人数可多可少。

1937年6月底7月初的一天，邓小平对梁必业说："我要调工作了。"

梁问："到哪里呀？"

邓答："到总部。"

梁："谁来接替你？"

邓："罗荣桓。"

梁："什么时候走？"

邓："很快就走。"

梁："你的伙食费还剩下几块钱怎么办？"

邓："你怎么这样认真！"

梁必业后来用这几块钱买了几条火腿让邓带走了。梁说，邓与罗没有接上头，邓走后罗才来的（《罗荣桓传》中说罗是"七七事变"后的第三天被任命为一军团政治部主任的）。后来一军团移至安吴堡，8月22日出发前，邓还专门从三原赶来，看望罗荣桓。

1937 年 6 月、7 月交替的时候，邓小平接替傅钟，被任命为中国工农红军前敌总政治部副主任，也同时任中国工农红军总政治部副主任。

前敌总指挥部组成如下：

彭德怀任总指挥，任弼时任总政委兼政治部主任，左权任参谋长，邓小平任政治部副主任。

西安事变以后，中国共产党面临的主要任务，是动员全党和全国人民巩固和平，争取民主，早日实现抗战。

1937 年 1 月 13 日，中共中央机关由保安迁往延安。

从此，延安，这一陕北古城，变成了全国革命的心脏，成为一切爱国进步青年向往的革命圣地。

1937 年上半年，国共第二次合作的形势有所发展，以周恩来为代表的共产党和以顾祝同为代表的国民党，进行了三次谈判。国民党派中央考察团十八人赴延安考察。6 月上中旬，蒋介石在庐山与周恩来谈判。虽然国民党方面对于谈判诚意不够，百般出题刁难，甚至提出要求毛泽东、朱德"出洋"的荒谬要求，使得谈判不能取得实质性突破，但国共合作的形势已渐趋明朗化，成为不可逆转之事。

这一时期，红军和全国各类革命武装已发展到十万人左右。全国的共产党员已有四万余人。[1] 陕甘宁根据地发展到东濒黄河，北至长城，西起固原，南到淳化，共三十六个县，总面积达十三万平方公里，人口二百万。[2]

革命根据地的巩固扩大，革命军事力量的继续壮大，国共合作形势的不断发展，特别是中国共产党内坚定而又正确的领导核心的建立，使得中国共产党和中国工农红军精神振奋，斗志旺盛，业已做好准备，奔向全国的抗日战场。

---

[1]　中共中央党史研究室著《中国共产党历史》，第 449—450 页。

[2]　张廷贵、袁伟《中国工农红军史略》，第 152 页。

第46章
走上抗日战场

1937年7月7日，在日本侵略军的阴谋策划下，爆发了卢沟桥事变。

此后，日本侵略者向华北增兵，发动了对中国的全面的侵略战争。

7月下旬，日军向北平、天津发动大规模进攻并占领了北平、天津。随后，再向华北腹地大举进攻。

8月13日，日军猖狂已极，把战火燃烧到华东地区，向我华东最重要的城市上海进攻，构成了对南京国民党政府的直接威胁。

在这种敌军大举入侵，国难当头的危急时刻，蒋介石迫不得已，最后下定了进行抗日战争的决心。

卢沟桥事变发生后，中国共产党于次日即通电声明，"只有全民族实行抗战，才是我们的出路"。同月，共产党再次呼吁，实行"全国海陆空总动员"，"全国人民总动员"，进行"统一的积极的抵抗，立刻集中抗战的军事领导，建立各个战线上的统一指挥，决定采用攻势防御的战略方针，大规模地在日寇周围及后方发动抗日的游击战争，以配合主力军作战"。

迫于华北、华东的紧张形势，国民党政府开始认真地对待国共合作这一重大问题。

8月间，国民党在南京召开国防会议。共产党应邀派遣周恩来、

1937年9月，邓小平在延安抗日军政大学作报告。右坐板凳者为抗大校长林彪。

朱德、叶剑英率团赴南京参加军政部谈话会，并同国民党进行谈判。

父亲也随团赴南京参加了这次会议。他说，他们这些人是在台后工作的，前台的是周恩来、朱德、叶剑英等人。梁必业将军说，他听说，当时会议要起草一个抗战中的政治工作这么个文件，国民党方面没有人写，后来据说由邓主笔写成，这个文件为国民党方面接受了。梁将军还听说，代表团在南京时，常遇日军飞机轰炸，飞机一来，国民党的人都跑去躲飞机了，只有共产党的人不怕，因为红军早就被国民党的飞机炸惯了！

这次会谈最终达成协议，将陕甘宁地区的红军主力改编为国民革命军第八路军，下辖三个师。

8月22日，南京国民党政府军事委员会正式发布命令，将红军改编为国民革命军第八路军，任命朱德、彭德怀为正、副总指挥。

8月22日至25日，中共中央在陕北洛川召开政治局扩大会议。会议指出，中国的政治形势已经开始了一个新的阶段，就是实行全国抗战的阶段。这一阶段的最中心的任务是：动员一切力量争取抗战的胜利，并在争取抗战胜利的过程中，完成争取民主的任务。

洛川会议还通过了《抗日救国十大纲领》。其主要内容是：打倒日本帝国主义，全国军事总动员，全国人民总动员，改革政治机构，改良人民生活，肃清汉奸卖国贼亲日派，抗日的民族团结、抗日的外交政策、抗日的财经政策等。

8月25日，中共中央革命军事委员会发出改编命令，宣布中国工农红军第一、第二、第四方面军和陕北红军改编为国民革命军第八路军。红军前敌指挥部改为第八路军总指挥部，朱德为总指挥，彭德怀为副总指挥，叶剑英为参谋长，左权为副参谋长，任弼时为政治部主任，邓小平为副主任。八路军下辖第一一五、一二〇、一二九三个师。1937年12月，南方的红军游击队改编为新四军。

国共两党的第二次合作，是建立在神圣抗战的基础之上。这一合作，受到了全国人民和各界各阶层爱国人士的热烈欢迎。

国民党左派领袖、孙中山的遗孀宋庆龄女士闻讯之后，兴奋地说："我听到这消息，感动得几乎要掉泪。"[1]

7月31日，上海的"七君子"被释放出狱，他们立即表示拥护以国共合作为基础的全国的抗战团结。

中国的各政党、各社会团体纷纷表示拥护国共合作和政府抗战，对抗日救亡运动表现出很高的热忱。

中国的民族工商业界人士，踊跃认购救国公债，为前线将士捐赠物资，用实际行动支持长期抗战。

千百万海外华侨，以拳拳爱国之心，在远离祖国的异国他乡，在

---

[1] 宋庆龄《国共统一运动感言》。《抵抗》三日刊第12号，1937年9月26日。

天涯，在海角，有钱出钱，有力出力，以各种方式支援祖国抗战。

…………

大西北的红军战士们，摘下了红星八角帽，换上了八路军的新装。数万人的队伍精神抖擞，整装待发，只待一声令下，即刻可以奔向抗日战场。

当时，毛泽东、朱德、周恩来和党中央是在革命的心脏延安。八路军总部位于陕西三原的云阳镇。

红军接受改编为八路军后，一方面全军认真学习洛川会议精神，为走上抗日战场做好准备；另一方面，广大指战员对于改编、换装的确存在一些情绪。

要让这些红军战士摘下他们心爱的、佩带了十年的红星八角帽，要让他们穿上原来对他们进行过疯狂剿杀的国民党军队的军服，他们的心里，怎么能够平静！

这个时候，八路军政治工作的一个很重要的内容，就是认真学习和领会中共中央关于国共合作和抗日统一战线的方针政策。

王平老将军，当时就在八路军总部的政治部中当组织部长。这个时候，他和邓小平的接触就很多了。为了了解父亲在八路军总部的情况，我特地去采访他。

王平老将军和我们家拐了好几个弯，带点亲戚关系，因此他对我很亲切。他老人家喜欢喝酒，素有"酒仙"之称，我去看他时，特地带了一瓶好酒送给他。王老将军看见我，高兴地笑了，看见好酒，笑得更开心了，故事，也就越讲越多了。

他说："那时，中央在延安，我们前方总指挥部在三原的云阳镇。我们司令部一个单位，政治部一个单位，住在一起，吃大锅饭。我们政治部有一百多人，设有组织部、民运部、敌工部、总务处。任弼时同志在延安，所以政治部的工作主要由邓管。"

他告诉我："有一次，那是我们出发前的半个月，你爸爸找我去，说：

'离出发还有半个月，你可以到部队了解一下情况，特别是部队接受改编后的思想状况，看看有什么问题。'我去了三十军，见到萧克、李聚奎他们。在那里了解到，我们的部队对于改编成八路军，把红军的帽子换成国民党军队的帽子不满意，情绪还没有转过来，许多人把红星八角帽摘下来，悄悄藏起来。他们说：我们外面是白的，里面却永远是红的！回总部后，我把情况向邓汇报了，邓说我了解的情况很真实，很好。"

王老将军一边回忆着，一边对我说："延安是后方，我们这里是前方，那时候正好是抗战一开始，我们的工作可真忙啊！我们要管人员的调动和分配，要管理干部，要对部队进行思想教育，要做统一战线工作，还要负责对日本人的敌军工作，工作非常忙。受抗战的影响，在共产党号召一致抗战的感召下，全国各地许许多多青年学生都到陕北来，要求参军。来的学生可真多呀，所以我们组织部门特别忙。我们政治部里，上面也来人，外面也来人，一天到晚人来人往，忙个不停。八路军还办报纸，社论都要经过邓主任批准。我们这些人，一天到晚就是工作，连休息一下打扑克的时间都没有。我们的目标，就是要在思想上，在组织上，在一切方面，为奔赴抗日战场做好准备！"

听着王老将军的话，看着他那微微泛红的脸庞，我的心，也禁不住为那高昂的抗日激情所感染。

王老将军顿了一下，继续说："有一次，我们的军队和国民党的军队开联欢会。国民党的军队衣服穿得很整齐，而我们的部队则衣服破旧。可是，我们的战士们又是唱歌，又是喊口号，一派士气高涨。相比之下，周围观看的老百姓都说：'国民党的军队好看，不好吃；共产党的军队不好看，好吃！'那时候，老百姓害怕国民党的军队，因为他们对群众是盛气凌人，又抢东西又抢人，所以老百姓一看见他们就跑。八路军改编后，虽然穿着国民党的军装，但老百姓看见我们却不跑，因为他们一看，就知道这是红军。"

共产党的军队和国民党的军队，在气质上，在风格上，特别是在对待人民的态度上，就是这样的截然不同，差之千里，让人一看即知。

一样的军帽之下，同一个战场之上，本应共同浴血奋战，本应共同对抗强敌，然而，最后，这两支队伍，却走出了结果完全相反的道路。

这是为什么呢？

因为他们的立足点不同，因为他们最终的宗旨不同，因为领导他们的党不同。

当时，有谁能够预料，中国工农红军，这支来自贫苦大众、衣冠破旧而又装备极差的工农队伍，居然战胜了日本侵略者，战胜了国民党军队，在人民大众的支持下，最后登堂入室，夺取了天下！

1937 年 8 月下旬，八路军一派士气高昂，开始出发。他们向着东方，向着黄河，向着被日本侵略者蹂躏的华北大地，开始挺进。

9 月初，八路军总部出发东进。

父亲说，他们在朱总司令率领下，从三原出发，先是骑马，在风

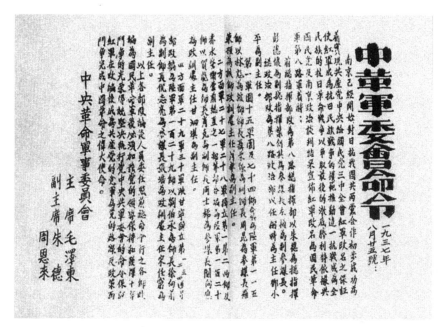

1937 年 8 月，毛泽东、朱德、周恩来签署《中革军委会命令》，命令中国工农红军改编为国民革命军第八路军。

1937 年秋，邓小平（右一）周恩来（右二）同彭雪枫（右五）在山西。

陵渡东渡黄河，再到达山西的侯马。

在侯马，据王平将军讲，邓曾派他去部队了解情况，邓和他还在一个特务团召集的积极分子会上讲了话。邓讲的是形势，讲的是统一战线思想，讲为什么由红军改编成八路军，讲党的洛川会议精神。

9 月 21 日，朱德、彭德怀、任弼时、左权、邓小平等乘火车到达太原。

太原的八路军办事处设在成成中学内。这时，朱德、彭德怀、周恩来、任弼时、刘少奇、邓小平、徐向前等八路军和中共北方局的高级领导都已先后到达太原。在那里，真可谓济济人杰，云集一堂了。[1]

在太原，八路军总部和中共北方局主要领导人召开会议，讨论华北抗战形势和八路军的行动方针。会议指出，华北有全部沦陷的危险，我党我军要准备广泛发展游击战争，扩大八路军到拥有数十万人枪的强大集团军，建立起很多根据地，这样才能担负起独立坚持华北抗战的重大任务。

9 月 23 日，朱德总司令率八路军总部抵达山西五台县南茹村。从此时开始，八路军总部即设在五台县。父亲他们的政治部，设在临近的东茹村。

从此，共产党领导的八路军，正式进入抗击日本侵略者的最前线，投身于抗日战场的熊熊战火之中。

7 月，日本侵略军占领华北大城市北平、天津以后，依仗其咄咄逼人的军事优势，对中国开始进行大规模侵略战争。

为了抗击日军的侵略，中国军队在各条战线展开了全面抗战。

战火，一天比一天扩大蔓延。战争，一刻比一刻残酷激烈。一场将持续八年之久的抗日战争，全面展开了。

9 月，日军分兵几路南下：沿津浦线占领了河北古城沧州；沿平汉线占领了河北重镇保定；沿平绥路西进山西，占领了山西名城大同，并向大同东南方向的平型关进犯。

9 月 23 日，日军在平型关与中国守军发生激战。25 日，前来增援的八路军第一一五师主力利用有利地形，突然向敌人发起猛烈攻击，运用我军擅长近战和山地战的特长，重创敌军，最终歼敌一千余人，击毁汽车一百余辆，缴获一批辎重和武器。

平型关大捷，是华北战场上的中国军队主动寻歼敌军所取得的

---

[1]　中共中央党史研究室著《中国共产党历史》（上卷），第 479 页。

重大胜利。它粉碎了日军不可战胜的神话，大长了中国军队，特别是八路军的声威。

长城，乃是古代中国勇士抵御强敌之军事屏障。今天，在长城脚下，中国军人，英勇的八路军将士，又一次给予入侵之敌以沉重打击，为保卫中华民族再立战功！

10月2日，晋北要塞雁门关失守。

为了御敌南犯，中国军队决定保卫太原，在太原以北地区组织忻口会战。

忻口会战历时二十一天，是华北战场上规模最大，战事最激烈的一次战役。

经过国共双方密切配合，中国军队与日军厮杀于晋北大地之上。

在晋东北，在晋西北，在娘子关下，国共双方的军队相互支援，与敌奋战。国民党军队卫立煌部给予日军坂垣师团以很大杀伤；八路军一一五师和一二〇师在敌人侧翼和后方频频出击，多次截断敌人后方交通线，击毁大量军车，袭击敌人部队；八路军一二九师夜袭敌军阳明堡机场，毁伤敌机二十余架；八路军多次在平定、昔阳、榆次对日军实施伏击。

由于日军攻势强大，到11月8日，日军攻克太原。忻口会战结束。

至此，日军北占归绥、包头，东逼济南、青岛，南抵太原、石家庄、德州一线。华北广大地区已为日军所占，战争的重心，逐渐移至华中战场。

在危急的战争形势下，为了抵抗日军继续南进，蒋介石决定集七十万兵力，以上海为主战场，进行淞沪会战，并亲任作战总指挥。

在历时三个月的淞沪会战中，中国军队浴血奋战，顽强御敌。

11月12日，日军占领上海，淞沪会战结束。

在这次大战中，日军伤亡四万余人，中国将士伤亡二十余万人！

12月13日，日军占领国民政府首都——南京。惨无人道的日本侵略者在金陵古城屠城六周，中国的无辜平民百姓被集体枪杀、被焚烧、

1937年9月，为挽救华北危局，八路军主力在朱德（站立用望远镜者）等率领下，经陕西韩城县芝川镇东渡黄河，开赴抗日前线。坐者左起：左权、任弼时、邓小平。

被活埋处死者达三十余万！

死难中国军民的鲜血，染红了黄浦江，染红了滔滔长江，染红了华东大地。

用鲜血染红的这一页历史，中华民族的子孙万代，永远不能忘记！

八路军入晋到达五台县以后，在与日军进行面对面的武装斗争的同时，着手开展全方位的抗日活动。

9月20日，由周恩来、彭德怀向第二战区司令阎锡山提出，在太原成立了一个统一战线组织——第二战区民族革命战争战地总动员委员会。这个委员会是带有战时政权性质的组织，其动员区域包括绥远、察哈尔、晋西北、雁北和晋东北等地，主任委员为国民党爱国将领续范亭，八路军代表为邓小平。

各级战地动员委员会是发动群众支援和参加抗战的领导机关。

关于如何适应抗战新形势发动群众，父亲在一一五、一二〇两个师政治部门领导会议上，详细指示，要结合战争形势，迅速建立"战动会"，大刀阔斧地开展群众工作。父亲还对我党派驻河北地方临时省委的王平等人作出具体指示，布置工作。战地动员委员会在宣传抗日、组织武装群众、培养干部、开展游击战、创建根据地等方面，做了大量工作。

据父亲的老战友傅钟回忆，当时八路军政治部的日常工作是由邓小平主持的。

傅钟写道：小平刚过"而立之年，风华正茂，不论军队工作、地方工作都有丰富经验。他作风干练、稳健，待人热诚，关怀部属，深得同志们信赖。""小平同志对于凡是关系到党的政策和策略的问题，一贯要求严格，指示我们在实际工作中务必十分注意。"

在"战动会"的组织工作上，邓小平强调，应十分注意区、村两级的组织工作，强调要吸收各界各阶层代表人物参加，又要大力扶助维护群众利益的积极分子参加选举并成为骨干，为逐步改造旧政权，建立抗日民主政府准备条件。

依靠群众，组织群众，动员群众，历来是红军的优良传统。阎锡山原料定，发动群众的工作怎么样也要三个月才能搞起来。结果不想，八路军只用了短短二十天，就把群众组织和武装起来了。阎锡山及其手下只好自叹弗如："八路军做事太快了！"

在东茹村，父亲还曾接待过好多批来访的记者、爱国人士和从远道而来参加抗日的热血青年，同时，完成了党中央和北方局交办的大量的工作。

平型关大捷以前，我军在山西五台一带已难以立足，毛泽东指出，应分为晋西北、晋东北、晋东南、晋西南四块开辟局面，以互为犄角，密切协同，站稳脚跟。

10月12日，由八路军总部派遣，父亲率傅钟、陆定一、黄镇等干部共五六百人，远离主力，到晋西南开辟工作。

傅钟回忆：我们经太原往南走，队伍走到哪里，宣传到哪里，沿途受到群众的热诚接待，所以队伍虽小，却有声有色地扩大了红军的影响，以至我们在太原等地一贴出随营学院的招生布告，立即就有青年知识分子报名参加我们的行列，队伍最后由三个队扩大成四个队。到汾阳县三泉镇后，当地牺盟会的负责人和山西省委的同志不断找小平同志汇报情况，听取指示。不几天，从忻口前线退下来的国民党部队，漫山遍野而来。阎锡山也离开了太原，跑进了吕梁山区。11月8日太原失守。从太原地区退下来的各路国民党军队大路跑，小路跑，惶惶不可终日。周恩来到达汾阳时对战动总会的同志说：要想办法不让败军骚扰老百姓，阎锡山撤走他的干部，.你们必须守住岗位，他拆台，我们干，和华北人民生死在一起。小平也异常镇定地鼓励大家，他说：国民党扔掉国土，丢下老百姓，抗日的责任在我们肩上，我们要当仁不让，鼓起最高的决心和勇气，站在最前线和日寇拼命，同山西人民一道抗战到底！国民党、阎锡山的几万败军过后，只有小平同志率领的我们这支八路军和战动总会的干部，挺立在太原西南方向的大道上。

傅钟回忆：小平同志和我们离开三泉镇，到了孝义县的下堡镇。这里地处吕梁山下，是晋西南的大门。这时日军一股窜到平遥县，阎锡山的平遥县长如惊弓之鸟，带着文武官员和物资，逃出本县。小平同志得知后，一面对我方人员布置：在民族危急关头，反对逃亡，要理直气壮，要敢于领导群众进行反逃亡斗争。一面把那个县长叫来，晓以大义，劝其返回平遥，开展游击斗争，否则就是不尽"守土抗战"之责。小平同志严厉地说："日军打来，如果丢下老百姓逃跑，老百姓是不会答应的！每支枪，每粒子弹，每文钱，都是老百姓的血汗，不用到抗战上，老百姓有权利说话！"那个县长不听劝告，仍要亡命逃跑，但最后在我方的压力下，交出了枪弹物资和人员。此后，小平同志给留下的部队派去了几名八路军干部,整训了部队。这支部队，在平遥，在战斗中，迅速扩展成一支五六百人的抗日游击武装力量，取得了反逃亡斗争的胜利。此后，小平同志又在孝义的下堡实施戒严，收缴了想要逃跑的县长、警察的枪支弹药，派去了八路军干部，在孝义也形成了一支抗日的游击武装力量。随后，小平同志动手起草了一份给阎锡山的电报，揭露平遥、孝义等县长擅离职守，弃地逃跑的行为，并声明：日寇入境，我们"有必死之决心，无逃跑之余地"。八路军的抗日决心和果断行动，很快在广大群众中流传开了，人们盛赞："八路军的干部是铁打的钢铸的，阎锡山的官儿是泥捏的木头刻的。"

在晋西南，父亲还进一步部署，团结各界各阶层爱国人士，扩大统一战线，动员青年参军，发展党员，建立党的组织。他对于军风军纪和群众纪律要求十分严格，指出：群众越是热爱八路军，我们越要严格要求自己。他亲自到一些村子巡视检查工作，进行新兵动员。由于工作深入，当地群众抗日热情高涨，扩军工作搞得热火朝天，仅孝义县，在不到两个月的时间内，就有三千多青年走进了八路军的行列。

直到1937年底，八路军一一五师的部队到达孝义县，父亲才离开晋西南地区，回到八路军总部。[1]

这时，八路军总部已南迁至晋中东部的和顺县。

在10月底至11月初的战斗中，八路军在山西的各处战场上，主动出击，英勇抗战，共歼敌军二千余人，并缴获了一批武器、马匹和物资。

11月8日太原失守以后，八路军根据中央关于在晋西北、晋东北、晋东南、晋西南开辟局面的指示迅速行动：

第一一五师一部在聂荣臻司令员率领下以阜平、五台为中心成立了晋察冀军区，粉碎了日军两万人的围攻，毙伤日伪二千余人；

第一二〇师在师长贺龙、政委关向应的率领下，进入晋西北广大山区和乡村开展游击战争，进行开创晋西北根据地的工作；

---

[1] 本章内容参考了傅钟所著《初上抗日战场》。《二十八年间》（续编），第1页。

第一二九师在师长刘伯承、政委张浩的率领下，根据中央关于创建以太行、太岳山脉为依托的晋冀豫根据地的指示，在晋东地区开展广泛的游击战争，建立抗日民主政权，并于 12 月下旬在寿阳、昔阳地区打退日军骑兵五千余人的六路围攻；

第一一五师一部在师长林彪的率领下，南下吕梁山脉，准备开辟晋西南抗日根据地。

截止 1937 年年底，八路军在中央的统一指挥下，初上抗日战场，开创了抗日新局面，成为中华民族抗击日本侵略者的一支坚强的武装力量。

第47章
第一二九师政治委员

1938 年 1 月，八路军总部任命邓小平接替张浩，任第一二九师政治委员。时年三十四岁不到。

1 月 18 日，父亲到了一二九师师部驻地，山西省辽县西河头村。

辽县，地处太行山脉的东南段，在山西省的东部偏南。

西河头，乃是一个名不见经传，连地图上都找不到的小小村落。

八路军一二九师师部就在这里。

此时隆冬未过，天寒地冻，滴水成冰。

一二九师的师长刘伯承头天去洛阳开会去了，会议是第二战区师长以上的高级将领会议，由蒋委员长召开。

次日，父亲便到了这个小小山村。

当时在机要科工作的杨国宇在那一天的日记中是这样记载的：

　　一月十八日晴　西河头

　　十八集团军（注：即八路军）总政邓主任小平到了司令部，个子不高，见了我们总是笑，大家议论说什么刘师长刚走，他就来了。不住政治部，住在司令部与刘一起，大概是代替刘。奇怪，我们的政委张浩什么时候走的，谁也不知道。

邓小平同一二九师师长刘伯承在一起。

过了两天，杨国宇又记道：

　　20日，在辽县开政治工作会议，全师营以上干部均出席，我因工作未参加，后来听说是邓主任作的报告。

　　21日，前方打得很激烈，政治工作会议照样开。

　　24日，政工会议完毕，西河头河滩上的人马，纷纷回队。看来师长不在家，就是邓主任主揽一切。[1]

　　1月27日，刘伯承师长回到西河头，和新到的政委见了面。

　　刘伯承和邓小平原本就认识，并不是陌生人。但从这一天起，他们正式在一起工作，一个师长，一个政委；一个军事主官，一个政治主官，

---

[1]　杨国宇《刘邓麾下十三年》，第36—37页。

就这么着，一搭档就搭档了十三年。

刘伯伯生于1892年，长我父亲十二岁，他们两个人都是四川人，两个人都属龙。

说起刘伯伯，故事可就长了。

1911年，刘伯伯就在四川的万县参加了辛亥革命的学生军，1912年考入重庆军政府将校学堂，以后参加讨袁护国战争，20年代初期已是川中名将。1926年，刘伯伯加入了中国共产党，参加了四川的泸顺起义。1927年参加南昌起义。他曾赴苏联留学，毕业于伏龙芝军事学院。回国后在中央军委工作，1932年任中央革命军事委员会总参谋长。他在长征中指挥部队强渡乌江，智取遵义，抢占皎平渡，勇过大渡河。一、四方面军会合后，他被分配到左路军，与张国焘的分裂主义进行了坚决的斗争。这位红军名将，在抗日战争爆发后即被任命为八路军第一二九师师长，统帅一支部队，驰骋在抗日战场之上。抗战伊始，他便运用机动灵活的战略战术，组织所部夜袭阳明堡机场，伏击七亘村日军，并在正太铁路南侧歼敌一千余人。1937年10月，刘伯承奉毛泽东和中央之命，率一二九师挺进太行，以创建晋冀豫边区抗日根据地。

刘伯伯因在早年战事中失去右眼，被称为独目将军；因其用兵如神被誉为常胜将军；又因其智谋过人而被比作明朝名臣刘伯温。不管怎样称谓，总之，他是红军、八路军中声名赫赫的一员大将，是人民军队中的一名不可多得的大军事家。

父亲是1931年在中央苏区认识刘伯伯的。父亲说过："初次见面，他就给我留下忠厚、诚挚、和蔼的深刻印象。"也是事有巧合，抗日战争开始不久，父亲就开始了与刘伯伯长达十三年的共事。

父亲形容，他们二人"感情非常融洽，工作非常协调"。

父亲后来说过："我比他小十多岁，性格爱好也不尽相同，但合作得很好。人们习惯地把'刘邓'连在一起，在我们两人心里，也觉

邓小平和刘伯承率一二九师深入日军占领区的后方，以太行山为中心，依托山区，并向平原发展，进行了一系列战斗，创建了晋冀鲁豫抗日根据地。图为一二九师挺进晋东南。

得彼此难以分开。同伯承一起共事，一起打仗，我的心情是非常愉快的。"[1]

父亲和刘帅二人之间的深厚友情，一直持续了几十个春秋。

1986 年刘伯承病逝后，父亲曾撰写悼文一篇，文中说到他和伯承长期共事，相知甚深；文中说到伯承乃我军的大知识分子、大军事家；文中说到伯承从少年时代起即立志"拯民于火"，而最终达到忘我的境界；文中说到伯承之辞世，令他至为悲痛⋯⋯

---

[1] 邓小平《悼伯承》。《刘伯承回忆录》(第三集)，第 5 页。

在父亲的一生中，严肃多而言笑少，弥足坚强而情感流露甚寡。他悼刘帅一文，这样的深情，这样的追念悲痛之心毕现，实不多见。可见父亲与刘帅二人之间战斗友情之笃切。

1938年1月，父亲到一二九师后，即与刘师长伯承一起，立即投入了繁忙紧张而又艰苦卓绝的抗日战争。

1月28日，辽县召开军民大会，纪念淞沪抗战六周年，有讲演，有游行。

2月3日，一二九师召开干部会。此时是"后方开会议大事，前方打小仗。"[1]

2月5日、6日，一二九师召开高级干部会议，政委邓小平主持。刘伯承师长讲战术，徐向前副师长讲战斗，邓小平政委传达中央政治局会议精神。会议总结了太原失守以来的工作和部署实行战略展开、开展游击战争和开辟根据地的工作。

2月15日，一二九师师部开始北移。从此，在1938年的半年之中，开始了一系列与日本军队的激烈而艰苦的作战。

以太行山为依托的晋冀豫地区，在太行山脉的南端，主要区域在山西的太行山中；东北是河北，紧邻邢台、邯郸；东南是河南，近接安阳、林县。

其时，该地区已处在日军三面包围之中，其西面之平遥、汾阳，东面之安阳、新乡，及北面地区，均已被日军占领。

1938年2月中旬，日军三万余人向晋南、晋西发动进攻，同时向潼关、西安及陕北发起战事。

蒋介石下令反攻太原，八路军的任务是切断敌人后方交通，以配合友军的行动。

一二九师奉命适当集中主力，协同一一五师一部，向正太铁路阳

---

[1] 杨国宇《刘邓麾下十三年》，第39页。

1938 年初，在山西洪同县马牧村八路军总部。左起：彭德怀、朱德、彭雪枫、萧克、邓小平。

泉至井陉地区的敌人进击。

一二九师师部在刘邓率领下向北进发，在凄凄寒风中日夜兼程，翻山越岭。他们时而行进在羊肠小道，时而渡过石坝荒滩，一路上看到平民百姓的村庄，被日军焚烧殆尽，男女老幼无家可归，其惨状实在令人不能目睹。

2 月 21 日，打响了长生口战斗。

我军先袭击旧关，吸引驻井陉敌军来援，然后在长生口设下埋伏。当敌人二百援兵乘汽车八辆到来之时，我伏击部队突然出击。经过五个小时的激烈战斗，我军歼敌一百三十余人，击毁汽车五辆，缴获武器一批。

长生口战斗，战果显著。

2月27日，一二九师师部胜利返回辽县西河头。

3月4日，一二九师再次出发，此次南进，准备在邯长大道以北地区寻机歼敌。

河北邯郸至山西长治的公路，乃是日军一条重要交通线，其沿线各县城均有敌军守备。其间，辽县以南的黎城县是敌军重要兵站基地，驻有步骑兵千余。其南侧潞城县更有敌军二千。一二九师领导决心在此寻战，计划先攻黎城，引出潞城之敌出援，然后利用途中神头岭复杂的地形，设伏击敌。

3月16日凌晨四时，战斗打响。战事进展，一切均如我军部署。我军先袭黎城，潞城之敌一千五百余人即行出援。此时我已切断神头岭与黎城之间的交通，敌人一到，我即毁桥断路，待敌进入我三面设伏、如口袋状的伏击地区后，我军三面出击，与敌人展开白刃搏斗。经二小时激战，歼敌一千五百余人，缴获枪支骡马数百。

神头岭伏击战以取得辉煌战果而告结束。

神头岭战斗打过之后，紧接着，刘伯承、邓小平和徐向前又决定在邯长大道上再打一仗。

3月31日，响堂铺战斗打响。

日军为了支援晋南、晋西之敌向黄河各渡口进犯，运用邯长大道加紧运输，每日汽车不断。我一二九师决定设伏于涉县响堂铺一带，利用山势地形，袭击日军运输部队。30日夜，伏击圈业已设好，31日上午，日军两个汽车中队一百八十辆汽车由部队掩护从黎城方向而来。当敌人进入伏击圈之际，战斗打响，我军以猛烈火力压制杀伤敌人，遂即发起冲击，与敌人白刃格斗。两小时后，战斗结束，我军歼敌四百余人，焚毁军车一百八十辆，并缴获了许多武器装备。与此同时，击退从黎城、涉县来援之敌军共千余人。

刘伯承认为，响堂铺战斗，是伏击战斗的范例。

在短短一个半月的时间里，一二九师连续取得了长生口、神头岭、响堂铺三次战斗的胜利，灵活运用游击战、运动战的战略战术，集中绝对优势兵力对敌发起攻击。仗，打得漂亮，人，打得英勇！

一二九师在晋冀豫的战斗，既有力地打击了日军侵略者，又进一步为创建和巩固敌后抗日根据地提供了保障。同时，八路军在晋东南地区的胜利，也使日本军队惶恐不安。为了解除后方的威胁，日军决定于4月初对晋东南地区进行围攻。

3月底，八路军总司令朱德、副总司令彭德怀召集东路军将领会议，研究和部署了反围攻的作战方针。

4月4日，日军以十余个联队三万余兵力，分九路向晋东南地区之八路军和国民党军队大举围攻。10日前后，从东、西、北三面进犯之敌相继侵入我根据地。在八路军总部和东路军总部的部署下，中国军队先后将六路进犯之敌阻滞。有三路敌军进入我根据地腹地，并相继占领了沁县、武乡、辽县等城，但是，这些进犯之敌已孤立突出，且遭我军部队和游击队的不断阻击和袭扰，陷入了饥饿疲惫和恐慌不安的境地。

在这种情况下，一二九师决定寻机打一个歼灭战。

4月16日，我军在武乡以东的长乐村地区，将敌夹击，经过反复、激烈、艰苦的战斗，歼敌二千二百余人，我军亦伤亡八百余人。

长乐村战斗，是粉碎日军九路围攻中具有决定意义的一仗。此后，敌人锐气全无，我军乘敌人调整部署之际，先后收复了辽县、黎城、潞城、襄垣、屯留、沁县、高平、晋城、涉县、长治等县城。

经过二十三天的反围攻作战，我军打破了日军企图消灭我军于晋东南的计划，消灭日军四千余人，收复县城十八座，将日军全部驱逐出晋东南地区。晋冀豫地区北部（太北）已基本上为我控制，八路军的威信空前提高，广大人民群众饱受日军残杀蹂躏之后，抗日信心更加坚定。这些，都为建立晋冀豫抗日根据地创造了极为有利的条件。

4月22日，一二九师师部回到了他们的"首都"辽县西河头。

辽县人民欢欣鼓舞，各界人士纷纷来到司令部，向刘伯承、邓小平、徐向前致敬。

父亲自1月份来到一二九师，一晃三个月的时间过去了。这三个月，军旅倥偬，战事紧张，闲暇全无。

4月25日，一二九师政委邓小平召集一二九师军政委员会，决定成立晋冀豫军区，本师主力组成平汉路东、路西两个纵队。路东纵队由徐向前副师长率领开赴冀南，路西纵队由陈赓旅长率领向冀西发展。刘伯承、邓小平指挥前梯队指挥机关和第三八六旅前出到河北邢台以西地区，组织指挥山地和平原的对敌斗争。

4月下旬，在师部的指挥下，三八六旅进至（北）平汉（口）铁路西侧的冀西邢台地区，由此向南横扫邢台、沙河、武安、磁县以西的伪军。到5月底，基本上改变了日军侵占武（安）涉（县）大道以来的混乱局面。

1938年6月12日，一二九师麾下成立新的三八五旅，该旅由陈锡联为旅长，谢富治为政委。

一二九师原下辖三八五、三八六两个旅，共一万三千余人。

第三八五旅由原红四方面军第四军改编，旅长王宏坤，副旅长王维舟，参谋长耿飚，政治委员苏精诚。

第三八六旅由第三十一军改编，旅长陈赓，副旅长陈再道，参谋长李聚奎，政治委员王新亭。

4月，整编主力组成路东、路西两个纵队后，6月，重建三八五旅。三八五旅成立后，便活动在冀西一带，消灭了大量伪军，打退敌人多次进攻。

到了这时，一二九师经过近一年的发展，下辖三八五旅、三八六旅、晋冀豫军区、冀南游击区（后称冀南军区）、东进纵队、青年抗日纵队等，并代行指挥第一一五师第三四四旅和八路军第五支队。

一大批八路军高级著名将领，人才济济，云集于太行山与晋冀豫的抗日战场上。他们之中有：一二九师参谋长李达，政治部副主任蔡树藩，高级将领陈锡联、谢富治、陈赓、陈再道、宋任穷、段海洲、李聚奎、倪志亮、黄镇、王宏坤、王维舟、耿飚、苏精诚、许世友、王新亭、周希汉、徐立清、刘志坚、钱信忠、王近山、张南生、吴富善、王树声、赖际发、秦基伟、桂干生、张贻祥、张贤约、唐天际……，以及徐海东、杨得志、黄克诚、韩先楚、刘震、崔田民、谭甫仁、韦杰、覃健、曾国华、刘贤权等。

这些一二九师和其他部队的高级将领，几乎都是久经沙场的红军将领，大部分还未到而立之年，正是英姿勃发之时。在毛泽东、党中央和八路军总部的领导下，在刘邓首长的直接指挥下，他们驰骋疆场，勇不可挡。凭着大好的年华和丰富的经验，华北的抗日战场，正是他们一展身手的大好地点。在未来的战事中，在解放全中国的进军中，在建设新中国人民军队的事业中，你们还会许多次许多次看到他们的英姿，还会许多次许多次听到他们的威名。

1938年6月间，父亲从辽县出发，向东北方向的冀西地区出发，视察冀西军分区的工作。

冀西地区位于河北石家庄至邢台之间，有元氏、赞皇、高邑、临城、内丘等县。1938年3月，刘邓曾派张贻祥等人赴冀西开辟抗日根据地，时隔两个月，父亲亲赴冀西，指导工作。

到冀西军区后，父亲首先听取了张贻祥等人的汇报。他指示要进一步组织游击队武装和发动群众，以战胜敌人。接着，他又去了在石家庄南尖山林的三八五旅视察工作。在冀西，父亲共住了个把星期，便又匆匆赶回山西辽县一二九师师部。[1]

---

[1] 张贻祥《太行十年的几次接触》。《二十八年间——从师政委到总书记》，第14—17页。

刘邓率部越过平汉铁路，东进冀南平原，开辟了冀南抗日根据地，还先后建立了太岳和鲁西南等根据地合并而成的冀鲁豫抗日根据地。图为一二九师主要领导人在一起。左起：参谋长李达、政委邓小平、师长刘伯承、政治主任蔡树藩。

　　为了破坏敌人的运输动脉，一二九师各部在师部统一指挥下，对平汉、正太、道清等铁路先后进行了十次大破击和无数次小破击。在总长五百余公里的铁路上，破击作战此起彼伏，广大群众踊跃参加，使日军的交通运输时续时断，修不胜修，处于半瘫痪状态。

　　一二九师各主力，继续在各地积极活动，有力地打击日军，同时在地方党组织的帮助下，广泛发动群众，顺利进行扩军工作。到了9月，三八五和三八六两个旅，都已发展到七千人左右的规模，部队的军事、政治素质，也大大提高。

　　1938年7月5日，父亲由太行南下，到达冀南抗日根据地视察。

　　冀南抗日根据地，是于1937年，由陈再道率领的一二九师挺进支队开赴冀南创建的。1938年5月，一二九师副师长徐向前亲赴冀南领导抗日斗争。冀南根据地以邢台地区的南宫县为中心，得到了迅速的发展，短短几个月里，建立了二十多个县的抗日政权，部队由五百多人发展到一万余人，东进纵队由原来的五个连，发展到三个团，近七千人。[1]

1991年秋天，我到陈再道老将军的家，去采访他。

金秋时节，菊花盛开。陈老将军一把拉住我的手，高兴地摇了又摇，开口就问："你爸爸好不好？"

对于这个享有盛名的红军猛将"陈大将军"，我久仰大名，但却是第一次有机会拜见。只见他白发白眉，黑黑的脸膛上，笑起来布满了笑纹，竟然连那著名的麻子也看不见了。

陈老将军把双脚一跷，高高地搭在椅子上，他说："我是在抗日开始，过黄河的时候认识你爸爸的。"他的眼睛看着天花板，声音洪亮。

"1938年7月你爸爸去冀南视察，我们开了个特委和部队团以上干部会。邓政委作了报告，分析了形势。他指出，蒋介石的抗战，有可能转向妥协投降、或者片面抗战与妥协投降并存的极大危险。目前，日军正忙于进攻武汉，华北敌人兵力减少，是我发展敌后游击战争的大好机会。他还讲到，在与河北省主席鹿钟麟的关系中，要团结他共同抗战，但也要提高警惕，坚持统一战线中的独立自主原则，发展壮大我军力量。邓政委会后还和我们一起吃了饭，很简单。他这个人，讲话一句是一句！后来刘邓又来过我们冀南，刘邓要我的四个团，我们冀南还支援了太行山好多东西，有衣服，布匹、被褥。我们自己也很困难哪！我们在平原，风大，土大，一刮风，一件土布衣服吹上沙子就有一斤多重。可是我们还是尽量地支援太行山，他们那里更艰苦。"

陈老将军的夫人病在医院，他只有一个人在家，因此，我去看他，

---

[1]　陈再道《陈再道回忆录》，第362、376页。

他特别高兴。他是一个有名的"酒罐子",他拉着我,悄悄地告诉我:"我这里到处都有好酒!"真是的,连床边上放的都是大酒坛。陈老将军指着一个玻璃缸,说:"这里面有三条最毒的蛇,这个蛇酒可好了,你在我这里吃饭,我请你喝酒!"

看着陈老将军那么热情的样子,作为晚辈,我本不应该走,但是,一看见那装有三条毒蛇的酒缸,我就连连道歉,连连告辞。最后,陈老将军一直把我送到房门外,院子里,还连声让我以后再来。

我知道,他这么高兴,并不是因为看见了我,而是因为我是邓小平的女儿,是因为他与邓小平有着几十年的战斗情谊。

…………

到1938年中期,由于我八路军一二九师一系列有效作战,在晋东南,在冀西,在冀南,不断取得战果,不断开创局面,歼敌数千人,在大片地区建立了抗日民主政权,以太行山为依托的晋冀豫抗日根据地进一步巩固和发展。在此基础上,8月下旬到9月上旬,一二九师陈再道部为牵制日军进攻潼关、洛阳,在豫北进行了漳南战役,消灭伪军四千余人,俘敌一千五百余人,在豫北建立了安阳、内黄、汤阴等县的抗日民主政权,在卫河以西的豫北地区开辟了南北近五十公里的新区,在冀南豫北交界处三十余县建立了抗日民主政权,并加强了冀南抗日根据地与冀鲁豫和太行的联系。

与晋冀豫抗日根据地发展的同时,我八路军其他各部也积极寻机与敌作战,在不同的地区开创了抗日局面。

一二〇师,在敌人侧后的晋西北的广大地区开展游击战争,打破了日伪军万余人的围攻,夺回了七座县城,歼敌一千五百余人,部队由八千余人发展到二万五千余人,在晋西北和雁北地区建立了抗日根据地。

一一五师,挺进晋西南的吕梁地区,积极发动群众,开展游击战争,歼敌千余,并反复伏击敌人运输部队,为开辟晋西南根据地创造了条件。

抗日的战火，已在山西、河南、河北的大地上四处燃烧，势不可遏。

与此同时，在山东，成立了八路军东进抗日挺进纵队，开辟了平原游击根据地；在华中，由叶挺、项英、陈毅等领导的新四军，粉碎日军多次扫荡，主动出击，予敌重创，初步打开了这一地区的抗日局面。

在进一步发展抗日局面，进一步巩固统一战线的形势下，1938年9月29日至11月6日，中国共产党在延安召开扩大的第六届中央委员会第六次会议。

参加这次会议的有中央委员和候补中央委员十七人，中央各部门和各地区的领导干部三十余人。

8月25日，父亲从太行出发，赴延安参加六中全会。

在六中全会上，毛泽东作了《论新阶段》的政治报告，指出，目前的抗战正处于由防御转入敌我相持的过渡阶段。日军占领武汉、广州等地以后，其兵力不足和兵力分散的根本弱点将更加暴露，其在国际和国内的种种矛盾也会随之加深，敌人的战略进攻不可避免地将达到一个顶点。对我国军民来说，要有计划地部署正面战场的防御抵抗和广泛开展敌后游击战争，抓住敌的弱点，给其以更多的消耗，使战争转入敌我相持的新阶段。这是全国当前的紧急任务，要准备进行艰苦的战斗。同时，要不断巩固和扩大抗日民族统一战线，用长期合作来支持长期战争。

在会上，彭德怀、秦邦宪（博古）、贺龙、杨尚昆、关向应、邓小平、罗荣桓、彭真等围绕着十五个月的经验作了发言。

全会通过了政治决议，批准了以毛泽东为核心的党中央政治局的路线。

12月中旬，一二九师师长刘伯承率一二九师师部到达冀南，直接领导冀南和鲁西北的斗争。

12月底，邓小平政委从延安返回，到达冀南地区。

12月30日，一二九师在冀南南宫县的落户张庄召开军政干部会议。

邓小平政委传达了党的六中全会决议。会议根据冀南的斗争形势，确定了依靠工农群众、依托广大乡村、坚持冀南平原游击斗争、巩固抗日民主阵地的斗争方针。

从 1937 年 11 月到 1938 年年底，一二九师在山西、河北、河南、山东四省交错的华北广大地区获得了很大的发展，在东至津浦路，西至同蒲路，北起正太、沧石路，南迄黄河的广大区域内，开辟了晋冀鲁豫抗日根据地。其人口达二千三百万，部队人数发展到十三个团，基干武装近三万人。

从 1938 年 10 月开始，由于中国军民的奋力抵抗，侵华日军伤亡四十余万，军用物资大量消耗，兵力日益分散。日本侵略者曾经嚣张地提出的"两个月就可以结束战争"，"三个月灭亡中国"的痴心梦想宣告破产，不得不停止了正面战场的战略进攻。

正如毛泽东所预言，中国的抗日战争，由战略防御阶段进入了战略相持阶段。

历史的时针，已经指向公元 1939 年。

抗日战争，进入了第三个年头。

一二九师师部的驻扎地点在冀南威县七级的张家庄。

1 月 1 日，冬雪飘飘，寒沁肌骨。

刘邓带领一二九师师部在冀南指导工作，命令要在元旦给敌人以大的打击。[1]

为了贯彻统一战线的方针政策，为了团结一切可以团结的力量进行抗战，为了避免内战摩擦，在冀南，刘邓亲自与国民党河北省主席鹿钟麟和国民党军第十军团司令石友三会谈，争取他们一致抗日。

在刘伯承多次与鹿钟麟会谈的同时，邓小平于 1 月 16 日和 25 日两次与石友三晤谈，向其晓以民族大义，表明八路军坚持团结与友军

---

[1] 杨国宇《刘邓麾下十三年》，第 93 页。

1938年,中共中央和八路军总部部分领导人在延安机场合影。右起:徐海东、贺龙、彭德怀、周恩来、朱德、邓小平、滕代远、罗荣桓、萧克、关向应、程子华。

共同抗日的愿望,以及八路军绝不撤离抗日根据地的严正立场。邓小平的工作,使得石友三暂时保持了中立的立场,孤立了鹿钟麟等顽固派的反共行为。

1939年新年刚过,春节未到,日军便集中兵力,开始了对我抗日根据地的大规模的扫荡。

日军的扫荡,一次比一次疯狂,一次比一次更为凶残。

整个的1939年,我抗日根据地的军民,一直在扫荡与反扫荡的战斗中,英勇顽强地与日本强敌抗争。

1月7日,日军三万余人分八路向冀南大规模扫荡。

1月21日,日军六千人对太行腹地和顺、辽县进行扫荡。

2月12日,日军两千人向冀南威县香城固地区扫荡。

2月21日,日军以快速部队向冀南南宫、威县、清河间地区扫荡。

3月10日,日军对鲁西南巨野地区进行扫荡。

1939 年，邓小平（前左二）在延安时与毛泽东（后右五）及八路军部分干部合影。

4 月 1 日，日军两千人扫荡晋中南平遥以南、沁源以北地区。

4 月 10 日，日军三千人扫荡山西白晋公路南侧地区。

4 月 20 日，日军华北派遣军司令部发布"治安肃正"计划，加紧扫荡步骤。

4 月 23 日，日军一千人四路合击鲁西北高唐、禹城地区。

5 月 2 日，日军一千人扫荡冀南南宫地区。

6 月 1 日，日伪军三千人扫荡冀南路罗等地区。

7 月 1 日，日军万余分七路扫荡鲁西南。

7 月 3 日，日军五万人向晋冀豫地区实行大扫荡，占据了我根据地大部县城，控制了白晋路北段和邯长、平辽等路。

面对敌人密集而又疯狂的扫荡，晋冀鲁豫根据地和一二九师，加强部署，迂回抗争，寻机予敌以坚决的打击。

1 月 12 日，针对敌三万人向冀南扫荡，刘邓在冀南召开干部会，布置反扫荡工作，以后并发布反扫荡作战令。从1月到3月，在刘邓直接指挥下，冀南军民进行了较大战斗一百余次，毙伤敌伪三千余人，粉碎了日军控制冀南平原的计划。

3月以后，敌我斗争重点逐渐转向山地，刘邓率一二九师主力于3月7日返回太行。

3月18日，一二九师进行整军。

4月3日，一二九师直属队等在黎城县上赵栈村进行检阅，朱德总司令参加并检阅了部队。

7月，针对日军对晋冀豫根据地实施的大规模扫荡，刘邓决定组织广大地方武装和民兵游击队，以分散的持久的游击战疲惫消耗敌人，并以主力适当集中，相机歼敌。敌人来犯之前，我军民进行了战斗转移和空舍清野；敌人来犯之后，组织民兵游击队进行不间断的伏击、阻击以疲惫敌人；在时机适当的时候，我主力对敌实施伏击和攻击，并在被敌人占领的交通线上展开袭击战和围困战，给予敌人沉重打击。日军进入根据地后，四处寻找我军主力不着，又屡屡遭受打击，被迫于8月下旬撤出，敌人扫荡至此结束。在此期间，一二九师积极寻战击敌，进行大小战斗七十八次，歼敌二千余人，收复许多重要县城，粉碎了日军这次来势凶猛的大规模扫荡。

与此同时，一二九师在不间歇的反扫荡战斗中，还于1月到8月，对敌人占领之铁路、公路交通要道不断地进行了破袭，使敌人的交通运输始终不得畅通无阻。

从1938年1月到一二九师任政治委员以来，在一年多的时间里，父亲不是指挥作战，就是行军打仗，军务繁忙，战事不断。前线的战斗生活，既紧张，又匆忙，又充实。

如果追寻着父亲的足迹，在晋冀鲁豫的大地上行进，就会发现，父亲和他的战友们，忽而大跨度地踏进平原，忽而军情如火地疾行在崇山峻岭的山道之间，在戎马倥偬之中，他们是那样的不畏强敌，是那样的胆略过人,是那样的怀着必胜的决心。

他们知道,要战胜日本强敌,绝不是轻而易举之事,绝不是一朝一夕之事。但是,中国共产党人,就是具有无可比拟的英雄气概,定要,也定能够,拯救中国人民于强敌恶寇之手。对此,他们从未有过丝毫的动摇和疑惑。

1939年大约是8月份,父亲再次暂别了太行山和他亲密的师长刘伯承,去延安参加政治局扩大会议。

到了延安以后,父亲和他的老战友邓发住在一个窑洞里。邓发是一个十分活跃的人,他和邓小平私交甚笃,因此在工作开会之余,便热肠古道地一心一意要帮助邓小平找一个妻子。

刘英妈妈告诉我:"那时候,在延安,邓发带着你爸爸,两个人一天高高兴兴地到处转,人们都说他们活像两个游神一样!"

1939年9月初,父亲在众朋友、众战友们的热心帮助下,真的结婚了。

新娘子的名字叫卓琳。

她,就是我那最最亲爱的妈妈。

第48章
我的外公浦在廷

我的妈妈，大家都知道，她的名字叫卓琳。但是，她本不姓卓，她的本名叫浦琼英，生于一个云南著名实业家的家庭。

提起我的妈妈，要讲述她的生活道路，就一定要从她的家庭开始讲起，从她的父亲——浦在廷，开始讲起。

现在，知道浦在廷的人一定不多了，可是，提起云南火腿罐头，则人人皆知，特别是在东南亚一带的华人中间，云南火腿可谓是闻名遐迩。

火腿，是自古以来云南人就会腌制的，可把火腿做成罐头，发展成一种工业，制成一种商品在海内外进行商业销售，却是浦在廷开创的事业。

我从未见过我的外祖父，我的妈妈少小离家，对家里的事情知道得也不多。我东拼西凑地搜集了一些材料，大致上算是对我的外祖父有了一些了解。

推算起来，浦在廷大约应该是生于1870年前后，乃是云南省宣威县人氏，汉族，因为云南是一个多民族的地区，所以有必要注明一下。

据说，外祖父家的祖籍乃是江苏常熟。在明朝洪武年间，他们家的一个祖先被朝廷封为武略将军，又被明太祖朱元璋派赴滇缅征南，到了宣威后，就安家于此。在以后的几百年中，这一支在云南宣威的浦氏家族繁衍了好多好多代。有人说，按大的氏族算起来，到了现在，总共也有几千人了。

按照浦家后人的说法，浦在廷的父亲，在清朝曾考取过乡贡，后来就在本镇开学馆授业。照现在的说法，就是一个教书先生。

这位老先生生有四个儿子，其他三个儿子都能够继承父业，读书习文，埋头八股。唯独浦在廷生性矫野，自幼便不喜文墨，十四岁那年，竟然偷偷地跑出去，参加了一个亲朋的赶马队，去学贩商。浦家乃世代书香门第，儿子如此行为，实在有辱家门。浦在廷被父亲抓了回来，挨了一顿训斥。但是，浦在廷志向已立，任凭什么样的压力也改变不了。不久，他再一次出逃，又去参加了赶马队。

云南，地处中国的西南边陲。那里，山青水秀，满目苍翠；那里，民族众多，多彩多姿；那里，紧邻越南、老挝、缅甸，与外界的通商往来络绎不绝。同时，云南远离中原，经济落后，文化落后，封建色彩更为浓厚。

清朝末年的时候，云南没有公路，省内省外的贸易货品往来主要靠马帮队沟通。在云南境内那山峦重叠和丘陵起伏的大路小道之上，一队队的马帮马队，在单调而又悦耳的马铃声中来往穿梭，不绝于道。

浦在廷先是赶着马在本县境内贩商，赚得一些银钱后，他便自己买了一些马匹，与他人结伴到东南亚地区经商。那时候，要从滇西北的宣威南下印度支那，实在并非易事，要穿越西双版纳那莽莽苍苍的亚热带原始森林，走几百甚至上千公里的路程，途中还会遇到毒蛇猛兽和土匪强盗。浦在廷其时正在年轻气盛之时，心高胆大，倔强精明，因此，马帮越来越大，生意也越做越成功。在宣威，浦在廷也越来越有名气，还担任过两届宣威县商会的会长。

浦在廷走南闯北，胆量增加了，见识也增加了。他看到宣威盛产火腿，且味美而淳香，但这种原始的农家食品，一支整腿，体积硕大，又不易保存，很难贩卖。浦在廷心萌一念，如果能够把这些火腿加工成罐头，那样，就既可以储存，又适于作为成品贩卖。

浦在廷邀请宣威的一些人士共同商议，集资办厂。在得到众人支持之后，他专门派人到广州学习生产罐头制品的技术。资金筹足之后，他便从香港买回了一套生产罐头的机器。

一九二〇年，宣和公司正式成立，浦在廷任董事长兼总经理。第一批宣威火腿罐头由此问世。

从此，浦在廷由一个单纯的商人，发展为一个工商业家。而这个贫困落后的宣威，也有了自古以来的第一个用机器进行生产的工厂。

云南地处西南，与泰缅相邻，而这一个地区，恰恰是鸦片种植和贩卖最为活跃的地区。在云南，从东南亚贩运鸦片进行买卖乃是寻常便事，也是商人一大发财的好途径。宣和火腿罐头公司成立后，本来，应该好好地经营火腿业务，但是，也许是发财心切，鬼使神差地，他们竟用罐头装起鸦片来了，并冒充火腿贩到东南亚去行销。有道是，人间不如意事十常八九。当时这一带东南亚地区是法属殖民地，云南，也是法国的势力范围。宣和公司的这些冒充的火腿罐头，被法方警察一举查获，不但鸦片烟给收缴了，连公司也开不下去了。因此，不久，宣和公司就倒闭了。那些入股的股东，真是赔了夫人又折兵，落得个人财两空。那些辛辛苦苦从广东运来的做罐头的机器，也变成了一堆废铁。

浦在廷这个人，可能的确是有一番事业心的，也有一股子倔强的脾气。这次公司的倒闭，对他打击很大，但却没有令他气馁。他要开工厂，要办实业的心还未死。

浦在廷对原公司股东们说，公司倒闭了，这些机器没人要，也没用了，与其这样，还不如把这些机器全部交给他，让他自己一个人重起炉灶，再办一个火腿罐头厂。如果失败了，不赚钱，大家就只当没有这回事；如果工厂办成功了，赚了钱，将来就把各股东入宣和公司的股金如数奉还。

股东们看见，如不这样做，这些机器反正也只是废铁一堆，于是就一致同意让浦在廷把机器拿去，由他去试一试。

浦在廷在宣威再次开办了一个宣威浦在廷兄弟食品罐头公司，又名大有恒火腿罐头公司。

浦在廷此时已年过五十，第一次办厂失败也使他积累了一些经验，而且这次办公司，是他个人的公司，他可以一个人说了算。这第二次办公司，他一办就办成功了。

从此，那种原始的宣威火腿，变成了一听一听的马口铁罐头食品，而且一经销售，反响甚好。

浦在廷在行商贩卖的商贾生涯中，走南闯北，见识甚广，他知道，要打开商品的销路，就要扩大市场，应把宣威火腿罐头推向东南亚，并进一步推向更大的国际市场。

浦在廷到了广州，在广州扩大了公司的业务，同时，将公司的产品送出国去，促使其很快地打入了国内和国际市场。宣威火腿罐头，从此行销香港、澳门、新加坡、缅甸、海防、巴拿马、日本、德国、法国等地。大有恒公司业务迅速拓展，在国内外设立了二十六个子公司。这些子公司在东南亚，甚至在西方大都会巴黎，都经营活跃，生意兴隆。1923年，在广州举行的全国食品赛会上，宣威火腿罐头获得了好评。

在浦在廷的带头作用下，宣威相继建立了数家火腿罐头工厂。火腿罐头工业的兴起，带动了火腿腌制业、采煤业、酿酒工业的发展，宣威县的民族工业的地位逐步上升，到了1939年，全县工商业户人口已占总人口的百分之四十五之多。

对于宣威火腿罐头，我从小就知道，因为常听我妈妈提到。这种火腿，吃起来也的确好吃，特别是用它来和冬瓜一起炖汤，的确味香，不同凡响。后来，我才知道，宣威火腿是和浙江的金华火腿同样享有盛名的中国两大火腿品种。直到80年代初，我到美国的中国驻美国大使馆工作的时候，接触到许多的海外侨胞，才从他们嘴里知道，云南火腿，也就是宣威火腿，在海外，主要在海外的华人中间，名声的确不小，特别是老一代的华侨和华人，都很喜欢这种道地的中国食品。

浦在廷从青年时就致力于经商、做买卖，见多识广，思想也比较开通。同时，身为民族资产阶级的一员，他很容易地接受了资产阶级民主革命的政治主张。当孙中山的资产阶级革命主张一提出来，浦在廷便表示拥护。有的传说说他还参加过孙中山的同盟会。对此，他本人早已去世，因而无考，但他支持辛亥革命和支持孙中山的国民革命倒是真的。

资产阶级民主革命的先锋蔡锷将军在昆明举兵起义，掀起反对窃国大盗袁世凯阴谋复辟帝制的护国运动，浦在廷欣然支持，带头捐助，并在宣威商会内设兵站为蔡锷将军的护国军筹集粮款。

当护国军从重庆凯旋归来时，护国军滇军大将唐继尧到达宣威，为表彰开明商人的进步行动，特授予浦在廷银质梅花奖章一枚。唐继尧还亲自书写了"急公好义"四字匾额赠给浦在廷。

在声援护国讨袁的行动中，浦在廷逐渐结识了在云南的许多军政人士，其中与滇军将领范石生的关系尤为密切，并开始参与军政界的活动。

1917年，孙中山进行护法运动，反对北洋军阀政府，滇军内部发生分裂。云南督军唐继尧明里支持孙中山，暗则倒向北洋军阀。1921年，顾品珍回滇，联合范石生倒唐，并将唐继尧逐出云南，顾品珍自任滇军总司令，总揽云南军政大权。

不久，孙中山号召进行北伐，以推翻北洋军阀。顾品珍响应，任命范石生为滇军北伐先遣军司令。孙中山遂任命顾品珍为北伐军滇军总司令。

正在此时，不料唐继尧回滇复辟，顾品珍战死。

形势突变，迫使云南的北伐军撤出云南。其中滇军副司令张开儒率一部退至宣威等地区，然后进入贵州盘县一带。张开儒一边整军，一边电告孙中山，表示愿为北伐前驱。

浦在廷在顾品珍殉职后，与范石生一道，随张开儒撤入贵州，并参加了滇军中的这一支北伐军队伍。张开儒任命范石生为第八旅旅长，任命浦在廷为旅粤滇军军需总局及烟酒公卖局局长。从此，浦在廷开始正式进入军界效力。

北伐军滇军部队得知广东粤军军阀陈炯明叛变革命后，便急赴广州讨陈。滇军素来骁勇能战，入粤以后，势如破竹，直下广州，陈炯明仓皇溃逃。

1923 年，孙中山到达广州，设立大元帅府，下令嘉奖滇、桂、粤军及海军共讨陈炯明之功，并对有功将领颁授军衔，浦在廷也被授予少将军衔。

此后，孙中山虽然进入广州，但情势多变，政局不稳。孙中山率军奋力击败了广东的叛军，击退了北洋军阀吴佩孚的军队，打退了陈炯明的进犯，取得了保卫广州的胜利。滇军在这些战事中表现突出，深受孙中山的倚重。

1924年1月，中国国民党在广州召开代表大会，孙中山提出了联俄、联共、扶助农工的三大政策，改组了国民党，并在广州创办了黄埔军校。

浦在廷随滇军在广州期间，一方面将长子叫到广州开拓公司业务，一方面参与军务，并将第二个儿子送入新成立的黄埔军校第一期学员班学习。

在这个时候，孙中山为了鼓励浦在廷发展民族工业的成就，为浦在廷亲笔题字："饮和食德"。

据母亲家的人说，外祖父一家人把孙中山的题字视为至宝，做成巨型匾额，一直悬挂在堂。

浦在廷先是经商，后办实业，最后追随孙中山参加北伐军，到了此时，可以说达到了他人生的最高点。在这以后，他的事业，受到了重大打击，并从此元气丧失。

1925 年 3 月 12 日，孙中山病逝北京。

5 月，云南军阀唐继尧阴谋推翻广州革命政府，驻粤滇军总指挥杨希闵与之串通，叛变革命。

就在这个时候，浦在廷被拘捕软禁。

关于他被软禁的原因，有不同的说法。有人说，是因为他支持北伐军，为杨希闵所不容，故意陷其下狱。也有人说，他的罪名是，任军需总局和烟酒公卖局局长时，有贪污行为。

在旧军队中，军需总局和烟酒公卖局局长之职可是一个道地的肥缺，有职有权，而有权便可有钱。要说浦在廷有贪污行为，我一点儿也不奇怪。尽管他致力于发展实业，尽管他支持和参加国民革命，但他毕竟是旧社会中的一个旧式人物。要设想让这些旧军人、旧商人出污泥而不染，恐怕就太天真了。但是，他被软禁，与滇军内部的矛盾，与拥护还是背叛国民革命，肯定是有关的。因为他后来被释放出来，还是在范石生北伐归来之后救了他的。

外祖父在广州期间，一度曾发了财、做了官，因此写信回家，让我的外祖母也到广州，共享荣华。于是，我的外祖母从云南出发，赴广州去找外祖父。她千里寻夫，身边带的是他们最小的女儿，也就是我的母亲。

妈妈说，那时她才四五岁，跟着她的母亲，从云南先到现在的越南，再从越南乘船到香港，最后才从香港到了广州。那时妈妈年纪还小，别的事儿记不得了，但到了香港，那里的房子又高，巷子又黑又窄，给她留下了深刻的印象。

到了广州后，外祖母、我的母亲和外祖父住在一起，直到 1925 年外祖父被软禁。

后来，范石生保我外祖父出来后，外祖父母带着我的母亲，一家三口人，从香港经越南，又才回到了云南的首府昆明。

浦在廷参加国民革命军，在外闯荡一番，不仅为人所陷，脱离了军界，而且在广州的财产也损失殆尽。至此以后，他不再外出，主要就在云南的昆明和宣威从事工商业活动。

俗话说，祸不单行。浦在廷在广州蒙难才过，在昆明又遇一险。

大家一定还记得，在前面我介绍过，浦在廷办大有恒公司，是把原宣和公司倒闭后留下的机器拿来作为办厂基础的。他有言在先，等到发达了，要归还宣和公司原股东们的本金。可是到了后来，一是因为浦在廷一路在扩大生产，资金总嫌不够；二是因为中途受挫，伤了元气；三是他本人可能也根本不想将这些陈年旧账还掉，所以，他一直没有全部归还完这些钱。于是乎，那些原来宣和公司的股东们便不予甘休了，他们共同起事，告了浦在廷。云南当局断案，判将浦在廷下狱抵债。眼见得就要遭受囹圄之苦，浦家赶紧买通官府，让浦家一个老管家代替浦在廷坐牢了事。

到了30年代中期，抗日战争爆发以后，形势日益恶化。特别是在日本侵入了东南亚和占领了中国的上海、广州等对外通商口岸后，云南火腿罐头的外销全部停止了，内销的范围也大大下降。同时，做罐头所需用的马口铁，原来全部依靠进口，海路断了，原料也断了，罐头就做不成了。著名的云南火腿罐头工业，受到极大的打击，从此再不复昔日的光彩。

浦家是一个大家庭，浦在廷这一代是兄弟四人。浦在廷本人有三个儿子，四个女儿。

他的长子一直作为其父的左膀右臂，帮助经营大有恒公司的生意。

次子被其父送入黄埔军校一期，毕业后参加国民革命军北伐，还担任过连长之职。浦在廷乃是一个有雄心的人，在那个军阀当道的社会里，他深知，要想发达，必须在军界有人，他殷切地期望儿子能够在军界发展。但是，他的这个儿子却不争气，实在过不惯军旅生活，脱离军队回了家，此后也就在云南随父经营产业。

三子由其父于1927年送赴日本留学，在日本，受进步思潮的影响，

这是卓琳在北平读书时的留影。

参加了一些进步组织，从事爱国活动。回国后，在 1928 年，由我国著名学者、云南同乡郑易里介绍加入了中国共产党，为党的地下工作做过一些事情。后来他消极脱党，回到家乡，在其父的名下当了一个小老板。

四个女儿中，除大女儿早年即嫁人外，其他三个女儿，也就是浦代英、浦石英、浦琼英，后来都相继离开家庭，到北方求学，并参加了中国共产党，成为了终身的革命者。

到了解放前夕，浦在廷早已年迈退休，从昆明搬回宣威养老，浦家的产业，分由三个儿子经管。那时候，浦家的火腿罐头生意还照常在做，但赚钱不多，要养活二十来口人的大家庭，支付不小的日常开销，实在入不敷出。幸亏家中还有田产，还开了一个煤矿，每年靠这些进款，也才仅够维持家用。

1950 年，浦在廷病逝，终年八十。

那时候，中国人民解放军已横扫中国的南部，我的母亲随刘邓大军挺进大西南，到了四川的重庆。

听到浦在廷病危的消息，我的母亲带着我的二姐，回了一趟宣威，赶在她的父亲临终前见了一面。

解放后，宣威火腿工业由政府接收，经过几十年的曲折，现已扩大成为一个具有一定规模的县级工业企业，其产品行销海内外，供不应求，目前正在谋求不断扩大生产，扩大销售。这样的事情，正是浦在廷所梦寐以求的，也是他奋斗了终生，而未能实现的。

纵观浦在廷的一生，的确是一部生动的个人奋斗史，是一个中国民族工业的开拓者的奋斗史。他有雄心，有壮志，有胆略，有经营之道。他倾向革命，有反对封建帝制的进步性，但同时又是一个封建性相当强的旧式人物。他勇于开创一个事业的先河，但同时又受到那个半封建半殖民地的社会的限制。他一方面发展工商业，一方面又想跻身军界，但却同时受到军阀官僚势力的双重倾轧。

浦在廷一生的道路，有成功，有失败。他凭着终生的奋斗，也终未能够实现他那鸿鹄之志。他的奋斗经历，与千千万万个中国民族资产阶级开拓者有着许多相同之处。当然，与沿海地区，与中心城市的那些颇有成就的中国民族资产阶级代表人物和优秀实业家相比，他是怎么也不能够与之相提并论的。但是，每一个中国民族资本主义的开拓者，或多或少，都经历过与浦在廷相类似的遭遇和命运。

在中国这个国家的五千年文明历史中，有着长达两千年的封建社会阶段。从秦始皇统一中国以后，中国就一直是一个高度中央集权的、专制制度高度发展的封建国家。虽然王朝几经更迭，虽然时光如梭飞逝，但在中国这一硕大沉重的躯体之上，封建主义、封建制度、封建思想、封建势力，如阴魂般、如符咒般，顽固地徘徊不去。

到了 19 世纪中叶，当资产阶级思想开始在中国萌动的同时，国际帝国主义势力也来了，而且是极其蛮横地、明火执仗地来了。因此，中国的民族资产阶级和民族资本主义，从其发展的一开始起，就被封建主义和帝国主义这两大强权势力所压迫和限制，它的发展道路，既艰难曲折，又充满荆棘。

到了公元 1911 年，中国虽然爆发了由资产阶级领导的辛亥革命，建立了民国政权，但这个政权却逐渐丧失了革命性，逐渐充满了腐朽的封建性。在此以后，中国的民族资本主义，虽得到了一些发展，但它的命运，却犹如在顽石的缝隙中长大的豆芽，既弱小，又被扭曲。

在中国资产阶级掌握了政权的三十八年后，中国仍然没有形成一个稍微成形的工业体系，仍然是一个封建性十分强大的社会形态，仍然是一个生产力极其低下的落后的农业国家，仍然是一个半封建半殖民地的国家。

1949 年新中国建立的前夕，旧中国的经济形态是这样的：

外国资本主义势力渗透在旧中国的金融业、房地产业、对外贸易业、工矿业、交通运输业等广泛的领域之中，基本上控制着中国经济的命脉。

中国的国家垄断资本主义，也就是以蒋介石等为代表的官僚资本，控制了全国产业资本的百分之八十左右。[1]

真正的民族资本，则只是栖身于工业、手工业、商业及金融业等领域中，总共净资产才只相当于现在的二十来亿人民币。而且，这些民族资产阶级，既无政治上的权力，又基础薄弱，因此他们还必须与

---

[1] 到 1949 年，全国银行总数三千四百八十九家，其中官僚资本控制为两千四百四十八家。官僚资本控制了全国纺锭的 40％，织布机的 60％，钢铁产量的 90％，煤的 33％，电力的 67％，水泥的 45％，糖的 90％，以及全部的石油和有色金属。同时，控制全部铁路、公路、航运，控制 43％以上轮船吨位，掌握十几个规模巨大而具有垄断性的贸易公司。材料见：赵德馨主编《中华人民共和国经济史》(1949—1966)，第 18 页到第 20 页。

封建地主阶级相依存，并且需要依赖和仰仗帝国主义和官僚资本的势力。他们完全没有，也不可能形成，与强权势力望其项背的能力。

浦在廷的一生，从奋斗伊始，到事业有成，到发展受挫，到再无发展，是相当大的一批民族资本主义的开拓者的具有代表性的真实写照。他们也能够辉煌一时，但最终，还是为帝国主义、封建主义和官僚资本主义所压制和吞噬。

浦在廷只不过是一个小小的民族资产阶级代表人物，他与在沿海大都市内，一些大的、成就显赫的民族资本家一样，始终没有伸直过腰杆，始终没有获得过能够任其自由发展的广阔天地，始终处于寄人篱下的屈辱地位。

这，就是浦在廷的悲剧，也是中国民族资本主义的悲剧。

第49章
浦琼英到卓琳的道路

自从我长成一个梳着两条小辫子，开始懂点事儿的小姑娘开始，我就知道，世界上最爱我的人，一个是爸爸，一个是妈妈。

爸爸老在忙工作，不大管我们，因此，对于我们来说，妈妈，自然就比爸爸更为亲近。

我的哥哥姐姐们生在战争环境，因为爸爸妈妈要行军打仗不能带着他们，所以都是生下来不久便送到农村的奶娘家去哺养。我们五个孩子中，只有我和我的弟弟，是解放后出生的，因此也是由妈妈自己喂养长大的。大概是因为这个原因吧，所以妈妈可能对我和我的弟弟两个人就照顾得更多一点儿。从小儿，别人总是说我娇气，说都是因为妈妈宠的。其实，妈妈是有点宠我，可是我不听话的时候，挨打也是挨得最多的，这点，别人就不知道了。所以，对于别人的这种说法，我从小打心眼儿里，一直就不怎么服气。

不管怎么说，在我们这个家庭里，爸爸当然是核心了，但妈妈却是中心，我们这一群孩子，是围绕在妈妈的身边儿长大的。

爸爸忙，教育孩子的工作主要是妈妈的。除了生活上的照顾以外，妈妈因为自己是个知识分子，所以特别注意从小给我们灌输科学知识。哥哥姐姐们平时上学，住校，每到周末回家，吃完饭后，我们全家总是围坐在餐桌前，听妈妈"讲授"各种各样的知识，诸如什么核裂变呀，连锁反应呀什么的。对于我们这些小的，不管你听得懂听不懂，反正都得坐在那儿听！孩子们一边听，一边插嘴议论，有时还会争论不休。因此，这张餐厅里的餐桌，几十年来，就成了我们家的一个"自由论坛"。直到现在，在我们家，依然如此，只不过参与七嘴八舌的人，又多了几个孙子辈的健将。

我是要告诉大家，我们的妈妈，不仅在生活上照料我们，在思想上，乃至在人生道路的选择上，对于我们来说，妈妈的影响力都是非同寻常的。妈妈是北京大学物理系的学生，结果，我的哥哥、二姐和弟弟三个人，也都相继选择了物理这门专业，而且考上的也都是北大物理系。仅这一个例子，就足以证明，在潜移默化之中，妈妈对我们的影响力之巨大。

就我来说，我打心眼儿里爱我的妈妈。所以，在我写这本书的一开始，我就想好了，一定要好好地把我妈妈的故事告诉大家。

真是的，等着写关于妈妈的这一章，我早已是急不可待了。

这是一个很朴实的故事，也是一个很平凡的故事。

妈妈的经历，不像爸爸那样波澜壮阔、震撼人心，但却同样充满曲折而耐人寻味。这是一种完全不同的，但在那个时代却同样具有相当大的代表性的人生道路。

有这么一个小女孩儿，她的名字叫作浦琼英。1916 年 4 月，她生于云南省宣威县的一个工商业家的家庭。她是家中的第七个孩子，也是最小的一个孩子。

关于她的家庭，前面一章的介绍已使大家一目了然，这里不必赘述。

她的家，虽说不上是那种"钟鸣鼎食之家、翰墨诗书之族"，却也是一方名绅，富甲乡里。

她的爸爸，是云南著名的"火腿大王"浦在廷，她有三个哥哥和三个姐姐。

她是最小的女儿，自然得些便宜，从小就是父母的掌上明珠。

浦琼英长得可能多几分像她的爸爸，健康的肤色中，脸蛋红红的，好像阳光下的苹果。两条又黑又浓的长眉，像两道拱门弯在额下。一双眼睛大大的，眼皮双双的，睫毛长长的。笑起来，又开心，又无拘无束，很是讨人喜欢。

自打生下来的那一天起，她便吃得饱，穿得暖，万事不用操心。因为，上，有父亲的庇荫和母亲的偏爱；下，有兄长们的呵护和姐姐们的陪伴。这种优裕的生活，使她从小养成了一种开朗，活泼，凡事不用计较，又不善盘算的性格。唯一美中不足的是，受宠的人嘛，总不免有点娇蛮。她的大姐浦代英看不惯，有时也会背着父母"整"她一下。

到了该读书的年龄，她和姐姐们一道，请私塾先生授业，学背《三字经》《百家姓》、四书、五经和《女儿经》。说来也怪，她们的先生教书，只教背书，不教认字。所以，她们读的竟是"白字书"！

再长大一点儿，她的父亲因为生意的关系，搬到省会昆明长住，她们全家也就都到了昆明。在昆明，浦家三个女儿：浦代英、浦石英、浦琼英，一起上了小学。小学毕业后，她们又一起考入昆明女中，在那儿接受中学教育。

她们的生活，虽然平稳无忧，但也并不是静水一潭。生活中形形色色的波涛，同样冲击着她们那少女的心灵。

云南，地处西南，远离中华腹地，古时为蛮夷之地，到了近代，仍是文化落后，生产极不发达。在那里，人们的思想虽也受过新思潮和资产阶级民主革命的冲击，但总体来说，相对沿海地区，还是大大地落后和保守。封建主义的势力，在那里也更为顽固和强大。浦在廷虽参加过国民革命，但其家庭，仍是一个典型的封建的旧式家庭。

诸位一定看过名著《家》、《春》、《秋》吧，巴金笔下的周公馆，即是一个典型的四川的封建家庭。可能因为都在西南地区，因此，云南的浦家所发生的故事，和巨匠文豪所塑造的典型竟有这么多的相似！

在浦家，有不止一个人参加过国民革命，但当他们回到家乡后，回到旧式的生活环境中为旧式的生活所包围后，都迅速地消失了革命的热情，逐渐落为平凡而毫无光彩的人。老二北伐回来后，当了个开小煤矿的小老板；老三脱离共产党后，在家乡并无什么成就，还和妻子一起双双抽起了鸦片烟。浦在廷在回乡之后，事业中落，也再没有恢复到往日的鼎盛。

浦家是一个大家庭，到了浦琼英这一辈，光是叔伯姐妹，女孩子就有十三个，浦琼英排行十三，是最小的。在她的上面，有数不清的姑姑婶婶姨姨姐姐。

这些浦家的妇女，生活在更为封闭的封建囚笼之中。她们中间的一些人，更是这个大的生活体系的最低层。这些旧式家庭中的妇女，生活不能自立，婚姻不能自主，就是终日享受荣华富贵，也不过是父亲、丈夫、儿子的依附品。她们中间，有的受到继母的虐待，落下终身残疾；有的因丈夫讨小，精神郁闷；有的嫁出门去，遭到夫家欺凌，最后吞金自杀……

浦琼英和她的两个姐姐，从小亲眼目睹这些周围事情的发生，从小就为这人世间身为女性的不平等遭遇而愤愤不平。在先生那里，在长辈那里，她们学的是《女儿经》和三从四德。在生活中，她们学到的是，在这个环境中，她家族中那些年长女性们的不幸的悲剧，就是她们未来的命运。

在她们小小的心灵中，常常萌发出反抗的意识，但是，究竟怎样反抗，她们却并不知道。

只有时代的浪潮，才可以涤荡社会的沉闷之气。

浦家小姐妹的哥哥，从日本归国，带回了许多革命书籍和宣传共产主义的小册子，三姐妹拿在手里，十分新奇。那些革命的道理，那些真理的揭示，她们并不全懂，但读了之后，却如沐春风，使人耳目顿新。从此，她们开始接受了一些革命思想的启迪。

到昆明上学以后，比起宣威来，她们感受到了更多的新鲜事物。

在中学里，有一个音乐女教员，在课堂上，经常向学生们宣讲革命，宣讲共产主义，宣讲耕者有其田的基本道理。浦家三姐妹，受她的感染尤为深刻。有一天，这个教员突然被捕了。在押赴刑场的道路上，铐着手铐脚镣的女教员，一路慷慨悲歌，一路高喊共产主义的口号。她那大义凛然、英勇赴义的场面，震撼着每一个学生的心。从此以后，共产党人的形象，便深深铭刻在浦家姐妹的心底。

对比她们老家那些封建女性的命运，这个共产党员女教师的形象，要高大得多，光辉得多！

追求自由，追求妇女解放，追求个性解放，追求革命的概念，逐渐在浦家姐妹的心底明确。

1931 年，在北平要举办一个全国运动会，各省挑选代表选手参加。浦琼英，被选为少年组六十米短跑的代表参加了云南省代表队。

他们的代表队从云南出发了，但当他们刚刚到达香港时，"九·一八"事变爆发了。日本帝国主义大规模入侵，迅速占领了我国的东北三省。这时，国难当头，运动会开不成了，云南队只好折返。

参加运动会，固然很令人兴奋，但是浦琼英心中的目的，则是想通过参加运动会，走出家门，走出云南，到北平去念书。没想到刚走到香港就要返回，她实在心不甘，情不愿。

这时，浦琼英是一个十五岁的少女了，已经很有主意。她下定了决心，不回云南。她写信给她的哥哥，要求去北平读书，并表示了不回云南的决心。

她的决心，终于获得了家里的同意。

浦琼英高兴极了！她坐船到了上海，找到郑易里。郑易里是她哥哥的留日同学，是他哥哥的入党介绍人，又和浦家有生意往来。因此，郑易里从此便负责起来，从上海往北平，每月给浦琼英寄生活费用。

在郑易里的安排下，浦琼英到了北平。

在北平，她先是投靠一个表姐，不久，便搬到基督教女青年会的宿舍去住。由于云南文化水平和北平有一定的差距，浦琼英在一个补习班学习了几个月，1932年，她考入了北平第一女子中学。

女一中是北平一所著名女校，校风淳正，思想活跃，成绩优良。浦琼英在这个新环境中，很快地就适应了，而且生活得十分愉快。

她人生来聪明颖慧，活泼开朗。学习起来，轻松有余，学习之外，又结交了一些同乡好友。许多著名人士都曾是她的同学，比如著名电影演员张瑞芳，陈云的夫人于若木，胡乔木的夫人谷雨等等。她还和张瑞芳在学校同台演过戏呢！张瑞芳演丫头，浦琼英演小姐。

学习之外，她和几个云南的老乡一起，经常出去郊游，去泡茶馆，去戏园子听戏，生活得自由自在，无拘无束，在家乡的那种沉闷之气一扫而光。

在北平，她爱上了京戏，她的一个年长的同乡还请了人教唱。可惜浦琼英的五音不全，不能学唱，但她年龄小，记忆好，跟在别人后面，把那些名戏名段子，全都背下来了，以后几十年都没有忘记！

在上中学的一年间，浦琼英得了肺病。她到南京去住医院，还去了一趟上海。这些，都是由郑易里照顾的。

家里每个月给浦琼英五十块大洋的生活费，这钱可不少呀！那时候，一块大洋能买一袋面粉。浦琼英年龄不大，又好玩，钱是不少，可每个月也不知道怎么地，就都花光了。她从小养成的这种大而化之，不善理财的性格，影响了终生。解放后，我们家的生活从军事共产主义式的供给制改为工资制，面对八口人的大家庭，一时之间，她简直都不知道应该如何分派是好了。

对于浦琼英来说，摆脱了封建家庭束缚的阴影，在北平高高兴兴地上学，痛痛快快地生活，又不愁吃穿，生活应该是完美无缺的了。但是，那个年代，正值国难当头，时局万变。民族危亡感，冲击着每一个青年学生的心，对于浦琼英，也不例外。

东北沦陷后，许许多多的东北流亡学生聚集在北平，他们失去了家园，失去了亲人。一曲低沉激忿的"我的家在东北松花江上"，飘荡在这古城的大街小巷，飘荡在大学中学的校园之中，震撼着人们的心田。

在抗日救亡运动的呼声不断高涨的形势下，中国社会的各界、各阶层人士均纷纷响应，以各种形式开展募捐，支援抗日军队，并纷纷抵制日货以抗议日本的侵略。

要求停止内战，要求对日本进行神圣抗战，已成为绝大多数中国人的心声。

1935年，日本侵略者对南京国民政府不断胁迫，凭借着《何梅协定》和《秦土协定》，把侵略的魔爪伸向华北五省，加紧制造所谓的"华北自治"。

在日本侵略者昭然若揭的侵略野心面前，在马上就要沦为殖民地的危机面前，北平的学生，再也不能沉默了。

1935年12月9日，北平数千名学生，走上街头，用不可遏制的愤怒，高喊"不当亡国奴"的口号。

十九岁的浦琼英和她的同学们，也一起加入了抗议的洪流。她们走进示威游行的行列，打着抗日的标语，高喊爱国的口号，愤怒声讨日本帝国主义的侵略暴行和南京国民政府的卖国行径。

学生们手挽着手，肩并着肩，爱国的激情在他们的胸中沸腾；要民主、要自由、不当亡国奴的热血在他们的身上奔流。

北平当局张皇失措，赶来镇压了。军警们用高压水龙头向学生队伍冲去，用警棍向爱国青年的头上挥去。

学生的队伍被冲散了，三十多人被逮捕了，数百人被打伤了，但他们的抗议斗争，却唤起了举国上下更加声势浩大的抗日救国群众运动的浪潮。

浦琼英和她的同学们，在"一二·九"的示威游行中，被北平当局军警的高压水龙冲散了。

不久，12月16日，她们再次走出校门，要去参加更大规模的抗议活动。但是，军警封锁了城市，她们无法接近学生队伍。于是乎，她们便爬上城墙，为她们的示威同学遥遥呐喊鼓劲。

在"一二·九"、"一二·一六"两次学生运动的激励下，许许多多的北平学生的斗争觉悟和水平得到了相当程度的提高，他们之中的一大批人，从此便走上了抗日的战场，从此便踏上了革命的道路。

参加"一二·九"学生运动，对浦琼英来说，产生了一个思想上的质的飞跃，她那颗纯洁的心，从单单追求摆脱封建主义的束缚，从单单追求婚姻自由和个性解放，上升到更开阔的政治和思想的领域，为她在不久的将来走上革命道路，奠定了基础。

1936年，浦琼英中学毕业，并以优异的成绩考上了北京大学物理系。

一个女孩子，在那个年代，为什么要报考北京大学物理系？

这是因为，北京大学，是中国著名的高等学府，是"五四"运动和"一二·九"运动的发祥地，是中国新思潮、新文化的活跃之地，也是各种著名学者和新人物风云际会之地。

这是因为，学习理工科，实业救国，科学救国，仍是进步青年的理想之所在。

浦琼英聪明好学，也比较用功，考取全国著名的大学，对她来说，意义不浅。她，乃是全云南省，第一个能够考上北平名牌大学的人。

说来也有意思，这个北大物理系，也实在是和她有缘。几十年后，她的三个子女，也都相继步她的后尘，考上了北大物理系！

当时的北京大学，分为文学院和理学院，理学院在东城区的沙滩附近。

当浦琼英手夹书本，进入北大学习时，她发现，这里，又是一种新的，与中学大不相同的，但却更为吸引人的生活空间。在这里，除了学习生活之外，政治气氛也极为浓厚。在校园里，活跃着一个叫作抗日民族解放先锋队的组织，浦琼英受进步思想的影响，参加了民先的外围活动。但她当时的想法，还是要好好读书，准备将来学成之后以兴科技和办实业来报效国家。

在这一年，浦琼英的两个姐姐，浦代英和浦石英终于争得家庭的同意，也到北平来读书。三姐妹又欢聚一堂，其兴奋的心情可想而知。

但是，时局的急转直下，打破了她们，打破了所有人的美好愿望。

1937年7月7日，日本侵略军在北平附近的卢沟桥发动了事变。

7月下旬，日本侵略军的铁蹄，长驱直入地踏进了古城北平。

北平陷入日本侵略军刺刀的统治之下！

北平陷入一片惶恐和混乱！

挤挤攘攘的人流开始涌出北平。

这里，再也不能呆下去了！

满城上下，是一派张皇恐怖；人们的心里，是一片亡国亡家的阴郁。浦家三姐妹围坐在阴暗的屋里，抱头痛哭！

三姐妹中的大姐浦代英，从小就意志坚决，勇于反抗，在日本的侵略日紧之时，她在北平立即加入了共产党的外围民族解放先锋队的组织，随即坚定地选择了走向革命的道路，奔赴当时中国青年向往的革命圣地——延安。

剩下的浦石英和浦琼英，先被一个同乡藏了起来，然后帮助她们化装成普通的老百姓的模样，在日本兵严格的检查下，在寒光闪闪的刺刀之中，躲过了日军凶神恶煞的视线，逃出了北平。

那种日本大兵手持刺刀，荷枪实弹搜查学生和进步人士的森严危险局面，令浦琼英永远难以忘记！

逃出了北平，到哪儿去呢？青年学生的前途，究竟在哪里呢？

出路只有一条，去延安，去投奔八路军，去投奔革命。

浦石英患有先天性的心脏病，心脏扩大，行动已十分困难。

浦琼英劝她："你不要去延安了！"

浦石英说:"我就是爬,也要爬到延安去;就是死,也要死在延安!"

路不通了,她们只好从北平先到天津,从天津坐船到青岛,再从青岛坐火车到济南。在济南,好不容易在逃难的混乱人流中买到了火车票,最后到达了西安,找到了驻西安的八路军办事处。

通过考试,在民先组织的介绍下,浦家两姐妹考上了在延安开办的陕北公学。

她们兴奋极了,高兴极了。几千里的行程,千难万难,总算找到归宿了!

她们与一队青年学生一起,步行去延安。

在路上,他们背着随身的小包,走过了陕北黄土高原那特有的塬和沟;在路上,他们日夜兼程,越走近延安,心情越感激动;在路上,他们摆脱了日本侵略军刺刀的恐怖阴影,四处看到的都是抗日根据地那种异常鲜明的清新之感;在路上,浦石英心脏病犯了,一步路也不能走了,大家帮忙,雇了匹陕北的小毛驴,驮着她。她,真是连命也不要了,硬是走了七天七夜,到达了延安。

陕北,延安,八路军,革命,抗日……

新的天地,新的人寰。

比起那没家没国的日军铁蹄下的北平,比起那一路之上亡国逃命的疯狂的人群,这里,是天清月朗,人心光明。

到了陕北的圣地延安了。

那是1937年11月,冬天还未来临,秋日依然暖人。

宝塔,在山顶竖立;延河,在青石板的河床中流淌。黄土山中,一孔一孔的窑洞成排成行;马车道上,放牧的老倌赶着一群群的牛羊,高唱着陕北那雄浑豪放的山歌;山坡之上,山坡之下,到处可以看见身着八路军军服的革命军人在行走,在交谈。

在这里,浦家两姐妹耳目一新,精神振作。更令她们高兴万分的是,她们的姐姐浦代英也在这里,她已经从抗日军政大学毕业,加入了中国共产党，还结了婚。她的丈夫，就是中国著名的工人运动家、老红军战士乐少华。

三姐妹见面，真是高兴极了，回想起她们在北平时那种心情极端压抑的情景，面对即将开始的一种全新的生活，她们真是有一肚子的话，千言万语，说也说不完！

浦石英和浦琼英双双进入陕北公学。

陕北公学，是为了培养干部，在延安建立的一所学校，1937 年 9 月刚刚成立，专门招收来自全国各地的进步青年。在这里，学员们要接受马克思主义哲学、政治经济学、群众运动等课程的教育。妇女运动这门课，是由著名妇女领袖蔡畅亲自讲授的。

三四个月后，浦家姐妹毕业了。浦琼英被分配在陕北公学的图书馆工作。浦石英因身体不好，暂时分在小卖部工作。

1938 年初，浦家姐妹双双加入了中国共产党。

浦琼英在陕北公学担任了一期十二队队长之后，被调到陕甘宁特区政府保安处的一个特别训练班学习。

大概是因为浦琼英天性活泼，聪明好学，所以，上级领导认为她有进行敌后秘密工作所需要的各种长处，因此把她调到特训班加以培训，准备以后派到日本占领区，也就是敌后，去从事抗日工作。

这时，因工作需要，浦琼英改名为卓琳。

时间过得真快呀！一晃，两年的时光眼看着就快要过去了。

那些从全国各地投奔延安，投奔革命的进步青年，很快就都习惯了延安那种既艰苦，又充满生机和战斗性的生活。很快，他们就都与神圣的抗战事业和革命事业融为一体。

这些革命青年和知识青年的参与和加入，使得中国共产党和八路军的队伍中增添了不少的新鲜活力，极大地壮大和丰富了革命和抗日的队伍。

而那个原来的浦琼英，也已从一个活泼乐天、不知愁苦的青年大

邓小平在抗日战争中。

1939年9月，这是邓小平、卓琳与孔原、许明夫妇一同举行婚礼时两对新人的合影。

学生，转变为一个把自己的终生奉献给革命事业的共产主义战士和一名矢志不渝的革命工作者。

从浦琼英到卓琳的道路，比起许许多多老革命家来说，也许不那么富于传奇色彩，不那么激动人心。但是，这条既平凡而又不平坦的道路，却是千百万个进步青年为了追求光明，为了投身抗日，为了走向革命而走过的一条共同的道路。

这条路不如井冈山之路那么辉煌，不如长征之路那样壮烈，但它是延安之路，是另一个时代的通向真理和革命的光明大道。

这条道路所汇集起来的，是青春的力量，是沸腾的热血，是万众一心的蓬勃向上的强大精神。

1939年夏末时光，经人介绍，卓琳认识了一个人，名字叫作邓小平。

她也是有点不谙世故，也是有点糊里糊涂的，她只知道他是一个老红军战士，是一位前线的抗日将领，但是，这个人到底是干什么工作的，到底他担负着什么样的责任，她却一点儿也没有搞清楚。其实，她对于世事实在还是涉足不深，你就是从头到尾、一五一十地告诉她，她可能也还是弄不明白。

反正，是革命的共同理想，是对生活的共同追求，把他们联系到了一起。

1939 年 9 月初的一个傍晚，在延安，在杨家岭，在毛泽东的窑洞前，举行了一个聚餐。当时在延安的中央的高级领导人，能来的都来了。毛泽东和夫人江青，刘少奇，张闻天和夫人刘英，博古，李富春和夫人蔡畅，等等，都来了。

在斯时斯夜，有两对新婚夫妇结婚。一对是邓小平和卓琳，一对是孔原和许明。

孔原，是 1924 年参加革命的老共产党员，其时在中共中央特别委员会任副主任。解放后，他历任海关总署署长、对外贸易部副部长、中共中央调查部部长等职，是一位著名的革命活动家。他的新婚妻子许明，是一位有才华有能力的妇女干部，解放后曾担任中华人民共和国国务院副秘书长。这两个人，性格人缘都很好，都是延安的活跃分子。

在这个延安特有的聚餐加婚宴上，没有什么山珍海味，没有奢华的场面。在黄土窑洞外面，木板搭成的桌子，上面同样是平时吃的延安特有的金黄色的小米饭。就餐者，虽都系延安的显赫人物，但都穿着土布做的八路军军服，脚踏布履，膝上补丁。

两对新郎和新娘一起照了一张相，由于照相技术不高，相片有点模糊。在相片上，他们四个人并肩而站，没有婚纱，没有礼服。一件土布的八路军军服，衬托出简朴的情操；明朗的笑容，表现出了革命者那幸福而崇高的心境。

这，也的确是延安才特有的聚餐和婚宴，来客都是未来中华人民共和国的中流砥柱。他们都是叱咤风云的伟人，都是久经战场的勇士，都是亲如手足的战友。借着这两对新人的结婚喜庆，大家简简朴朴地，却是欢欢喜喜地，亲亲热热地聚会一堂。

在那欢乐的气氛中，席间，也不乏好事之人，那些革命老战士，居然也童心大发，也像一个普通老百姓一样地乐于捉弄新郎官儿。孔原被灌醉了，害得新婚之夜就挨了许明的数落。邓小平是幸运的，他有敬就饮，竟然未醉。

事后，刘英问张闻天："小平的酒量真大呀！"张闻天笑着说："里面有假！"原来，还是李富春和邓发念着友情的份上，弄了一瓶白水权充作酒，才使得他们的老友邓小平免于一醉！

阵阵微风徐来，夜深月凉如水。

延安城内已渐寂静，军号之声在远山上悠远回荡。

酒已酣然，人也畅然。

在延安杨家岭毛泽东的土窑前，中国共产党和八路军的这些老战士们，以淳厚朴素的方式，为他们的老战友操办了婚事，为将要奔赴前线的战友举杯送行。

周恩来和邓颖超没有来。因为周恩来在骑马时正碰上江青不顾他人地挥鞭疾驶，周的马惊了，周因此落马摔伤。此时，他已赴苏联去治手臂的伤。若非如此，他一定会来的，也一定会为他的亲密战友而开怀畅饮几杯的。

几天以后，秋日的晨光刚刚照在延安的黄土山上，天上地下一片金黄。卓琳，和她新婚的丈夫一起启程，奔赴前方，奔向太行。

此时，邓小平三十五岁，卓琳二十三岁。

第50章
在太行山上

红日照遍了东方，

自由之神在纵情歌唱。

看吧，

千山万壑，铜壁铁墙，

抗日的烽火，燃烧在太行山上，

气焰千万丈，

听吧，

母亲叫儿打东洋，

妻子送郎上战场。

我们在太行山上，

我们在太行山上，

山高林又密，

兵强马又壮，

敌人从哪里进攻，

我们就叫他在哪里灭亡！

…………

这是太行山人唱出的一首气势磅礴的抗日之歌。

　　这首歌，直到今天，仍为充满爱国激情的中国人所高声咏唱。

　　太行山，由北向南，绵延七百多公里，巍峨矗立在华北大地之上。它，一般海拔一千五百到两千米，像一道天然屏障，把华北大地一分为二。

　　在它的西面，是山西那山丘纵横的高原山地；在它的东面，便是河北、河南那一望无际的广袤而丰饶的华北大平原。

　　在华北，在太行山上，由朱德、彭德怀率领的八路军总部，在抗日前线，坚强地领导着八路军的抗战斗争。

　　在华北，在太行山上，由刘伯承、邓小平率领的八路军第一二九师，在中共中央、毛泽东和八路军总部的指挥下，正在与日本侵略军短兵相接地开展着艰苦卓绝的，但却是英勇顽强的正义之战。

　　太行山，在华北地区，就像一道坚强的民族抗战的脊梁，傲然挺立。

　　20 世纪 30 年代末的最后几页，是在一种极其错综复杂的形势和危机四伏、险象环生的气氛中翻了过去的。

　　在中国，武汉、广州先后失守以后，日军长驱直入，进入了华北和华中腹地。控制了现我河北、山西、山东、江苏全部，河南、安徽、湖北、江西、浙江、广东一部分，及海南全岛。

　　日本侵略军虽然占领了我东北、华北、华中、华东及华南的大片领土，但是，其战线拉长，兵力不足，人力物力消耗巨大的弱点日渐显露。到了 1939 年，我八路军、新四军已在华北、华中的广大敌后战场，开辟了数十个抗日根据地，活跃在敌后的各条战线上，形成了与日军犬牙交错的战争形态，主动出击，与敌抗战，消耗和牵制了日军大量兵力，使得日本侵略者不得不停止了进一步向前延伸的侵略步伐。

　　中日战争，转入了战略相持阶段。

　　在日本侵略军进行疯狂的侵华战争的同时，欧洲的法西斯德国，也正在加紧对外扩张。当时整个世界的局势，真可谓乌云满天，暴风雨即来。西方国家的主要领导人，都在睁大了眼睛，频繁交道，紧密磋商，想要找出办法扼制希特勒疯狂毕露的扩张野心。

西方的局势变幻，势必影响到东方战争格局的变化；国际上的阴谋与妥协，也必然会波及中国而影响到中国国内各派势力的消长。

1939 年 9 月 1 日，德国法西斯侵入了受英、法保护的波兰。3 日，英、法对德宣战。

第二次世界大战在欧洲开始。

为了专心对付德国和意大利法西斯，英、美、法等西方国家采取了在东方极力避免与日本直接冲突的方针，对日本推行绥靖主义政策，积极策划"东方慕尼黑"阴谋。[1]

日本正面大规模侵略的停止，英、美等国的阴谋活动，对中国的抗战形势产生了严重的影响。

日本一改过去"不以国民政府为对手"的立场，转而对国民党采取以政治诱降为主、军事打击为辅的策略，并鼓励国民党反共，以达到"以华制华"的目的。与此同时，日军确立了以保守占领区为主的方针，逐步将其主力用以打击八路军和新四军，并将其攻击重点置于华北地区。

在这种错综复杂的形势之下，中国的抗日战争开始出现妥协投降和分裂倒退的危险。

1938 年 12 月，国民党副总裁汪精卫潜至河内，公开投敌叛国，由亲日派蜕变为可耻的汉奸卖国贼，并在以后在南京公然成立了与重庆对立的汪伪政权。

由蒋介石为代表的亲英美派，在背后多种势力的影响下，逐渐转为消极抗战、积极反共，并于 1939 年 1 月在国民党五届五中全会上确定了"溶共、防共、限共、反共"的方针，此后便密令国民党军队

---

[1] "慕尼黑"阴谋，指 1938 年，英、法等国为了谋求同德、意法西斯的妥协，并把法西斯侵略的矛头引向苏联，于 9 月 30 日与德、意法西斯签订了出卖捷克民族的《慕尼黑协定》。

邓小平与卓琳结婚后不久，从延安回到太行抗日前线时的合影。

进攻八路军、新四军。同年 12 月，国民党胡宗南部悍然大举进攻中共
中央所在地陕甘宁边区，阎锡山部在山西全境进攻共产党领导的新军，
由此掀起了第一次反共高潮。

　　针对国民党顽固派的所作所为，中共中央提出了"坚持抗战、反
对投降，坚持团结、反对分裂，坚持进步、反对倒退"的政治主张，
号召全国人民向反共顽固派做斗争。

　　与此同时，中共中央发出指示："我党我军对于局部武装冲突的立
场是明确的自卫原则，人不犯我，我不犯人；人若犯我，我必犯人！"
一边是日本侵略者大规模"清剿""扫荡"的开始，一边是国民党顽固
派滋事挑衅的进犯。当邓小平在延安参加完政治局会议回到太行前线
之时，他所面临的，正是这样一种险恶的战争局面。

父亲一行于1939年9月份回到太行山。

母亲留在了八路军总部，担任妇女训练班的队长。父亲则没有停留，马上赶回了一二九师师部，辽县的桐峪村。

一到师部，父亲立即投入了紧张的工作。

10月初，父亲在一二九师干部会议上作了报告，传达中央政治局会议精神及布置工作。

父亲在报告中，首先，开宗明义地就讲目前形势的特点，指出投降的倾向已成为目前时局中最大的危险，而反共思想，则是为投降所作的准备步骤。他详尽地从中方、日方、国际、国内等各方面分析了形成这种局面的原因。接着，他阐述了抗战相持阶段的特点，以及国际国内条件的演变对中国抗战的有利的和不利的诸多影响。他在报告中着重指出，在这一阶段，党和全民族面临三大任务：一是动员一切爱国力量，开展反对投降的斗争，争取最后的胜利；二是中国共产党要加强自身的建设，随时准备应付一切意外事变；三是无论发生何种情况，党的基本任务将仍是巩固和扩大抗日统一战线，坚持国共合作，坚持抗战。最后，他指出了坚持华北敌后抗战的重要性，分析了能够继续在广大人民群众支持下坚持华北抗战的各种有利条件，并详细地在政治、军事、组织、纪律、经济等方面部署了今后的工作。

这篇详尽的报告记录稿，是由当时在一二九师担任组织部长的老红军张南生记录下来的。今天，我们能够看到这篇报告的记录，还有一个感人的故事。

张南生是福建连城人，青年时期便参加革命，在艰苦的军旅生涯中，他有一个爱好，就是记日记。从红军时期开始，他就不间断地记日记，一记，就记了几十年。1989年，他病逝于北京。他的夫人林纫篱，虽身患重病，但为了完成张南生的未了心愿，七十多岁的大林阿姨，把刘伯承和邓小平，这两位他们所崇敬的老首长的讲话，也就是张南生在长达十年的时间中所记录下来的刘邓的讲话，硬是从张南生那几十

邓小平和刘伯承在太行抗日前线。

本日记的瀚海之中，一篇一篇地寻找出来，又一笔一字地抄录了下来。
她这一抄，就抄了整整几年；她这一抄，就抄了十几万字。抄好以后，
她还编了目录，编了页码，工工整整地装帧完毕。

　　1992 年 5 月的一个春暖花开的日子，大林阿姨和原一二九师政治
部副主任、我国著名外交家黄镇的夫人朱琳阿姨，一齐来看我的妈妈。
卓琳、朱琳和大林，是太行山有名的"三林"。当年的老朋友又聚在了
一起，三个老太太，个子差不多，胖瘦差不多，头发都已灰白，但说
说笑笑的那股子高兴劲儿，还像她们在太行山的时候一样儿！

　　大林阿姨从包里拿出了她抄正的邓政委的讲话，送给了我的妈妈。
当我手捧这沉甸甸的厚厚的一大本，长达七万多字的手录之时，我的
眼睛都潮湿了。

　　我的感动，一为难得张南生这细心的十年的记录，二为大林阿姨
那认真的一笔一画的抄正，三为一二九师的老战友们对刘邓首长的那一
片真挚的战斗情感和崇敬之心。

大林阿姨抄正的刘帅的讲话，她已经送给了刘帅的遗孀汪荣华阿姨。

邓政委的这七万多字的讲话记录，的确十分珍贵。它填补了我父亲在抗日战争和解放战争这十年中许多历史的资料空白。这些原始的讲话记录，我正在请专家予以整理，希望将来能为邓小平的文选增添一分内容。

话，还是说回来吧。

父亲和他的司令刘伯承，一面积极贯彻中央政治局会议的精神，一面紧张地工作，准备迎战日伪敌军的进犯和国民党顽固派的挑衅。

在广大敌占区不甘当亡国奴的人民群众的支持和直接参与下，一二九师各部队，主动向侵略者出击，以求在长期作战中，不间断地打击敌人，积小胜为大胜。

从8月下旬到12月初，在1939年的下半年的三个多月之中，一二九师共进行大小战斗二百余次，毙伤日伪军两千八百余人，击落敌机一架。这些打击，使得日军侵占的公路、铁路不断遭到破坏，运输不时中断，敌军的行动更加被动。

12月，八路军总部命令一二九师在邯长大道上，利用日军换防后兵力减少的机会，发起邯长战役。

战役12月8日开始，连续进行了几十次激烈的战斗，至12月26日结束时，共毙伤日伪军七百余人，收复据点二十三处。更为重要的是，我军胜利地收复了太行山区的黎城和涉县两城。

公元1940年元旦来临了。

还是在那个太行山辽县的小山村桐峪镇中，一二九师直属队全体在大操场集合，进行团拜。当时由刘邓首长训话。

在欢乐的气氛中，刘邓与全体直属队一起会餐，之后，刘邓又讲了话。

邓政委的讲话，提出了一二九师在1940年的工作纲领，即在政治、军事、卫生、供给等等各方面进行建设，要求提高干部的政治责任心。

他指出，1940 年将是斗争最残酷的一年。他说，今天是新年，应万象更新，革除旧弊。[1]

是啊，新年伊始，20 世纪 40 年代的第一年来临了，无论从什么角度来说，这一年都应该是全面抗战取得更大成绩的起点。但是，国民党却故态复萌，偏偏认为，日军停止了大规模进攻，又可以腾出手来打共产党了！

时局，对于共产党八路军来说，变得更加险恶了。

1940 年 1 月，蒋介石下令逼迫八路军撤至白晋铁路以东、邯长大道以北。国民党军队随即分兵几路，向我根据地军民压迫和进攻。

为了粉碎蒋介石和阎锡山的进攻，一二九师研究局势，决定利用国民党军队内部的矛盾，先打最反共的孙楚，巩固太岳。在三八六旅旅长、一二九师名将陈赓的指挥下，一二九师部队给予蒋军以坚决而又沉重的打击，巩固了太岳根据地，并恢复了太南部分地区，与此同时，还壮大了我军的有生力量。

阎锡山也是一方霸主，素来与中央正统的蒋介石相互嫌隙，这次他打击共产党的阴谋未能实现，自身力量却被削弱，又让蒋介石乘隙而入，真是"偷鸡不成反蚀把米"。最后，于 2 月下旬，阎锡山与毛泽东派来的代表达成了和解协议。

这，是 1940 年国共摩擦的一个回合。

国民党的另一支由朱怀冰率领的部队，与鹿钟麟等会合，于 1939 年底向我太行山北部抗日根据地发动了进攻，杀害抗日群众，摧残抗日民主政权。刘伯承曾亲赴冀西，向朱怀冰、鹿钟麟等人进行工作，晓以民族大义，但为朱、鹿等人所拒。在反共顽军大举武装进攻的局势下，八路军被迫反击，于 1940 年 1 月，将顽军一部八千余人的大部消灭。惨重的失败，使得朱、鹿率部于 2 月一起南撤。

[1] 杨国宇《刘邓麾下十三年》，第 139—141 页。

1940年8月至12月，刘邓率所部38个团参加"百团大战"，进行大小战斗五百余次，给日伪军以很大打击。

这，是又一个回合的摩擦。

1940年2月初，国民党军石友三部向冀南八路军大举进攻，并公开勾结日本侵略军，配合日军"扫荡"。毛泽东命令：一二九师坚决彻底消灭之。一二九师组织了冀南反顽战役。从2月9日到16日，激战之后，石友三主力遭到重创，在日军掩护下仓皇撤退。冀南反顽战役，以逐石友三出冀南而告胜利结束。

这，是第三个回合摩擦的结局。

毛泽东说："在抗日统一战线时期中，斗争是团结的手段，团结是斗争的目的。"为了彻底打破顽军的反共进攻势态，八路军总部决定进行卫东战役和磁武涉林战役。

2月22日，卫东战役开始。

我一二九师十七个团，经过连续英勇作战，至4月8日，在平汉

1940 年 4 月，邓小平在山西黎城会议上作报告。

路以东，消灭石友三等国民党顽军六千余人，将其驱逐至冀鲁豫区边沿，一改冀南严重的形势，坚持了冀南和冀鲁豫抗日根据地。指挥和参加这次战斗的有程子华、宋任穷、杨得志、李聚奎、陈再道、刘志坚等重要将领。

3 月 5 日，磁武涉林战役开始。

一二九师政委邓小平亲赴前线指挥。磁县、武安、涉县、林县地区驻有国民党顽军两万两千人，其中朱怀冰部两个师共八千余人。邓政委说："朱怀冰是进攻我们的急先锋，根据目前顽军的态度，我们的作战意图应该是集中主力歼灭朱怀冰部。"一二九师用兵十三个团，凭着有利的时机和正确的判断，利用顽军内部矛盾，打击最反动者，争取中间，采取了迅雷不及掩耳的包抄穿插战术，仅用了五天的时间，共歼顽军一万余人。反共先锋朱怀冰几乎全军覆没。磁武涉林战役，正如毛泽东所说："不斗则已，斗则必胜！"参加此役的有李达、桂干生、周希汉、王树声等高级将领。

磁武涉林战役取得的重大胜利，标志着一二九师和晋冀鲁豫根据地人民反对国民党顽固派的第一次反共高潮取得了决定性的胜利。

这时，毛泽东及时指示斗争"适可而止"，并决定向国民党作出重大让步，使得紧张局势得以缓和。

这样做，最终的目的，还是为了巩固来之不易的抗日民族统一战线，团结一切可以团结的力量，以共同抗击中华民族的共同敌人，日本侵略者。

在一系列与反共顽军斗争中，刘邓领导下的晋冀鲁豫根据地进一步得到了巩固，全区武装力量扩大到十一万人，部队军事政治素质也大为提高。一二九师完全控制了冀南全部、太行北部、太岳北部共七十一个县，约八百万人口的广大地区。

1940年4月11日，为了统一太行、太岳、冀南三个区的领导，成立了太行军政委员会，邓小平为书记。

4月11日，中共中央北方局在太行山黎城召开了太行、太岳、冀南地区的高级干部会议。北方局书记杨尚昆作了关于形势和统一战线中的策略问题的报告。会议总结了抗战三年以来华北敌后抗战的经验，提出了建党、建军、建政三大方针，提出积极打击日本侵略军的"囚笼政策"的任务。

与国民党反共顽固派的斗争休兵未几，一二九师在刘邓首长的率领下，马上又投入了对日本侵略者的战斗之中。

日本侵略军为了摧毁抗日根据地，以铁路为柱，公路为链，碉堡为锁，辅以封锁沟和封锁墙，对抗日民主根据地实行包围及网状分割。这种方式，被刘伯承将军称之为"囚笼政策"。

为了破坏敌人铁路、公路等交通命脉，打破"囚笼政策"，刘邓号召全区军民"面向交通线"，部署了大规模破击铁路、公路的作战行动，实施对平汉线、白晋线、德石线的破击。

随后，由刘邓亲自指挥，于5月进行了白晋战役。该役在一天两

刘伯承（左一）、邓小平（左三）、李达（左二）等在总结"百团大战"作战经验的会议上。

夜之间，彻底破坏白晋铁路五十公里，毁桥五十余座，炸毁敌军火车一列，毙伤敌人三百五十余人。此役之后，一二九师于三个月中，连续进行大小破击战四十余次。

在实行破击战的同时，一二九师一面坚决打击伪军的嚣张气焰，一面反击了日军数次的"扫荡"。在这些战斗中，英勇的太行山人，有效地打击了日军的"囚笼政策"。

1940年夏秋，国际时局向着恶性的方向变化，德国、意大利法西斯在欧洲大陆取得了令人瞠目的战争成果。9月，日本与德国、意大利结成了三国军事同盟，并加紧了对中国的侵略和控制。中国的国民党，在日本强大的政治、军事压力下，更加动摇，妥协的危险空前严重。

毛泽东指出："我们应该估计到最困难最危险最黑暗的可能性"。[1]

为了粉碎日军对华北我军的全面进攻，打击其"囚笼政策"，克服国民党投降的危险，从1940年8月开始，我八路军在总司令朱德，副总司令彭德怀的指挥下，向华北敌占交通线和各据点发动了大规模进攻战役，即震惊中外的"百团大战"。

在长达三个半月的时间里，经过两个战役阶段和反击日军报复"扫荡"的作战，我军使用兵力一百〇五个团，二十余万人，作战一千八百二十四次，毙伤日军二万余人、伪军五千余人，破坏铁路四百七十四公里、公路一千五百余公里、桥梁隧道二百六十多处。我军伤亡一万七千余人。

百团大战，是抗日战争中我军在华北地区发动的一次规模最大、时间最长的带战略性的进攻战役。我华北军民，几十万人之众，与日本强敌进行了殊死的浴血奋战，其规模之壮，其声势之大，震撼了中华大地。

一二九师在百团大战中，与其他兄弟部队并肩战斗，在破击和反"扫荡"作战中，取得了辉煌的胜利，总计破坏铁路二百四十余公里、公路五百余公里，进行了大小战斗五百二十九次，一度收复县城九座，毙伤日伪军七千五百余名。

在三个月的时间中，刘邓亲临战斗的第一线，亲自实施战场指挥。他们时而翻越太行山，时而行军数十里。有一天，头上敌人的飞机炮

---

[1]　毛泽东《关于形势的估计及对国民党可能进攻的对策》，1940年10月25日。

弹打到了他们所住的山洞门口,刘邓出来看了看,冒着敌人密集的炮火,起程又走。危情一过,安营扎寨,邓政委就又召集开会,作报告,讲局势,讲政策。

那是11月,在宋家庄,"满地的谷子黄得似金子,被风和太阳弄得憔悴如柴。包谷倒栽在地里,满地未收的黄豆被雨淋后趴在地下。许多村庄不见一间房,连土地庙也被炸弹炸坏了。敌人的烧杀摧残根据地,伤悲惨状难以形容。邓政委立即动员各部队,帮助群众收拾家屋和抢收庄稼,无论什么人都得到,不能偷懒。"[1]

1940年的秋冬时光很快就过去了。

时间过得快,是因为战事匆匆,是因为"扫荡"和反"扫荡"的斗争进行得那么样地频繁。

在这一年之中,在战争之外,还有几件事值得一记。

一件事是拍电影。

2月23日,在桐峪,杨国宇"同刘师长、邓政委、李达参谋长等,到村外去拍电影片,大多没参加过,有的还没见过电影。摄影师是从延安来的,有人说是苏联派来的。一会儿叫我们坐下,一会儿又叫躺下,一会儿又叫起来用笔在纸上写字,弄得我们烦了,板起面孔像个木头人。摄影师越叫我们自然一点,我们越不自然,结果拍不下去。刘师长对摄影师小徐说了句'自然而然,然而不然',说得邓政委也同大家一起笑起来而自然了。"[2]

这大概是父亲第一次拍电影,这段片子也不知今在何方。不过,父亲平时连像都不愿意照,更别说拍电影了。要让他做到自然而然,也的确够不容易的!

一件事是有关安家。

---

[1]　杨国宇《刘邓麾下十三年》,第181—182页。

[2]　杨国宇《刘邓麾下十三年》,第193页。

9月份，我的妈妈从八路军总部调到一二九师师部，在秘书科工作。从此，她和父亲一起，行军、打仗、跑"扫荡"。虽然他们因战事而时而汇合，时而分离，但对于父亲来说，总算有个家了。尽管这个家，乃是一个居无定所之家，乃是一个前线战地之家。

1940年12月4日，一二九师师部到达山西境内太行山涉县的赤岸村。

从此，赤岸，这个在峰峦重叠的太行山区之中的小山村，这个清漳河畔的连地图上都找不到的无名之地，便成为一二九师师部的所在地，在此以后长达五年的时间里，成为晋冀鲁豫根据地的心脏和首府。

刘伯承和邓小平，就在这个小村庄的一个很小的庙宇小院之中，驻扎了下来。

刘邓在这个简陋朴素的驻扎之地，将指挥太行山人去进行更多的战斗，将与太行山人共同度过更加艰苦卓绝的战斗生活。

第51章
艰苦岁月

从 1937 年"七·七事变"的爆发，到 1940 年底，中华民族对日本侵略者的战争，已经经历三年多的时间了。

中国国内错综复杂的政治形势，使得抗战局面也变得异常复杂。而这几年中国际上所发生的形势巨变，又使得中国的抗战形势变得更加前途不清。

但是，不管是日本侵略者的野蛮侵略，还是国民党顽固派消极抗战、积极反共的卑劣行径，都没有，也不能够阻挡共产党军队的抗战决心。

共产党的军队，经过英勇卓绝的艰苦奋战，不仅巩固了华北敌后的抗战，而且发展了华中和华南的抗战，在两年之中，以并不强大的武装力量和简陋的武器装备，抗击了百分之六十左右的侵华日军以及全部伪军，粉碎了敌人千人以上至五万人的"扫荡"近百次，作战万余次，歼灭大量日伪军。

在正面对日军作战的同时，共产党的军队，还要对付从背后袭来的国民党顽固派的战争挑衅，打退了国民党顽固派发动的第一次反共高潮。

共产党的武装，在广大爱国、爱土、爱家的抗日群众的直接支援和参加下，在左右开战的同时，建立、巩固和发展了抗日民主根据地。到 1940 年底，我军部队发展到五十万人，根据地人口达一亿之多。在华北，在华东，我各根据地相继建立了抗日民主政权，并及时地在农村实行了减租减息政策。这些政策的实施，受到人民群众，特别是广大贫苦农民的衷心拥护，而人民的拥护和支持，又进一步增强了我军敌后的抗日力量。

但是，在中华大地上，民族抗战的力量仍然不够强大，敌强我弱的基本形势仍未改变。

在华北战场上，日军所制定的方针仍然以"剿共"为重点。日军调兵遣将，使其在华北地区的兵力达到三十万人，伪军十万人，准备对我各抗日根据地进行连续的和更为残酷的"扫荡"和"蚕食"，并推行"治安强化运动"，要把共产党的抗日力量置于死地。

在华北战场上，国民党军队有差不多五十万人，多于日军。但是，国民党顽固派不但不与共产党联手抗日，反倒把共产党作为心腹之敌，不断对共产党的抗日民主根据地进行军事进攻和经济封锁。一些厚颜无耻之人，竟然提出什么"曲线救国"，为投敌叛国找下借口。于是，在不长的时间中，凭着这个无耻的借口，又有三万余国民党军队公开投敌，并肆无忌惮地向共产党的抗日民主根据地发动进攻。

日本侵略中国，中国人不打日本人，却打中国人，这人世间，难道还有什么公理可言吗！

1941年，在日军和国民党顽固派的夹击下，共产党的华北敌后抗战，进入了抗战八年中最艰苦、最困难的时期。

1941年元旦刚过，在安徽南部坚持抗战的共产党新四军，按照蒋介石提出的迁至长江以北的命令，向江苏南部转移。共产党万万想不到，国民党蒋介石早已密令部署，三面包围，突然向新四军大举围歼。双方激战一周，至1月14日，我新四军六千余抗日将士，被国民党顽军杀害。抗日名将叶挺将军，也被国民党扣押。

这就是震惊全国的"皖南事变"。

这就是国民党掀起的第二次反共高潮中最为骇人听闻的事件。

这就是中华民族抗日战争史上极其惨痛的一页。

杀共产党，蒋介石从来也不手软。不管在什么时候，也不管以何种方式，他从来都不会手软。

1941 年 2 月，日军下达了《肃正建设计划》，从此，日本侵略军开始了对我鲁西、冀鲁豫边、冀东、冀中等平原抗日根据地分期分区地进行为期半年的春、夏季"扫荡"，力图捕捉我军主力和领导机关。

在晋冀鲁豫地区，从 1 月开始，日军就开始行动了。

1 月 10 日至 15 日，日军五千人"扫荡"榆社、辽县、和顺、昔阳地区。

1 月 15 日至 2 月 6 日，日军七千余人"扫荡"鲁西地区。

1 月 24 日至 2 月 4 日，日军四千余人"扫荡"太行。

3 月 3 日，日军一千余人"扫荡"濮阳东南地区。

3 月 21 日，昔阳日军进犯太行地区。

3 月 29 日，日军在华北实施第一次"强化治安运动"。

4 月 3 日，日伪军一千四百余人"扫荡"南宫以南、广宗以东、武城以西、邢济路以北地区。

4 月 10 日至 20 日，日伪军万余人，汽车坦克一百辆，对冀鲁豫边沙区根据地进行毁灭性"扫荡"。

5 月 7 日至 25 日，日军六个师团约五万人进攻中条山的国民党军，中条山地区沦陷。

5 月 27 日，日军二千余人进犯寿张、范县地区。

5 月 29 日，日军一千余人"扫荡"太岳地区。5 月，日军在平汉路西侧修起了第二道封锁线。

6 月 18 日，日伪军五千余人"清剿"泰西地区。

6 月 19 日，日军一千余人"扫荡"太行地区。

6 月 28 日，日军两千人"扫荡"冀南地区。……

在春、夏季"扫荡"中，日本侵略军对华北各抗日民主根据地进行反复"清剿",实行了烧光、杀光、抢光的惨绝人寰的"三光政策"。仅在沙区一百四十多个村庄,即屠杀中国群众三千四百余人,在十五个村庄把村民们赖以生活的五万株枣树砍伐殆尽,烧毁村民住房无以数计……

日军为了推行"强化治安运动",将华北地区分等级划为不同的"治安区",大力修筑铁路、公路,并在两侧挖掘封锁沟和构筑封锁墙。日军在平汉路北侧修筑了长达五百公里的封锁沟,以切断北岳、太行山区根据地与冀中、冀南平原根据地的联系,断绝山区根据地的经济来源。在平原上,日军三里一个岗楼,五里一个据点,将平原根据地分割成"格子网"状小块,严加封锁。

由于日军的"扫荡"、封锁和"蚕食",我华北抗日民主根据地出现退缩局面。

面对困难局面,中共中央号召进行以政治攻势和军事进攻相结合的反"蚕食"斗争。

4月28日,一二九师政委邓小平发表了《反对麻木,打开太行山的严重局面》一文。

邓政委指出:必须克服右倾情绪,反对麻木不仁和张皇失措,要团结一致,正视困难,面向敌人,面向交通线,展开顽强的对敌斗争。以坚强的意志,奋勇的精神,不疲倦的工作,克服当前的严重局面。

5月底,一二九师连续下达命令,要求健全和强化游击集团,积极开展游击战争,巩固根据地。同时,主动开展了多次对敌军的破击战。

…………

在中国进行艰苦抗战的同时,世界局势迅速变化,狂澜又起。6月22日,法西斯德国在两千多公里的战线上,突然对苏联发起了闪电式的大规模进攻。

苏德战争爆发。

在国际法西斯侵略行动猖獗到顶峰的时刻,侵华日军的气焰更加嚣张。6月，日军制定了坚持建设"大东亚共荣圈"的方针。一方面将关东军增至七十万人，一方面进兵进占了法属印度支那的南部。

为了稳定南进的后方，建立巩固的"大东亚战争的兵站基地"，日军加紧了对中国占领区的"治安肃正"作战，开始了疯狂残酷的秋、冬季"扫荡"。

此次"扫荡"的重点，从华北的平原移至山区，把刺刀和枪炮的瞄向直指共产党华北抗日根据地的腹地。

在1941年的下半年中，侵华日军采取了"铁壁合围"、"梳篦清剿"的残酷作战方式，长时间地、更大规模地对共产党华北抗日民主根据地进行疯狂"扫荡"。

8月12日，日军四万余人对晋察冀边区进行"铁壁合围"大"扫荡"。

9月22日，日军二万余人对岳南地区进行"铁桶完璧之包围阵"与"电击反转之机略作战"的大"扫荡"。

10月6日，日军三万余人对岳北地区进行"铁壁合围"大"扫荡"。

10月17日，日军一千五百余人"扫荡"冀南地区。

10月25日，日伪军三千余人"扫荡"冀鲁豫地区。

10月31日，日军七千余人对太行实行"捕捉奇袭"的"扫荡"，妄图捕歼我八路军总部及第一二九师师部机关，夜袭一二九师师部驻地。

11月1日，华北日军开始实施第三次"治安强化运动"。

11月25日，日军四千余人"扫荡"冀南。

12月9日，日军六千余人"扫荡"冀南南宫、威县地区。

12月26日，日军三千余人"清剿"冀南地区。

面对日本侵略军疯狂而又频繁的大规模"扫荡"，八路军一二九师在刘邓率领下，一面领导群众进行坚壁清野，坚持内线游击战，一方面组织主力部队和地方武装，对敌进行大小破击战和反"扫荡"作战。在前所未有的敌人强大残暴的"扫荡"下，保存了主力，坚持了抗日根据地，同时还数次地反击了国民党顽固派阎锡山从另一个方面的进犯。

1941年，是华北敌后抗战斗争最严酷的一年。

在这一年中，战争紧张残酷，部队转战行动频繁。同时，敌人封锁严密，根据地又遭受自然灾害，抗日军民的生活都艰苦异常。

在这一年的9月，我的大姐邓林在赤岸出生了。因为战事紧张，军队转战，因此母亲在生下孩子七天后，便忍痛将她的第一个孩子寄放在黎城县的一个老百姓家中去哺养。放下孩子，母亲头也未回，马上随部队转移而去了。

1941年，我华北敌后军民，共粉碎敌人千人以上的"扫荡"六十九次，万人至七万人的大"扫荡"九次，以及三次"强化治安运动"，初步打破了日军对我抗日根据地的"蚕食"和分割封锁。但是，在日军的强大攻势下，我抗日根据地的面积缩小，八路军的兵力下降，财政经济极端困难。就是在这样一种异常艰难困苦的情况下，我抗日军民，仍然以高昂的战斗士气，仍然以保卫家乡、保卫国家的英雄气概，准备去迎接1942年的到来。

就在1942年即将到来之际，国际战争形势又发生了令人瞠目的巨变。

1941年12月8日，狂妄至极的日本军国主义，突然袭击了美国在太平洋上的海军基地——珍珠港。

太平洋战争爆发了！

1941年12月9日，在日本侵华整整六年多之后，中国的国民党政府终于对日本宣战（当然，也同时对德国和意大利宣战）。

太平洋战争爆发后，中共中央分析了形势，指出，太平洋战争的爆发，无疑的对我国抗战是有利的，日本现在与二十余国为敌，因此其对中国的侵略力量不能不有所减弱。但日军为供应太平洋战争，榨取在华资源，巩固占领地之心必更加迫切，对敌后抗日根据地的"扫荡"

和经济封锁必更加强化和残酷。我抗日军民，一方面要有在敌后长期坚持抗战争取胜利的信心，一方面又要对日益增加的严重困难有充分的认识。总的方针，应当仍旧是长期坚持游击战争，准备将来的反攻。全党全军要"咬紧牙关，度过今后两年最困难的斗争"。[1]

那是 1941 年的最后几天。

敌人"扫荡"之后，一二九师师部已回到了涉县赤岸。

冬天的太行山，天寒地冻，北风凛冽。

刘邓忙碌了整整的一年。年末，无战事，于是和司令部的工作人员一起会餐。"四方块的肥肉，四川式的蔬菜，桌上摆上十几碗。有邓的爱人卓琳同志，有我们全体人员"。杨国宇在日记中记道，他和大家一起饱餐了一顿。

12 月 31 日，这是 1941 年的最后一天，"司政请客，各界有名人士偕夫人到赤岸，拜见刘邓，大家一块共餐，四川菜，管够"。[2]

1942 年来临了。

1 月 1 日，在赤岸。"今年过年不如去年，去年唱歌、团拜、杀猪会餐。今年羊肉煮稀饭，红萝卜加地瓜，算可以"。[3]

1942 年的新年，比 1941 年的更艰苦。

但 1942 年的新年，过得与 1941 年一样的忙碌。

1 月 3 日，一二九师颁发 1942 年军事工作实施纲要。

1 月 7 日，刘师长作关于"精兵简政"的报告。

精兵简政，是我抗日根据地实行的一项极其重要的措施。针对敌军日益疯狂的"扫荡"和"蚕食"，针对根据地日益困难的经济状况，为了适应新的战争形势，中共中央指示各根据地实行"精兵简政"。

---

[1]　中共中央《关于太平洋战争爆发后敌后抗日根据地工作的指示》，1941 年 12 月 17 日。《中国人民解放军战史》，第二卷（抗日战争时期），第 309—310 页。

[2]　杨国宇《刘邓麾下十三年》，第 195—196 页。

[3]　同上。

毛泽东说："目前我们须得变一变，把我们的身体变得小些，但是变得更加扎实些，我们就会变成无敌的了。"[1]

精兵，就是缩编主力部队和指挥机关，充实连队。主力军部分实行地方化，加强地方武装和民兵，加强整训，提高战斗力。

简政，就是整顿机构和组织，紧缩机关和人员编制，加强基层，提高效能，节约人力物力，反对官僚主义。

精兵简政，解决了机构庞大和受到战争破坏的社会经济缺乏足够承受力之间的矛盾，减轻了人民的负担，是使我各抗日根据地能够度过极端困难的一项重大措施。

一二九师开始进行精兵简政。

邓小平政委告诫一二九师全体指战员：由于长年不断的战争和日本强盗的掠夺，天灾人祸，生活困难。但是，我们是人民的军队，就应该特别关心民间疾苦，厉行精兵简政，减轻人民负担，人民才能更好地支援我们打败日本侵略者。[2]

1月15日，刘邓指示，下发实施精兵简政的命令。

军令如山倒！

"邓小平政委身先士卒，其他领导尤其机关谁敢不动。因此组织了机关人员分头下到军分区、旅，进行深入动员。今明两日分头出动，小平同志临行前作了四条规定：其一，调整编制紧缩机关，减少人员马匹，充实战斗连队，并规定了比例；其二，调一批相当有才能的本地干部，到地方武委会去，加强地方武装，开展游击战争；其三，以安置老弱战士，荣誉军人，从事学艺生产，半工半读。别看只有四条，这四条是关系抗战能否持久与军民生活的大事。"[3]

---

[1] 毛泽东《一个极其重要的政策》。《毛泽东选集》第3卷。

[2] 《中国人民解放军第二野战军战史》，第一卷（抗日战争时期），第221—222页。

[3] 杨国宇《刘邓麾下十三年》，第197页。此段说做了四条规定，但原文中仅写了三条。特此注明。

1月中旬，邓政委到清漳河西畔的七原村向太行区文化界作了重要讲话，结合形势讲了精兵简政的重要性。

1月25日，他又带领一个极其精干的小组，从赤岸出发，到武安、沙河一带的太行军区第六分区具体指导精简工作。

一二九师和晋冀鲁豫边区共进行了三次大的精简，由于刘邓的重视和亲自抓紧，精简工作顺利完成，部队加强了战斗力，基层领导工作的力量得到了充实，节约了人力和财力，减轻了人民负担，同时，精简了机关，提高了工作效率，克服了官僚主义。这些，都为适应新的、更加艰苦的作战形势做好了准备。

毛泽东表扬了晋冀鲁豫边区的精兵简政工作。他说："晋冀鲁豫边区的领导同志，对这项工作抓得很紧，做出了精兵简政的模范例子。"[1]

对于精兵简政工作，乃至于对于建国以后的精简问题，父亲一贯非常重视。在工作中，他曾不止一次地强调和推动精简工作。直到1992年5月，他退休了，还十分关注国务院体制改革中的精简问题。他说："精简工作，对于我们来说，始终是一个问题。"

新年伊始，刘邓亲自抓精兵简政，抓了整整一年。

新年伊始，刘邓亲自抓生产自救，也抓了整整一年。

1942年1月13日，八路军总部命令太行、太岳两军区所属部队努力生产，克服困难。

这是抗日根据地人民最困难的时期，上一年中敌人对根据地连续地、大规模地进行了名目繁多、手段残酷的大"扫荡"，不断"蚕食"根据地和掠夺根据地人民，在推行强化治安和"扫荡"中，实行"三光"政策，甚至采用在井水和锅里下毒的凶残作法，对根据地军民实行封锁。

地下有敌人，天上也有敌人。在这一年中，水、旱、虫、雹等自然灾害也助纣为虐，连续发生。

---

[1]　毛泽东《一个极其重要的政策》。《毛泽东选集》（一卷本）。

1942 年的春天，被人称为"前所未有的春灭"！

日本侵略军到处烧杀抢掠，激起了根据地人民对敌人的无比愤怒，也唤起了人民群众对八路军无比的热爱。在太行山，有的军队干部，每餐只得五根缺盐的萝卜条，连带壳的小米饭也吃不饱。老百姓看着心疼，提着小篮子送来了他们唯一的储存:柿子皮，还有玉米馍。这些，已是老百姓们仅剩的最好的东西了。老百姓，也什么都没有了。

父亲曾对我说，1942 年 9 月，刘少奇由华中回延安的途中经太行时，在赤岸的一二九师师部，刘邓请少奇吃饭，吃的东西只有干羊肉。

父亲说:"那是当时最好的东西了，我们很久没吃肉了！"

当年的晋冀鲁豫边区政府副主席戎子和回忆:"在最困难的时候，干部的口粮从每天一斤半小米减少到七两，我的体重从一百二十五斤减到一百斤。一次小平同志约边府杨秀峰、我和李一清同志谈工作，我和李一清由于精力不足，就打起了瞌睡。小平同志看到眼里，触动心情，当面就告诉杨秀峰同志，边区政府厅一级的干部一个月的津贴增加到十元。"[1]

一个厅级干部的津贴增加到十元钱，也解决不了根本问题呀！

怎么办? 总不能活活被敌人困死吧！

在延安，早在 1940 年，在旅长王震"王胡子"的带领下，八路军三五九旅开赴南泥湾，实行"屯田政策"，开荒大生产。

在太行山上，刘邓号召晋冀鲁豫边区各根据地开展大生产运动。邓政委亲自作了动员报告。

当时根据地军民的抗日情绪十分高涨，一动员开展大生产，各根据地便纷纷响应，连一二九师师部的干部都争先恐后地要求参加开荒队，以反击敌人的"三光"政策。

---

[1] 陈东《邓小平同志与晋冀鲁豫边区建设》。《二十八年间——从师政委到总书记》(续编)，第 19 页。

刘的夫人汪荣华和邓的夫人卓琳，负责女同志的报名，汪荣华和卓琳，带着女同志们，和男同志们一起上山开荒。这一年，师部机关的收成还真不错，一个大萝卜，有六斤重，邓政委看了，高兴地说："这叫萝卜大王啦！"[1]

开展经济生产，既改善了军队生活，又减轻了人民的负担。

就这样，扛枪的八路军，又扛起了锄头。

在这个世界上，你能找到任何一支与之相同的军队吗？

要知道，红军、八路军，本来就是农民的儿子，是中国农民的儿子。

更应该让人惊叹不已的是，直到今天，在中国实现四个现代化的进程中，在90年代的现代生活中，中国人民解放军，还是一手拿着枪，一手拿着锄。一边保卫祖国，一边开展生产。

保卫祖国，是中国军人的神圣天职；开展生产，是减轻人民负担的爱民传统。

这是中国人民与中国人民解放军保有亲密无间的鱼水关系的原因之一。这是世界上任何国家任何军队也没有的特殊事务。

…………

1942年，在太行山上，由于及时有效地采取了精兵简政和生产运动两项大措施，晋冀鲁豫边区军民，坚决地战胜了日本侵略军更加疯狂的无数次大小"扫荡"。

2月初到3月初，日军进行了春季"扫荡"，一万二千余人到太行，七千余人到太岳。

"扫荡"中，日军采取了"捕捉奇袭"、"铁壁合围"、"纵横扫荡"、"辗转抉剔"、"反转电击"、"夜行晓袭"等名目繁多、手段残酷的战法，并对八路军总部辽县的麻田进行了"铁壁合击"和"反转电击"。在历时三十天的"扫荡"中烧毁房屋，残杀百姓，强奸妇女，抢夺物资，

---

[1]　张贻祥《太行十年的几次接触》。《二十八年间——从师政委到总书记》，第14页。

极尽凶残之能事。

春季扫荡之后，日军在平汉线西侧，修筑了第三道封锁线。

5月，日本侵略军开始了对太行、太岳的夏季大"扫荡"。

在三十八天的扫荡中，日军把战事分为三期，出动了更多的兵力。仅对太行，一次即使用了二万五千余人。日军采用了"集中兵力辗转扫荡"的狠毒战法，奔袭我八路军总部和一二九师首脑机关，并再次采用"铁壁合围"、"辗转清剿"、"抉剔清剿"等激烈残暴的战法，四处残杀中国军民，大肆掠夺人民资财，对根据地进行了野蛮的破坏。

此次行动，就是臭名昭著的"五月"大"扫荡"。

在对太行、太岳进行疯狂"扫荡"的同时，日军对冀南在半年中进行了特别频繁的"扫荡"和"清乡"。对冀鲁豫进行了不断地"蚕食"和"扫荡"。

1942年夏季和秋季，日军推行了第四次和第五次"治安强化运动"，其手段更为残酷，气焰更为嚣张。日本华北方面军曾下令："凡是敌人区域内的人，不问男女老幼，应全部杀死，所有房屋，应一律烧毁，所有粮秣，其不能搬运的，亦一律烧毁，锅碗要一律打碎，并要一律埋死或投下毒药。……"[1] 在华北地区，竟然制造了骇人听闻的"无人区"！

秋季到来了，秋季"扫荡"又开始了。

9月27日，日伪军一万余人，对冀鲁豫进行了大规模"扫荡"和"清剿"。

10月20日，日军一万六千余人，同时对太行、太岳出兵"扫荡"。

1942年日军对华北敌后抗日根据地的"扫荡"，时间之长，手段之残酷，均是前所未有的。那些离奇古怪的战法，名称越起越多，越起越怪。这些战法，你从驰名中外的孙子兵法上是找不到的。中国人，亘古以来，就没有这样怪异的军法，更没有如此残暴的杀性。

---

[1]　转引自《太行革命根据地史稿》(1937—1949)，第118页。

八路军没有被吓倒，更没有退却。

刘邓说："不要只看到敌人气势汹汹，其实是外强中干，黄泥巴菩萨过河。"[1]

由于精兵简政的实行，我军"身体小了"，灵活机动了，于是大胆采用"敌进我进"的作战方式（即敌向我根据地进攻，我则向敌后方进攻），在一年的艰苦卓绝的反"扫荡"战斗中，坚决地打击日军，采用灵活多样的游击战术打击日军，并积极开展了一系列的对敌政治攻势，用主力军、地方军和民兵的三结合武装力量体制，有效地粉碎了日军的反复"扫荡"。

在反"扫荡"的残酷战事中，当然也不乏惊险场面。

6月"扫荡"中，一次敌军一部突然袭来，包围了我一二九师师部，险情顿生。刘伯承镇定自若，从容指挥，利用熟知地形和敌情，趁着入夜时分，一下子跳出敌人包围圈，接着连续突围，最后化险为夷，安全撤出。跟着突击出去的，有刘的夫人汪荣华，邓的夫人卓琳，李达的夫人，黄镇的夫人朱琳等等，等等。

在这战事倥偬的一年中，一二九师邓小平政委曾于3月份赴太岳，在那里亲自指挥三八五旅等部队，于4月15、16两日，对侵犯我军的阎锡山顽军，胜利地进行了浮翼自卫反击战役。随后，他通过我秘密交通线，过白晋铁路，赴我新开辟的中条山根据地视察工作。

在并肩战斗中，刘邓二人更加亲密无间，更加密不可分。

邓去中条山，刘留在太行山。

刘邓分手后，"刘师长无亲密战友一起议事，故每天只有李达、蔡树藩同他一起商谈"。[2] 邓3月底过敌占区白晋线，刘坐在作战科等电

---

[1]《中国人民解放军第二野战军战史》，第一卷（抗日战争时期），第228页。

[2] 杨国宇《刘邓麾下十三年》，第207页。

报，电报一到，他一个字一个字地看，知邓安全，才放心回去睡觉。[1]

刘邓分开后，一二九师师部下发的电报仍然联署"刘邓"之名。

杨国宇写道："由于他们对工作如此严肃认真，也由于他们亲密无间地团结一致，以身作则地为人表率，所以用他们二人名义发出的'训令'、'号令'或者'命令'，部队无不坚决执行。这怎么不叫人敬重！敌人怕刘伯承，也怕邓小平，曾把邓小平的相片，印发给部队……"

1942年年末来到了，这最最艰苦困难的一年就要过去了。

太行山人，依然屹立在太行山上！

12月16日，一二九师为他们的师长刘伯承庆祝五十大寿。

赤岸举行了庆祝大会，中共中央发来了贺电，朱德、彭德怀写了祝贺诗。各地各处送来了贺电贺信，涉县的群众代表也送来了寿礼。

一二九师政委邓小平、参谋长李达、政治部主任蔡树藩、政治部副主任黄镇出席了大会。

在这喜庆的祝寿大会上，邓小平发表了热情洋溢、感情深厚的长篇祝寿词。

他说，热爱国家，热爱人民，热爱自己的党，是一个共产党员必须具备的优良品质。我们的伯承同志不但具备了这些品质，而且把他的全部精力献给了国家、人民和自己的党。在整个革命过程中，他建立了不可磨灭的功绩。

他说，在伯承同志五十寿辰的时候，我祝福他健康，祝福我们共同努力的事业胜利！[2]

…………

1941年和1942年，对于坚持在华北敌后坚持抗战的八路军来说，是八年抗战中最为艰苦卓绝的两年。至今，太行山人回忆起来，对于

---

[1] 杨国宇《威严的山》。《二十八年间——从师政委到总书记》，第44页。

[2] 《刘伯承回忆录》（第三集），第107页。

这两年间那残酷的战争和非同寻常的艰苦，仍然记忆犹新，深刻难忘。

但是，他们说，我们挺过来了！

太行山人终于度过了这最为艰苦的时期。黑暗过了，即是光明。

太行山人懂得，要走向光明，路，并不平坦；斗争，仍将继续。

但是，毕竟，一条直向胜利的通天大道，已经开始展现在人们的眼前……

第52章
走向恢复和发展

那最为艰苦困难的 1941 年和 1942 年，终于过去了。

历史的时针，指向了公元 1943 年。

1943 年，是国际反法西斯战争走向胜利的关键的一年，也是中国的抗日战争，由困境中走出，走向恢复和发展的关键的一年。

正义终归是正义，正义终归会战胜邪恶。

正所谓是盛极必衰。

国际法西斯的侵略气焰发展到了顶头的时候，也就是它的末日即将来临的时候。

1943 年春天的来临，向全世界人民预告了胜利的佳讯。

苏联红军取得了斯大林格勒战役的伟大胜利，开始了对德国法西斯的战略反攻。德军被迫转入战略防御。

5 月 13 日，北非战场上最后一批德、意法西斯军队向盟军投降。

7 月 10 日，美英联军在意大利西西里岛登陆，直逼意大利本土。

9 月 3 日，意大利向盟国投降，欧洲法西斯阵线彻底瓦解。

在太平洋战场上，2 月，美军攻占瓜达尔卡纳尔岛，进入战略反攻。日本仓皇转入战略防御。

日军在太平洋战场上的失利和在中国战场上所进行的旷日持久的消耗战争，加剧了日本国内矛盾。

1943 年，日本内阁两次改组，政局不稳，人心动摇。其经济濒于破产，国内人民和士兵的反战情绪异常激昂。

面对这日趋不利的国际国内形势，日本侵略者，更加急欲尽快结束对华战争，以便从中国战场上抽调更多的兵力用于太平洋战场，以阻止美军的反攻。侵华日军确定首要任务是确保其占领区，确保重要资源开发区、中心城市和主要交通线，同时将部队调整，保持六十万人的兵力。

在这样有利的形势下，世界反法西斯阵线的人民一派情绪高涨，斗志昂扬。

那么，此时，中国的国民党怎样筹划？蒋介石又如何作想呢？

蒋介石还是蒋介石，他永远改变不了消灭共产党的最高宗旨，也永远不想改变。

对日本侵略军，蒋介石是又抗日，又"观战"。在 1943 年中，国民党军队除了印缅远征军在缅北反攻作战中取得一定胜利之外，在国内正面战场上，仅仅进行了有限的几次防御作战。他的手，他的枪，是要腾出来打共产党的。

对于坚持了五年多对日本侵略军进行艰苦抗战的中国共产党来说，国际反法西斯战争所取得的胜利战果，无疑是对他们的巨大鼓励，使得他们进行抗战的信心更加坚定。但是，中国共产党人，对于客观事物，从来都要作出实事求是的、辩证的和冷静的客观分析。

只有有了正确的客观分析，才能取得战争的胜利。

1943 年 1 月，毛泽东即指出：希特勒总崩溃已为期不远，中国的时局将好转，我们应利用这种形势，鼓励军心民心，达到坚持目的。但是，整个抗战尚须准备两年，要想尽办法熬过两年。

后来，他又指出：我党应在三年中力求巩固，屹立不败。对日军，应用一切方法去坚持必不可少之根据地，反"扫荡"，反"蚕食"。对国民党，应极力避免大的军事冲突。对敌后抗日根据地，要大力发展生产，坚持政权建设。

中国共产党向国民党政府提出四条建议：一是加强作战，二是加强团结，三是改良政治，四是发展生产。

最终的目的，是战胜日本帝国主义！

在晋冀鲁豫，经过1942年以来的斗争，根据地严重退缩的局面已大有改观，但由于敌人连续不断地进行"扫荡"，实行"三光"政策，根据地的生产力急剧下降，财政经济空前困难。

对于晋冀鲁豫军民来说，总的形势是有利的，但眼前的困难仍然是巨大的。

1943年1月，邓小平主持召开中共太行分局高级干部会议，就五年来的对敌斗争情况和今后对敌斗争的方针作报告。报告刊载于中共中央太行分局的出版物《战斗》增刊上。

1943年1月25日，中共中央太行分局在太行山涉县温村召开了高级干部会议，该分局所属太行、太岳、冀鲁豫、冀南，以及所属根据地抗日民主政权的各军政首长参加了会议。

太行分局书记邓小平作了关于五年来对敌斗争的总结和今后对敌斗争的方针的报告。

邓小平指出，当前敌我之间的斗争是"全副本领"的斗争，今后的斗争将更加巧妙而尖锐。要掌握住敌强我弱的特点，原则是削弱敌人，保存自己，积蓄力量，准备反攻。人民是一切的母亲，是对敌斗争一切力量的源泉,敌我斗争的胜负,决定于人民。我们要掌握正确政策,发展抗日民族统一战线,团结各阶层一切抗日的人民对敌斗争。要建设根据地,斗争中坚持敌进我进,在进行游击战的同时不放松有利条件下的运动战。要发动群众,减租减息,发展生产,建立自给自足的经济。[1]

温村会议,确定了今后工作的基本方针,是晋冀鲁豫区进入恢复与再发展阶段的重要标志。这次会议的召开,为各根据地和各抗日民主政权今后的工作指明了方向,为进一步夺取对敌斗争的胜利,在政治上、思想上、组织上作出了重要的准备。

中国共产党的工作传统,历来是分析形势,制定政策,统一思想,统一行动,团结一致,带领人民群众去争取胜利。

一是力求实事求是;一是力求政策正确;一是力求思想统一;一是力求行动一致。

这些作风和传统,与中国的其他政党相比较而言,具有其鲜明的特点,更是国民党所不具备的。

中国共产党,是一个有思想的政党组织,是一个有行动的政党组织。比之国民党那种貌合神离,各具私念,势力划分的涣散的状态,共产党,具有明显的威慑力。

蒋介石明白这一点。他的切肤之痛,乃是未能在共产党弱小之时,将其扼死于摇篮之中!

正确分析形势,是正确制定政策的保障;而正确制定政策,又是争取胜利的保障。

由于思想明确,政策措施正确,在 1943 年,在刘邓首长带领下,全晋冀鲁豫军民战胜了一个又一个的困难,取得了一个又一个的新的胜利。

---

[1] 《中国人民解放军第二野战军战史》第一卷(抗日战争时期),第 257—258 页。

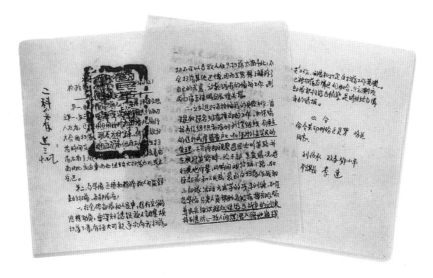

1943 年，一二九师发布的反"扫荡"命令。

············

1943 年上半年,日本侵华军对我各抗日根据地进行了春、夏季"扫荡"。

5 月初,日伪军二万余人"扫荡"太行根据地。日军采取梳篦队形步步压缩,企图将我八路军总部和一二九师主力围歼于辽县、涉县之间清漳河两岸的狭窄地区。由于我军早已判明情况,及时转移,并采取敌进我进的方针,组织了有效的反"扫荡"作战,至 5 月下旬"扫荡"结束,我军共歼敌二千五百余人。

5 月,在豫北的国民党庞炳勋、孙殿英部投敌后,配合日军进犯我区。我一二九师发起了卫(河)南战役和林(县)南战役。我军成功地运用奇袭、强攻和大胆穿插、分割包围等战术,两次战役共歼日伪军一万二千余人,并开辟了卫南、豫北的广大地区。

战争,就应该是勇者胜,智者胜,正义者胜!

下半年,日军再次向我华北敌后各根据地发动秋、冬季"扫荡"。

9 月 21 日,日伪军三万余人,向冀鲁豫根据地"扫荡"。10 月 12 日,日伪军一万五千余人再次"扫荡"该区。至 11 月中旬"扫荡"结束。由于我军先行转移，适时出击，共进行大小战斗三百余次，歼敌四千余人，并恢复和开辟了部分地区。

10 月 1 日，日伪军二万余人，在飞机支援下，采用"铁滚式"新战法，对我太岳根据地实行毁灭性"扫荡"。至 11 月底"扫荡"结束，我军对敌作战七百多次，杀伤敌军三千五百多人。

在反"扫荡"的同时，我八路军积极开展了广泛的群众性的游击战争，深入敌区，四面开花，有力地打击了敌军。

对于国民党顽固派的斗争，也在继续。

1943 年 3 月，蒋介石发表了《中国之命运》一书，大肆鼓吹"一个主义（三民主义）、一个政党（国民党）、一个领袖（蒋介石）"。

此乃司马昭之心。

此君在此时造此舆论之用心，人们一看即知。

蒋介石颇有预见，他怕抗日战争一旦胜利之后，他对付不了共产党。

蒋介石这一辈子，恨的是共产党，怕的也是共产党。

在制造舆论的同时，蒋介石密令国民党各部包围我抗日民主根据地，对我华中、华东抗日根据地发动进犯，并准备向我陕甘宁抗日根据地发起大规模进攻，企图掀起第三次反共高潮。

针对国民党顽固派的反共阴谋，为了避免内战，中国共产党一方面坚决回击顽军的进犯，一方面作好大规模应战的准备，一方面向全国发出强烈呼吁，揭露国民党的战争阴谋。

蒋介石这种外虏未灭，先打同胞的卑劣行径，立即受到了社会舆论的强烈谴责，连英美等国也公开表示反对。

在强大的压力下，这场预计波及西北、华北、华中各地的第三次反共高潮，于 1943 年 7 月，彻底破产。

真是树欲静而风不止啊！共产党和国民党之间的斗争，抗日战争前就在进行，抗日战争中从未停止，抗日战争后还将继续。

这是不以人的意志为转移的。

对于这点，国民党人心里明白，共产党人心里也明白。

……………

在1943年中，对于各敌后抗日民主根据地，对于晋冀鲁豫根据地，对于在太行山上的刘邓，有一项重大的任务，贯穿整年。

这就是发展生产，发展经济，抗灾救灾。

1943年的天灾，真是何其多哉！

1942年和1943年，发生了五十年来最严重的旱灾。秋旱完了是冬旱，冬旱完了是春旱，春旱完了又是夏旱，晋冀鲁豫一些地区的农业收成只达常年的二三成，个别村庄甚至颗粒无收。全区需要救济的灾民约有一百五十到一百六十万人之多。

1943年夏秋，发生了规模空前的蝗虫灾害，这场巨大的灾害直至1944年。这次毁灭性的灾害波及了大半个边区，使根据地的庄稼几近无收。

同年八九月间，又遭天下暴雨，太行浊漳河和清漳河两岸冲走了大量滩地，冀南、冀鲁豫的卫河、运河、滏河等河多处决口，不少县区一片汪洋，淹没村庄三四千个。

"面对自然灾害，敌人更加趁火打劫，造谣破坏。灾区部分干部和灾民也产生了一些消极、悲观、失望的情绪。市场上物价波动，食品价格大涨，衣物家具等的价格则大跌。社会秩序动荡，人心不安。面对这种形势，中共中央北方局、太行分局、八路军前方总部、一二九师师部、边区政府等党政军领导机关，先后发出了救灾的决定和指示。"[1]

当时的处境的确是困难哪！

根据地本来就已缺食少衣，平汉线敌占区的灾民还每日不断拥来。根据地干部每人每天供应一斤粮食，还要响应号召节约二两来救

---

[1] 《中国人民解放军第二野战军战史》第一卷（抗日战争时期），第257—258页。

济灾民。

为了度荒充饥，八路军们就去采集野菜和树叶，与粮食一起煮饭吃。高级干部的小灶里，粮食也不多。在一二九师师部，你走到食堂里，揭开锅盖，看到的也是野菜稀饭。

政委邓小平对来人解释道：由于太行区连年灾荒，收成减少，特别是敌人连续大"扫荡"破坏很大，再就是太行区人口少，负担很重。太行区人口数有一百五十万，只能负担三万人的抗日部队，但实际上我部队和机关的人数大大超过这个数。太行区人民不仅要负担部队和地方干部，还要负担一二九师、太行分局、晋冀鲁豫边区政府等这一级的党政军领导机关。华北其他根据地也有困难，加上敌人封锁，支援太行也很困难，我看主要还是靠我们党政军人员和太行山人民大家动手发展生产，这样是能够克服这些困难的。至于吃野菜，太行人民这几年来都是瓜菜代了！[1]

父亲说的都是实话，当时在太行，绝大部分人家都采集野菜以补粮荒。一些灾情严重的地区，一开始还能采到榆钱榆叶和着粗高粱面煮饭，到了后来，连槐树、柳树、杨树的叶子也成了宝贝了。

父亲提出："去冬今春，太行区的旱灾面积占根据地的五分之一，而敌占区流入的灾民还有很大数目。这是几年来最困难的关头。……我们救灾的办法，除了部分的社会互济之外，基本上是靠生产。"

他又说：首先，我们要确定发展生产是经济建设的基础，而发展农业和手工业则是生产的重心。[2]

他向毛泽东和彭德怀报告：太行经济已接近枯竭点，今后必须注意生产，讲求积蓄，不仅在人民中提倡耕三余一，军政方面也要切实

---

[1]　陈鹤桥《邓小平同志在北方局》。《二十八年间——从师政委到总书记》(续编)，第103页。

[2]　陈东《邓小平同志与晋冀鲁豫边区建设》。《二十八年间——从师政委到总书记》(续编)，第29页。

注意粮食物资的积蓄。[1]

要厉行节约!

刘邓一声令下,全区立即施行。

部队的小米供应,主力部队由一斤半减到一斤,机关人员由一斤减到十三两(旧制十六两一斤)。从战士到师级干部,每人每月只发一元五到五元的津贴费。办公费、菜金一律停发,由各单位从生产中自行解决。粮食不够吃,以野菜补充。刘邓二人以身作则,一样节约用粮。

当时整个的部队和干部,都处于半饥状态,但是军纪严明,对群众秋毫无犯。1943年的秋天,太行山满山遍野的成熟了的柿子挂在枝头,红彤彤的,实在诱人,但是,八路军的战士,没有一个人去采摘。

入冬了,部队好不容易才筹措到土布和棉花,来不及集中缝制冬装了,就把土布、棉花发给各单位,动员人人动手,自做自穿。没有染料,就找草木灰和树根染色。不会剪裁,就请老百姓帮忙。那些拿惯了枪支的大手,也学着拿起了针线。

刘邓也和大家一样,穿的是深一片浅一片的灰土布棉衣。有一回,供给处给他们每人做了一套细灰布的棉衣,被刘邓坚决退回,还被斥责道:这不是对我们的爱护,是要我们脱离群众。

刘邓和大家穿得一样,吃得一样。干部和战士穿得一样,吃得一样。有福同享,有难同当。一二九师和晋冀鲁豫根据地的军民,心能不齐,劲儿能不往一块儿使吗?

根本的出路还是要发展生产。

邓小平主持召开了中共太行分局会议,专门研究太行区的经济建设问题。

---

[1] 陈鹤桥《邓小平同志在北方局》。《二十八年间——从师政委到总书记》(续编),第76页。

邓小平在根据地和部队的生产会议上作了报告，题为《努力生产，度过困难，迎接胜利》。

他说：必须加强对生产工作的领导，今后应把生产当作根据地一切工作的中心环节。

在救灾中，边区政府除了尽最大的能力向灾民发放救济粮款以外，特别强调生产自救。政府帮助农民逐户制定生产自救计划，有效地克服了他们的迷信观念和悲观失望，调动起人定胜天、战胜困难的积极性，还在有条件的地区帮助农民组织生产合作社。

就这样，在太行，在太岳，在冀鲁豫，在冀南，整个的晋冀鲁豫大地上，掀起了生产救灾的热潮。

父亲于 1943 年 7 月 2 日在延安的《解放日报》上，发表了《太行区的经济建设》一文。文章对生产救灾的过程，作了生动而又详尽的介绍。

他写道：

> 农业生产是贯穿于全年而又富于季节性的事情，严格说来，无所谓农闲时间。犁地、选种、下种、选苗、锄草、夏收、秋收，还要适时地积肥、施肥……我们在春耕、秋耕、夏收、秋收的时候，都做了巨大的工作。我们发动人民的生产热忱，反对懒汉，组织劳动力并实行调剂，改良种子，解决牲畜农具的需要，发动儿童拾粪，号召妇女参加生产，调解租佃关系和主雇关系，以及发动植树、修渠、打井、造水车等事业……正因为我们注意了生产的组织与领导，人民许多困难被克服了，"增加生产、改善生活、准备反攻"的口号，响遍了太行山的每个角落，获得了生产战线上年复一年的胜利。[1]

---

[1]《邓小平文选》（1938—1965 年），第 81—82 页。

刘邓亲自抓生产，还亲自带头参加生产劳动。

8月初，久旱之后下了一场雨，邓政委指示边区各机关学校，全体动员，帮助群众补种改种。他亲自组织和指导机关工作人员帮助群众抢收。

在邓政委的办公室里，支起了一台土造的手工纺线车，他亲自动手，带头学纺线。他的夫人卓琳和其他的女同志，也都下地种粮，在家纺线，还用纺出的线为部队编织线衣。

嘿，我妈妈那一手又巧又快的毛线编织技术，就是在太行山练就的。解放后，我们那么一大家人老老少少全身上下的毛衣毛裤，全是妈妈凭着这手本事，编织而成的。

在刘邓的带头作用下，仅太行区，各部队于1943年即种地十万亩，其中开垦荒地八万多亩，总收入达一千五百万元以上。而且自制香烟自给有余，布匹、毛巾等自产物品还可往外运销。

在发展生产的同时，为了稳定货币和物价，10月间，冀南银行还发行了冀南钞票。该种钞票逐步在整个晋冀鲁豫地区流通了起来。货币的发行，补助了财政上的不足，还有效地扶持了生产。

在这一年中，在邓小平亲自督促参与下，晋冀鲁豫边区参议会还通过并颁布实施了"统一累进税"，这项税制，照顾了各阶层的利益，不仅进一步奠定了财政的基础，而且提高了各阶层的生产热忱。

这一年的8月份，太行地区发生了严重的蝗虫灾害。

这是一次毁灭性的虫灾。

飞蝗来时，一落地就是几座山、几道沟。无穷无尽的蝗虫，飞过来遮天蔽日，落下来盖地无边。太行地区百分之四十六的地区受灾严重，受灾面积达三千平方华里，受害庄稼六十万亩，其中被吃得颗粒无收的有二十七万亩。

怎么办？有的人提出用药物拌糖来灭蝗，糖在当时，简直珍贵如

邓小平于 1943 年 10 月代理中共中央
北方局书记，并主持八路军总部的工作。

奢侈品，此法当然不通。

邓政委说：用手打！

于是，全区军民一起打蝗，各级领导同志也一起打蝗。不但打蝗，而且发明了吃蝗。有人说，吃蝗虫，不但可以解饥，还是高蛋白的呢！

在发展生产、战胜灾害的同时，我八路军在反"扫荡"中还努力保卫夏收和秋收，保证征粮任务胜利完成。

父亲曾感慨地写道：

以八路军这样窳劣的武器，四年来没有得到一个铜板一颗子弹的接济，而能战胜各种困难，与强大的敌人进行短兵相接的斗争，这不能不是一个奇迹。究竟它的秘诀在什么地方呢？如人所共知的，我们有一个毛泽东的战略战术指导原则。依据这个原则，从无数的战斗中，才创立、保卫与巩固了各个抗日根据地，才钳制了日寇在华总兵力的一半，减轻了大后方正面作战的负担。如人所共知的，我们同敌人进行了严重的政治、文化和反特务的斗争，大大地发扬了根据地和敌占区人民的抗日积极性，坚定了人民的民族自尊心和自信心。然而，还有如人所共知的，就是我们在敌后还在极端困难的条件下，进行了经济战线的斗争，而且获得了不小的胜利。也正是因为有了这一经济战线的胜利，我们才有可能坚持敌后抗战六年之久，并且还能继续坚持下去。[1]

这是无与伦比的豪言壮语。

---

[1] 《邓小平文选》（1938—1965 年），第 78 页。

没有经过那个时代，没有经历过那样生活的人，可能永远也不能体验这短短一段话中所包容的全部内涵。

秋天到了。

太行山的石头山上秋色浓郁。

10月6日，中央决定，中共北方局与太行分局合并，八路军总部与一二九师合并。北方局直接领导晋冀鲁豫区的太行、太岳、冀南、冀鲁豫四个区党委。八路军总部直接领导一二九师部队和太行、太岳、冀南、冀鲁豫四个军区。

邓小平接替彭德怀，任中共北方局代理书记。

8、9月间，彭德怀、罗瑞卿已离开太行赴延安学习。

10月9日，刘伯承师长赴延安，参加学习和准备参加中国共产党的第七次全国代表大会。

蔡树藩、陈赓、薄一波、陈再道、陈锡联、杨得志等高级干部也先后前往延安。

我的母亲把我的大姐从乡下老百姓家接了出来，委托蔡树藩的夫人陈书莲将她带到延安去。前方太艰苦了，实在无法带孩子、养孩子！我的大姐到延安后，进了延安保育院，在相当长的时间内一直由陈书莲代为照看，后来，蔡树藩和陈书莲，成了我大姐的干爸爸和干妈妈。

在太行山上，我的父亲邓小平，开始负责主持北方局和晋冀鲁

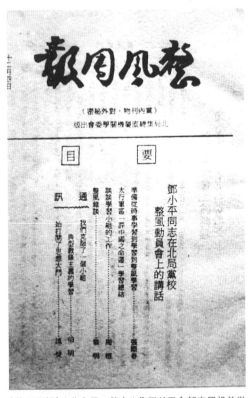

《整风周报》（北方局、第十八集团总司令部直属机关学委会出版）刊载 1943 年 11 月 10 日邓小平在中共中央北方局党校作的整风动员讲话。讲话较早地使用毛泽东思想这个概念。

1944 年 8 月 24 日，邓小平对毛泽东来电询问十个问题的答复和毛泽东的复电。

豫地区的全面的军政工作。

代理北方局书记，主持晋冀鲁豫地区的军政工作，是一副不轻的担子。

让父亲挑起这副担子，是党中央对他在政治上和能力上的双重信任。

对于父亲本人来说，独当一面，要率领全区军民把仗打好，把根据地建设好，把党的队伍和军队的队伍建设好，还要努力开创新的局面，的确是一个重任。

但是，此时，父亲已年过三十九岁，已成为一个在政治、军事等诸方面都具有相当经验的领导干部。

他有能力，也有信心，担此重任。

从 1943 年 10 月，到 1945 年 6 月他赴延安参加党的第七次代表大会，在近两年的时间内，他出色地完成了党中央和中央军委赋予他的重任。

1943 年 12 月 6 日，中共北方局在代理书记邓小平的主持下召开委员会，讨论和确定了 1944 年的工作。

会议指出，1944 年全华北的工作方针是，团结全华北人民的力量，克服一切困难，坚持华北抗战，坚持抗日根据地，积蓄力量，准备反攻，迎接胜利！

抗战胜利的信心，已愈加明确。

第*53*章
神圣抗战的胜利

胜利的曙光已开始在天边闪烁。

世界战争局势的迅速演变更把胜利的希望展现在人们的眼前。

1944 年，世界反法西斯战争进入大规模反攻阶段。

在欧洲战场上，苏军连续地给予德国法西斯以毁灭性打击，完全掌握了战争的主动权。

在太平洋战场上，美军正向马利亚那群岛和菲律宾进逼，并开始对日本本土实施轰炸。

在南亚战场上，英军和中国的印缅远征军，正在向印缅战场上的日军展开大规模反攻。

在中国战场上，已坚持了近七年抗战的中国军民，反被动为主动，在敌后开始进行攻势作战。

形势开始转变了，向着有利于中国抗日军民的方向转变了。

但是，狂妄的法西斯侵略者早已利令智昏，不到山穷水尽的最后关头，它是绝不会自动放下武器的。

在形势对日军极端不利的情况下，侵华日军为了扭转被动局面，于 1944 年 1 月 24 日发出打通中国大陆交通线的作战命令。

在形势日趋有利的情况下，国民党政权，满脑子想的是保存实力，准备内战。对于日军突如其来的大规模正面进攻，竟然毫无准备，以至于在日军强大的进攻之下，仓皇而又迅速地大规模败退。

到了 10 月，侵华日军不但打通了一些贯穿中国南北和西南的重要交通线，而且相继占领了郑州、许昌、洛阳，和我华南长沙、衡阳、桂林、柳州、南宁、龙州等重要城市，实现了与从越南北上的日军会合的目的。

国民党在正面战场上屡遭失利，短短几个月内竟又失地数千里，丧师数十万！

敌人的确是强大的，但国民党军队竟如此不堪一击，也实在与情理不合，实在令人心寒。

联想到一百年以来的中国被欺凌、被侵略、被瓜分的屈辱历史，面对眼前这不战而败的残酷现实，每一个中国人，都会痛心疾首，愤慨不已的。

有人说，中国的抗日战争，是一个弱小而大的国家对一个强大而小的国家的战争。

中国，由一个强盛的文明古国，变成了今天这样一个"弱小而大"的国家，究竟是什么原因造成的呢？那些掌握中国前途命运的人，应该承担一些什么样的责任呢？

敌人的强大固然不幸，而最为不幸的则是自我的懦弱。

幸亏，中国的历史，不只是国民党一家一党一政的历史，否则，中国还有什么前途和希望可言！

与国民党军队形成鲜明对照的是，在广大华北敌占区的后方，我英勇的八路军，从 1944 年开始，扭转了困难局面，向日本侵略者发起了积极而又灵活主动的攻势作战。

为了写这本书，我编写了一份详尽的战争大事年表。在年表上，凡是日本侵略军向我发动"扫荡"和进犯的地方，我都用蓝颜色作上记号；凡是我军发起破袭和进攻的地方，我都标上红色的记号。

前两年，在一页一页的年表上，布满了蓝色的标记，颜色一片暗淡。从 1944 年开始，红色的标记已开始越来越多，而到了最后，竟然整页通红。

这标志着胜利的红色，鲜明耀眼，令人振奋不已。

1944年4月，毛泽东即豪迈地指出：现在的任务是要准备担负比较过去更为重大的责任，我们要准备不论在何种情况下把日寇打出中国去！[1]

在太行山上，在华北的山地和平原，晋冀鲁豫区确定了方针：发动攻势作战，向敌人展开局部反攻，缩小敌占区，扩大根据地，坚持敌进我进的方针，坚决打击敌人的"扫荡"，保卫生产，保卫粮食，保卫根据地。

1944年，晋冀鲁豫地区，先后对敌军发动了春夏攻势和秋冬攻势，开始进行局部反攻。

春夏季攻势的目标是收复伸入我根据地腹心的日伪军据点，摧毁敌人对我各根据地的分割和封锁，缩小敌占区，扩大根据地。

我太行、太岳、冀鲁豫和冀南各根据地军民英勇地开始了对日本侵略军的局部反攻。

在春季攻势中，太行军区相继收复了蟠龙镇、榆社县城和林县县城，并清扫了一批日伪军据点。冀鲁豫、冀南与太岳军区作战顺利，连战连捷，先后收复朝城、沁水两县城及据点、碉堡二百余处。同时坚决地粉碎了日军多次"扫荡"，击退了顽军阎锡山对我太岳浮山地区的进犯。

入夏以后，日军为了巩固其华北后方，又向我敌后抗日根据地进行了频繁的袭扰，意在掠夺粮食给养和阻止我军之攻势。

从5月开始，我晋冀鲁豫军民开展了针锋相对的夏季攻势作战和广泛的保卫夏收斗争。

在冀鲁豫区，我军连续作战，先歼敌千余人，恢复了山东境内的昆山、张秋地区，使中心区向东扩展了五十多公里。同月，攻克河北

---

[1] 毛泽东《学习和时局》。《毛泽东选集》第3卷。

南端清丰县城,歼敌千余。接着,向西收复了山东境内微山湖湖西地区,歼敌千余。随即，又向山东西南部由梁山到鄄城五十公里地区展开攻势，攻克据点三十多处，歼敌近三千，并于菏泽地区连克据点二十余处，使得冀鲁豫区的东北区和鲁西南均打开了局面，扩大了根据地区域。

在太行区，加强了对腹地城镇敌人据点的围困和攻势，战斗结果，连克敌人据点多处，开辟了河南新乡、辉县地区，摧毁了平汉铁路西侧敌人第三道封锁线的大部，我军沿平汉线平均推进了十公里以上。

在太岳区，我军在其东南部的王屋山一带及济源以南攻克据点二十八处，歼敌八百余人，收复国土两千六百平方公里，并控制了该区一段黄河渡口。同时，在太岳西南部的中条山区，相继建立了六个县政权，人口七万余人。

在与日军激战的同时，晋冀鲁豫四区继续击退阎锡山在山西浮山，以及苏北顽军向微山湖东区的猖狂进犯。

我军的春夏季攻势，使得日军顾此失彼，兵力日显不足。为此，日军于7、8月间，抽调兵力回华北，从9月至12月，出动兵力五万余人，对我晋冀鲁豫区进行了十四次残酷疯狂的局部"扫荡"，并实行了惨绝人寰的"三光"政策。

我晋冀鲁豫区一面勇敢而胜利地粉碎了敌人的"扫荡"，予敌以重击；一面趁敌后方空虚之际，主动出击，开展了秋冬季攻势作战。在正太线、白晋线、同蒲线和津浦线上，频繁出击，重创敌军及敌主要交通线。

在巩固和扩大根据地的同时，由主持北方局和八路军前方总部工作的邓小平亲自布置，根据中央的指示，采取敌进我进的战略行动，两次派遣豫西抗日游击支队，从太行、太岳由北向南渡过黄河，开辟了拥有二十个县、三百余万人口的豫西抗日根据地。

中共北方局还发出指示，在陇海路以南、平汉路以东的广大地区，加强水东（黄河以东），开辟水西（黄河以西），扩大豫东解放区。冀鲁豫军区即刻南下，出师豫东，经过与日伪军和国民党 23 顽军的激战，胜利地控制了豫东广大地区。

经过英勇顽强、主动开展攻势的战斗，到 1944 年底，在北方局和八路军总部直接领导下，晋冀鲁豫区军民，共歼敌七万六千余人，收复县城十一座，解放人口五百多万，从侵略者手中收复国土六万余平方公里，使战局发生了有利于我的变化。

我抗日民主根据地军民，没有被困死，没有被饿死，转守为攻，转被动为主动，正在向着更大的胜利迈进。

父亲自从担任北方局代理书记后，身上的担子和责任更重了。

他主持中共北方局的工作，主持八路军总部的工作，主持晋冀鲁豫区党、政、军的全面工作。

他主持军事工作，坚决而又有效地执行党中央、毛泽东主席的战略部署。对于所辖各区、各部队的领导干部，既要求严格，又充分放手发挥他们的主观能动性和作战指挥才能，大胆使用。在他手下工作的干部，一致地说，邓政委十分严格和严肃，但在他手下工作，可以尽量地施展才干。对于军事行动，父亲以十分的重视来对待，许多行动之前，他都亲自部署，亲自找军事政治主官谈话，而且对于工作和战事的部署十分周密、十分细致、十分全面。在组建豫西抗日支队时，他在北方局会议上亲自向皮定均、徐子荣等人宣布任务，并就当时的形势、任务、开辟豫西的重要意义、困难、条件、政策、敌伪工作、政权建设、经济文化、宣传政策、干部政策等等问题作了详细的指示，连对渡黄河时的保密、侦察、思想准备等都作了明确指示。在开辟豫东的行动之前，父亲又亲自找来郭林祥，向他传达中央精神，并就开辟河南的意义以及政策方面的内容作了指示，特别强调了纪律问题、党的工作和群众工作。

他主持北方局的工作，经常召集会议，研究形势，讨论、宣传和贯彻中央的各项方针政策。他多次提出，要把对敌斗争作为头等重要的任务来抓，强调积极主动地加强全面开展对敌斗争，巩固和不断扩大根据地，为反攻做好准备。他特别重视分析形势，他的许多次讲话，都是首先分析国际反法西斯的形势，其次分析中国国内的抗日战争形势，再次分析面临的处境、优势和困难，在这些基础上，根据党中央的精神，再部署本区域的工作和任务。他的工作作风是，执行中央意图，坚决而果断，不打折扣。但执行任务时，必做到心中有数，心中有全局，心中有战略战术。不打无准备之仗，不做无运筹之事。

他主持根据地建设工作，既注意政权组织建设，又特别注意经济工作。我们的根据地建设，是在既无外援，又困难重重之中进行的，战争残酷，天灾不断，人民生活困苦，因此我们的军队在依靠人民群众的基础上，必须做到以战养战，自己动手，发展生产，耕战兼作。只有自力更生，自给自足，才能克服财政经济困难，才能减轻根据地人民负担，才能保证我们军队旺盛不衰之战斗力，才能争取最后的胜利。这是一条人民军队所实行的特殊的而又行之有效的方针政策。当时在北方局工作的陈鹤桥曾写道："小平同志抓大生产运动是亲自动手，一抓不放的。"[1] 邓在北方局会议上专门研究财经工作，对于大生产运动亲自部署检查和具体指示，还亲自带头开荒种地。在他的带头作用下，晋冀鲁豫区内各根据地纷纷开展了轰轰烈烈的大生产运动。为了克服连续两年自然灾害带来的困难，1944年春天，各部队又进行了大规模的屯垦活动，并发展了副业和手工业。一年之中，全区的生产活动取得了很大的成绩。11月21日，在太行山黎城县召开了盛大的英雄大会，邓小平在会上充满感情地讲道："我们同华北、华中、华南等其他抗日民主根据地一样，干出了惊天动地、轰轰烈烈的英雄事业。过去两年的大旱灾、大水灾和大蝗灾，这些人们所想象不到的困难都被我们战

---

[1]　陈鹤桥《邓小平同志在北方局》。《二十八年间——从师政委到总书记》(续编)，第76页。

胜了。"他号召：今后我们要仗打得更多，生产得更多！ [1]

　　他主持政治工作，根据中央的精神，深入地抓了整党整风运动。整风运动是 1941 年由中央发起的一个党内政治教育运动。早在 1935 年的遵义会议上，中国共产党就在军事上结束了教条主义和"左"倾冒险主义。此后，经过六年的时光，中国共产党的组织大大发展，军事力量大大发展，革命事业大大发展，但是，由于战事连绵，党内在思想上、政治上、组织上存在许多不良倾向和作风有待整顿。40 年代初期的整风，就是旨在反对主观主义，反对宗派主义，反对党八股，对全党进行一次普遍的马克思主义教育运动。这次运动，对于统一全党的思想，提高党的素质，具有极其重大的意义。正是因为有了这次全党范围内的提高和统一，中国共产党才能够适应并驾驭今后的斗争形势，取得辉煌的胜利。1943 年 4 月，中央发出继续开展整风运动的决定。由父亲主持的中共北方局，立即组织领导干部进行学习。11 月，父亲在北方局党校作了关于整风运动的动员报告，晋冀鲁豫四个区和区党委的干部纷纷开展学习和整风运动。各级干部和党员学习了党的历史。在思想上，互相帮助，分清是非，消除了认识上的糊涂观念，批评了右倾情绪，提高了对革命和抗日前途的信心；在组织上，批评了自由主义和宗派主义，提高了党员的组织纪律性，加强了党的统一领导；与此同时，开展了反对军阀主义、官僚主义的斗争，以及批评了个人主义、享乐主义和平均主义思想。在整风过程中进行了审干工作，在这一工作中，父亲及时地纠正了一些地区的过左的作法。父亲说：首先领导同志头脑要保持清醒，要提倡调查研究，实事求是，克服主观主义。他说：真正可怕的是领导的"左"。在北方局的领导下，在紧张的战事之间，晋冀鲁豫全区经过整风运动，思想理论水平和政治觉悟大大提高，党的组织和干部队伍更加纯洁，党性增强，党内团结也

---

[1] 《中国人民解放军第二野战军战史》，第一卷（抗日战争时期），第 313 页。

得到了增强，干部领导作风改善，民主制度和群众路线都有了新的内容，全区各项工作和生产建设生气勃勃，部队面貌焕然一新。所谓心明才能眼亮，而只有心明眼亮了，才能焕发出更大的活力和战斗力。这次政治、思想、作风上的大提高，对于全区军民抗击强敌、克服困难、走向胜利，奠定了良好的基础。

父亲在彭德怀、刘伯承及大批高级党政军领导干部调往延安学习的情况下，和其他战友一起，领导北方局、八路军总部、一二九师和整个晋冀鲁豫全区，在军事上、政治上、生产建设上，胜利地完成了中央交付的任务。在艰难困苦中，在胜利的希望中，领导全区军民奋斗不息。

我问过父亲："你那时一个人在前方，也够不容易的吧？"

父亲轻轻地笑了一下，回答我说："我没干什么事，只干了一件事，就是吃苦！"

问话时，我正陪着父亲坐在北戴河的庭院里，四周浓荫密蔽，风朗花香，海风阵阵袭来，海涛之声不绝于耳。

年近八十八岁的父亲，坐在藤椅上，说完上述那一句简短的话后，不再言语，双目直视那一片浓翠玉绿，陷入了沉思之中。我坐在他的旁边，也不再言语。

我不想打扰他，也许，他的思绪又飞回到那艰苦岁月之中，又飞回到太行山上。

…………

太行山已是隆冬时分，寒风凛冽，滴水成冰。

太行山在严冬中已闻听到春的讯息。那密封山野的层层冰雪，已开始在人们的心中融化。

太行山，终于迎来了1945年。

1945年，是世界人民反法西斯胜利的一年，也是在抗战中苦斗了近八个春秋的中国人民的胜利的一年。

经过长期战争，日军总战略形势已更加不利，战役迭次失败，士气更加低落，战斗力明显下降。

我共产党八路军，则经过局部反攻、整党整风和生产运动，在政治、军事、经济上都得到了很大发展。我已拥有九千多万人口的根据地、二百多万民兵和七十八万正规军。

消灭敌伪，扩大解放区，缩小沦陷区，是解放区军民的首要任务。

在太行山的中共北方局、八路军总部和一二九师师部，向全晋冀鲁豫区发出命令，集中优势兵力，向敌人守备薄弱的地方，发起进攻！

开年便是1月，在1月，我军便发起了春季攻势。

春天还未来临，春季攻势就已打响了！

这春天般的胜利热情，比春的脚步还要急迫，比春的消息还要振奋人心。

冀鲁豫区发起大名之战，攻克古城大名。

太行区发起道清战役，歼敌两千五百余人，收复国土两千余平方公里，解放人口七十五万。

太岳区发动了豫北战役，攻克据点四十余处，歼敌两千八百余人。

冀鲁豫区乘胜出击，再发起南乐战役，攻克南乐县城及周围据点三十二处，歼敌三千四百余人。

我军春季攻势节节胜利，使得日军被迫不断收缩兵力。

春天过了，即是夏天。

天气热了，人们的心也更加炽热了。胜利的佳音，伴随着更为高涨的战斗热情，弥漫在抗日战场之上。

紧接着春季攻势，华北大地上的八路军迅猛地展开了夏季攻势。

如同春季攻势一样，夏季攻势也是捷报频传，战绩斐然。

晋冀鲁豫区的春、夏两季攻势作战，共进行大小战斗二千三百余次，攻克敌人据点二千八百余处，收复县城二十八座，歼敌三万七千八百余人，太行、太岳两区连成了一片，山区与平原联系更加畅通，整个根据地更加扩大，人力物力大大增强，抗日军民信心倍增，抗战形势一派大好！

1945年5月8日，在欧洲，德国法西斯无条件投降。

日军，在同时对中国及美、英等国的战争中，已如困兽之斗，行将失败。

1945年4月23日至6月11日，在中国的陕北，在延安，中国共产党召开了第七次全国代表大会。

会议回顾和总结了历史，具体地提出了各条战线的任务和政策。

会议指出，中国面临着光明和黑暗两种命运的选择；面临着是建立一个独立、自由、民主、统一、富强的新中国，还是回到半殖民地半封建的、分裂的、贫弱的旧中国这样两种前途的选择。

会议指出，中国共产党的任务，就是要竭尽全力去争取光明的前途，反对黑暗的前途。中国共产党的政治路线是：放手发动群众、壮大人民力量，在我党的领导下，打败日本侵略者，解放全国人民，建立一个新民主主义的中国。

会议开得民主团结，会议开得朝气蓬勃，会议开得信心百倍。

在没有外来干预的情况下，中国共产党，选举出了新的中央委员会，选举出了新的党的领导核心，选举出了他们自己的主席——毛泽东。

在经历了二十四个春秋之后，中国共产党独立自主地确定了它的第一代领导核心的统帅地位。

中国共产党人，充满必胜的决心，为了中国，为了中国人民，继续英勇顽强地去战斗，直到取得最后的胜利！

在七大选举出的四十四名中央委员中，有邓小平的名字。

父亲没有参加七大，他一直受命在前方指挥战斗。

1945年2月，他根据中央的指示率北方局人员，由辽县麻田出发，通过平汉铁路敌人封锁线，于3月到达冀鲁豫地区，去视察工作和进行调查研究。

1945 年 4 月 23 日至 6 月 1 日，中国共产党第七次全国代表大会在延安召开。邓小平当选为中央委员会委员。

6 月中旬，父亲接到中央通知，命他赴延安参加党的七届一中全会。

6 月 29 日，父亲从冀鲁豫出发，赶赴延安开会。[1]

当选为中央委员会委员，是父亲革命生涯中的又一个重要的起点。

1945 年的夏天，伏天刚到，就已骄阳似火，而形势的发展，则比骄阳还要"火"！

7 月 26 日，中、美、英三国政府发表《波茨坦宣言》，要求日本政府立即宣布无条件投降。

8 月 8 日，苏联对日宣战。

---

[1] 《中国人民解放军第二野战军战史》，第一卷（抗日战争时期），第 506 页。

8月9日，一百万苏军从三面向在中国东北的侵华日军发起进攻。

8月6日、9日，美国向日本的广岛、长崎先后投掷两枚原子弹。

8月9日，毛泽东发表《对日寇的最后一战》，号召中国人民的一切抗日力量举行全国规模的反攻。

8月10日，八路军总司令朱德发布大反攻第一号命令。

同日，刘伯承、邓小平从延安致电晋冀鲁豫各军区，作出具体行动部署。随即，各区部队立即行动。

8月15日，日本宣布投降。

9月2日，日本政府签署了投降书。

至此，第二次世界大战胜利结束。

至此，中国人民顽强坚持了八年之久的神圣抗战胜利结束。

至此，帝国主义残暴侵略中国的屈辱的历史，已开始走向结束。

…………

八年抗战，终于胜利了。

中国人的心里，充满了难以抑制的喜悦。中国抗日军民的心里，充满了胜利的激情。

妈妈告诉我，在延安，听到胜利的喜讯，整个山城都沸腾了。人们笑呀、跳呀！人们敲锣呀、打鼓呀！人们高高地挂起鞭炮，噼噼啪啪地放起来呀！没有锣鼓，没有鞭炮，人们就从衣服上撕下破布，从被子里扯出棉花，点起来就烧呀！

整个的延安，整个的中国，顿时间像一片沸腾了的欢乐的海洋。

八年抗战，八年中华民族与侵略者的浴血奋战，每一个亲身经历过它的人，都会铭心刻骨，永志在心。

八年抗战，中国军民的牺牲最大，中国民众伤亡达一千八百余万人，中国军队伤亡近四百万人。

八年抗战，中国军民的胜利也最为辉煌，特别是中国共产党所领导的人民军队，在敌后战场，对敌作战十二万五千余次，消灭日军五十二万七千余人、伪军一百一十八万余人。

史书是这样评价中国八年抗战的：

"中国人民的抗日战争，是人类战争史上的奇观，中华民族的创举。它是中国人民百余年来反对帝国主义侵略斗争中规模空前并第一次取得完全胜利的民族解放战争，在整个中国革命历史上具有十分重大的意义。"[1]

这个评价是客观的，也是正确的。

八年抗战终于结束了。

但是，在中国，正义与非正义，光明与黑暗的斗争，却没有结束，并仍将继续下去。

---

[1]　中共中央党史研究室著《中国共产党历史》（上卷），第659页。

第54章
针锋相对，寸土必争

抗日战争结束了，但在中国的大地上，仗，还没有打完；战争，仍将继续。

这是因为，国民党、蒋介石，为了维持其封建腐朽的统治，必须把其心腹之敌——中国共产党及其所属军队消灭不可。

而共产党和共产党人，从成立和加入该党的那一天起，便是以打倒国民党的反动统治，夺取政权，建立一个繁荣、富强、独立、民主的新中国为最终目标。

这场战争的到来，是客观形势使然，是不以个人的意志为转移的。

抗日战争结束后，中国国内的形势是这样的：

共产党领导的军队，已发展到一百二十万人，民兵二百二十万人，解放区遍及十九个省区，面积一百万平方公里，拥有人口一亿之多。[1]

国民党领导的军队，拥兵四百四十万人，占有中国大部分领土和大部分人口，但是，其主要兵力远离华东、华北，尚位于远离抗战前线的西南、西北大后方。

在中国，久经战争摧残的人民大众，普遍反对内战，反对独裁，要求和平和渴望民主之呼声甚高。

---

[1] 张宪文主编《中华民国史纲》，第631页。

国际上，由于各自自身利益所使，美、英、苏三国也都表示不赞成中国发生内战。

蒋介石一时准备未就，又迫于舆论，不能立即动手，于是乎，便一方面电邀毛泽东到重庆"共同商讨""国际国内各种重要问题"，作出和平姿态；一方面赶紧调兵遣将，抢占战略要地和利用经济接收对人民财产进行强取豪夺。

蒋介石为了达到抢占大城市和交通要道的目的，一边在美国政府提供的飞机、军舰的帮助下急速运送兵力北上；一边竟然与侵华日军阴谋勾结，甚至聘请罪大恶极的日本战犯作顾问，以阻止共产党八路军、新四军等参加受降。

蒋介石满以为，毛泽东纵有天大的胆子，也不敢赴重庆谈判！

而出乎蒋介石所料，毛泽东以宏大的胆略和气魄，竟然率周恩来、王若飞等，亲赴重庆谈判，与蒋介石面对面地坐了下来！

当然，共产党，毛泽东，并没有天真地看待问题。对于内战的危险，他们有足够清醒的估计。他们一再告诫全党全军：要把一切工作的立足点放在国民党要打内战的基点上，对于国民党向解放区的进攻，要站在自卫的立场上，进行坚决的回击！

首先，中共中央下令，我军主力应迅速组成正规兵团，加强集中统一。

其次，在延安参加中央会议的各区高级指挥官迅速返回前线，做好战斗准备。

8月25日，一架美国飞机从延安机场起飞。

起飞前，下面送行的人看到，飞机上的人每人背着一个降落伞，飞机的门也不知道为什么没有了。

起飞前，下面送行的人发现，飞行员是美国人，一句中文也不会；而乘坐飞机的则全是中国人，没有一个会讲英文！于是乎，杨尚昆临时拉夫，让会讲英文的黄华也上了飞机，负责与美军飞行员的联系。

1945年8月，邓小平、刘伯承由延安飞回太行山前线。图为邓小平与八路军高级将领在机场的合影。前排右起：李富春、聂荣臻、蔡树藩、李伯钊；后排右起：陈赓、萧劲光、滕代远、刘伯承、邓小平、陈毅、杨尚昆。

　　这架美军DC-9军用运输机，轰隆隆地发动起来，摇摇晃晃地起飞了。

　　后想起来，这也实在是一件"够悬"的事情。如非情况紧急，是不会冒这样大的危险的。

　　要知道，这一架飞机上乘坐的，全都是中国共产党各区的前线最高指挥官，计有刘伯承、陈毅、林彪、邓小平、薄一波、陈赓、陈锡联、陈再道、张际春、滕代远、杨得志、萧劲光、邓华、邓克明、宋时轮、李天佑等，共二十余人！

　　当日，飞机在太行山黎城县的长宁机场着陆。李达参谋长派一个骑兵排到机场迎接。

刘邓首长未敢稍留，立即奔赴军区驻地——赤岸。

刘邓回太行后，即刻投入了繁忙的军政工作。

此时，遵照中央决定，为了统一太行、太岳、冀鲁豫、冀南解放区的领导，特成立中共中央晋冀鲁豫局，邓小平任书记。同时改一二九师为晋冀鲁豫军区，下辖五个纵队和冀鲁豫、冀南、太行、太岳四个军区，刘伯承任司令员，邓小平任政治委员。全军区共有野战部队八万余人，地方部队二十三万余人。

抗战结束了，但是中国大地上的政治风云，却仍然是错综复杂的。

国民党一边散布和谈的烟幕，一边积极备战和抢夺地盘。

明眼人一看便知，这和谈是假，备战才是真。

8月28日，毛泽东率中共代表团赴重庆，与国民党、蒋介石谈判。

毛泽东这一果敢的行动，震惊了中外。

毛泽东置个人安危于不顾，亲到重庆，无非是向世界宣告中国共产党谋求和平的诚意。这一壮举，无疑给积极备战的蒋介石将了一个大军！

谈判是艰苦的，这是意料中事。谈判被一再拖延和阻碍，也是意料中事。但是，一边还在桌上谈判，一边已开始进行军事行动，迅速调兵遣将，向解放区推进和进犯，却是许多善良的人所始料不及的。

在重庆谈判的同时，至9月中旬，国民党调动了三十六个军、七十三个师，向解放区进兵，企图尽快控制华北和华东的战略要地，打开进入东北的通道并抢占东北，以强大的军事压力，逼迫中共在谈判中屈服。

中国共产党人，在争取和平的同时，从未天真地放弃战斗的准备。

毛泽东已经预言：蒋介石对于人民是寸权必夺，寸利必得。我们的方针是"针锋相对，寸土必争"！

国民党军队开始向我解放区进犯了，内战的危险与日俱增。晋冀鲁豫解放区地处华北战略区域的中央大门，其西面，是太行、太岳、中条三条山脉;东面,是河北、山东一望无际的大平原;南面,有黄河奔湍;北面,是正太交通干道蜿蜒。

刘伯承称这块古燕赵之地为"四战之地",称他的野战军为"四战之师"。

古燕赵之地,乃兵家必争之地。古燕赵之士,多慷慨悲歌之风。

这块战略要地,成为国民党进攻的主要方向。形象地说,就是从一开始,便处于"针锋相对"的"针锋"之上!

在山西的东南部,有一个上党地区。这个地区环抱在太行山、太岳山和中条山之中,以长治县城为其核心,是崇山峻岭之中一块略为平缓的地区,乃古今兵家要地。

8月中旬,国民党阎锡山部一万六千人,侵入太行山腹地的上党地区,占领了襄垣、潞城、长治、长子、壶关、屯留等城。

一时之间,国民党军队气势汹汹,四面八方向共产党的解放区开进,内战的危机空前严重。

毛泽东说:"国民党一方面同我们谈判,另一方面又在积极进攻解放区。"

他说:"太行山、太岳山、中条山的中间,有一个脚盆,就是上党区。在那个脚盆里,有鱼有肉,阎锡山派了十三个师去抢。我们的方针也是老早定了的,就是针锋相对,寸土必争。"[1]

我晋冀鲁豫区的主要任务是粉碎国民党在平汉、同蒲两个方向的进攻,但是,目前进犯上党之敌,已构成心腹之患,如不迅速予以歼灭,待国民党主力北上之时,我将会腹背受敌。基于这一判断,刘邓上报中央,决定进行上党战役,将阎锡山进犯之敌坚决消灭。

要知道,下定打上党战役的决心,并不是轻易可以作出的。

在抗日战争中,我军为了灵活机动作战,曾将主力化整为零,直

---

[1] 毛泽东《关于重庆谈判》。《毛泽东选集》第4卷。

1945 年 9 月，刘伯承和邓小平指挥上党战役，晋冀鲁豫部队攻克屯留城关。

到抗战后期，才逐步集中作战，目前，正在完成逐步由分散的游击战争向集中的运动战的转变。而在这个时期，我军编制不充实，多数的团人员在千人以下。部队装备也很差，全军区只有山炮六门，仅半数的团有迫击炮二至四门、重机枪三至四挺。新参军的战士还多用刀矛御敌。弹药也奇缺，不少步枪仅有数发子弹。

我军就是在这样一种状态下，下决心去迎击阎锡山装备齐全的基干部队。

决定打这一仗，是需要决心、勇气和高超的战斗指挥艺术的。

中央批准了晋冀鲁豫军区的这一作战方针。

刘邓立即进行全区战斗部署，集中太行、太岳、冀南三区主力及地方兵团一部，共三万一千人。参加战役的指挥官有李达、陈锡联、陈赓、谢富治、王新亭、陈再道、秦基伟等著名将领。

9月7日，刘邓下达发动上党战役的命令。

当时，毛泽东已赴重庆谈判，许多人为毛泽东的安全担心。邓小平回答说："我们上党战役打得越好，歼灭敌人越彻底，毛主席就越安全，毛主席在谈判桌上就越有力量。"[1]

9月10日，战役正式发起。

我军首先连克屯留、潞城、壶关、长子、襄垣，陷长治于孤立，并在战斗中从敌军手中夺取大量武器弹药。在这一基础上，我军合围长治。刘邓发布作战命令，以勇猛速决的动作，拿下长治，并以围城打援的作战方法歼灭敌人有生力量。敌援军被我军围困，经数日激战，敌援军军心动摇，向北突围。我军迅速追击、截击，猛烈穿插，使敌援军溃不成军，几被全歼。长治之敌待援无望，弃城突围，为我军追击、兜击。我军不顾饥饿疲劳，日夜兼程，追击敌军，终将敌军主力歼灭于沁水之畔。

至10月12日，上党战役胜利结束。

此役歼敌十一个师、一个挺进纵队，共三万五千余人，缴获山炮、机枪、长短枪一批，生擒阎军第十九军军长史泽波。同时，全长二百五十公里的新乡至石家庄铁路沿线上，除个别城市外，日伪军均被我军肃清。

上党战役后，毛泽东说："这一回我们'对'了'争'了，而且'对'得很好，'争'得很好。就是说，把他们的十三个师全部消灭。他们进攻的军队共计三万八千人，我们出动三万一千人。他们的三万八千被消灭了三万五千，逃掉两千，散掉一千。这样的仗，还要打下去。"[2]

上党战役，是抗日战争胜利后，我军对国民党军队的第一仗。也是我军所进行的第一个较大规模的歼灭战。

---

[1] 《针锋相对——上党战役资料选编》，第78页。

[2] 毛泽东《关于重庆谈判》。《毛泽东选集》第4卷。

这一仗，以共产党的部队获得巨大胜利而告结束。

这一仗，加强了我党在重庆谈判中的地位，鼓舞了解放区军民战胜国民党军的信心，巩固了我区后方，加速了我军由游击兵团向适应大规模运动战的正规兵团的转变。

上党战役结束后，晋冀鲁豫野战军将所属四个军区的兵力编成一、二、三、四纵队，并组建了炮兵部队。

父亲和刘伯承亲自在火线上指挥了上党战役后，返回赤岸。这时，整个小山村沉浸在一片欢乐的胜利气氛之中。

父亲更是高兴，因为此时，他又得了一个女儿。

赤岸，是我两个姐姐的出生地。

我的大姐邓林，小名叫林儿。以前说过，她出生在最为艰苦的1941年，生下后即送到老乡家喂养，四岁送到延安，寄放在保育院。

我的哥哥邓朴方，小名叫胖胖。大概总是因为他生下来胖乎乎的缘故吧！他是1944年出生在太行山辽县的麻田村。出生后因为妈妈没有奶，无法抚养，便也送到麻田镇河对岸的一个农民家哺养。

1945年上党战役后出生的是我的二姐，现在的"官号"叫邓楠，那时候取了个小名叫南南。妈妈说，这个名字是哥哥给她取的。当时哥哥才一岁，还说不清话，看见妹妹，只会连声叫"喃喃、喃喃"。妈妈于是就给二姐取了个名字叫南南。二姐出生后，也被送到一个农民奶娘家去哺养。

我的三个哥哥姐姐都是生下来后送到太行山的老乡家抚养的。他们都是喝太行山人的奶水长大的。太行山，对于我们这一家人来说，意义的确非同一般。近些年来，妈妈已是七十多岁的高龄，一般不怎么外出，可是，太行山老区的人来了，她还冒着严寒去见见他们。就在我写这一章的时候，妈妈正在苦思苦想，怎么样为尚在贫困之中的太行山老区和老区的人民做点什么呢！

．．．．．．．．．．．．

1945 年，邓小平、卓琳与长女邓林、长子邓朴方在河北省武安县的合影。

1945 年 10 月 10 日，中国共产党和中国国民党在重庆签订了《政府与中共代表会谈纪要》，也就是“双十协定”。双方协议要长期合作，避免内战。

10 月 11 日，毛泽东回到了延安。

毛泽东一回到延安，便极有预见地指出：“已经达成的协议，还只是纸上的东西。纸上的东西并不等于现实的东西。”“我们的任务就是坚持这个协定，要国民党兑现，继续争取和平。如果他们要打，就把他们彻底消灭。”[1]

是的，协议是签了，但这仗，打与不打，都不是以某个个人的意志，甚至于某个党单方的意愿为转移的。

果然为毛泽东说中了，“双十协议”墨迹未干，国民党便进一步扩大了向解放区进攻的规模。在美国的协助下，国民党用飞机、军舰把部队运向北平、天津，同时将进攻解放区的兵力增加到八十万人。国民党的首要目标，是抢占北平、天津，进而夺取东北。

10 月中旬，国民党几路兵马纷纷出动。胡宗南、傅作义、孙连仲等诸大将所率之部队，分四路向华北进攻，真是气势汹汹，大有不可阻挡之势。

在这四路大军之中，孙连仲部四万五千余人，在其副司令长官马法五和高树勋的率领下，从河南新乡沿平汉线北犯，准备夹击河北重城邯郸。

刘伯承形象地说：“蒋介石把足球朝解放区的中央大门踢来了。”[2]邯郸，是河北省最南部的一个城市，位于平汉铁路线上，是华北平原的一处战略要地。

邯郸，是古代赵国的都城，具有三千多年的悠久历史，有多少动

---

[1]　毛泽东《关于重庆谈判》。《毛泽东选集》第 4 卷。

[2]　《中国人民解放军第二野战军战史》，第二卷（解放战争时期），第 20 页。

人而又充满传奇色彩的故事和历史事件曾在这里发生。

国民党的大部队来了，要抢占这一华北名城。

中央军委指示：阻碍和迟滞顽军北进，是当前严重的战略任务。即将到来的平汉战役的胜负，关系全局，意义极为重大。

中央军委指示：要求利用上党战役的经验，动员全部力量，由刘伯承、邓小平亲临指挥，精密组织各个战斗，争取第二个上党战役的胜利！

刘邓受命之后，立即分析形势：

敌军方面，虽兵力多、装备好，但弱点极为明显。一是远征新到，地理民情不熟，远离后方，且不善野战。二是敌军内部派系不一，矛盾重重，特别是其中新八军和四十军乃是"杂牌"，与蒋嫡系不和。

我军方面，虽野战兵团组成不久，装备较差，且连战之后未经休整，但刚刚取得上党战役的胜利，士气高昂，同时还有根据地人民的大力支援。

刘邓判断：以我之优势，完全有条件打一场更大规模的歼灭战。

10月6日，军区下达关于进行平汉战役的命令。决心集中第一、第二、第三纵队等兵力共六万人，动员十万以上民兵，以两个月的时间，连续作战，歼灭沿平汉线进犯之敌。并对战役作了周密的军事布置。

10月20日，刘邓率指挥部离开涉县赤岸村，进驻到太行山麓的与邯郸近在咫尺的峰峰煤矿，实施对平汉战役的前线指挥。

平汉战役，又称邯郸战役，是继上党战役之后的又一次大规模歼灭战。对于这次战役，刘邓进行了细致周密的战略部署。

10月中旬，战役开始。我军首先以一纵队将从河南新乡北进的敌人遏止于邯郸以南。24日，待敌人三个军全部渡过漳河以后，我军迅速将敌军包围并实施不间断地攻击。敌军急忙收缩，并急电向蒋介石求援。26日，敌石家庄、安阳之部队前来增援，我军调集部队实施阻击。当时的战争形势是十分险峻的，仗打得也是十分激烈和紧张的。

我军一面加紧攻击被围困之敌，一面加紧打援，一面加紧分化瓦解敌军。军区参谋长李达，亲赴敌新八军，积极作新八军军长高树勋的工作，晓以大义，敦促起义。28 日，我军向被围困的敌军发起总攻，在周密安排下，新八军军长高树勋率部万余人宣布起义。新八军的起义，使敌人兵力骤减，部署出现缺口，军心动摇。31 日，敌军开始向南突围，我军早已按部署先机转移到敌军退路两侧，并立即对南逃敌军实施多路突击和兜击。到 11 月 2 日，除少数漏网者外，敌军被我全歼于清漳河以北地区。

这次战役，新八军起义，我军毙伤敌三千余人，俘虏敌第十一战区副司令长官兼第四十军军长马法五及其以下一万七千余人，缴获大批武器物资。

上党、平汉两大战役胜利结束了。

至今，提起这两个战役，父亲仍是感慨万分。他几次对我们说："我们这个野战军，从抗战以后，一直没有停止过一天打仗。最多只能整训一个礼拜，十天都难得呀！"

他说："真正讲反攻，是上党、平汉战役开始迎战敌人的。我们迎战敌人，逼蒋签订双十协定。"

他充满感情地说："那两个仗打得好险！没有弹药，一支枪才有几发子弹。打攻坚战很困难，决定的关头靠冲锋，靠肉搏战。这两个都是歼灭战，打胜了以后，武器也多了，人也多了！"

父亲从来话很少，也从不谈个人的历史，但讲起打仗，他的话就多了。他总是说："哪有天生会打仗的！都是从打仗中学习打仗，从打败仗中学习打仗。我刚到红七军的时候，什么也不知道，一点军事也不懂。还是我在上海当中央秘书长的时候，陈毅来中央汇报红四军的工作，才知道了好多情况。这也是一种学习呀！以后仗打得多了，败仗也打过，慢慢地就学会打仗了！"有一次我的好朋友，陈毅元帅的小女儿姗姗来我们家玩儿，父亲看见她，还在说："我从你爸爸那里听了不少东西，后来搬到红七军去用！"

父亲讲的都是真话、实话。他之所以成为一个军事家，这路，也是一步一步走过来的。

对于上党、平汉两个战役，父亲曾作过详细的回顾和总结。

那是1989年11月20日，编写第二野战军战史的老同志们云集人民大会堂（因为刘邓野战军最后被编为第二野战军，所以刘邓部队的人，习惯地把刘邓的这支部队统称二野）。

编写二野战史，刘已过世，邓当然要到会。

父亲到人民大会堂，会见他的老战友们，讲了一篇话。

他说：

在战争年代，二野在每个阶段都完成了中央军委给予自己的任务，而且完成得比较好。这是对二野的评价。在解放战争中，从头到尾，二野都处在同敌人针锋相对的局面，都处在这个局面的前面。开始在晋冀鲁豫，用伯承同志的话说，这里是华北解放区的一个大门，预计敌人首先从这个口子来。果然，毛主席到重庆签订双十协定的时候，敌人从两路来。一路阎锡山，打了个上党战役；一路马法五、高树勋，打了个平汉战役。还要说远一点，抗日战争的时候，我们就处在针锋相对局面的前面，处在大门口的位置上。那时同国民党的摩擦，几个大区都有，但最集中的是在晋冀鲁豫，从山西、河北、山东到河南这一片。这里是个大门，敌人首先进攻的就是这个大门。而我们守这个大门口的力量并不强。阎锡山三万多人进攻上党区，我们才多少？比他们还少一点，也就是三万出头，而且成团的建制都没有，真正一个完整的团都没有。从人数、编制上讲，可以说是一群游击队的集合，而且装备很差，弹药很少。还有就是临战前没有将军，那时李达在前线，但下面的将军都不在。陈再道也不在，是和我们一块乘一架飞机飞回太行的。一起飞回来的有刘帅和我，陈锡联也是，陈赓也是，还有二野和其他野战军的一些领导同志。宋任穷那时留在冀南，也没有将军。仗已经打得热火朝天了，我们才回到太行山。是美国人帮了忙，我们是乘坐美军驻延安观察组的运输机飞回太行的。一下飞机就上前线。在那样的情况下，把敌人完全消灭掉是很不容易的。应该说是超额完成任务。接着就是国民党十一战区马法五、高树勋两个副司令长官的三个军，还有一个乔明礼的河北民军纵队。马法五的第四十军，还有第三十军，两个军都是强的部队。就是高树勋的部队也是有战斗力的。锡联不是在马头镇碰了一次，一碰就是几百人伤亡。高树勋的功劳很大。当然，没有高树勋的起义，敌人也不会胜利，但不会失败得那么干脆。就是因为高树勋一起义，马法五的两个军全部被消灭了，只跑了三千人。但是不管怎么样，我们打平汉战役时比打上党战役时困难，好处是弹药有点补充，装备有点改善，但部队还是一个游击队集合起来的整体。打了上党战役，疲惫不堪，接着又打平汉战役。打平汉战役时，我们后面队伍没赶上，没到齐。我跟苏振华通电话，叫他坚持五天，坚持到我们的后续部队到达指定地点。我们的队伍还没到齐，敌人就开始进攻了。那次一纵队的阻击战打得不错，实现了坚持五天的任务，这样我们的队伍才赶上。那次我们主要是政治仗打得好，就是说服高树勋起义。如果硬碰硬地打，他不可能取胜，通不过去，但我们伤亡会很大。他至少可以把主力向南撤，撤回石城、安阳去。这是比较公道的评价。政治仗我们下的本钱是很大的，不知道你们记得不记得，高树勋在受汤恩伯指挥的时候他就同我们有联系。由于联系比较久，所以派参谋长李达亲自到马头镇，到他的司令部去做工作。……我们确实知道高树勋倾向起义，但在犹豫当中。因为那时国民党要吃掉西北军，形成矛盾。李达一到那里，见到所有的汽车、马车都是头向南的，准备撤退的。他们见面以后，一谈就合拍了，高树勋决定起义。起义后的第二天伯承同志就到马头镇去看望高树勋，决定将部队开向西北面的解放区去。这样，马法五的两个军一下就溃退，结果我们在南面，在漳河北岸，把敌人截住。这是一场政治战争。

所以说，抗日战争，反摩擦斗争，我们，都是处在同敌人针锋相对的前线。打摩擦仗，全国各个地区都有，但集中在晋冀鲁豫区。蒋介石发动进攻，首先进攻的大门是这个区，是二野所处的地区。仗一打开，我们才开始真正形成一个野战军的格局。[1]

当时，年过八十五岁的父亲讲这一番话时，充满了激情。二野那些白发苍苍的老将军们听着这些话时，也都心潮澎湃，浮想联翩。

11 月的北京，已是秋意盎然，寒风乍起，但在人民大会堂里，却是明明亮亮，暖意融融。回首这些艰苦而又辉煌的历史片断，在这些年逾古稀的老战士的心中，掀起了一片春天般明朗的情怀。

…………

平汉战役结束后，在峰峰煤矿，由父亲主持，召开了一次中共晋冀鲁豫局的全体会议。

会议对全区工作做了统一部署，对于群众工作，经济工作等作出了安排。

此次会议后，晋冀鲁豫军区根据中央的指示，调集二十五个团的架子支援东北，同时进一步组编本区部队。

至此，全军区共组成六个纵队：

第一纵队：司令员杨得志、政治委员苏振华。

第二纵队：司令员陈再道、政治委员宋任穷。

---

[1] 本文中所述的这次讲话，引自当时在场的工作人员的记录。

1946 年 2 月,邓小平(左一)与刘伯承(左四)、薄一波(左七)、杨秀峰(左二)及在邯郸战役中起义的国民党将领高树勋(左五)送别被俘的国民党将领马法五(左三)返回他的部队驻地新乡。

第三纵队：司令员陈锡联、政治委员彭涛。

第四纵队：司令员陈赓、政治委员谢富治。

第六纵队：司令员王宏坤、政治委员段君毅。

第七纵队：司令员杨勇、政治委员张霖之。

至此,整个晋冀鲁豫解放区建立了二百个县市政权,拥有城市百余座,全区部队发展到三十一万余人,武器装备得到改善,基本完成了从分散的游击战到集中的运动战的转变。

11 月中旬,刘邓率前方指挥部返回涉县赤岸。在赤岸,举行了声势浩大的庆祝胜利的大会。

根据自卫战争形势的发展需要,晋冀鲁豫中央局、晋冀鲁豫军区,决定离开涉县,迁往邯郸以西的武安县的下柏树、龙泉一带。

12 月底的一天,野战军司令部整队出发,离开了太行山的这一个小山村，离开了在阳光下粼粼闪光的清漳河。[1]

刘邓和他们的部队，在赤岸这个小山村中整整驻扎了五年有余。在五年的时光中，他们在这个小山村中研究形势，研究敌情，召开了多少会议，发出了多少道作战命令。这里，成为中国共产党的这支抗击日本侵略军的部队的心脏和灵魂。多少战斗的残酷激烈，多少生活的艰难困苦，都和这个小山村紧紧联系在一起。今天，他们离开了这里，胜利地离开了这里，去奔赴更大的战斗天地，去迎接更辉煌的胜利。

太行山和太行山的人民，养育了这支人民的军队，培育出了许许多多的英雄人物。刘邓和他们部队的全体指战员，永远不会忘记这巍峨耸立的太行山，永远不会忘记太行山那勤劳朴实的人民。刘伯承元帅逝世以后，他的一部分骨灰，掩埋在了太行山上。他完成了他的心愿，永远静卧在太行山的怀抱之中。

我不是太行山人，但我的三个哥哥姐姐都是太行山人。从小儿，我就常常听父亲母亲讲太行山，讲太行山的山，讲太行山的水，讲太行山的老乡，讲太行山的那一段艰苦卓绝的战斗生活。在我心里，太行山是那样的亲切，太行山的一草一木，都仿佛与我息息相关。

我采访过太行山许多的老战士，讲起太行山，讲起太行山的山和石，讲起太行山那金黄色的柿子和赤红的大枣，讲起太行山那一段战斗生活，每一个人都显示出格外的自豪，显示出格外的眷恋。他们的激情，不止一次地令我大为感动，令我对太行山产生了一种不同一般的神往……

1945 年，在 12 月的冬日中，刘邓，率领他们的这一支部队，士气高昂地向东迈进了一步，开始迈向那广袤的华北大平原。

---

[1] 中共涉县县委党史办公室编《一二九师在涉县——资料选编》，第 245 页。

第55章
内战前夜

1945 年结束了。

自抗战胜利以来，国民党和共产党一直是在和谈和局部作战的两重战线上相替交手的。

共产党在上党、邯郸和绥远地区，粉碎了国民党的大举进攻，歼敌七万余人。到了 1946 年 1 月，解放区已拥有二百三十九万余平方公里的土地，一亿四千九百万人口，以及五百零六座城市。共产党在重重围困之中都没有被日本侵略军所消灭，更不会惧怕国民党蒋介石的进犯。

而国民党呢？

国民党除了忙于和共产党较量以外，在日本投降以后，马上加紧抢占地盘和进行所谓的"接收"。

国民党是怎样接收的呢？

在苏浙皖、湘鄂赣、粤桂闽、冀察热、鲁豫晋、东北和台湾七个区，国民党共接收日伪工厂两千四百一十一个，价值二十亿美元；接收了大量的物资、金银、房地产等，价值十亿美元。

在接收过程中，各色各样的国民党接收大员满天飞，各大员、各机构竞相抢掠各地的金条、房屋、汽车，竞相瓜分日伪资产。他们假公济私，名为接收实则私吞。仅北平一地被接收的物资，就有五分之四没有入库。国民党上海市党部主任委员吴绍澍，利用职权侵占日伪房产一千余幢，汽车八百余辆，金条一万多条。上海市长钱大钧竟然盗卖日伪物资四十二亿法币。这些都是国民党官员以"接收"之名，堂堂皇皇地劫掠而得。[1]

在国民党官员贪得无厌地劫收钱财的同时，国民党政府为了达到扩大财政和维持巨额军事费用的目的，一是大大压低在沦陷区流通的伪币的价值，以便用官发法币进行收换；二是大量印发纸币，以应急用；三是增加捐税。这些措施，使得通货膨胀率大幅度上升，人民手中财产贬值，原敌占区三分之二的敌伪工矿企业不能开工，民族工商业纷纷倒闭，城市失业人数日增，农村经济凋敝。

当抗战刚刚胜利的时候，中国人民曾经是多么高兴呀！他们盼望着和平，盼望着安宁，盼望着过上有希望的生活。可是才时过半年不到，他们就发现，他们的希望落空了。他们"想中央、盼中央，中央来了更遭殃"。他们惊呼："这一带无数万的人民都曾为胜利狂欢过，而今却如水益深，如火益热，大众不得聊生。他们痛苦极了，比未胜利时还痛苦。"[2]

1945 年 11 月，重庆各界代表五百余人举行大会，反对国民党的内战政策，反对美国干涉中国内政。

11 月 25 日，昆明六千余大、中学生集会反对内战，国民党军队包围校舍，鸣枪恫吓。

11 月 26 日，昆明三万余名大、中学生宣布总罢课。

12 月 1 日，国民党当局组织大批军警特务闯入西南联合大学，殴打师生，甚至投掷手榴弹，致使四人死难，数十人受伤。

12 月 2 日至 20 日，昆明公祭四位烈士，十五万人到灵堂进行祭奠，

---

[1] 中共中央党史研究室著《中国共产党历史》（上卷），第 687—688 页。

[2] 《大公报》1945 年 10 月 24 日社评《为江浙人民呼吁！》。

表示了对国民党政权残暴行径的极大愤怒。

国土收复了，但民心却失去了！

这是国民党政权最终覆亡的根本原因。

对于国民党的作为，美国人并不是没有看在眼里。在几年以后，美国国务卿艾奇逊曾致函当时的美国总统杜鲁门。他明言道："国民党文武官员在日本手中收复之地区中的举止，已使国民党迅速地在这些区域中，丧失了人民的支持和他们自己的声望。"[1]

哀叹虽然如此，但美国政府却生怕国民党没有能力用军事手段镇压共产党，生怕如中国发生内战将会导致共产党控制全中国。同时，美国也为了维持同苏联之间所达成的关于中国问题的妥协，便派遣美国前陆军参谋长马歇尔上将以总统特使的身份赴华。

马歇尔的使命，一是"调解"中国国民党与共产党之间的争端，二是继续全力支持国民党，帮助其将军队运往中国的东北和华北地区。美国最终的目的，是要建立一个由国民党蒋介石统治的，亲美国的，能够不战而得控制的中国。

此即是美国的如意打算。

在这种种背景因素的制约和促进之下，1946 年 1 月 5 日，国共双方初步达成停止国内军事冲突的协议。

1 月 7 日，由国民党代表张群、共产党代表周恩来、美国政府代表马歇尔组成一个"三人会议"，会商解决军事冲突及其他有关事项。

1 月 10 日，国共双方正式签订停战协定。

同日，政治协商会议在重庆召开。中共派出周恩来、董必武、王若飞、叶剑英、吴玉章、陆定一、邓颖超等人组成代表团参加会议。会议的内容是关于政治民主化和军队国家化等问题。31 日，会议闭幕，在共产党和各民主人士的敦促下，会议基本上达到了符合全国人民和

---

[1]　美国国务卿艾奇逊于 1949 年 7 月 30 日致美国总统杜鲁门的信。

平民主的愿望，通过了和平建国纲领、军事问题、宪法草案等协议。

与此同时，"三人小组"也在郑重其事地进行会内、会外的协商活动，并达成了《关于整编及统编中共部队为国军之基本方案》。

纵观一个多月以来的形势，似乎时局已开始向着有利于停止内战和和平民主的大方向行进。

但是，偏偏事与愿违。国民党蒋介石，的的确确不能容忍，也不能经受真正的民主改革。蒋介石说："我对宪草也不满意，但事已至此，无法推翻原案，只有姑且通过，将来再说。"[1]

共产党对此也有足够清醒的估计，认为中国民主化的道路依然是曲折的，长期的。据此，中共中央部署，必须注意保持阵地，把练兵、减租与生产当作目前解放区的三大任务。

人们良好的愿望是一回事，而事实却往往是另一回事。

国民党签订停战协议是假，备战是真。

美国调停停战是虚，帮助国民党备战是实。

从1945年9月至1946年6月，美国用飞机、军舰将国民党军队十四个军约五十四万人，由西南、西北大后方运送至华北、华东、华南、东北各地。美军海军陆战队九万人进入中国，驻华美军多时竟达十一万三千人。美国政府还不惜拨出巨额经费，为国民党军队武装了四十五个师的兵力，训练了十五万军事人员，装备了空军飞机九百三十六架。美国政府还给予国民党政府以大量的经援和军援，仅1946年上半年，美国即提供了价值五千一百七十万美元的军用品。美国还正式组成了二千人的军事顾问团，实际作为直接参与策划和指挥中国内战的一个军事机构。[2]

美国政府当时是志在必得的。二次大战刚刚结束，美国政府正处

[1]　梁漱溟《我参加国共和谈的经过》.《中华民国史料丛稿》，增刊第6辑。

[2]　中共中央党史研究室著《中国共产党历史》（上卷），第700—701页。

在辉煌的顶峰，似乎，他们怎样策划，目的就可以怎样实现；仿佛，中国的内政，完全可以按照美国的指挥棒来运行进展。

也是天不从人愿，事态的发展最终将会证明，美国人想错了。

什么是天意？天意就是民意。

中国人民已经受得太多太多，他们不想再由别人主宰自己的命运。而美国政府，最大的失误，就在于他们选择了一个已被中国人民唾弃的政权，选择了一个"扶不起来的天子"，选择了一个注定要失败的前途。

停战协定是签订了，但战争却从未停止。

1946 年 1 月到 6 月，国民党军队对各解放区的大小进攻达四千三百六十五次，用兵总计二百七十万人次，侵占解放区城市四十座，村镇二千五百七十七个。其中，蒋介石本人及各高级将领，曾频繁坐着飞机，前往各战场亲自督战。

1946 年 3 月，苏联军队撤出中国东北。国民党军占领东北重镇沈阳，此后即用五个军的兵力向南面本溪、四平的共产党军队发起进攻。经过激烈鏖战一个月，国民党军队控制了松花江以南地区。

东北之战，一是使国民党军队控制了大片国土，二是使美国达到了遏制苏联的目的。其结果，东北内战的加剧，加深了全国内战的危机。

在晋冀鲁豫区，从 1946 年 1 月 14 日至 4 月底，国民党军队对该解放区进行了大小九百二十余次的进攻，也就是说，每日平均有八次之多。其中万人以上的进攻四次，千人以上的四十次，百人以上的一百一十多次。晋冀鲁豫解放区军民当仁不让，在刘邓率领下，进行了针锋相对、寸土必争，同时又是有理、有利、有节的斗争。

虽然签订了停战协定，虽然美国人的调停还在继续，但是，解放区人民的心里雪亮雪亮的。面对国民党的频繁进攻，解放区军民必须丢掉幻想，提高警惕，随时准备迎战来犯之敌。

这是一段没有平静的相对"平静"时期。

自从 1945 年 12 月间，刘邓司令部迁至武安县以后，父亲、母亲在武安暂居下来。这时，母亲把三个孩子都接回了身边。这是自 1939 年这个家庭建立以来，自有了三个孩子以来，全家五口人第一次团聚在一起。

妈妈和爸爸结婚以后离开延安，一晃，竟过去了五年多的时间。

这五年，妈妈过得可真不容易啊！

她这个原来名牌大学的大学生，这个刚刚迈入革命殿堂为时不长的青年革命者，一下子走进了太行山脉，一下子投入了抗日战争的枪林弹雨之中。她毫不犹豫、毫无畏惧地接受了战争的洗礼。虽然她一直在机关工作，但在太行山上，根本就没有后方。她和部队一起行军，一起转战，一起跑"扫荡"。她先是驻在辽县麻田的八路军总部，这里是前方中的小"后方"。不久，她卷起铺盖卷儿，到涉县赤岸，和父亲一起留在了一二九师前线指挥部。

第一个孩子生下以后，妈妈本可以把孩子留在身边，但那时正值敌人频繁"扫荡"，如要行动起来，带着孩子将会很不方便。妈妈说："我不愿意为了我和孩子，动用一些战士来专门保护我们。"她忍痛把孩子送到老乡家，只身一人，随部队去行军、去转移。一年以后，他们的部队路过孩子住地的附近，妈妈才得一机会去看望了孩子。妈妈是和一二九师政治部副主任蔡树藩的妻子陈书莲一起去的，她们一进屋，只见孩子又瘦又小，身上的衣服又脏又破，简直不成样子！妈妈忍住心酸，把眼泪咽进肚里，和陈书莲一起赶快给孩子洗了澡，做了衣服和被子。

部队停留了三四天，就又出发了。妈妈舍不得孩子，但她还是走了。

我的大姐林儿一岁半时，她的奶娘怀孩子了，妈妈就把她接了回来。妈妈说，刚回来时，林儿身体极弱，连用手赶苍蝇的劲儿都没有。那时，还是抗日战争最艰苦的年代，在部队里带个孩子，又要经常跑"扫荡"，可实在是辛苦的，所以妈妈又把林儿送到另一个老乡家中寄养。次年，蔡树藩去延安开会，妈妈正好让他把林儿送到延安进入保育院。1944

年我哥哥胖胖出生后，1945 年我的二姐南南出生后，也同样被送到老乡家中去喂养。

妈妈的头三个孩子，就是这么样在战火纷飞的岁月中出生，在战争的残酷进行中成长的。他们从生下来的那一天起，就没有过一天的太平日子，没有任何的基本生活享受，他们是由太行山老百姓的奶水和太行山的小米粥喂养起来的。就这么着，在战火中，在各种天灾人祸中，他们都活了下来，而且长大了。

到武安后，三个孩子都接回来了。爸爸高兴极了，妈妈却愁死了。

为什么愁呢？原来，大孩子刚从延安回来，不说话，不张口吃饭，手里拿着个苹果都不会吃，人瘦瘦的，一看就是营养不良。二孩子拉肚子，晚上睡觉也不得安生。第三个孩子才一岁半，妈妈又没奶，喂小米粥又喂不进去。妈妈找了一个农村小姑娘和一个老太婆来帮忙，结果她们非但帮不上什么忙，连火都生不着。这可真把妈妈急坏了。工作再忙，军情再急，行军再苦，都没有把妈妈急坏过，这下子，她可是真的着急了。

生活嘛，本来就是这个样子，看似重要的问题未必难倒人，看似简单的平常小事儿，却反而可以使人手足无措。

好在，生活总归是会进行下去的，什么事情，惯了，也就好了。在武安的这个家，终于慢慢地安顿了下来，平稳了下来。三个孩子开始欢欢喜喜地一块儿玩耍了。太阳把他们晒得黑黑的，他们人长胖了，个儿长高了，围着爸爸妈妈团团转了。爸爸极爱孩子，他虽然没时间管孩子，但依我看，天底下像他这么爱孩子的，那样不言不语地，却是全心全意地爱孩子的，也是少有的。

1946 年 3 月 2 日，晋冀鲁豫军区领导机关由武安迁往邯郸市。[1]

从此，邯郸，这个古代赵国的都城，便成为晋冀鲁豫边区的首府，

---

[1]　陈斐琴《他就是这么一个人》。《二十八年间——从师政委到总书记》，第 135 页。

成为刘邓的指挥中心，成为华北解放区的南大门。

爸爸、妈妈带着我的三个哥哥姐姐也驻进了邯郸。孩子们当然什么也不懂，每日照样嬉笑玩耍，可大人们却都十分高兴，要知道，这是军区机关第一次进驻较大城市呀！

妈妈忙着照看三个吵吵闹闹的孩子，爸爸则是每日忙着他的军政大事。

进城了，邓政委指示，所有直属机关部队要少住民房，多住货栈。司令部也是驻在原日本军队的一个兵营里面。

进城后，部队开始进行政治整训。邓政委讲，一要认清时局，二要整顿纪律。认清时局，就是认清大规模内战的危机严重存在，而坚决斗争是争取和平民主的重要保证。整顿纪律，就是要执行政策法令，保持人民军队的本质，还特别强调了遵守城市政策的重要性。[1]

5月份，部队在政治整训的基础上，开展了轰轰烈烈的大练兵。整个部队上下一致，强调以临战姿态进行练兵，各种形式的练兵，把部队的军事技术提高到了一个新的水平。

与政训、练兵的同时，全区根据中央指示，决定在减租减息的基础上，在解放区腹心地区开展土地改革运动。6月中旬，由邓小平主持，在邯郸召开了土地会议，决定放手发动广大贫苦农民自己救自己，通过清算、退租等方式从地主手中夺回土地，实行耕者有其田。土地改革中，坚决解决贫雇农的土地问题，团结中农，同时注意不侵犯地主、富农的工商业。广大解放区贫苦农民分到了土地，热情高涨，支援人民子弟兵进行革命战争的力量大大增强。

到1946年6月底，晋冀鲁豫解放区不断地壮大和发展，全区军队二十七万人，民兵发展到六十万人，人口增加到三千余万，所辖县

---

[1] 陈斐琴《他就是这么一个人》。《二十八年间——从师政委到总书记》，第135页—137页。

城由八十多座增加至一百一十多座。

在半年之中，国民党军队，调集了十一个整编师和三个军的兵力，对我晋冀鲁豫解放区进行了频繁的"蚕食"、袭扰和进犯。

战争的阴云，已愈益密集地在中国大地上空翻滚。

1946年6月中旬，晋冀鲁豫区在邯郸召开高级干部会议。刘邓指出：内战的危险已十分严重，部队必须做好一切准备，以应付全面内战的爆发。

美国人的调停活动仍在进行，但是，不管这是真调也好假调也好，反正中国全面内战的爆发，已经迫在眉睫了！

第56章
全面内战的爆发

1946 年 6 月下旬，整个中华大地上赤日焰焰，酷暑难当。

国民党蒋介石以大举围攻共产党的中原解放区为起点，发动了对解放区的全面进攻。

中国的大规模内战，揭开了战幕。

到了这个时候，什么和谈，什么调停，统统抛至九霄云外。全面内战，不再是危机和纸上谈兵，而已成为极其冷酷的现实。

蒋介石大举用兵，向中共解放区大肆进攻，是志在必得的。

因为，蒋介石拥有四百三十万人的总兵力，拥有从日本侵略军手中接受的可供一百万人使用的全部装备，拥有大量的各式美国援助。他的八十八个整编师中，有二十二个为美械、半美械装备，他拥有大量的炮兵，还有飞机、军舰和坦克。他还拥有大大强于对手的战争资源，占有国土总面积的百分之七十六，拥有总人口的百分之七十一。他控制着全国几乎所有的大城市，控制着纵横全国的主要交通线，控制着几乎全部近代工业。

而此时，共产党方面，总兵力只有一百二十七万人，军事装备只有从日伪军手中缴获而来的步兵武器和少量大炮。其控制的地区只有二百三十万平方公里，人口一亿三千六百万，基本上没有近代化工业。

国民党对共产党的实力对比，是 34∶1。

国民党的优势是一看即知的，却不是绝对的。

但这个道理，蒋介石却不会明白。

日本人走了，蒋介石自以为总算腾出手来，可以以全副精力去打共产党了。这口恶气，他已经积蓄了近二十年了。今天，他手中有兵有将有武器有援助，他要一雪心头之恨，而且发誓要采取速战速决的战略方针，用全部正规军百分之八十的兵力，在全国规模内发起对共产党的全面进攻，力争在三至六个月内，首先消灭关内共军，然后解决东北问题。

蒋介石的决心下定了，而且立即开始大举行动。

他一点儿也没有想到，他的这一步一经走出，就已注定走错了。

他的这一步，是走向全面失败的一步，是走向自我毁灭的一步！

对于国民党、蒋介石的战争意图，共产党、毛泽东早有预见，也早有准备。

中共中央昭告全党："蒋介石虽有美国援助，但是人心不顺，士气不高，经济困难。我们虽无外国援助，但是人心归向，士气高涨，经济亦有办法。因此，我们是能够战胜蒋介石的。全党对此应当有充分的信心。"[1]

毛泽东说："我们所依靠的不过是小米加步枪，但是历史最后将证明，这小米加步枪比蒋介石的飞机加坦克还要强些。虽然在中国人民面前还存在着许多困难，中国人民在美国帝国主义和中国反动派的联合进攻之下，将要受到长时间的苦难，但是这些反动派总有一天要失败，我们总有一天要胜利。这原因不是别的，就在于反动派代表反动，而我们代表进步。"[2]

1946 年 6 月，大规模内战开始了。

---

[1]　中共中央《以自卫战争粉碎蒋介石的进攻》，1946 年 7 月 20 日。

[2]　毛泽东《和美国记者安娜·路易斯·斯特朗的谈话》，1946 年 8 月 6 日，《毛泽东选集》第 4 卷。

全面内战的第一枪，是在中原打响的。

6月26日，蒋介石调集二十多个师，向共产党的中原解放区大举进攻。由李先念等率领的中原解放军按照中共中央指示，实施坚决突围，胜利到达陕南等地。

与此同时，国民党军用五十八个旅的兵力，进攻共产党的华东解放区。由陈毅率领的山东野战军四万余人，由粟裕、谭震林率领的华中野战军三万余人，分别迎战敌军，至1946年10月，共歼敌军七万余人。

大战已经开始，形势十分严峻。

晋冀鲁豫解放区，西起同蒲路，东抵津浦路，北至正太路和德石路，南跨黄河达陇海路，与我陕甘宁、晋绥、晋察冀、华东各解放区都毗连，并与中原解放区最相邻近。其重要的地理位置，使之成为我各解放区的枢纽，因此，亦成为国民党进攻的重点之一。

蒋介石已调集三十余万军队集结于晋冀鲁豫周围，以胡宗南、阎锡山、薛岳、孙连仲、刘峙等各路大军，准备实施进攻和"围剿"，控制并打通交通线，并拟引黄河之水归回故道，分割和淹没解放区。

为了掌握战争的主动权，为了配合华东的作战，刘邓报经中央同意，决定集中野战军主力，主动而又机动地歼灭敌人，并将全野战军分为两部，一部由刘邓亲自率领，四万余人，向豫东方向作战；一部由陈赓率领，二万余人，归中央军委直接指挥，向晋南方向作战。

1946年6月28日，太阳刚刚从东方地平线上出现。朝阳初照大地，原野一片辉煌。

在邯郸以南的马头车站，晋冀鲁豫野战军全副戎装，列队肃立。小火车的车皮搭成讲台，刘邓首长准备讲话。

这是晋冀鲁豫野战军的誓师大会。

邓小平政委站在讲台上，他说："蒋介石不遵守政治协商会议和停战协定，并已公开撕毁停战协定向解放区全面进攻了。"我们"要迅速做好一切准备，粉碎蒋介石的进攻。""蒋介石虽有美国援助，但他发动反人民内战，遭到全国人民的反对。他的军队士气不振，经济困难，是他无法克服的。我们虽无外援，但人心所向，士气高涨，经济亦有保障。我们一定能够打败蒋介石。我们要有足够的信心，打好自卫反击这一仗！"[1]

在中原大地上，南北一条平汉铁路，东西一条陇海铁路，呈十字架形，构成贯穿中原大地东南西北的交通动脉。

刘邓首先选择的就是陇海路。

1946 年 8 月，中央批准了刘邓的作战计划。

8 月 10 日，晋冀鲁豫野战军发起陇海战役。

刘邓将全野战军组成左、右两路军。左路军由七纵司令员杨勇、政委张霖之统率。右路军由三纵司令员陈锡联、政委彭涛率领，其中有六纵司令员王近山、政委杜义德参加。

8 月 10 日，各路部队急行军三十公里进入纵深地区，在陇海路开封至徐州段一百五十公里宽的正面上，突然向敌人发起进攻，至 12 日，便攻占河南的兰封和安徽的砀山等城镇、车站十余处，歼敌五千余人，控制铁路一百余公里。

砀山城是由勇将杨勇、张霖之指挥攻下的。正在部队庆祝胜利之时，邓政委趟着泥水来到前线。

打了胜仗，本该嘉奖，没想到，杨勇、张霖之却挨了邓政委的"大批评"。原来，杨勇的部队素以勇猛著称，稍未注意，在战斗中纪律不好，损坏了群众的家具锅碗等用具。

邓政委来了，纵队紧急通知团以上干部开会。人们静悄悄地坐在泥水地上铺着的秫秸上。

---

[1] 张云轩《邓政委教育部队的几个片断》。《二十八年间——从师政委到总书记》（三编），第 291 页。

邓政委严肃地说："陇海战役已经打了四天。第一阶段你们打得很好，解放了砀山，俘虏了几千人，缴获武器也不少。但必须指出，你们有人却违犯了群众纪律。你们打仗牺牲了那么多人，为了什么？为什么又这样损害群众的利益，你们要认真赔偿群众的损失。"

讲话之际，敌人的飞机又飞到头顶上来了，人们担心邓的安全，杨勇亲自去高处观察飞机的动向。

邓看着杨勇，大声说："杨勇，怕什么。有什么关系嘛，飞机不是天天来吗？"

他接着继续严肃地说："违犯了群众纪律，就得不到人民群众的支持，没有人民的支持，取得胜利是不可能的！"

杨勇、张霖之当场承认了错误，立即命令部队进行赔偿，向群众道歉。[1]

父亲根据党的作风，一贯高度重视部队纪律，一贯严格要求部下。以前如此，陇海战役中如此，打南京时如此，进上海时如此，进军大西南时如此，和平解决西藏问题时如此，今天，他对中国人民解放军的要求，亦是如此。

他的信念，就是"人民是一切的母亲，是对敌斗争一切力量的源泉。"[2] 人民军队的根本宗旨，就是一切为了人民。正是这个宗旨，决定了人民的军队，必将获得最终的胜利。所以对于维护和严格遵守群众纪律，父亲从来毫不含糊。

陇海战役继续进行。由于我军迅速而突然的进攻，迫使敌军赶紧抽调正在追击我中原野战军的三个师回援开封，并调正在进攻淮南的一个军和另两个师增援砀山和徐州地区。刘邓指挥部队，连克杞县、

---

[1]　段君毅、乔明甫《实事求是，坚持原则的领导》。《二十八年间——从师政委到总书记》，
　　　第61页，第81页。

[2]　杨国宇《刘邓麾下十三年》，第216页。

通许、虞城等地，并歼敌一部。当敌军东、西两路援军迫进之时，我军旋即转移到陇海路以北休整。

8月22日，陇海战役结束。是役，我军共歼敌一万六千余人，攻克县城五座，车站十处，破坏铁路一百五十余公里。

在刘邓精心大胆的运筹下，我军采取出敌不意，长趋纵深，突然袭击的战术，有力地迅速取得战果，并有效地达到了吸引进攻其他解放区的敌军回援的目的。

这一战，是以奇袭制胜的一次范例。

我军胜利出击陇海路后，国民党军大为震惊。

蒋介石迅速在郑州、徐州一线集结十四个整编师、三十二个旅，共三十余万人，欲乘我军未及休整之机，以绝对优势兵力合击我军于陇海路以北山东界内的定陶、曹县地区。

敌人来了，分六路大军向我军逼进。

8月22日，中共中央指示：凡无把握之仗不要打，打则必胜；凡与敌正规军作战，每战必须以优势兵力加于敌人，各个击破之。

在晋冀鲁豫野战军司令部的作战室里，刘邓正在研究敌情。

邓走到地图前说："从津浦路北上的共三个师，其中两个是蒋介石的王牌部队。蒋介石一共五大王牌（新一军、新六军、新五军、整编十一师、整编七十四师），这一下把两大王牌都拿出来了。新五军和十一师全部美械装备，战斗力强，比较难对付。西边来的敌人数量多，但战斗力不强。针对这一情况，我考虑有两个方案：一个是暂避开敌人的锋芒，将我主力迅速撤到老黄河以北休整一个短时间，尔后再寻机会，南下歼敌。这个方案从我们这个局部情况考虑，是比较有利的，但这样一来，势必增大对陈毅、李先念的压力，对全局不利。另一方案是咬紧牙关再打一仗。这样，我们的包袱会背得重些，但陈毅、李先念他们那里就轻松多了！我的意见以第二方案为好。"

刘笑着说："我完全同意你的意见。蒋介石是饭馆子战术，送来一桌还不等你吃完，又送来一桌，逼着你吃。来而不往非礼也，既然送来了，我们就放开肚皮吃哟！"

听了刘伯承的话，大家都笑了。

战局的紧张，在这一笑之中化解了。

刘邓分析：两路相比，西边的敌人比较弱，以集中主力歼灭西路敌人为宜。

刘邓决定，进行定陶战役。

作战命令起草好了，邓感叹地说："我们这个部队，在外边名声很大，都叫什么刘邓大军，其实我们就这么点家底，兵不足五万，外加几门山炮、迫击炮，弹药也很缺。我们部队的这一批战士大部分都是翻身解放的农民子弟，素质很好。陇海战役伤亡五千人，补充不多，拿这批骨干打，实在有些心疼。"[1]

战争是残酷的，而指挥战争的人，却是有情感的。

…………

1946年9月2日，战役打响。

西路敌军大摇大摆地进入了我军预先设好的战场。我军集中以四倍于敌的兵力，包围了敌军整编第三师。敌军指挥刘峙急令其他四个师从两个方面实行增援。在我军重击下，敌被围之第三师向南突围，我军全线出击，将其迅速全歼。敌援军一看增援无望，即行撤退，我军迅速转移兵力，又歼援敌一部于撤退途中。

9月8日，定陶战役结束。我军以伤亡三千五百人的代价，歼敌四个旅约一万七千人，俘虏敌整编第三师中将师长赵锡田。

这一仗，连同我军在苏中的胜利，扭转了整个共产党解放区南方战线的严重局势。

这一仗，打得国民党郑州绥署主任、蒋介石心腹大将刘峙被撤职。

---

[1] 王文桢《敢担重担敢于创新的人》。《二十八年间——从师政委到总书记》，第212页。

邓小平、刘伯承等在陇海战役前检阅参战部队。

　　毛泽东致电刘邓：庆祝你们歼灭第三师的大胜利，望传令全军嘉奖。[1]

　　攻克定陶一仗，打得十分勇猛，但是，由于居功情绪滋长，个别部队纪律有些松弛。邓小平治军，向以严格著称。战后，召开高级干部会议，到会的各级干部均满面春风，没想到，邓政委却开门见山地说："今天开会不握手！省得打几个胜仗就握手言欢。"

　　这个"不握手"的会议，邓小平治军的作风，使与会者至今难忘。

　　连打两仗，都是胜仗，都是大胜仗，但自内战开始两个多月以来，部队连续作战，确实疲劳了。

　　部队需要休整，需要补充，但敌人不允许。

　　定陶战役刚刚结束，国民党以其主力新五军和整编第十一师向定陶、菏泽发起进攻。为避其主力，我军撤出菏泽，主力转入以北的巨

---

[1] 《中国人民解放军第二野战军战史》，第二卷（解放战争时期），第58页。

野西南休整。

敌军得寸进尺，决心不让我军得以休整，于10月初进犯巨野地区。为阻止敌军继续前进，刘邓决定于10月3日开始进行巨野战役。

在巨野，我军的对手是全副美械、战斗力很强的国民党军主力军新五军。双方激战四日，毙伤敌人五千人，但我军亦伤亡四千余人，双方打成僵持局面。我军为避免被动，停止了进攻。

此役，是刘邓野战军首次与敌军强手较量，虽获小胜，达到了阻止敌军进攻的目的，但亦有经验教训。

刘伯承是共产党军中的大军事家，被人称为"常胜将军"。其精于宏观战略，智于战役战术，为举世公认。但他从来实事求是地对待问题，善于总结利弊长弱。这一点上，他与邓小平的作风是完全一致的。

刘邓对巨野战役认真地作了总结，实事求是地分析了利弊得失，总结了经验教训。

总结后，刘邓向中央报告说："我们正准备大踏步的机动，哪里有机会就到哪里打！"[1]

敌人真是不让我军有一丝一毫的喘息。10月中，敌整编第二十七军军长王敬久率部又向我军扑来。

此次，刘邓决定撇开敌主力王敬久，而寻机进攻从郑州来的孙震的部队。

10月29日，我军在山东巨野西北发起鄄城战役。我军撇开强敌，集中四倍于敌的兵力，突然向敌孙震部实施包围和进攻。

10月31日战役结束。

我军全歼敌军九千余人，生俘敌旅长刘广信，缴获美制榴弹炮八门、山炮七门、迫击炮三十七门、小炮九十五门、轻机枪二百零八挺。这一战，不仅歼灭了敌人有生力量，阻止了敌人的进攻势头，而且在武器装备

---

[1] 《中国人民解放军第二野战军战史》，第二卷（解放战争时期），第63页。

上大有收获。真好比大大地美餐了一番，顿使部队如虎添翼。

仗，打了三个了，刘邓野战军主动出击，机动灵活地寻歼敌军，共歼敌十个旅五万余人。这个胜利是在敌强我弱的兵力对比下取得的。我区虽有十七座城镇为敌所占，但敌人兵力分散，攻势开始下降。我军不计一城一地之得失，主要在运动战中求得歼灭敌军有生力量，已初步取得了战略上的主动。

与刘邓在河南山东战场的作战相呼应，陈赓部在晋南连续取得闻（喜）夏（县）、同蒲、临（汾）浮（山）诸战役的胜利，三个月歼敌五万余人。

在其他战场，晋绥的贺龙、晋察冀的聂荣臻所率部队，亦歼敌三万八千余人。

毛泽东于 1946 年 10 月 1 日发出了《三个月的总结》。

中央指出：三个月来，我军共歼灭国民党军二十五个旅，集中优势兵力，各个歼灭敌人是唯一正确的作战方法，今后必须继续坚持此种作战方法，在三个月内，再歼敌二十五个旅左右（即平均每月歼敌八个旅左右），这是改变敌我形势的关键。

刘邓野战军经过四个月的战斗，军队已从二十七万人增加到三十一万人，民兵由六十万人增加到七十四万人，武器装备由于国民党军队的"奉送"而得到改善，进行大规模运动战也更具经验，全军士气高涨。晋冀鲁豫解放区全区三分之二的地区、二百万人口进行了土地改革，实现了耕者有其田，翻身农民支援战争的热情和积极性也大大提高。

1946 年 11 月，刘邓作出决定，全区要在三四个月的时间内，再消灭敌军六七个旅。

杨国宇当时写道："刘邓干事，完全是预算好了，才决心干。刘邓他俩向军委报告冀鲁豫战场形势时，提出今后三四个月歼敌六七个旅的计划。没有十分把握他们是不会这样写电报的。"[1]

11月4日，邓小平向全区部队号召：再打几个大胜仗。[2]

在河北、河南、山东的这一片大地上，国民党也正在调兵遣将，刘汝明集团、孙震集团、王敬久集团，加上王仲廉、孙连仲，已分头部署，各有作战计划，要奔邢台、取邯郸、打通平汉线。

刘邓野战军于11月18日在平汉线以东发起滑县战役，用四天五夜，歼敌一万二千人，吸引了王敬久、王仲廉两集团各一部从东、西来援，打乱了敌军北进打通平汉线的计划。

而这次战役所使用的战术是极妙的，刘伯承诙谐地说："我们打法也怪，我们不理会那些伸出来的手，我们从他们的手边擦过，穿过他们的小据点，一下子抱住他们的腰，猛虎掏心，打他的根。"[3]

此役后，我华东野战军在宿迁附近获歼敌五万的大胜。

为了继续实现打通平汉路的计划，敌军王敬久、王仲廉、孙震、刘汝明部共九个旅五万余人，从滑县并肩北犯，气势汹汹。

根据中央指示，刘邓大军决心不顾敌军对我腹地之进犯，实行敌进我进，以主力大踏步前进，向敌后方徐州西北地区实施进攻。

1946年12月30日到1947年1月16日，进行了巨（野）金（乡）鱼（台）战役。

此役刘邓发挥了高超的指挥艺术。部队连续行军二十余天，辗转二百余公里，出其不意地攻敌后方，共歼敌军一万六千余，缴获大批武器，收复县城九座，迫使敌军紧急回援，又一次粉碎了敌军打通平汉线的计划。

这一仗，刘邓指挥得好，各部将领们打得也好。

---

[1] 杨国宇《刘邓麾下十三年》，第281页。

[2] 《中国人民解放军第二野战军战史》，第二卷（解放战争时期），第90页。

[3] 同上书，第92页。

刘邓在给中央的报告中写道："各级首长在一个机动战役意图之下，必须预见情况的演变，因势利导，机断行事，努力达成歼敌任务。上述的战役情况如此演变，各级指挥员一般都能在总的意图上，独立自主抓住战机，向胜利方向扩张战果。尤其在战役最后一段向胜利进展之际，各纵队能从各方面向心集中作战，发挥有余不尽之力，故能获得如是战果。战斗时敌人屡战屡败，其狡如兔，不易捕捉。这要各级指挥员在作战中，不单能从自己方面打如意算盘，守株待兔。而应在注视战机进展中，更以自己积极行动的因素去开展战局，走向歼灭敌人。即如何创造敌人的弱点，如何诱敌前进，如何追求敌人，如何兜击敌人之类。……由于机动作战，必须发挥前线指挥员捕捉战机的灵敏性和责任感。而上级指挥员的指挥，预宜以训令（示以任务而不示以手段）方式推出，以便下级机断行事。"[1]

我之所以抄下这一大段纯军事上的报告，主要是想以此说明刘邓的指挥艺术。

取得战役胜利要靠指挥员高明。但单靠个别指挥员高明是远远不够的，能够发挥每一级指挥员的主观能动性，发挥每一个指战员的勇敢精神和聪明才智，才是最为高明的指挥艺术。

刘邓是如是指挥的。

毛泽东更是如是指挥的。

所以，整个的中国共产党的军队，是一个充满了集体智慧的，充满了主动积极精神的，是一个相互配合，相互支持，甚至舍自己而求全局的战斗集体。

这种精神，成为中国共产党军队克敌制胜的一大战斗优势。

1946 年结束了，全面内战爆发已有半年的时间了。国共之战，也已越打越激烈了。

---

[1]　陈斐琴《他就是这么一个人》。《二十八年间——从师政委到总书记》，第 140 页。

可是这时局，这战事，却没有按照蒋介石潜心策划的那样去发展，甚至，有一种莫名的兆头，已开始隐藏其中。

1947年的开年，就是在这种气氛中度过的。

蒋介石急了。

他急派心腹大将陈诚，至郑州、徐州组织"鲁南会战"，调兵五十三个旅三十余万人，向山东南部进攻。

为遵照中央命令，扩大战果和吸引进攻鲁南的敌军主力，刘邓下决心于1947年1月24日进行豫皖边战役，也就是二出陇海战役。

是役，刘邓野战军在陇海路南北两侧的广大地区机动作战。邓小平亲赴杨勇率领的南集团指挥作战。他和部队冒着敌机的轰炸扫射，冒着敌人密集的炮火，行军、打仗、实施战场指挥。解放皖北亳县以后，邓看到当地群众生活饥馑，立即下令开仓济贫，当地群众顿时沸腾。他们说，"国军抢人，共军救人"……

2月11日，二出陇海胜利结束。刘邓大军收复了陇海路两侧的广大地区，歼敌一万六千余人，取得重大战果。

从1946年11月至1947年2月，刘邓野战军在冀鲁豫战场，大踏步机动作战，歼敌八个旅，共四万四千余人，收复县城二十五座，放弃县城二十四座，粉碎了敌人打通平汉线的计划，滞留了敌王敬久集团主力，有力地配合了我军在山东、苏北的作战。

全面内战爆发以来，八个月的时间过去了，这八个月，战争之急迫是出人预料的，战事之紧张是出人预料的，而人民解放军所取得的辉煌战绩，更是出人预料的。

蒋介石曾信誓旦旦地说，三至六个月消灭关内共军。三个月过去了，六个月过去了，八个月过去了，关内共军非但没有被消灭，反而越打越强大了！

到1947年2月，八个月的时间，共产党的军队，共歼灭国民党军七十一万人，总兵力上升到一百六十万人，积累了丰富的进行较大规模歼灭战的经验，充实了武器装备，还建立了炮兵。

　　而国民党，不但损失了七十一万军队，还未能实现其野心勃勃的战略计划。在此期间，国民党军占领了解放区的一百零五座城池，但每占一城，平均就要付出损失七千人的代价。同时，每占一城，就是又多背上了一个需要看守的包袱。因此，其用于第一线攻击的兵力，从 1946 年 10 月的一百一十七个旅，已下降为八十五个旅。

　　八个月过去了，经过全面的轮番较量，国民党军队，虽然对于共产党的军队来说，还占有总兵力上的优势，但已经丧失了对解放区实行全面进攻的能力。

　　基于这种形势，毛泽东说："必须在今后几个月内再歼蒋军四十至五十个旅，这是决定一切的关键。"[1]

---

[1]　毛泽东《迎接中国革命的新高潮》。《毛泽东选集》第 4 卷。

第*57*章
突破黄河防线

经过八个月的时间，国共双方在中华大地上进行了轮番军事较量之后，国民党军十分不幸地丧失了对共产党全面进攻的能力。

恼怒之下，国民党宣布解散为进行和平调停而成立的军事三人小组，美国也把他们派驻延安联络团的人员撤出了陕北。

国共谈判彻底破裂。

国民党越来越明白了，和共产党打仗，单靠他自己的力量绝对不足成事，他必须拉一个大靠山，必须依靠美国。

要换取美国的支持，国民党不惜付出任何代价，包括出卖民族和国家的利益。

国民党和美国签订了以下协议：

"中美商务仲裁会"：规定美国人在中国犯罪要交美"当局"裁判。

"中美警宪联合勤务协定"：规定美军肇事由美方处理，中方仅有旁听权。

"中美友好通商航海条约"：规定美国人在中国领土全境内享有居住、从事商务、制造、加工、金融、科学、教育、宗教及慈善事业等权利；美国商品与中国商品享有同等待遇；美任何种植物、出产物、制造品对中国输入，不得加以任何禁止或限制；美船舶可以在中国开放的一切口岸、地方、领水内自由航行，"危难"时还包括军舰在内。

"中美空中运输协定"：规定允许美国飞机在中国领空到处飞行，必要时可拥有军事性的降落权。

该给的都给了。

美国驻华军完全可以堂而皇之地以占领者的姿态在中国的土地上任意作为了。

美国大兵什么样，大家不用想也知道。

从 1945 年 8 月至 1946 年 11 月，仅在上海、南京、北平、天津、青岛五个城市，发生美军暴行至少三千八百起，中国民众死伤三千三百人以上。

从 1945 年 8 月至 1946 年 7 月，美军军车肇事事件达一千五百起，美军奸淫中国妇女三百余人。[1]

美国军人的这些劣行，是他们在自己本国的领土上都不敢如此肆意而为的。

美国军人的这些劣行，中国人民明明白白地看在眼里，记在心里。

1946 年 12 月 24 日，美军军人在北平强奸了北京大学女学生。这个事件，恰似一个导火线，引发了中国人民早已积蓄在心中的愤怒，掀起了一场声势浩大的抗议美军暴行的群众运动。

12 月 30 日，北京大学、清华大学五千余学生举行游行示威，抗议美军暴行。怒火中烧的学生们振臂高呼："美军退出中国！""维护主权独立！"

北平学生的反美爱国斗争，迅速得到全国学生的响应，天津、上海、南京、开封、重庆、昆明、武汉、广州、杭州、苏州、台北，五十万学生相继进行示威活动。许多教授和学界、文化界、商界人士也纷纷发表声明，以示对学生爱国运动的支持。

国民党的政治、经济政策，使得美国工商业长驱直入，严重地损

---

[1]　中共中央党史研究室著《中国共产党历史》（上卷），第 730 页。

害了中国工商业的利益，致使百业凋零，工人失业，市场萧条。

1946 年，国民党政府财政收入为一万九千多亿元（法币），而军费支出为六万亿元。1947 年则更甚，财政收入为十三万亿元，总支出为四十万亿元，赤字占总支出的百分之六十七点五。

为了弥补严重的财政赤字，国民党滥发纸币，引起货币贬值，并引发恶性通货膨胀。1947 年 7 月物价上涨了六万倍，到年底更上涨至十四万五千倍。

同时，美国商品几乎独占了中国市场。到 1947 年年底，二十多个大城市中，中国工商业倒闭二万七千多家，大批工人失业，城市人民生活困苦。

在农村，国民党大肆征粮征款，到处拉夫抓兵，造成严重的田园荒芜、人口外流。河南、湖南、广东三省的荒地总数即达五千八百万亩。美国农产品大量倾销中国，又严重地打击了中国的农业生产。中国本来就是一个落后的农业国，农业经济的凋敝，造成农村发生了数十年未有的饥馑，灾民达数千万人之众。

1947 年，在中华大地上，三十多个大城市中爆发了抢米风潮，参加人达三百二十万。不久，四十余个中小城市亦为之席卷。饥民们捣毁粮店和政府机关，有的地方甚至活捉了县长。

国民党，在战场上没有得手，在民众的心中，则已经彻底完全地失败。

对于这一点，蒋介石充耳不闻，视而不见。他满心以为，他的独裁统治，能够镇压住人民的反抗；他满心以为，他的军队，能够打败共产党。

蒋介石被迫放弃对共产党的全面进攻后，在晋冀鲁豫、晋察冀、东北等战场上转入守势，抽调兵力对南部战线的共产党的两翼实施重点进攻。也就是，东对山东陈毅部，西对陕北中共的中央核心。

蒋介石集中了九十四个旅的兵力，准备东西两路进攻，同时强使黄河在花园口合龙回归故道，构成西起风陵渡、东至山东济南的一千公里的"黄河防线"。

1947 年 3 月，国民党军三十四个师，二十五万人，分兵几路向共产党的心脏、中共军队的总指挥部延安进攻，气焰嚣张地要消灭共产党的首脑机关和毛泽东于黄河以西。

在陕北，毛泽东和中央首脑机关只有四个旅一万七千人的兵力和三个地方旅。为了保护中央，为了保存部队，为了把国民党一大部分军队吸引在陕北战场，毛泽东决定，暂时放弃延安。

毛泽东撤出了延安，带着一小队人马在陕北黄土高原上和敌人兜圈子、打转转。

毛泽东离开了延安，但没有离开陕北。

多少人为了中央的安危，为了毛泽东的安危，劝毛泽东东渡黄河。但毛泽东意志坚决地留在了陕北。

在敌人大兵进犯，每日追兵追随在后的危难时刻，毛泽东依然处变不惊，依然保持了潇洒幽默的情怀，依然充满对前途的必胜的信心。他说：以边区地域之广，地形之险，人民之好，有把握钳制敌军并逐渐消灭之。[1]

占领延安后，蒋介石高兴极了，他大驾亲临，硬是飞到延安，在毛泽东的核心地盘上用脚踩来踩去。此时此刻蒋介石兴奋得意的心情，是可想而知的。

而毛泽东却还在陕北，还在实施对全国共产党部队的军事指挥。

在山东，蒋军于 3 月下旬发起进攻，投入兵力六十个旅约四十五万人，由陆军总司令顾祝同亲率作战，山东的形势随告危急。

敌人伸出两个拳，一个击陕北，一个击山东。

刘邓的部队在中间。

---

[1] 《中国人民解放军战史》，第三卷（全国解放战争时期），第 101 页。

根据中央指示，刘邓决定组织反击战，准备用两个月的时间，进行连续作战，利用敌人在该地区已转入战略防御的机会，大量歼灭敌人有生力量，收复一切可能收复的失地并扩大解放区，要有力地配合陕北、山东我军粉碎敌人之重点进攻。

刘邓选中的反攻地点，一个是河南北部，一个是山西南部。

在豫北，有敌军王仲廉、孙殿英、孙震部的九万五千余人，守备平汉铁路以东、黄河以北地区。

刘邓决心以第一、第二、第三、第六纵队等十万人的兵力，举行豫北反攻。

战役于3月23日开始。我军连续攻占濮阳等城镇，迫敌调兵北援。我军机智地避开敌人，挥师北上，解放了卫河以北、平汉铁路两侧广大地区，主力逼近安阳、围攻汤阴。敌军追近，我军诱敌深入，然后以预伏之重兵出击。敌军受击南撤，我又乘胜追击，一路歼敌，一路收复城镇，最后攻克汤阴。

豫北反攻，于5月25日结束。

两个月的时间，刘邓大军活动在豫北广大宽阔的战场上，运动作战。此役，共歼敌四万余人，解放县城九座，扩大了南北一百五十公里、东西一百公里的解放区域，控制了一百五十公里的平汉铁路，战果辉煌。

在晋南，陈赓率第四纵队等五万人的兵力，实行晋南反攻。经过一个半月的作战，我军歼敌一万四千余人，收复解放二十二座县城及三百万人口的广大地区，控制了二百三十余公里的同蒲铁路，彻底改变了晋南局势，有力地粉碎了胡宗南、阎锡山的联防体制，并严重地威胁了进攻陕北的胡宗南的侧背。

与晋冀鲁豫刘邓部队的战果相呼应，在山东，陈毅部队在孟良崮全歼蒋介石嫡系整编七十四师等三万二千余人，击毙蒋介石得意门生七十四师师长张灵甫。

在晋察冀，聂荣臻部队发起正太战役，歼敌三万五千余人。

在东北，林彪、罗荣桓部队五十天攻势作战，歼敌正规军四个，连同非正规部队，共八万余人。

1947年3月至6月，四个月的作战，我军共歼灭敌军四十万七千余人，净得城市五十八座。敌军在陕北、山东两大重点进攻战场未能得手，反而损兵折将，陷入不得自拔的境地。

在战略意义上来说，战争的主动权，已逐步转入共产党部队手中。

内战爆发一年以来，刘邓的部队粉碎了敌军多次进攻，并举行了区域性的战略性反攻，解放县城四十三座，歼敌三十个旅，三十万人。

在进行战争的同时，晋冀鲁豫解放区坚决地进行了土地改革。广大农民支持我军作战的积极性高涨，二十四万翻身农民自愿参军，十万余解放过来的敌军俘虏经改造亦加入我军。全区部队总人数由一年前的二十七万人，发展到四十二万人，其中野战军由八万人发展到二十八万人。

刘邓在原有基础上，将部队扩大到十个纵队。新建纵队如下：

第八纵队：司令员兼政委王新亭。

第九纵队：司令员秦基伟，政治委员黄镇。

第十纵队：司令员王宏坤，政治委员刘志坚。

第十一纵队：司令员王秉璋，政治委员张霖之。

第十二纵队：司令员张才千，政治委员刘建勋。西北民主联军：军长孔从周，政治委员汪锋。

对于第一年的作战，父亲后来回忆道："解放战争第一年，我们完成了军委规定的歼敌指标。"

他说："战争开始三个月以后，毛主席就说，只要每个月消灭敌人八个旅，这个仗就肯定能打胜。果然，第一年就略超过一点，消灭了敌人九十七八个旅。这个时候，毛主席就说，仗肯定能胜利。在二野地区来说，完成了分配给的份额，可能还超过了一点，总算是圆满地完成了任务。全国的努力，有二野的份！"

这只是几句简单的回忆。其中，则是包含着一年间连续不断的作战，包含着多少思虑和心血……

1947 年年中刚过，中华大地上的战争局势，已经发生了巨大的，而且带有根本性的变化。

一年战争的结果：

国民党方面，总兵力从四百三十万减少到三百七十万，其中正规军由二百万下降到一百五十万。其重兵深陷于陕北、山东两个战场，而中间地区的兵力十分薄弱，形成了一个两头强、中间弱的战争布局，形象地说，就是一个"哑铃形"的布局。蒋介石，已丧失了大举进攻的能力。

共产党方面，总兵力从一百二十七万增加到一百九十五万，其中正规军由六十一万发展到一百万以上。我军在陕北、山东使敌人的重点进攻受挫，在晋冀鲁豫、晋察冀、东北等战场，已转入局部反攻。

战争的胜败结局，常常是出人预料的，也常常是十分富于戏剧性的。

好似下围棋一样，这棋，未必是执黑先下者赢，也未必是来势凶猛者胜。

毛泽东还是带着一支小小的部队在陕北的大山中与蒋介石进犯的大军周旋。他和中央的险境还未摆脱，但在他的脑海中，已开始进行开展战略反攻的运筹。

中共中央的战略部署已经形成：

——刘邓野战军南渡黄河，向中原出动，转变为外线作战。

——陈毅、粟裕野战军与刘邓协力击破蒋军顾祝同系统。

——晋南陈赓部与陕北两军协力击破敌胡宗南系统。

——刘邓过黄河后，在黄河以南、长江以北的地区机动，经略中原。

——总的战略意图是，决心不待敌人的重点进攻全部被粉碎，不待我之总兵力超过敌人，立即组织中国人民解放军主力转入战略进攻，以敌人兵力薄弱的中原地区为主要突击方向，实施中央突破。

在纯兵力对比还处于弱势的情况下，在我中央机关还在被围攻的

刘邓大军强渡黄河。

情况下，断然决定开始实施战略进攻，这是只有毛泽东以其伟人的气魄才能作出的决定。

毛泽东和中共中央，指挥他们的军队开始反攻了！

…………

黄河，源出于中国西部的昆仑山脉，一路曲折蜿蜒，直奔东部黄海之滨。以其五千四百六十四公里的躯体，把中华大地划为南北两半。

黄河，以其奔腾不息的浑洪之涛，孕育和陶冶了中华民族五千年的文明历史。

黄河，是中华民族的母亲河。

在战略上，黄河，也是一道天然屏障，被蒋介石趾高气扬地称为足抵四十万大军。

刘邓，要率领部队，跨过黄河去。

刘邓，把强渡黄河的地方选在山东西部张秋镇至临濮集一百五十公里地段。

6月3日，中央命令刘邓于6月底突破黄河防线。

刘邓大军立即开始进入渡河前的积极准备阶段。

第一，普遍进行大反攻的形势教育，开展大练兵运动。

第二，采用一切方式，加紧修造船只，必须于渡河前准备好大小船只三百条，同时加紧组织训练水手和船工。

第三，刘邓发布战役作战命令，发布战术指导命令。

渡河前夕，刘邓十分繁忙。

邓去部队，检查工作，并告诉他的部队：中国人民推翻国民党反动统治的革命高潮已经临近，我军转入战略进攻的时机已基本成熟。我们一定要抓住这一极其有利的时机，不待我军总兵力超过敌军，也不待敌军的重点进攻被粉碎，立即由战略防御转入战略进攻，不让敌人有喘口气的机会。

他说：我们应当把战争推到蒋管区去，不能让敌人把我们家里的坛坛罐罐打烂。

他说：我们晋冀鲁豫区好似一根扁担，挑着陕北和山东两大战场。我们要坚决执行党中央、毛主席的战略方针，责无旁贷地打出去，把陕北和山东的敌人拖出来。我们打出去挑的担子愈重，对全局就愈有利。[1]

1947年的6月天，黄河两岸的战场已经摆下。

刘邓下令，6月30日晚，正式发起渡河战役。

6月30日终于到了。

是夜，南风阵阵，皓月当空。

滚滚黄河，浩浩荡荡地向东急流奔湍。没有人声，没有马嘶，只有河岸那无边无垠的芦苇在风中沙沙作响。黄河之滨，这战前之夜，显得异样的宁静。

---

[1] 杜义德《渡河反攻前后》。《二十八年间——从师政委到总书记》（续编），第151页。

而黄河以北的大地，却已然沸腾。

刘邓大军，千军万马，浩浩荡荡，正向着各渡河口急行军。

沿路上，黄河北岸的人民群众，也未安睡。他们在数百里的行军途中，一村一镇，男女老幼，夹道迎送。他们烧好了热水，做好了军鞋，蒸好了干粮，亲手送给奔赴前线的子弟兵。他们驾上车，赶上牲口，抬上担架，紧跟着队伍去支援渡河。这黄河北面的大地，仿佛是在过节、是在过年。翻身的农民，要把他们的子弟兵送过黄河去。

午夜十二时整，我军大炮开火。惊雷般的轰鸣震撼了夜空，顿时，黄河对岸变成一片火海。

早已在芦苇丛中隐藏着的几百只木船，一齐冲向河面。

到了此时，河对岸的敌军才发现大难临头，祸从天降，慌忙回击。

有人把这突如其来的攻击大军称为"神兵天降"。

既是神兵，自不可挡。

一夜之间，刘邓大军四个主力纵队十二万余人，在一百五十公里的地段上突破天堑，强渡黄河，踏上了黄河以南的土地。

蒋介石那号称可抵"四十万大军"的天然防线，为刘邓大军一举突破。

国民党军的"黄河战略"，顷刻间便灰飞烟灭矣！刘邓大军强渡黄河，揭开了中国人民解放军举行战略反攻的序幕。

第58章
千里跃进大别山

刘邓大军一举突破黄河天险，令人闻之耳热，思之心惊。

美国驻华大使司徒雷登不禁叫道："这简直是惊人的事件！不亚于当年法国'马其诺防线'被攻破！你们（指国民党）花着平均每月三千万银元的美援军费，使用着世界上头等的美械装备，竟然一枪不发，号称足抵四十万大军的防线被人突破，国军力量，日见式微！"[1]

蒋介石急了。

他亲自飞到郑州，召开作战会议。

他手下大将顾祝同、白崇禧、刘峙、孙连仲、王敬久、王仲廉、胡琏、邱清泉、孙元良、李弥……，都到了。

蒋介石命令，以王敬久指挥十四个旅的兵力，死守郓城、菏泽、定陶，并以各路军马齐头并进，逼迫刘邓背水一战，置于死地！

背水作战，乃兵家大忌。

但背水之战，却能使人生出勇敢百倍。

邓说："我们绝不去学韩信。在对待生死的问题上，我们只能有一种选择。为着人民利益，我们要生存下去，让敌人去跳黄河！"

---

[1] 苗冰舒《刘邓大军突破中央战线》。《刘邓大军强渡黄河》（资料选），第187页。

刘说："此时不打，更待何时？"[1]

古来兵家之战，贵在神速，贵在勇敢，贵在决心，贵在智谋。

刘伯承是大军事家，邓小平是大政治家，他们二人联手配合，真是珠联璧合，相得益彰。

他们两人下定决心要打的仗，就一定能够打胜！

刘邓决定发起鲁西南战役。

刘邓大军迅速运转，坚决出击。

7月8日，一纵攻克郓城。

7月10日，二纵收复曹县，六纵攻克定陶，三纵进至郓城东南。

这样一来，十日之间，刘邓大军已在黄河以南开辟了广阔的战场，摆脱了背水作战的危险局面。

经过一系列的战斗，敌王敬久主力在我军南部巨野至金乡一线，变成了一条孤立的一字长蛇阵。

这时，敌军认为，我军不是回头吃菏泽，就是向前打济宁。

万万没有想到，刘邓大军已经以隐蔽果敢的动作，直扑王敬久的长蛇阵，于7月13日，迅速将敌军三个师分割包围。

为了避免敌军作困兽之斗，刘邓决定，对于六营集之敌，改四面围攻为"围三阙一"，迫敌向东突围。14日，向东突围之敌被我全歼于预设阵地。

至此，敌王敬久部已大部为我所歼，仅剩一个半旅，为我包围在羊山集。

7月19日，蒋介石又亲自飞抵开封，严令王敬久在飞机、坦克的掩护下解羊山集之围。

羊山集之敌，虽仅一个半旅，却是王敬久的精锐之部，我军久攻不下。

---

[1]　苗冰舒《刘邓大军突破中央战线》。《刘邓大军强渡黄河》（资料选），第187页。

1947年7月23日，鲁西南战役尚未结束，刘邓收到毛泽东AAAA级急电，要求"下决心不要后方，以半月行程，直出大别山"。

中央军委给刘邓来电，指示对羊山集之敌，如确有把握，则攻歼之，否则，立即集中休整十天左右，不打陇海，不打新黄河以东，亦不打平汉铁路，下决心不要后方，以半个月的行程，直出大别山。

中央是不想延误我军南进的计划。

刘邓在思考。

邓说：攻羊山的部队不能后撤！

刘说：蒋介石送上来的肥肉我们不能放下筷子！

刘邓决心啃下这块硬骨头。

7月27日，我军对羊山之敌发起总攻，激战一天，全歼敌六十六师。

当时任二纵队司令员的陈再道将军曾对我万分感慨地说："羊山集这一仗，是我打得最艰苦的一仗！牺牲的战士最多！"

至此，经二十八天的连续作战，鲁西南战役结束。

刘邓以十五个旅的兵力，歼敌四个整编师师部及九个半旅共六万余人，缴获大量军用物资和各种火炮八百七十二门，并调动了敌人七个整编师十七个半旅驰援鲁西南。

刘邓之师，好似一把出鞘的利剑，彻底打乱了敌军的战略部署。

蒋介石两次亲临指挥，也无济于事。

共产党的中央机关和毛泽东，此刻仍在陕北的山岭沟壑间与胡宗南的部队转圈子，但中共中央，已作出了更加完整的战略反攻计划。

——刘邓，向大别山地区进击，在长江以北的鄂豫皖边地区实施战略展开。

——陈（赓）谢（富治），自晋南强渡黄河，在豫陕鄂边地区实施战略展开。

——陈（毅）粟（裕），在豫皖苏边地区实施战略展开。

——以上三部的任务：挺进中原，在中原地区以"品"字形阵势，相互协力作战，机动歼敌，创建新的中原解放区。

中原地区，从东到西，地跨江苏、安徽、河南、湖北、陕西五省，南临长江、北枕黄河，东起南北大运河，西至伏牛山和汉水，是我国东部长江、黄河之间的一块要冲之地。

中原的正前面，即是国民党统治的中心城市南京、武汉，再往前走一步，就会进入江南腹地。

如果说整个中国的形状好似一只雄鸡的话，那么，中原地区，就正好在雄鸡的心肺部位。

古今以来，逐鹿中原，胜者，少则可得半壁江山，多则便会直接威慑江南乃至全国。

共产党要直出中原，解放中原。在此基础上，更要进军全中国，解放全中国。

中央下达给刘邓的命令是，下定决心，不要后方，直出大别山，占领以大别山为中心的数十个县，发动群众，建立根据地，吸引敌人向我进攻打运动战。

与此同时，中央命令：

陈谢集团出豫西，吸引胡宗南一部打运动战，配合刘邓行动。

西北野战军向北打榆林，调动胡宗南主力向北。

陈粟部队内线把顾祝同拖向胶东，外线牵制邱清泉于陇海路北，以确保刘邓突入敌人战略纵深。

中央部署后，各路兵马遵令行动。整个的战场形成了一盘布局完整的棋，而每一个棋子，都按照统帅部的指挥统一行动。这是一盘完整的战棋，是一盘活跃机动的战棋。

大别山，其主要部分在安徽境内，地跨湖北、河南，由西北向东南，把北部的华北大平原和南部的江汉平原分割开来。

大别山，峰峦重叠、山势险要。那莽莽苍苍的山岳丛林，那崎岖蜿蜒的山野小路，构成了极其复杂的地形。

父亲曾这样描述过大别山："中原的战略地位非常重要，正当敌人的大门，其中大别山是大门边。"

他说："中原形势决定于两个山，一个是大别山，一个是伏牛山，敌人最关切的还是大别山，它比伏牛山更重要。中原要大定，就要把大别山控制起来。"

他说："大别山是一个战略上很好的前进基地，它迫近长江，东面一直顶到南京、上海，西南直迫汉口，是打过长江的重要跳板。"

他说："大别山，敌人必争，我也必争！"[1]

刘邓大军进军大别山的决心已定。

但是，要进军大别山，在大别山站住脚，实际并非易事。要知道，共产党的军队，曾经在那一个地区几进几出。

中央和毛泽东对于此次出击的重要性和艰巨性，心里是明白的。

中央指示刘邓，进军大别山，可能有三个前途。一是付出了代价站不住脚，准备回来；二是付出了代价站不稳脚，在周围坚持斗争；三

---

[1] 邓小平《跃进中原的胜利形势与今后的政策策略》，1948 年 4 月 25 日。《邓小平文选》
（1938—1965 年）。

是付出了代价站稳了脚。要从最困难方面着想，坚决勇敢地战胜一切困难，争取最好的前途。

中央并具体指示，刘邓抓紧时间休整至 8 月中旬，尔后出击。

在鲁西南，刘邓野战军已连续作战一个月，部队未得休整，新补充的战士来不及训练。各纵队才下战场，还未对跃进大别山的战略进行动员和具体准备。同时，部队所带款项已不足半月开支，东北的炮弹、邯郸的军衣都未运到，如立即进行大的军事行动，对这支部队来说，将会是困难重重，险象环生的。

刘邓的部队，太需要喘一口气了，哪怕是稍稍地喘一口气呀！

可是，蒋介石不让他们喘息，战机也不容他们喘息……

自从刘邓大军南渡黄河以来，阴云，一直像一个巨大的镬盖，笼罩在天空。雨，一直在淅淅沥沥地下个不断。接着，天河又像开了口，突然间暴雨如注，下个不停。

黄河，开始涨水了。

站在黄河堤上，一眼望去，只见浊流汹涌，波涛连天。

天公不作美，人心则更歹毒。

蒋介石，要由开封决开黄河大坝，用黄河之水来把刘邓赶回黄河以北。

蒋介石用黄河进行水战，这已不是第一次了。

所有经过抗日战争的人都一定记得，1938 年 6 月，为了阻止日本侵略军前进，蒋介石下令在河南炸开了花园口黄河大堤。这次决堤，并未阻挡住日军侵华的步伐，却使黄河北移改道，淹没了河南、安徽、江苏三省的四十四个县，五万四千平方公里的土地，造成了八十九万余人丧生，一千二百五十万人口受灾，大批难民流离失所的悲惨状况。在中原大地上，人为地制造了一片连年灾荒的黄泛区。

这是差不多九年以前的事情了，但人们仍记忆犹新。

这黄河，竟然变成了蒋介石的一件可以随意移挪的战争武器。

今天，蒋介石又要阴谋挖掘黄河大堤了，要用这条万古江流来淹没刘邓大军。

一旦黄河再次决堤，这十几万大军，这河边数百万人民群众怎么办？

在野战军指挥部的作战室里，刘伯承说出一句话："忧心如焚！"

当时的情况的确万分危急，的确令人心急如焚！

四十多年后，父亲曾对我们说过："我这一生，这一个时候最紧张。听到黄河的水要来，我自己都听得到自己的心脏在怦怦地跳！"

危难险情真是一波接着一波。正在刘邓部队进行休整，准备于8月中旬出击的时候，他们收到毛泽东亲自起草的一个三个A级（最急的）极秘密的电报。

父亲告诉我们："毛主席的电报很简单，就是'陕北情况甚为困难'。只有我和刘伯伯看了这份电报，看完后立即就烧毁了。当时，我们真是困难哪，但是，我们二话没说，立即复电中央，说十天后行动。用十天作千里跃进的准备，时间已经很短了，但我们不到十天就开始行动了。"

说完后，父亲又重复了一句："当时，真正是二话没说，什么样的困难也不能顾了！"

说这话时，一向不大形露感情的父亲，声音都略带哽塞了……

刘邓打过黄河，一是实现战略反攻，一是吸引和歼灭敌人，更重要的就是要减轻陕北、中央和毛主席的困难处境。

黄河涨水，没什么可怕；蒋介石要决堤放水，也吓不倒刘邓。本来，刘邓还考虑再打几个仗，再就地歼灭一些敌人。但是，中央困难，刘邓便义无反顾地、不顾任何困难地提前尽早出击了。

8月6日，刘邓下达预备命令，决心提前结束休整，立即执行挺进大别山的战略任务。

收到刘邓电报后，中央于8月9日、10日连续复电，指出刘邓的"决心完全正确"，并指示："情况紧急不及请示时，一切由你们机断处理。"

刘邓指示部队：勇往直前，决心不要后方，不向后看，坚决勇敢地完成这一光荣艰巨的战略任务。

1947年8月7日，刘邓命令部队从鲁西南的郓城地区挥师南进。

千里跃进大别山的伟大战略进军开始了。

在鲁西南地区，蒋介石亲自坐镇开封，调集了五个军事集团三十个旅的强大兵力。

为了实行突破，刘伯承巧设神机，以一部在黄河边佯动，造成北渡声势；一部向西破击平汉铁路，切断敌之交通；一部向西直出信阳，作出挺进桐柏山的姿态。

正当敌军迷惑不解、判断不清之时，我刘邓大军主力，分成左、中、右三路，突然甩开敌军，从敌人还未来得及造成的合围圈口一举突破，开始了向大别山的挺进。

鲁西南地区，与地处安徽的大别山，相距千里之遥。这一路上，有黄泛区、沙河、汝河和淮河等天然路障，还有敌人数十万大军的前堵后追。

千里跃进大别山，是一次路途诸多险阻的进军，是一次全凭意志和勇敢才能取胜的进军。

8月11日，刘邓主力跨过陇海铁路，向南急进。

不日，部队到达了黄泛区。

在刘邓大军的面前，是一片宽达二十公里的曾被黄河之水淹没过的土地。

那里，遍地的积水污泥，浅处及膝，深则到腰。那里，没有道路，没有人烟，远远望去，只能看到残毁的房屋和几根树干。那里，连作战地图上标明的村庄乡镇，都已无法寻找。真是一片荒野，满目凄凉。

这就是被蒋介石曾经放水淹没的地区。

在8月的酷热中，部队开始跋涉了。战士们深一脚浅一脚，一步难似一步地在泥泞中艰难地徒涉。

车是不能开了，所有的重武器和辎重，都改用牛拉人推，推不动的，拆卸成块用人扛。一些榴弹炮和野战炮，还有牵引用的汽车，凡是拉不动的，扛不走的，上级命令，全部销毁炸掉。

这些重型武器，是部队用鲜血从敌人手中一件一件夺过来的，为部队视为珍宝，听着一阵阵炸药的轰鸣，许多指战员都掉下眼泪，痛心地哭了。但是他们深知，若非为了敌情严重，若非为了不影响部队的前进，上级是绝不会命令如此而为的。

8月17日，刘邓，手拄着棍子，脚踩齐膝深的污泥，冒着敌机的轰炸扫射，走一脚拔一脚地，和所有的指战员在黄泛区中共同跋涉。当日，野战军主力即行通过。在刘邓身先士卒的带头作用下，整个野战军，以最快的速度，于8月18日全部徒涉过了黄泛区。

过了黄泛区，刘邓大军主力立即直奔沙河，冒着敌军的炮火和飞机轰炸，架设浮桥，于18日胜利渡过沙河。

到了这时，蒋介石方才如梦初醒，察觉了刘邓大军南下的战略意图。这时，再要组织大规模的封锁拦截，已为时晚矣！

据说，美军顾问组的魏德迈将军在8月24日离华前，曾对蒋介石直言不讳地说：这一个月来，我在中国看到了什么呢？看到共军一枪不发而攻破了足抵"四十万大军"的东方"马其诺防线"。他们二十八天连续战斗，消灭了"国军"九个半旅。说他们"西窜"，实际他们在南进；说他们"失踪"，实际他们在反攻！

魏德迈生气，蒋介石也生气。一气之下，蒋介石到庐山养病去了。

…………

过了沙河后，刘邓部队抓紧这难得的瞬间休整了一天。

邓政委向全部队提出："走到大别山就是胜利！"

部队进一步轻装，把一些笨重的武器车辆埋藏或炸掉。刘邓大军，要以更快的速度，向大别山直进。

过了沙河，前面又是汝河。

8月23日，第一、第二纵队渡过汝河，第三纵队进抵淮河。当野战军指挥部和六纵到达汝河边时，敌人已强占了渡河地点南岸渡口。这时，前方，敌军部队用强大的火力正在阻击；后方，尾追的敌三个整编师已距离不到三十公里；上方，敌人的飞机接连不断地实施狂轰滥炸。我过河部队一再受阻。

在这万分险恶的关头，刘邓肩并肩地来到汝河前线。

"刘邓首长来了！"全军上下一派振奋。

邓用一贯简练的语言说："我们要不惜一切代价，坚决地打过去！"

刘一改平时温儒的风格，提高嗓门坚定地说："狭路相逢勇者胜，从这里杀开一条血路，冲过去！"

刘邓的到来，刘邓的决心，刘邓的命令，形成了一股不可抗拒的巨大力量，使指战员们勇气倍增。

天刚微明，六纵开始实施强渡。战士们冒着敌人猛烈的阻击火力，踏着浮桥，杀出一条血路，冲过河去，突破了敌人的汝河防线。

过河之后，人们看到，刘邓首长，骑着战马，行进在疾进的队伍中间。他们二人走走停停，时而议论研究，时而观测地形，从从容容，镇定自如。

刘邓指挥着部队，刘邓与部队同在。

到达集合地彭店后，邓政委告诉部队："我们到大别山还有一条天险——淮河。"

部队经两日多行军后，拿下了淮河北岸息县县城并占领了渡口数个。

淮河，是华东地区介于黄河和长江之间的一条最大的河系，由西向东贯穿于河南南部与安徽全境，在这一带形成了一片纵横交汇，疏密错落的水网地带，在刘邓大军跃进大别山的途中，形成了一道天然鸿沟。

刘邓部队中，大部分是北方人，都是"旱鸭子"，极不习惯在南方水网地带作战。可这一路上，他们，却过了多少的河，走了多少的泥路水路呀。无怪乎有的人诙谐地调侃道："江山如此多娇，无数英雄光摔跤！"

调侃也好，摔跤也好，反正这河，还是要过，而且非过不可！

8月的淮河，正值雨季时节，河深水急。刘邓大军到来之时，正好上游刚刚下雨，河水上涨。敌人追兵先头已距我仅十五公里，如两天不能过河，我军将被迫背水作战。

无桥，无船，河面又宽，这七个旅十几万大军，怎么过去？

在指挥部里，刘邓连夜召开紧急会议。

邓提议："伯承先行指挥渡河，我和李达在后指挥部队阻击。"

刘果断地说："政委说了就是决定，立即行动。"

刘伯承到了河边。

有的干部报告说："淮河不能徒涉。"

真的不能徒涉吗？

刘伯承登上一只竹排，手持一支竹竿，提着马灯，全神贯注地探测水深。

不久，刘伯承捎回口信，水不太深，可以徒涉！

天快亮时，河水又开始退潮，真是天赐良机！

我军千军万马，立即开始过河。

先期过河的刘伯承，在南岸的山头上看着这壮观的渡河场面，微笑了。

事后，他说："粗枝大叶就要害死人！"

到8月27日，刘邓野战军全部渡过淮河。说来事情也真巧，我军刚一过完河，河水突然骤涨了起来，上游又下来了洪峰。敌军的大路追兵到了河边，看着刚刚远去的刘邓大军，只好"望河兴叹"了。

这种经历，父亲牢记在心，有一次，他谈起过淮河的情景，对我们说：

"那一路真正的险关是过黄泛区，过淮河。过淮河，刘伯伯去探河，水深在脖子下，刚刚可以过人。这就是机会呀！我们刚过完，水就涨了，就差那么一点点时间，运气好呀。以前，从来不知道淮河能够徒涉，就这么探出条道路来了，真是天助我也！好多故事都是神奇得很。"

这仅是凑巧吗？仅仅是个奇迹吗？实乃天助我也。

天之大道，理应助刘邓之师一臂之力。

有诗云：天若有情天亦老。

但是，看样子，有时候，老天爷，也会有情的。

过了淮河，这最后一道天险，刘邓野战军，进入了大别山地，胜利完成了千里跃进大别山的战略任务。[1]

国民党和共产党逐鹿中原，这第一步，共产党抢先了。

---

[1]　本章参考下列资料：《中国人民解放军第二野战军战史》，第二卷（解放战争时期），《二十八年间——从师政委到总书记》及其续编、三编，《刘邓大军强渡黄河》（资料选），《挺进大别山》，《中国共产党历史》。

第59章
逐鹿中原

逐鹿中原，问鼎中华，胜者为王，败者为寇。

两千多年以来，中国的帝王将相、英雄豪杰们，就是这样奋勇执著、锲而不舍地相互争雄、相继替取的。

逐鹿者，乃是一个比喻也。

这鹿，并非真说的是鹿，而是以鹿喻天下，喻政权，喻帝王之位。

逐鹿，也不是说的狩猎驱鹿，而是毫不含糊地直指群雄并起，争夺天下。

公元前二百多年，中国第一号皇帝秦始皇建立的秦朝帝国行将灭亡时，天下各路豪杰纷起争而代之。史书谓此曰："且秦失其鹿，天下共逐之"。[1] 此其意也。

而这群雄奋起，究竟鹿死谁手，则可资取决的因素就太多了。

就中国版图来说，在某种意义上，从古到今，得中原者便可得天下。

"得中原者得天下"，这是古来就有的道理。

因此，欲问鼎江山，必要逐鹿中原。

20世纪40年代的第七年，也就是公元1947年，刘邓南进一千里，一下子把战争引向国民党控制的中原地区，由此，共产党和国民党逐

---

[1] 《汉书·蒯通传》。

鹿中原之战揭开了帷幕。

刘邓到了中原，但未必能立足于中原。

刘邓率军到达了大别山，也并不等于说就能够立足于大别山。

要知道，仅在红军时期，共产党的军队，就曾先后三次在大别山建立了根据地，又先后三次撤出过那一地区。

大别山，那连绵巍峨的高山峻岭，那郁郁葱葱的山林野莽，可以成为据守生存的良好天然要塞，也可以成为吞噬军事劲旅的虎口险地。

对于这一场中原逐鹿之战的艰巨和重要性，刘邓心里是雪亮雪亮的。

邓小平一到大别山，便于 8 月 27 日以中共中原局的名义发出指示：

一、要求全体人员全心全意地、义无反顾地创造巩固的大别山根据地，并与兄弟兵团配合，全部控制中原。

二、实现此历史任务，要经过一个艰苦斗争的过程，必须大量歼灭敌人和充分发动群众，才能站稳脚跟。因此，应切勿骄躁，兢兢业业，上下一心，达成每一具体任务。

三、应向全军说明，我们有完全胜利的把握。

四、应向全区群众说明，我们是鄂豫皖子弟兵的大回家，我们的口号是与鄂豫皖人民共存亡，解放中原。

五、军事上最初一个月内，不求打大仗，而是占领城镇，肃清土顽。争取打些小仗，熟悉地形，习惯生活，学习山地战，为大歼灭战准备条件，但在半年内要歼灭敌人十个旅以上的兵力。

六、充分发动群众及游击战争。军队严格执行纪律，严整军风军纪。

父亲作指示，从来如此明确坚定。父亲撰写文稿，从来用语果断简明。

刘邓大军从建立以后，许许多多的指示、训令，特别是向中央的报告和电报，都是邓亲自提笔撰写的。他没有秘书。在那军情如火如荼的战争年代，时间，就是战争胜负的关键，就是军队的生命。一切

在挺进大别山途中，年过半百的刘伯承同战士一起，跋山涉水，艰苦行军。

亲力亲为，无陈规，无繁文，这是邓的作风。

许多刘邓野战军的老将军们，在谈及这一点时，都对我发出过很深的感慨……

刘邓一俟进入大别山地区，立即分遣各部队迅速向预定地点实施展开，三纵在皖西，二纵和一纵比肩在豫东南相继展开，六纵更是攻克了河南至鄂东一线十数个县城，南进至武汉以东百余公里处。

我军九个旅的兵力，在大别山北麓地带，就地铺开摊子，扎下了御敌阵势。

蒋介石也不含糊，他以二十三个旅的兵力紧跟刘邓过了淮河，尾追而来。

蒋介石派来的大将有夏威、张轸、程潜，由国防部长白崇禧亲自指挥，从东、北、西三个方向出击，欲与刘邓主力交战，趁我立足未稳，或逐我离开，或消灭刘邓于大别山区。

根据中央的指示，刘邓对敌作战，避开白崇禧的桂军主力，先打较弱的滇军。

9月上旬，在大别山北麓河南商城以北，刘邓大军以第一、第二、第六纵一部，与敌军打了在大别山的第一仗。

这一仗，虽然调动了敌其他部队的回援，但由于我军从北方来的部队不熟悉南方的山地水田作战，所以未能达到有效歼敌的目的。

9月19日，刘邓集中上次参战部队在商城以西歼敌一个团，并继续引敌来援。

这是进入大别山后的第二仗。

9月25日，刘邓在商城西北的光山附近打了第三仗，击退敌援兵进攻。

这三次作战，将敌军全部机动兵力调动至大别山北麓，保证了我第三、第六纵队在鄂东、皖西地区的展开。

至9月底，经过紧张战事，刘邓大军在鄂豫皖地区解放了县城二十三座，歼敌六千余人，在十七个县建立了民主政权。

经过一个月的时间，刘邓已经打开了局面，依托山区安置了后方。

但是，要知道，这短短一个月的时间，是绝对不足以使刘邓大军立足于大别山的。

在刘邓面前，困难，那些超乎想象的困难，实在是太多了！

其一，这一地区虽曾为红军根据地，但红军走后，国民党对当地群众进行了极其残酷的镇压。我军到后，反动势力威胁群众，断我军粮，绝我生存之路，使我部队吃不上饭，找不到向导，常陷于饥饿、疲劳、迷途之中。

其二，大别山与太行山不同，这里山高路窄，地形复杂。我军由北方到南方，由平原到山地，饮食不习惯，言语不相通，地形不熟悉，穿不惯草鞋，加之常常夜间行军，使部队极不适应。

其三，我军面临二十三个旅的敌人重兵，连续作战，已极度疲劳，产生了一些畏难情绪。

父亲后来对我们说："我们逐鹿中原，四面都是敌人！"

他不胜感慨地说："中国的南北界限，是以淮河为分界线的，淮河以南叫南方。一过淮河，种水稻，走山地，都是南方的习惯。原来我们估计不足，只知道北方人到南方有个不习惯的问题，没想到像我们这些原来的南方人，在北方呆久了，到南方也不那么习惯了。担子落到二野身上。整个解放战争中最困难的是这个担子。"

他说："大别山的斗争，胜败不是决定在消灭了多少敌人，而是能不能够站得住脚。这就要求，对兵力的集结和分散要掌握得好。关键是不打硬仗，避开敌人主力。"

父亲笑了笑，又说："当时部队要打仗的呼声很高，有急躁情绪。我召集了一个会议，十几个人参加，有的纵队司令骑马走一百多里来开会。我说服干部，不打硬仗。他们回去后，情绪稳定了。三个月后，形势变了。"

父亲说的这个会议，就是 1947 年 9 月 27 日在光山县白雀园召开的纵队领导干部会议。

会议指出，要增强斗志，反对右倾情绪，严肃纠正违法乱纪现象。

这次会议对于进大别山一个月的总结和对于今后工作的布置是十分及时和必要的。

要站稳脚跟，就要发动群众；而要发动群众，则必须严肃纪律。

对于群众纪律，父亲是严厉有加，从不苟且的。

他说："军队纪律坏，就是政治危机的开始。"

刚一进大别山，刘邓就严令：以枪打老百姓者枪毙，抢掠民财者枪毙，强奸妇女者枪毙！

一次，邓政委发现，在黄冈县的一条街上，一个军人刺刀上挂着一捆花布，一捆粉条，显然来路不正，便立即叫查。结果查明，此人是一警卫副连长，立过战功。邓经过权衡利弊，最后决定必须严肃纪律。

枪毙了一个违纪的副连长，赢得了一大批当地商贩和群众的欢迎。这一消息，迅速地传遍了大别山区，人们奔走相告：红军真的回来了！

刘伯承曾经说过：慈不掌兵。

战争中，慈不能掌兵；执行纪律中，慈亦不能掌兵。

在严于掌兵的同时，父亲极其重视部队的思想工作，他亲自到部队，向基层干部讲话。

那是 10 月初的一天，在一个小山坡的草坪上，邓政委身着褪了色的灰布军装，腰扎皮带，向二纵的连以上干部讲话。

他说："现在有的同志不敢对部队讲困难，你不讲，困难也还是客观存在着。我们不要怕讲困难，相反，应该勇敢地正视困难，实事求是地向大家说明困难，这样，才能对困难有充分的思想准备，才能积极主动地想办法战胜困难。"

他说："我们远离后方，在敌占区还能没有困难？我们整天背着几十万敌军在这里转，弹药、粮食、被服得不到补充，战士们不服水土，很多人生病闹疟疾，伤病员得不到很好的治疗，群众基础、物资供给都远不如解放区，所有这些都给我们带来了极大的困难。有困难是事实，但有困难并不可怕。我们干革命就难免要同困难打交道，就要有克服困难的耐力。"

他说："毛主席说：你们走到大别山就是胜利！这是为什么呢？因为我们插入了敌人的心脏，打中了敌人的要害。我们把敌人大量吸引过来，压力大了；我们远离后方，困难多了。但是，我们的兄弟部队在其他战场上就轻松了，就可以打胜仗了。"

他比喻道："我们进军大别山，就像打篮球一样，蒋介石看我们到大别山来投篮了，要得分了，他就把前锋后卫都调来跟着我们。这样，他顾了南就顾不了北。他不让我们在南面投篮，不惜用几十万大军缠着我们，可他北面的篮板就空出来了，我们的兄弟部队在北面就可以投篮得分了。我们在大别山困难很多，是在'啃骨头'，但是，在其他战场上，我们的兄弟部队已经开始'吃肉'了！我们背上的敌人越多，我们啃的骨头越硬，兄弟部队在各大战场上消灭的敌人就越多，胜利也就越大。而各大战场的胜利，反过来也可以支援我们，减轻我们的压力。"

他继续说："要讲困难，我们有，蒋介石也有。我们的困难是局部的、暂时的，是前进中、胜利中的困难。而敌人呢，他们面临的是解放区、蒋管区人民的重重包围，他们的困难是全局性的，是一步步走向灭亡的不可克服的困难。眼下，我们虽然困难一点，我们身上还要掉几斤肉，我们还要付出一些代价，这没有什么了不起，为了全国革命的胜利，这是值得的，是很光荣的。"[1]

刘邓的信念，坚定了全体部队的信心，鼓舞了全体指战员的士气。

10月的大别山，秋犹未过，但早晚已是寒气袭人。刘邓大军远离

---

[1]　阎代举《精辟的论述　巨大的鼓舞》。《挺进大别山》，第125页。

后方，供应不及，因此，指战员们穿的还是夏天的单衫单裤。眼看严冬将至，冬衣问题已变得十分突出。

没有后方，没有供给，怎么办？刘邓命令全军，自己动手缝制冬装。

自己制冬装，首先要找布。采购来的布匹，五颜六色，不成系统，于是，土法土制，部队就用锅灰、草木灰，把白布染成灰色，作面子，那些色彩鲜艳的花布就作里子。

有了布，又要找棉花。买来的棉花，多数是籽棉，还带着棉籽，于是只好自己加工。战士们没有弹棉花机，于是又是土法上马，用树条抽打，用手来撕来剥。

有布有棉花了，衣服还得人来做呀！这可难坏了刘邓大军的指战员们。

自古以来，男儿从来是拿锄拿笔拿枪，可偏偏就是不会拿针！还有裁剪，就更别说了。天一天比一天冷了，棉衣不做也得做了，这些拿惯了大枪的粗手，拈起了那细得难拿的缝衣针。不会裁剪，就找老乡家的妇女帮忙。我们的刘伯承司令员，拿着针，戴着眼镜，一边做，一边给他人示范。一边示范，还一边耐心地说："缝衣也有窍门，荷包用钩针，路线要匀要密，扣门要采用倒线，裁领口可以用一只军用瓷碗扣起来比着裁！"

战士做棉衣，刘邓也亲自做棉衣。

刘说："我们再困难也要穿上军装，绝不以烂为荣！"

邓说："我们这个军队有一个最大的长处，只要自己动手，没有克服不了的困难！"[1]

冬装做好了，部队上下人人一身新做就的棉衣。

这军棉衣，乍看上去还算整齐，但细看一下，可就显得太粗糙了。缝线的针脚有长有短，衣服裁得有大有小。衣服歪歪扭扭的，里面絮

---

[1]　苗冰舒《刘邓在中原前线》，第136页。

的棉花疙疙瘩瘩的。然而，尽管这些棉衣观瞻并不甚雅，但它们毕竟是由战士们的手自己做出来的，穿在身上，格外暖和。

况且，刘邓，穿的也是这样的冬装呀！

…………

10月初，当刘邓大军刚刚适应了大别山区的情况，蒋介石便集结大别山北麓的七个整编师的兵力，对光山、新县我军进行合围。

在刘邓的指挥下，我军机动灵活地运动歼敌，至10月27日，共歼敌军一万二千余人，缴获大炮、机枪等大批军用物资，取得了进入大别山以来的第一个重大胜利。

到了11月，刘邓大军在两个月中，共歼敌三万余人，解放县城二十四座，建立了三十三个县政权。

刘邓大军，在大别山，由此完成了战略展开。

在刘邓进军大别山的同时，陈赓、谢富治集团向河南西部挺进，三个月长驱机动，歼敌五万余人，解放了十余个县城，在完成战略展开的同时，调动了敌军八个旅的兵力，在大别山以西有力地配合了刘邓的作战。

与刘邓、陈谢相配合，陈毅、粟裕大军挺进豫皖苏边地区，三个月大踏步寻战，歼敌二万余人，调动了敌军十五个旅的兵力，其中包括准备用于进攻大别山的八个旅，打乱了敌之军事部署，在刘邓以北扩大了解放区。

就这样，根据中央和毛泽东的指挥，刘邓、陈谢、陈粟三个棋子，均部署到位，在北黄河、中淮河、南长江、西汉水之间的中原地区，结成了一幅"品"字形状、互为犄角的有利的战略态势，把敌人进攻我解放区的重要后方，变成了我夺取全国胜利的前进基地。

逐鹿中原，这第一个回合，共产党方面已经完成布局。

根据这不断变化、不断前进的战争势态，1947年10月10日，《中国人民解放军宣言》豪迈地提出："打倒蒋介石！解放全中国！"

…………

刘邓大军挺进中原，克服了千难万险，在大别山站稳了脚跟，实现了毛泽东所指出的三个前途中最好的一个前途。

但是，严重的敌情仍未有分毫的减轻。11月下旬，蒋介石成立了一个"国防部九江指挥部"，由国防部长白崇禧任主任，统一掌管豫、皖、赣、湘、鄂中原五省军政大权，要以所谓的"总力战"与共产党争夺中原，并确保其长江大动脉。

白崇禧受命之后，首先组织了十五个整编师又三个旅的兵力，配以战斗机、轰炸机的支援，于11月27日，开始了对大别山的全面围攻。

针对新的敌情，毛泽东指示中原三路大军：大别山是否能巩固，是中原解放区能否最后确立与巩固的关键，足以影响战争的发展。因此南线三军必须长期配合，密切协同作战。刘邓主力坚持大别山，陈粟和陈谢向平汉、陇海两大铁路线展开大规模的破击战并机动歼敌，以调动围攻大别山的敌军，直至粉碎敌军对大别山的围攻为止。

白崇禧三十三个旅的围攻开始了，各路蒋军以凶猛之势扑向大别山区。

面对愈益严酷的敌情，刘邓分析，大别山区回旋余地狭窄，粮食困难，不便于大兵团宽大机动，因此不宜集中过多兵力于大别山区。刘邓决心采取"避战"方针。

具体部署：以主力部队留在大别山区，在内线进行小的斗争和游击战，牵住敌人；以总部机关带一部分部队分兵而行，跳出包围圈，转入外线，向大别山以西的桐柏、江汉一带实施战略展开。

1947年12月10日，入夜时分，在汉口以北百余公里的一个小村庄——王家湾，刘伯承、邓小平与刚到十余日的新任野战军副司令员李先念在作战科研究作战行动。

邓小平对刘伯承说："我到底比你年轻。我留在大别山指挥，你到淮西去指挥全局。"

刘伯承回答说："警卫团都给你留下，我只带一个排就行了……"[1]

当夜，刘邓分开了。

他们两个人，一人率一部，一个里，一个外；一个在重敌围攻中坚守大别山，一个在外线实施运动展开。

刘邓人虽分开了，但行动却未分开。里外两个指挥部，在分开的时间内，一切电报指示仍照旧由"刘邓"联署签名。

不管人是否在一起，刘邓都是一体。

父亲率领一支精干的前方指挥所，指挥留在大别山地区的第二、三、六纵队，与强大的敌军展开了艰苦的反"围剿"作战。

1948年来临了。父亲和他的战友们，在大别山北麓的金寨地区，度过了除夕之夜。

父亲身着灰布棉衣，人更显消瘦，在被寒冷的山风吹得摇摇曳曳的松明灯光下，他一面从广播中收听党中央、毛主席的声音，一面听取地方工作汇报，就这样迎来了1948年的第一个黎明……

1948年伊始，敌人依据绝对优势的兵力，用密集靠拢的队形，从南向北对大别山压缩堵击，迅速占领我腹心地区，并到处实行疯狂的"三光"政策，摧毁我建立的民主政权，捕杀我地方干部，掠抢民财，抓人抓丁，甚至残酷地制造无人区。

大别山地区的敌情空前严重。

父亲带领的指挥所，不到一千人。他确定的斗争策略是，主力部队化整为零，采取敌向外，我向外，敌向内，我亦向外的方针，将敌人牵到外线，以小部牵制敌人大部，以大部寻机歼灭敌人小部。

父亲后来生动地回忆说："我一个，李先念一个，李达一个，就这么三个人，带着几百人的前方指挥所留在大别山，方针就是避战，站

---

[1]　杨国宇《威严的山》.《二十八年间——从师政委到总书记》，第44页。

稳脚，一切为了站稳脚。那时六纵担负的任务最多，从东到西今天跑一趟，明天跑一趟，不知来回跑了多少趟，就在那个丘陵地带来回穿梭，一会儿由西向东，一会儿由东向西，调动敌人，迷惑敌人。别的部队基本上不大动，适当分散，避免同敌人碰面。就这样搞了两个月。"

父亲经历了一辈子的战争生涯，大别山这敌重情险的危机局面，被他就这样轻描淡写地一言以蔽之了。

但是，那两个月中间，在他的肩上，担了多重的担子，在他的心中，承担着怎样的负荷啊！

战事险，军情急，但在大别山的斗争，又偏偏怎是军事二字了得！

在鄂豫皖解放区，建立政权后，头一件大事就是进行土地改革。

那还是在 1947 年的 10 月，中共中央颁布了《中国土地法大纲》，一个热火朝天的土地改革运动在共产党的各解放区中开展了起来。

鄂豫皖区也不例外，区内各地大张旗鼓地开展了打土豪、分田地、分浮财的土改运动。但是，大别山与别的解放区是不同的。在这里，敌情严重复杂，群众疑虑甚多，加之共产党曾四次从这里撤走，如果这次再走，老百姓能够承受得了吗？在土改中，一些地区的干部又犯了严重的"左"倾急性病，在政策和策略上发生了失误。这些作法，非但不利于发动群众，反而脱离了群众，甚至侵犯了群众的利益。

父亲及时地察觉了这些问题。

1948 年 1 月 14 日，毛泽东亲自致电邓，询问新解放区的各项问题。

趁此机会，父亲于 1948 年 1 月 15 日和 22 日，连续向中央发了两个电报，详细介绍了大别山各方面的情况。

他在电报中说，大别山的特点，是经过土地革命和抗日战争两个时期，土地革命时期的"左"，抗日时期的右，都在本地区各阶层发生了很深的影响。鉴于在大别山有两种区域，即巩固区和游击区，他提出，在巩固区可以进行土改，在游击区则不能急于平分土地。

2月8日，父亲又给中央去电，再次强调了土改要分区域进行的观点。

对于邓小平的几次来电，毛泽东极为重视，亲自复电，亲自批语道："小平所述大别山经验极可宝贵，望各地各军采纳应用。"[1]

从1948年1月份起，由于敌情严重，大别山区实际上已停止进行土地改革，改为实行减租减息的政策。

3月8日，父亲给毛泽东的报告中明确提出在大别山停止土改，实行减租减息。

父亲的这个报告，是在行军途中撰写的。

那一天，春天乍至，天气犹寒，部队天亮时分方才在野外宿营休息。在几颗凤尾竹下，地面潮湿，父亲叫人点起一盏美孚油灯，在黎明的朦胧中，倚着马鞍，快速地思索与撰写。[2]

就这样，在黎明中，他倚着战马，再次向中央陈述了他的观点。

土地改革工作是解放区建设的头等大事，父亲到一处落实一处，针对不同的情况提出不同的政策措施，紧抓不放，从不懈怠。

到了5月，他再次为此致电毛泽东，报告情况，阐述看法，并于同月在他负责的中原局召开会议，确定由土改转为减租减息的政策。

5月24日，毛泽东致电邓小平，明确了在新区实行减租减息的政策。

6月6日，父亲以中原局的名义下发了关于土改问题的"六六指示"，这近两万字的指示，指出了"左"倾错误的表现和根源，详述了新区农村工作的政策问题，同时指出，要全面评价新区工作，既反"左"倾又反右倾。

至此，中原局的新区工作政策转变认识的过程宣告完成。

---

[1]　毛泽东《批转邓小平〈新区土改政策之补充意见〉的按语》。

[2]　苗冰舒《刘邓在中原前线》，第154—155页。祝明干、杨良新《伟大的壮举》。《挺进大别山》，第327页。

1948 年 3 月，邓小平在中共中央中原局干部会议上作整党和新式整军工作的动员报告。

虽然只是农村中如何进行土地改革的一个具体问题，但实际上，这是个关系到我解放区新区是否能够得到巩固发展的重大问题。这个问题能否处理得好，至关重要。

要知道，共产党的新区，将会越来越多，越来越大，直到整个中国大陆的解放……

父亲率部留在大别山区的那一段时日，是极其艰苦的一段时期。

在敌人围攻开始后，各纵队都及时地跳到了合围圈外，以旅、团为单位行动作战。大家忍饥受寒，不顾疲劳，在山野林莽中露宿，在雨水泥泞中行军。

那是十冬腊月天啊！年轻人都不耐其寒，父亲、李先念这些指挥官和所有的指战员一样，穿着单薄的自制布棉袄。行军时，他们在泥水中行进；宿营时，他们点着松明在研究敌情和工作。外面天气冷，室内比外面还要阴冷。警卫员拿点稻草想给首长们烧堆火烤烤手，邓说："不用烤火。大家都过得去，我们怕什么。要知道，群众的一根草也是来之不易呀！"邓知道，大别山穷，大别山的人民更穷，他不忍心动用群众的一草一木。

在此期间，父亲以刘邓的名义，签发了许多指示，并数次向中央起草了关于大别山工作的报告。

2月初，春节到了。部队有了几天的休息。

人逢佳节，自然而然地想到了改善生活。有几个战士，放掉了池塘里的水想捉鱼。正在大家看着捕捉到手的活蹦乱跳的几百斤鱼而欢呼雀跃之时，邓政委从小山坡上走了下来。

看着这人鱼俱跃的欢乐场面，想到这段艰苦岁月，邓向战士们走了过去。

对着这群年轻的战士，他首先表扬了他们在艰苦条件下能够保持饱满乐观的精神状态，然后，他转为严肃地批评道："池塘的水是当地群众备旱用的，你们'竭泽而渔'，贪图了眼前，损害了群众的利益。"

水是失而不可复得了，但事后，部队向群众赔偿了损失。[1]

邓政委一向严肃，但他对部下又不失关切和和蔼。其实，他比谁都更加关心部队的生存和生活，但他深知，只有严肃维护纪律，我们的部队才会得到人民群众的拥护和支持，而只有在人民的支持下，我们的军队才能战胜困难，去争取胜利。

在父亲克服一切匪夷所思的艰难，率刘邓主力坚持在大别山的时候，刘邓大军后续南下的第十、第十二纵队，分别向大别山以西的桐柏地区和江汉地区出击并建立了解放区；随刘伯承出外线的第一纵队挺进开辟了在大别山以西的广大淮西地区，由此把淮河变成了我中原解放区的内河，并实现了与陈粟、陈谢在平汉线的胜利会师；陈粟野战军和陈谢集团，积极实施对平汉、陇海两大铁路的破袭，歼敌二万余人……我军在中原其他战场的作战，迫使敌军从大别山调出十三个旅的兵力，从而有力地粉碎了敌军对大别山地区的围攻之势。

经过我军刘邓、陈粟、陈谢三路大军内外配合，积极作战，四个月歼敌十九万五千余人，解放县城近百座，创建了长江、淮河、汉水之间的新的中原解放区，把南线敌军总兵力一百六十多个旅中的九十个旅，调动和吸引到中原战场，取得了具有战略意义的重大胜利。

至此，刘邓千里跃进大别山的战略任务已届完成。

父亲在回忆这一壮举时说："解放战争刚开始的时候，蒋介石要把战争引到解放区，枯竭解放区的人力、物力、财力。毛主席就决定把战争引向蒋管区，命令二野出大别山，同时三野南下。用这么一着，不但把战线推进到了蒋管区，而且不再耗费解放区的人力、物力、财力，用这种方式获得了胜利。"

他评价说："从战略上看，一下子从北往南跃进了一千里，直达长江，这是个巨大胜利。千里跃进大别山，是一个了不起的战略行动。

---

[1] 魏锦国《前指纪事》。《二十八年间——从师政委到总书记》（续编），第177页。

没有一个伟大的战略思想，是做不出这样的决定的。这一套战略思想是毛主席定下来的。毛主席的战略思想，是很值得我们学习的。"

对于刘邓这支部队完成这一伟大而又艰巨的战略任务，父亲是这样描述的："1948年初，我们给军委、毛主席报告：大别山站稳了，实现了战略任务。"

他说："大别山斗争的胜利，主要是对几个问题的判断比较准确，处置也比较正确。我们的伤亡不算很大，费的劲也不是很大，但是完成了战略任务，把战线从黄河延伸到了长江。所以说，战略反攻，二野挑的是重担，种种艰难我们都克服了，完成了任务。还是那句老话，叫作合格。"

1948年2月，根据中央指示，邓小平率大别山前方指挥所北渡淮河，转出大别山区。

2月24日，前、后方两指挥所在安徽临泉地区会合。

刘邓会师了。

刘邓和他们的部队，挺进了大别山，在大别山站稳了脚跟。此刻，他们从大别山中走出，带领他们的部队，要在更大的空间领域内，在更宽阔的战场上，去进行更大的战斗。

逐鹿中原，虽尚未见最后分晓，但胜利女神的光辉，已照向共产党的方面。

第60章
决战之前

自解放战争开始以来，刘邓野战军打了多少仗啊！

要是连同抗日战争的八年一起算，这仗，是数也数不清的。

指挥的战斗越来越多，指挥的战斗越来越大，可是，刘邓，却只有一个非常之小的指挥统帅机关，而且小得令人吃惊。

刘邓要求司令部要组织精干，要人员素质高，要工作效率高。

在黄河以北的时候，刘邓野战军共十余万人。刘邓的野战军司令部，下设作战、机要、情报、通信、军政等几个处级单位。每个处少者十来人，多也不过二十几个人。电台、警卫、通信、汽车分队也很精干。刘邓司令部从来不编设办公室，不设秘书处，刘邓二人也不编设个人秘书。

刘邓每天办公的地点，就是作战科。他们每天上午，吃过早饭，必到作战科去。在这里，刘邓实施作战指挥与处理其他工作。

作战科，就是刘邓的办公室。

在战争情况下，刘邓日夜处理军政大事，工作极其繁忙，精神高度紧张。可想而知，作战科的任务，也是极其繁忙紧张而又艰巨的。

刘邓要求作战科人员工作质量高，效率高，但却要求组织精干。

说来也许你都不相信，到了1946年9月，作战处只有一个处长，作战科只有作战参谋二人。到了1947年春，才扩充至四个人。

到大别山后，李先念到野战军任副司令员，他带来了四位作战参谋，不久，作战科扩大至九人。这时作战科的人员，一下子增长了一倍还多，可真是今非昔比了。

到了1948年5月，陈毅任中原野战军副司令员后，又带来一人到作战科工作，这下子，作战科的人员凑了一个整数，共有十员大将。

1948年下半年，陈赓的兵团归回刘邓野战军建制，华东野战军的一个兵团也划归刘邓野战军指挥，加上刘邓野战军原有的六个野战纵队、一个军、七个军区，共计数十万大军，还要加上拥有四千五百万人口的新的解放区，这时，仗也越打越大，作战科的任务简直是成倍地增加。

作战科长张生华两次去找李达参谋长，要求增加人员。

有一天，邓政委在作战科办完公后，对张生华说："听说作战科还想增人，我看你们科现在人够多的了。连正副科长共十人。十个人都努力工作，是个很大的力量呀！在冀鲁豫和豫北战场，你科只三四人，那时人少，工作多，担子重，迫使你们兢兢业业，紧张勤奋，团结一致，拼命努力，一心一意地工作。兵贵精，不贵多。现在还是要从提高人员素质，改进工作方法，提高工作效率来解决问题。不能再增加人了。"[1]

十个人，真可算是一个袖珍作战科了。那么，凭着这么一个小小的作战指挥系统，刘邓，是怎样指挥千军万马去进行游击战、运动战和大规模的大兵团作战的呢？

张生华每日在刘邓身边工作，他最了解。

他说：刘邓是直接指挥作战，亲自处理重大问题，坚持当天的事当天办完。所有来往电报和各类情报材料，均送作战科，由参谋人员分类放好，由刘邓来时阅读和处理。这样做，保证了工作的及时性和

---

[1]　张生华《刘伯承、邓小平、李达领导的司令部》。《二十八年间——从师政委到总书记》（续编），第131页。

高效率。

他说：野战军参谋长李达，是刘邓的代理人。李达能够正确理解刘邓意图，主动承担了许多作战的具体指挥工作，而且发挥作战科每一个人的积极主动性，在首长到来之前，即起草好电报复电文稿，大大提高了工作的效率。

他说：刘邓及其他首长，坚持重大工作亲自动手、动笔、动口。刘邓从来坚持自己起草文件和报告，从不让人给他们写讲话稿子。刘邓有个共同的特点，讲话从来不拿讲话稿，但一篇讲话，洋洋洒洒数小时，竟然十分精彩，真可谓"胸有成竹"、"腹稿在怀"。刘邓野战军对每次战役都要写出总结和报告，这些基本上都是刘伯承、李达亲自写成。淮海战役歼灭黄维的初步总结，是由邓亲自主持完成的。邓亲自撰写的文件电报数量是很大的，仅上报中央的，每年就有几十份之多。作战科的人都说："邓政委写文电报告又多、又快、又好。许多需要的有关数据，也记得非常准确。"

他说：刘邓对司令部工作要求极其严格，邓经常说："你们的工作，是贯彻我们的作战计划和决心。你们工作得好与坏，成功与失误，是关系着千军万马的行动，关系着战役战斗胜败的大事。"邓极其郑重地告诫作战科人员："你们不能有一点疏忽大意。"

刘邓要求参谋人员：第一，工作上做到快速，也就是快速准确地了解和掌握敌情、我情，并能及时上报，即刘伯承所说的"了如指掌"。同时，办事要快，"时间就是生命，时间就是胜利"，这一格言，在战争上表现得最明显、最现实、最深刻。

第二，参谋人员报告情况要准确，写出的材料要真实，不能有差错，所谓"差之毫厘，失之千里"。在作战问题上，一个问题，一句话，甚至一个字的差错，都会造成严重后果。所以，作战科的工作一定要精益求精，准确无误。

第三，要求参谋人员要精通业务，熟悉情况，要熟知敌情、我情、地形、气候等诸多问题。邓是熟悉敌情的模范，对敌情比作战参谋记得还熟还准，他还经常出其不意地考参谋人员，如答不上，他就会笑道："怎么你们青年人还记不过我们上年纪的人呀！"刘邓还要求参谋人员会写、会画，并要大事小事都会做。

刘邓直接到现场办公，参谋人员效率高，这就是刘邓作战指挥的基本特点。

在刘邓司令部里，没有繁文，没有缛节，大事小事一齐处理，作战命令当场可下，战略决心及时可定，战役指挥现场即可下达。

这就是刘邓的作战指挥风格。

张生华感切至深地写道：刘邓李三首长，感情异常融洽，亲密无间，工作十分协调，配合默契。在战役过程中，李达参谋长一向埋头苦干，自觉担负起许多具体工作。李处理不了的问题，邓政委就亲自主动找各纵队首长讲话，实施指挥。只有在战役发展遇到困难时，刘司令员才亲自出马。刘邓李作战指挥这种特点，各纵队领导都很熟悉。

对于刘邓，张生华的感触就更多更深了。他写道：刘邓两位首长互相尊敬，互相信任，互相支持，团结得像一个人，对人教育极深。邓常说："刘司令员年大体弱，司令部要特别注意，有事多找我和参谋长。刘是我们的军事家，大事才找他决策。"而刘则常说："邓政委是我们的好政委，文武双全，我们大家都要尊敬他，都要听政委的。"[1]

不只是张生华，刘邓野战军中所有的人，都对刘邓二人之间的亲密感受至深，也受益至深。

有人说，二野是最团结的。

这句话是对的。

二野的团结，始自于刘邓的团结。

---

[1] 张生华《刘伯承、邓小平、李达领导的司令部》。《二十八年间——从师政委到总书记》（续编），第131页。

团结就是力量，一种不可战胜的力量。……

自从 1947 年 6 月，中国共产党领导的人民解放军转入战略进攻以来，经过半年的时间，我三路南下大军已在长江、淮河、汉水之间的广大地区站住了脚跟。在华北、东北、西北、华东其他各战场，我军实行的进攻和反攻，也大量地歼灭了敌人有生力量。

中国的战争形势，已进一步发生变化，这是一个质的变化。

战争，已主要在国民党控制区域内进行了。

1947 年底，毛泽东在陕北豪迈地指出：

"中国人民的革命战争，现在已经达到了一个转折点。"

"这是蒋介石的二十年反革命统治由发展到消灭的转折点。这是一百多年以来帝国主义在中国的统治由发展到消灭的转折点。这是一个伟大的事变。"

"这个事变一经发生它就将必然地走向全国的胜利。"[1]

1948 年初，在南线的中原战场，国共双方的兵力对比是这样的：

国民党方面：国防部长白崇禧、陆军总司令顾祝同、西安绥靖公署主任胡宗南三员大将，率军三个整编军、三十七个整编师、八十六个旅，共六十六万人，占国民党全国总兵力的三分之一。其下属计有胡琏、邱清泉、张轸、孙元良、裴昌会、张淦等诸多要员。

放下这六十六万的兵力且不用说，单说这白崇禧、顾祝同、胡宗南三人，也都来历不凡。

白崇禧乃桂系旧底，为人多谋狡黠，素有"小诸葛"之称。顾祝同出身黄埔，先后任过参谋总长、陆军总司令等要职，几十年来追随蒋介石，是蒋"剿共"的心腹干将。这胡宗南，乃蒋校长黄埔一期的得意门生，不但是蒋介石与共产党打仗的一员军中上将，还是蒋的同乡，据说甚至曾被宋氏家族的爱女孔二小姐看中过。若非胡宗南本人不乐

---

[1]　毛泽东《目前形势和我们的任务》。《毛泽东选集》，第 4 卷。

意，他早已当上宋氏家族的乘龙快婿了。

以上部署，可见蒋介石对中原战场之重视。

共产党方面：刘邓野战军主力，陈谢集团，华野陈（士榘）唐（亮）兵团，三大作战集团共五十个旅三十五万人，由刘邓统一指挥，准备在淮河、汉水、陇海路和津浦路之间机动，打中等规模的歼灭战。（华野粟裕另有任用）。以上布局，总的战略指导思想，是继续大量歼敌，粉碎国民党的中原防御体系。

为了加强中原地区的领导，中共中央决定：

一、加强中原局，由邓小平任第一书记，陈毅为第二书记；

二、建立中原军区，刘伯承为司令员，陈毅为第一副司令员，李先念为第二副司令员，邓小平为政委，下辖七个军区；

三、将刘邓的晋冀鲁豫野战军改名为中原野战军，下辖第一、第二、第三、第四、第六、第九、第十一等七个纵队，并负责指挥华东野战军的陈唐兵团。

刘邓野战军由此更名为中原野战军，简称中野。在中原地区，国共双方都已布好阵局。

逐鹿中原，犹未结束。

毛泽东指挥的军队，在中原地区，开始了有步骤、有计划的，甚至是有节奏的军事行动。

1948年2月，刘邓转出大别山后，进入淮河以北进行休整。

3月，陈谢、陈唐两兵团发起进攻，一举夺下河南大城市洛阳，同时掩护了刘邓的休整。

5月2日，陈赓指挥中野二、四纵及华野十纵，发起宛西战役，歼敌二万一千余人，解放县城九座。

此时，粟裕兵团休整完毕，中央令其加入中原战场。

5月22日，为钳制敌张轸部，保障粟兵团南下，刘邓中野发起宛东战役，东西集团各由陈锡联、陈赓指挥。是役用不到十日的时间，

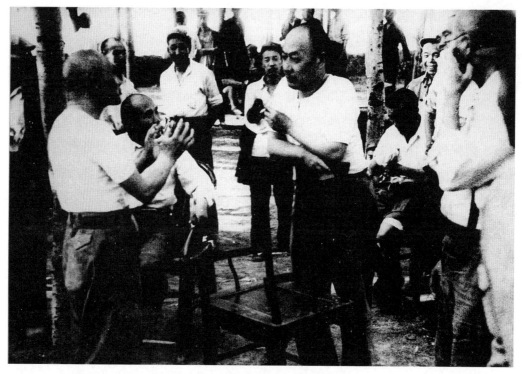

1948 年 7 月，在河南宝丰县，邓小平同华东野战军司令员陈毅等交谈。

歼敌一万余人，俘虏张轸手下之少将三名。

在中原，蒋军有三大机动兵团，即南阳的张轸，驻马店的胡琏，鲁西南的邱清泉。

华野进入鲁西南，找准的对手就是邱清泉的第五军。

6 月 17 日，我军发起豫东作战。华野打击邱清泉，中野负责阻击胡琏、张轸部北援邱清泉。至 7 月 6 日，华野歼灭邱清泉部等敌军九万余人。中野三次阻击作战，亦歼敌七千。

此役后，华野转移休整，刘邓中野决心于 7 月 2 日发起襄樊战役。

这时，仗，已经由北向南，打到汉水边上来了。

7 月 16 日襄樊战役结束，刘邓野战军歼敌二万一千人，解放了襄阳、樊城等城镇，控制了汉水中段，并活捉了国民党的大特务头子康泽。

1948 年 1 月至 7 月，在中原战场上，我中野、华野两支劲旅，相互配合，运转作战，共歼敌二十万人以上，解放了洛阳、开封、襄樊等重要城镇。

国民党军在淮河、汉水以北的防御体系至此已被彻底粉碎。

中原解放区，已拥有人口三千万，人力、物力、财力都大为加强。

父亲曾经自豪地对我们说过："从大别山出来以后，二野就削弱了。二野本来武器就差，好不容易从敌人手里夺来的重武器，过黄泛区时也丢掉了。二野兵力小，还分了两摊，刘邓一摊，陈赓一摊。主体四个纵队都削弱了，有三个纵队每个只有两个旅。不过，我们始终保持了旺盛的斗志。淮海战役前，打了一些小仗，取得了胜利。我们没有丧失过机会，该打的都打了。这时，中原三足鼎立，东北取得了胜利，西北也稳住了脚，对全国的鼓舞很大。总的形势是好的。"

正如父亲所说，到了解放战争的第二年结束的时候，也就是到了1948年6、7月间，总的形势的确是好的，而且不是小好，是大好。

共产党的军队，在西北，四个月歼敌五万三千；在苏北，四个月歼敌二万五千；在华北，几次战役歼敌十四万人；在东北，九十天歼敌十五万六千余人，连克四平、吉林、营口等战略要点。

在解放战争的第二年里，共产党共歼国民党正规军九十四个旅，一百五十二万余人，毙俘敌将级军官一百七十四名，解放人口三千七百万，收复和解放国土十五万五千六百平方公里，攻克城镇一百六十四座。

共产党控制的地区扩展到二百三十五万平方公里，城市五百七十九座，人口一亿六千八百万。人民解放军已发展到二百八十万人。

国民党军队，除兵力损失一百五十二万人以外，其正规军均被分别钳制在东北、西北、华北、中原、华东战场上，其中大部分只能扼守战略要地和交通要道，已丧失了机动作战的能力。

在蒋管区，国民党政府的财政经济已陷入空前危机，巨额财政赤字不断上升，恶性通货膨胀已如洪水猛兽，货币连连贬值，物价日日飞涨，连制币工厂都已赶印不出当日所需钞票。

蒋介石军事上失利，经济上失败。他心情不好，脾气也不好。他自我哀叹道："国军处处受制，着着失败。"[1]

在中国，参与政治运筹的，不只是中国的国共两家，还有美国呢。

美国政府对中国发生的一切看得清清楚楚的。美国驻华大使司徒雷登给美国国务卿马歇尔写信，他说："局势的恶化已经进展到接近崩溃的地步。"[2]

美国政府不愿意共产党夺取胜利，因此照旧继续支持国民党打内战。但是，美国政府对于蒋介石的无能又深怀不满，于是便暗中支持原桂系的李宗仁逼蒋下台。美国的目的，是在中国另找一个代理人，以挽回沮丧之局面。

自从第二次世界大战以后，美国的势力大幅度上升，于是乎，它便以为，在世界上，它想做什么就可以做到什么。其实，它不知道，在中国，时至今日，任你用武器金钱支持也好，任你用走马换将的阴谋也好，对局势的发展，都没有用了。

想逆人民的愿望而行者，想逆天之大道而行者，不论你是中国人还是外国人，也不论你是何等地为此而费尽心机，最终的结果，都只会随着无可挽回的失败，而平添白发几许、皱纹数道……

1948 年 7 月，解放战争进入第三年。

这时，国共双方兵力的对比，已由 1946 年的 34∶1，变为 1.3∶1。

对国共双方来说，这个第三年，无论如何都是最关键的一年。

国共双方都各自召开会议研究战争局势与战略问题。

国民党开的是"军事检讨会"。

---

[1] 台湾"国防研究"《蒋总统集》第二册，第 163 页。

[2] 司徒雷登致马歇尔的报告，1948 年 8 月 10 日。

共产党开的是政治局会议。

蒋介石召开的检讨会，是在南京巍峨的高楼大厦中举行的。

毛泽东召开的政治局会议，是在河北省建屏县一个叫西柏坡的小山村里的土房子里进行的。[1]

毛泽东和中共中央机构，是于1948年3月底东渡黄河，4、5月间到达西柏坡的。

西柏坡，这个太行山山脚下的小山村，一下子变成了中国共产党的"首府"。

1948年9月8日至13日，中共中央召开政治局扩大会议，中央政治局委员、候补委员、各解放区党和军队的负责人出席了会议。

父亲于7月下旬动身，从河南宝丰县的驻地出发，去参加西柏坡会议。他不是政治局委员，但是中原局第一书记。

父亲告别了刘伯承，乘上一辆从敌军手中缴获的美国军用吉普车，向洛阳方向驰去。他带了一点礼物给中央的同志们，是灵芝草和水晶石。这两样东西并不稀罕，但却是从敌人那里得来的战利品，是有纪念意义的。

过临汝，父亲没有停车吃早饭。

过龙门石窟，他没有去观赏那举世闻名的古代艺术。

过伊水，他站在那缓缓流淌着的河水边，一直看着大卡车把他乘坐的小吉普车拉过河去。

过洛阳外的关帝冢，他没有下车前去拜扫。

过汉光武帝刘秀的埋葬地，他更没有去凭吊的意思。

一路上，几天的时间，每到一地，他总是找当地的人谈工作。到了作战地区，白天有敌机不能走就改成晚上走。大路被破坏了，他也绝不绕路，硬是颠簸着从凸凹不平的道路上直线而去。几天之中，他

---

[1]　西柏坡今属河北省平山县。

一直未敢稍事停留。

他的心是急切的，因为他知道，他要去参加的是一个十分重要的会议，是一个决定中国前途命运的会议。

西柏坡会议，的确是中国共产党的一次极其重要的会议。

会议提出了全党的战略任务：建设一支五百万的人民解放军，从1946年7月算起，总共用大约五年的时间，歼敌正规军五百个旅（师）左右，从根本上打倒蒋介石国民党的反动统治。

会议指出：现在战争进入第三年，这是五年胜利中关键的一年。军事上要继续发展外线进攻，把战争引向国民党统治区，并准备打若干次带决定性的大会战。解放军仍应全部在长江以北、华北和东北作战，全国的重心在中原。

会议号召：要敢于打前所未有的大仗，敢于同敌人的强大兵团作战，敢于攻击敌人坚固设防的大城市，夺取全国的胜利！

会议同时提出，在政治上，成立全国性的中央政府已经提到议事日程上，准备于1949年内召开政治协商会议，成立人民的国家和中央政府。

毛泽东的决策，总是果断而又及时。

毛泽东的判断，总是先人而又准确。

毛泽东的胆略，总是那么超乎常人。

在抗战最艰苦的年代，他就预言抗战必胜；在国民党占有绝对强大优势的时候，他就抱有必胜的信心；在我军力量还大大弱于敌军的时候，他就下令进行战略反攻，在我力量还未大到足以超过敌人时，他就决心进行战略大决战！

共产党和国民党在中华大地上的战略大决战，就这样开始了。

第*61*章
大决战

1948 年的秋季来临了。

在这东方古国九百六十万平方公里的土地上，酷热，已远远地退去;阳光，也变得更加的明朗而鲜亮。碧空万里，长云急流;江河东去，奔湍不息。

秋来了。

秋带来了秋风。

对于秋的来临，不同的人有不同的感觉。

伤感者，认为秋代表着萧瑟，代表着凋零，代表着随之而至的寒冷，代表着人心中难以排遣的低回悱恻的那一个愁字。

愁，是心上的秋。

愁和秋，是伤感的诗人的咏唱中的两个永远的主题。

这是悲秋者的情怀。

而心境明快者，对于秋，则赋予了全然不同的感受。

他们看到的秋的天，是碧蓝澄清、浩渺宽广的;他们踏着的秋的大地，是万物收获、五谷丰登的;他们闻到的秋的气息，是成熟，是丰腴，是醇厚，是带有浪漫情调的。

在他们的眼里，秋，是金色的。

在他们的心里，秋，代表着成果和胜利。

这是成功者的心境。

1948年的秋,是惊心动魄的,无论成功者,还是失败者,都将终生不忘。

中国共产党决心在1948年的秋冬两季,要打前所未有的大规模歼灭战。

中共中央指示:

华东野战军,秋取济南,冬克徐州;

中原野战军,与刘峙集团在中原进行决战;

东北野战军,在东北全歼卫立煌集团;

华北地区,攻克太原,并解决北平的傅作义集团。

第三年的作战计划,全歼敌正规军一百一十五个师,在长江以北歼灭敌人兵力之百分之八十。

1948年9月开始,共产党军队先后在东北、华东、中原、华北、西北战场上,发起了规模空前的秋冬攻势。

从1948年9月到1949年1月,共产党的军队,连续举行了辽沈、淮海、平津三大战略决战。

一场在中国版图上广大北方地区的战略大决战,开始了。

三大战役,第一战,是在中国东北的辽宁沈阳地区举行的辽沈战役。

东北地区,恰如中国这只雄鸡的头部,与苏联、朝鲜紧相毗邻,是中国重工业最发达的地区,也是当年日本侵略军最先占领的地区。

到了1948年秋,东北百分之九十七以上的土地已控制在共产党手中,百分之八十六的人口已获解放新生。东北我军正规军的兵力共约七十万,另有地方部队三十三万。东北野战军拥有十二个纵队、三十六个主力师,拥有大量的各式战炮和较好的轻型装备,是共产党军队中兵力最强、装备最好的一支主力军。

国民党方面,国民党东北"剿总"司令卫立煌集团,是国民党军主要的战略集团之一。该集团拥有兵力五十五万人,但已被分割在长春、沈阳、锦州三个互不相连的地区内,长春、沈阳的补给已全靠空运。

在东北，共产党的兵力已超过国民党。

对于东北的战略，是守还是撤，蒋介石一直举棋不定。守，怕守不住，被共产党全歼；撤，虽可保存实力，但政治影响恶劣。卫立煌则担心，如撤军，极有可能非但撤不出来，在路上就会为共军全歼。

蒋介石犹豫再三，最后决心固守东北，确保沈阳、锦州、长春，并相机打通通往关内的北宁铁路。

毛泽东看准了，在东北地区，我之兵力和经济力量均已超过国民党，于是决心将国民党军封闭在东北，对其实施各个歼灭。

长春、沈阳、锦州，由东北向西南一字排列。

毛泽东电令东野林彪、罗荣桓，首先攻取锦州，卡住敌军退入关内的咽喉。

林彪曾一度犹豫，不愿南下北宁铁路去打锦州，而想就近拿下长春。

这时，敌军已增兵锦州附近的海港葫芦岛，以便撤退时保障海上通道。

敌人如此动作，如时间再迟，则敌退路不能切断，便会丧失在东北全歼敌军的重任。

到此，林彪方下定决心，先克锦州。

10月9日至15日，东野经过激烈而又艰苦的攻城战和阻援战，终于攻取东北入关的咽喉要道——锦州。

共军攻锦州时，蒋介石焦虑万分，亲自飞北平，又飞沈阳，亲自部署作战。锦州失守后，蒋介石大光其火，又一次亲自飞抵沈阳。

这次，蒋介石到沈阳，一改固守东北的决策，而严令长春的守军向南边的沈阳突围。

这也不知是一种什么战术。把两股本来可以相互呼应、相互支援的力量堆在一起，抱成一团儿，要挨打一起挨打，要逃跑则谁也跑不了。

长春守军没往虎口里跳，郑洞国率部起义，长春和平解放。

锦州、长春连失，蒋介石更急了。他第三次飞到沈阳，这次，他声色俱厉地部署了总退却，下令沈阳主力廖耀湘兵团南撤。

这会儿再撤，怎么撤得走呢？

南撤途中，廖耀湘一受我军阻击，二受我军合围，三受我军大胆穿插攻击。廖耀湘乱了，他的整个兵团也乱了。一阵混乱之中，在一百二十平方公里的区域内，廖兵团终未逃脱被歼灭的厄运。

廖耀湘被歼后，他的顶头上司卫立煌算是识时务者，马上坐着飞机从沈阳跑了。

11月2日，我军攻占沈阳。

辽沈战役结束。

经过五十二天的作战，我军以伤亡六万九千人的代价，歼敌一个"剿匪"总司令部、四个兵团部、十一个军部、三十三个整师，共计四十七万二千余人。

共产党军队，控制了东北全境。

这一战后，国民党总兵力下降到二百九十万人，共产党总兵力上升至三百万人。

国共双方正负的位置，已经颠倒过来了。

毛泽东信心十足地说："这样，我们原来预计的战争进程，大为缩短。""现在看来，只需从现时起，再有一年左右的时间，就可能将国民党反动政府从根本上打倒了。"[1] 东北问题解决了，共产党的下一个目标，就是中原。

中国人民解放军总司令朱德说："自古以来，谁在中原取得胜利，最后胜利属于谁的问题就能解决。"

中国共产党，这下子要结束在中原之逐鹿，并开始问鼎中华了。

三大战役的第二战，淮海战役，行将开始。

淮海战役的战场，位于黄淮平原，江苏、安徽、山东、河南四省

---

[1]　毛泽东《中国军事形势的重大变化》。

交界之地。

这里，地形开阔，村落密集，南北有天津至上海的津浦铁路，东西有郑州至徐州的陇海铁路。这个战场，以两条铁路大动脉的交汇点——徐州，为中心。

平原地带，地域广阔，公路纵横，天生一个于大兵团进行大规模运动作战有利的战场。

蒋介石在中原的部署，是以徐州为中心的刘峙集团，和汉口为中心的白崇禧集团，北，控制陇海、津浦铁路，屏障国民党的首府和心脏——南京；南，控制平汉铁路南段，扼守武汉、信阳，屏障华南。

徐州的刘峙，和汉口的白崇禧，构成了蒋介石的中原防御体系。

徐州，位于呈十字架形展开的陇海、津浦两条铁路的中心。在徐州，驻有以总司令刘峙为首的国民党徐州"剿匪"总司令部。

徐州四周部署如下：其西边，与郑州之间，驻有邱清泉的第二兵团；其东边，驻有李弥的第十三兵团和黄百韬的第七兵团；其北边，驻有三绥区部队；南边，与蚌埠之间，铁路两侧，西有孙元良的第十六兵团，东有李延年的第六兵团。

徐州，是中原战场的最重要的战略要点。

汉口，地处长江中段，位于贯穿中国南北的大动脉平汉铁路线上。

在汉口，驻有以总司令白崇禧为首的国民党华中"剿匪"总司令部，其北部信阳一带，部署着黄维的第十二兵团，张淦的第三兵团，以及张轸的第五绥区。

蒋介石用于淮海战场的总兵力有二十九个军七十个师，连同其他部队，共七十万人。

共产党方面，刘邓的中原野战军，主力位置在徐州以西的开封一带；陈粟的华东野战军，主力位置在徐州东北的临沂一带。

中原、华东两支野战军，加上华东、中原、华北军区的部队，共有兵力六十万人。

毛泽东和中共中央分析了南线的战略势态，认为决战时机已经成熟，决定组织和发起淮海战役。

为了统一指挥南线我军行动，中央决定，由刘伯承、陈毅、邓小平、粟裕、谭震林五人组成总前委，邓小平任总前委书记。

中央决定，总前委统一领导华东、中原两个野战军，以徐州为中心，与蒋介石最大的战略集团进行大规模决战，准备以三至五个月的时间各个歼灭敌人于淮河以北地区。

毛泽东指出：淮海战役为南线空前大战役。"此战胜利，不但长江以北局面大定，即全国局面亦可基本上解决。"[1]

中央指示：可能时，开五人会议讨论重要问题，经常由刘伯承、陈毅、邓小平三人为常委，临机处置一切，邓小平为总前委书记。

中央授予总前委临机处置一切的权力。国共双方在淮海战场的部署都已完成，中原地区最大规模的一场决战，已迫在眉睫。

1948 年 11 月上旬，淮海战役开始了。

根据中央的指示精神，总前委确定了第一阶段的作战部署：华野及中野一部共七个纵队，在徐州以东割裂、围歼黄百韬兵团，并阻击位于黄百韬以西的李弥第十三兵团东援。

中野分为两部，一部以邓小平、陈毅指挥，举行徐蚌作战，切断津浦铁路徐州南至蚌埠的联系。另一部由刘伯承指挥，迟滞由西南方向而来的黄维第十二兵团。

第一个动作，不惜一切代价切断徐蚌线。

11 月 6 日，敌军在徐蚌铁路两侧的部队开始向徐蚌线靠拢，收缩兵力。

当晚，我军发起淮海战役。

陈邓在开封至徐州段，发起攻势，迅速攻占徐州以西一百公里处

---

[1] 《中国人民解放军战史》，第三卷（全国解放战争时期），第 272 页。

的砀山，控制了由此至郑州的三百公里铁路线，并直逼徐州。华野在徐州以东发起了围攻黄百韬的强烈攻势。

徐州刘峙一见共军多路向徐州进发，顿时惊恐万状，急令其东西两翼的邱清泉第二兵团和李弥的第十三兵团向徐州收缩，并令黄百韬第七兵团迅速向徐州靠拢。

刘峙其实也是一位军中上将，没想到竟然如此不堪一击。他真的乱了方寸，他实行的是一种龟缩战术。战役刚一开始，他已经想到了总退却。

仗，刚刚开始打，刘峙，已经害怕了。他的胆怯，就注定了他的失败。

刘峙总要退却，陈邓却偏偏不让他跑。

总前委指示，华野加紧截歼黄百韬，力求围歼黄百韬。

华野各部队不怕疲劳，不怕饥饿，不怕死亡，不怕任何困难，勇猛追击截击，11月10日，切断了黄百韬西逃之路，将第七兵团合围在一个叫碾庄的狭小地区内。

黄百韬第七兵团被围，刘峙急了，连蒋介石也急了。

蒋介石严厉气恼地训斥部下："徐淮会战实为我革命成败、国家存亡最大的关键！"

蒋介石恨刘峙无能，特派他最得意的门生杜聿明到徐州，任刘峙的副手，实际实施前线指挥。

蒋介石深恐会战兵力不够，将淮海战场的兵力加至八十万人。

毛泽东则指示前线：一、华野要歼灭黄百韬，打得敌人不能动；二、中野要迅速占领徐蚌要点宿县。

中野立即转入徐蚌作战。

中野部队一面沿路歼敌，一面于11月12日，占领了宿县。

宿县，在津浦铁路徐州至蚌埠段的中间，乃南北交通要冲。占领了宿县，即是切断了徐州与蚌埠敌军的联系，乃是一个重要战略动作。

父亲曾多次对我们说："宿县是关键，占了宿县，就把徐州和南面切断了。实际上形成了对徐州的战略包围。"

一个描写大决战的电影中有这么一个镜头，刘、陈、邓三人在宿县火车站的天桥上，看着脚下轰轰震响、汽笛长鸣的往来列车，各自抒发感情，显示了完成攻占宿县这一战略行动的愉快心情。

这种三个人的抒怀，是一种艺术处理。不过，攻占宿县，对于总前委来说，当然是喜事一桩，怎么样的艺术渲染都是不过分的。

切断了徐州南下的通道，就可以放手在北面歼敌了。

11月11日，华野发起对黄百韬的总攻，至22日，经十一日的激战、苦战，我军全歼第七兵团，击毙兵团司令黄百韬。

在攻占宿县，全歼黄百韬兵团的同时，我军对从徐州东援黄百韬的两个兵团、从蚌埠北援徐州的两个兵团，有效地实施了阻击。

至此，淮海战役第一阶段结束。

我军共歼敌正规军十八个师，切断徐蚌线，将刘峙集团一分而为南北两块。

11月23日，总前委和中野指挥部进驻宿县的一个小村庄——小李家村。

刘伯承、陈毅、邓小平，三位总前委常委集中到了一起。说起他们三个人，也是怪有意思的。三个人都是四川人，都是历经几十年的走南闯北而乡音未改。只不过，他们三个人，一个比一个大几岁，而且，一个人一个脾气。

刘伯承，高高的个子，戴一副近视眼镜，文韬武略，雅儒温厚。讲起战略战术，精妙高深；谈论问题事物，又常常雅俗并至。那种四川歇后语加幽默形象的比喻，常常出语惊人，令四座喷饭。他的老部下们，常想编一册刘司令员妙语集，可惜又怕那些言语过分形象生动，而无法形诸文字。其时刘五十四岁已过，是三人中的最年长者。

陈毅，个子次之，但体胖有加。那圆圆的脸形，厚厚的双下巴，加上一个便便大腹，好一派威风八面，将帅之尊。他是四川人，当然具有四川人的幽默。其实，岂止是幽默，陈毅将军天生就一副潇洒豪爽、谈笑风生的开朗性格。他武，能指挥千军万马；文，则诗兴常发，文章顿成。而且谈天论地，也是妙语如珠，使人听而难忘。这时的陈毅，四十七岁。

邓小平，个子又次之，年龄也又次之。这时他四十四岁，不惑已过。比起刘、陈，邓自有另一番风采。邓不多语，沉稳精明，严肃起来令三军生畏，细致之时体贴入微。他行事果断，意志鲜明，与老友相聚，亦是谈笑风生，用四川话谈古论今，故事可也多着呢。

邓和刘，相濡以沫，自不必说。

邓和陈，同是留法勤工俭学生，话题更多一个，关系更深一层。

要说也可真算是天凑地合，中原战场这个总前委的班子，竟然搭配得这么样的巧，这么样的好！

刘、陈、邓的指挥部，设在小李家村的一个大院子里，他们三个人，则住在村边一个偏僻的小院子里。三个人住着一个里外间，邓和陈住在外间，他们让年龄最大的刘一个人住在里间。

在小李家村，总前委正在研究，淮海战役，这第二阶段，这下一拳，应该打在谁的身上。

经过一再分析战场形势，总前委于11月23日给中央发电，建议先打黄维。

中央于次日迅速复电：完全同意先打黄维。

中央指示：情况紧急时机，一切由刘陈邓临机处置，不要请示。

又是一个临机处置，而且不要请示。

党中央、毛泽东，十分信赖淮海总前委。

黄维的第十二兵团，是蒋介石的嫡系精锐部队，下辖十二万人之众，其中第十八军系国民党军中"五大主力"之一，全副美制装备。

黄维本人乃是蒋介石的得意门生，又值风华意气之年，甚是骄蛮。

黄维本驻扎在桐柏山一带，因黄百韬被我军围攻，蒋介石下令黄维紧急驰援。

接到命令，黄维即率十二万众之军，日夜兼程地北进，增援徐州。但当他们匆匆赶了三百余里山路，吃尽苦头，方才到蒙城时，黄百韬兵团已全被歼。

黄百韬被歼后，徐州方面惊恐万状，急令邱清泉、李弥两兵团由西东两侧向徐州紧缩。黄维一见情急，也急于向徐州靠拢。

如果让黄维这支比较有战斗力的力量加入徐州，将为我军全歼徐州之敌造成困难。

尽管黄维的实力较强，要吃掉它绝非易事，但刘、陈、邓已下定决心，要与黄维进行决战。

中原野战军，自从大别山转出后，总共只有十五万人的兵力，而且武器装备很差，要打黄维，必须要下大的决心，狠的决心，决心打一场恶仗。

邓告诉中野部队："只要消灭了南线的敌军主力，中野就是打光了，全国各路解放军还是可以取得全国的胜利，这代价是值得的！" [1]

总前委决定，投入十二万人的兵力，中野主力阻滞黄维北上，将其合围并歼灭之；华野主力监视徐州方面之敌，防其南援黄维；以华野、中野各一部看住位于黄维以东的李延年、孙元良二兵团。

黄维至宿县以南的蒙城地区后，继续北进，刚过浍河，突然发觉竟然进入了共产党军队预设的袋形阵地。黄维也算精明，一发现不妙，转头就向南撤。我中野部队乘敌撤退之际，全线猛烈出击，至11月25日，将黄维兵团团团包围在了宿县以南的双堆集地区。

黄维被包围了，蒋介石惊慌而不知举措了。

蒋介石令黄维向东突围，被我军击退；蒋介石又改令黄维就地固守，待兵来援，黄维依令大量构筑工事，把自己环状地团团围住，转入防御；

---

[1] 何正文《在总前委麾下》。《二十八年间——从师政委到总书记》（续编），第260页。

蒋介石急令徐州援黄，为我华野顽强阻击而未得进；蒋介石再令李延年、孙元良援黄，岂知李、孙二人不想与共军交战而求自保，竟然向南边撤去……

经蒋介石这一令一改，再令失算，黄维兵团，算是被共军给结结实实地围困住了。

蒋介石眼见形势危殆，便专门十万火急地把杜聿明召到南京，面授机宜。

蒋介石给杜聿明的，并非什么锦囊妙计，而是令杜聿明放弃徐州，全线南撤。

12月1日，杜聿明率三个兵团及其他人员，共三十万人，仓皇地撤离徐州。

三十万人的大撤退，兵荒马乱，混乱异常，人人争相逃命，车辆拥挤不堪。

这不是大撤退，而是货真价实的大溃退。

12月4日，我华野部队将杜聿明全部合围于一个名叫陈官庄的小村落一带，两天后，全歼了孙元良的第十六兵团。

1948年12月5日，淮海战役总前委发布的向黄维兵团发起总攻的命令。

　　杜聿明没有救成黄维，自己也被包围了。

　　在这一段时间内，中原野战军对黄维兵团实施了猛烈攻击，但进展不大。总前委决定，由陈赓率东集团，陈锡联率西集团，王近山率南集团，于12月6日，对双堆集发起全面进攻。至10日，我军虽歼敌五万，但仍未攻下。前委再下决心，取华野一部加入攻坚。13日我军发起总攻，激战至15日，全歼以双堆集为中心的敌十二兵团十万余人，俘获兵团司令黄维。

　　全歼黄维兵团，淮海战役第二阶段结束。

　　歼灭黄维兵团的这一阶段，是战事最紧张，总前委也最繁忙的时期。

　　据当时任作战科长的张生华回忆：

　　在对黄维兵团的作战中，邓小平政委主动担负了战役的具体组织指挥工作。

　　邓对刘、陈两位说："两位司令员，我比你们小几岁，身体也比你们好一些，具体工作让我多做些，夜间值班我也多值些。"

　　刘、陈爽朗地哈哈大笑。

　　陈说："我们既要竭尽全力，恪尽职守，又要尊重政委的意见。但值夜班的权利一定要我们二人分享！"

　　刘接着说："在我们这把年纪里，这样的会战、决战，已不会很多啦，我们理应努力工作，拼命完成任务。"

　　邓说："大的决定还是靠两位司令员，靠我们三个'臭皮匠'，只是具体工作我多做些。"

　　邓向作战科宣布：一般事情多找邓请示报告，重大事情同时报刘、陈、邓三位首长。

　　在第二阶段整个作战过程中，真是军情急，战事紧。电话铃声通宵不断，电报战报雪片般飞来。邓天天守在作战室，每天值班都要到深夜，甚至到下半夜，直到战事无大变化时，他才回去。总前委的决定，多是由邓向各纵队传达部署，他随时听取作战科汇报战情，每每亲自与各纵队首长直通电话。晚上，为了在住宿的地方接电话而又不影响刘、陈休息，邓让把电话线拉得长长的，一有电话，他总是披上衣服，走到院子里去接。[1]

刘、陈、邓，就是这样亲密无间地并肩战斗在淮海前线。

第二阶段歼灭黄维兵团的任务完成了，邓于 1949 年 1 月 11 日向毛泽东所作的综合报告中写道："歼黄维兵团时，各部均下了最大的决心，不顾任何代价，歼灭黄维兵团的意志一直贯穿到下面；故在整个作战过程中，各纵队虽经过三次到四次的火线编队，没有叫苦的，但是在总攻的时候，中野各纵队伤亡二万余人，气已不足，结果使用了华野两个纵队才解决了战斗。……战后各纵队一致感觉中野不充实，以不能独歼黄维，增加华野过大负担为憾。"[2]

父亲的这一遗憾，不是为了别的，而是为了劳动兄弟部队而心感不安。

父亲多次跟我们说过，黄维的确难打，黄有飞机大炮，有坦克，连双堆集的防御工事，都是用坦克、装甲车、汽车排成排做成的。

黄维是国民党的军中劲旅，但他终未逃脱被全歼的命运。

解决黄维后，父亲甚感松了一口气，他居然到政治部，从口袋里摸出一个苹果，亲自用小刀一破为三，让大家分而食之。然后，他不慌不忙地拿出一张像账单一样长长的纸幅，交给副政委张际春，以歇了一口气的口气说："这张单子上中央来的二十几个电报，都是同作战没有直接关系的，还没答复，请你一个一个地起草答复吧。"[3]

歼灭黄维后，中央指示淮海总前委五人开一次总前委会。

因粟裕、谭震林正在指挥围攻杜聿明的作战，因此刘、陈、邓三

---

[1] 张生华《邓政委在淮海战役中》。《二十八年间——从师政委到总书记》，第 155 页。

[2] 陈斐琴《一九四八年十一月二十七日》。《二十八年间——从师政委到总书记》（续编），第 271 页。

[3] 同上。

人便于 12 月 16 日晚，驱车五十多公里前往华野指挥部蔡洼村。

这是自从总前委成立以来，五位成员第一次聚在一起。

总前委全体会议，整整开了一天。

会上讨论的题目，已不是淮海，更不是杜聿明，而是如何打过长江去。

淮海战役尚未结束，渡江战役的重任，已经落在了总前委身上。

决战的胜利，使人精神爽朗，而未来大跨步前进的战略规划，更使人振奋不已。

在华野指挥部的小土屋前，总前委五个人，照了一张照片。

这张照片上，中国共产党军队的五员重要将领，每人身着一件鼓鼓囊囊、朦朦肿肿的土布棉袄，姿势也就是那样自自然然，随随便便。看看我那位父亲吧，又瘦又黄，胡子都那么长了，可能真是忙得连刮胡子的时间都没有了吧。

从照片上看得出来，他们五个人，脸上在笑，心里也在笑。

开完总前委会后，刘、陈于 12 月 19 日奉中央之命，前往西柏坡开中央政治局会议，去拟定 1949 年的军事计划。

邓于同日返回小李家村总前委。

12 月 30 日，邓率总前委经宿县、徐州至商丘，次日到达张菜园。[1]

1949 年的元旦，邓率总前委就是在这里度过的。

这次总前委迁址，是去指挥淮海战役的第三个阶段，全歼杜聿明集团。

在徐州西南不到一百公里的地方，一个以陈官庄为中心，南北五公里，东西十公里的狭小地区内，杜聿明集团两个兵团八个军，被紧紧地合围在了一起。

---

[1] 吴克斌《总前委书记在大江南北》。《二十八年间——从师政委到总书记》（续编），第298 页。

眼见得黄百韬、黄维相继被歼，杜聿明，对于自己的命运，岂能心中不明？

但是共产党的军队竟然对他只围不打！

原来，在北面，大决战的第三个战役——平津战役，已经开始。为了不让北平的傅作义集团南逃，毛泽东决定，暂不歼灭杜聿明，给傅作义以幻想，将其滞留华北以歼灭之。

从1948年12月1日杜聿明被围，直到1949年1月10日被全歼，整整一个多月的时间，杜聿明的日子，可真是不好过啊！

时间已至隆冬季节，从12月20日开始，雨雪交加，气温骤降。合围圈内只剩下邱清泉、李弥两个兵团不足二十万人，吃、穿、住，均十分困难。蒋介石空运送来的食品，时断时续，而且杯水车薪，因此每一空投，必引起饥兵疯抢，甚至为争抢食物而打死挤伤无数。饿慌了的兵士们，见什么，吃什么，连战马都杀了充饥。冻坏了的人们，找到什么，烧什么，甚至挖坟墓挖工事来取木保暖。

陈官庄的营地内，已是一片充满绝望情绪的凄惨景象。

杜聿明以其英姿勃发的大好年华，落到这一番光景，怨谁呢？

怨自己吧，太不公平，一切都是按照他的蒋校长的指示行事，甚至不同意也要违心去做；怨蒋介石吧，也无济于事，因为蒋介石不是不想打胜，而是打胜不了。杜聿明消沉、沮丧，终日在掩蔽部内静坐不语，面壁叹息……

1949年1月6日，我华野对杜聿明集团发起总攻。敌溃已不堪一击，杜聿明企图突围未成。至10日下午，我军全歼杜聿明集团，击毙第二兵团司令邱清泉，俘虏徐州"剿匪"司令部副司令长官，杜聿明。

至此，声势浩大、规模空前的中原决战——淮海战役，宣告结束。

在总前委指挥下，我中野、华野两支主力，历时六十六天，以伤亡十三万四千余人的代价，歼灭国民党军一个"剿总"指挥部、五个兵团部、二十二个军部、五十六个师，共计五十五万五千余人。

至此，南线国民党精锐主力已为我军全部消灭，长江中下游江北广大地区均获解放。

淮海战役，是大决战三大战役中唯一一场我军在总兵力少于敌军的情况下进行的。

六十万对八十万。六十万战胜了八十万。远在几千里之外的斯大林闻听此事后，曾在记事本上写道："六十万战胜了八十万，奇迹，真是奇迹！"斯大林后来派来的驻华大使尤金说：淮海战役打得好，是中国革命战争史上的奇迹，也是世界战争史上少见的。

斯大林让尤金到中国学习和了解淮海战役胜利的原因。[1]

毛泽东表扬了总前委。到了解放以后，毛泽东还念念不忘，对刘、陈、邓说，淮海战役打得好，好比一锅夹生饭，还没完全煮熟，硬被你们一口一口地吃下去了。[2]

…………

正当淮海战役进行到如火如荼的时分，在华北地区，共产党的军队发起了大决战的第三个战役——平津战役。

辽沈战役结束后，在东起山海关，西至张家口的五百余公里的狭长地带上，部署着国民党四十二个师五十余万人的军队。其中五分之二是傅作义系统，五分之三为蒋介石嫡系。

傅作义镇守北平。

傅作义和蒋介石有共同的敌人——共产党，但傅蒋之间各有山头，亦有利害冲突。

1948 年 11 月 29 日，共产党以一百万人的总兵力，发起了平津战役。

根据毛泽东的部署，战役第一阶段，首先将华北敌军的一字长蛇

---

[1]　胡奇才《奇迹的由来》。《二十八年间——从师政委到总书记》，第 179 页。

[2]　胡奇才《邓小平为书记的五人总前委》。《二十八年间——从师政委到总书记》（续编），第 242 页。

中华儿女们永远记着：你们的丰碑是先烈们用血换来的。

淮海战役烈士永垂不朽

邓小平 敬题

邓小平为淮海战役烈士的题词。

阵作几段分割开来，切断了北平、天津、塘沽之间的联系。对西线张家口、新保安围而不打，吸引北平、天津之敌不从东边海口窜逃；对北平、天津则隔而不围，完成战略分割，以便今后从容不迫，各个歼灭。

完成以上战略目的后，我军继而采取先取两头，后打中间的战略方针。首先，相继打下了西头的新保安和张家口。继而，对东头的塘沽实行监视，并集中兵力攻击天津。

天津是华北第二大城市，防守坚固，守备力量很强。我东北野战军以五个纵队三十四万人，于1949年1月14日发起总攻，经一日激战，全歼守军，俘虏守备司令陈长捷，解放天津。

天津解放后，北平傅作义二十五万人完全陷入绝境，最终与共产党签订了和平解决北平问题的协议。

1949年1月31日，我军进驻北平，宣告了北平，这一华北最大城市，这一建都六百年的古城，这一东方文明瑰宝，获得和平解放。

1949年2月3日，中国人民解放军举行了庄严隆重的入城式。

曾屡遭日本侵略军铁蹄践踏，曾受尽军阀官僚盘剥蹂躏的这座文化古城，终于焕发了青春的异彩。

北平二百万市民，以红旗，以彩带，以欢呼，以兴奋的热泪，欢迎解放军入城。人们敲起了铜鼓，扭起了秧歌，以数十公里夹道欢庆的盛状，迎来了一个从未有过的、前途光明的全新的时代。

平津战役至此结束。

辽沈、淮海、平津，三大战役都结束了。

共产党和国民党在长江以北的大决战结束了。

这场从1948年9月至1949年1月的大决战，在中国战争史上是空前的，就是在世界战争史上也是罕见的。

在三大战役中，连同这个时期其他战场的胜利，共产党的军队歼灭国民党军共计二百三十一万人，国民党军主力已基本归于消灭。共产党将战线一下子推进到了长江边上。中华大地的北方区域，这半壁江山，已经控制在了共产党的手中。

父亲说过："毛泽东的战略思想，就是要把蒋介石的部队封锁在长江以北打，不让他跑掉！这是一个伟大的战略思想。"

毛泽东的战略思想，如愿以偿地实现了。

此时此刻，在蒋介石的心中，该是怎样一种感受啊！

蒋介石心情不好。

"非干病酒"，蒋介石推行新生活运动，戒酒了。

"不是悲秋"，此时秋令早过，已是冰封雪盖的隆冬时节。

蒋介石的心情，是苦，是恨。

苦的是大战而败；恨的是败在共产党手里。

1949 年 1 月 21 日，蒋介石宣布"引退"，回他浙江奉化溪口的老家去了。

第 *62* 章
打过长江去

三大战役结束后，共产党已得半壁江山，解放全中国，已指日可得。

1949 年 3 月 5 日，中共中央在西柏坡召开了七届中央委员会第二次会议。

刘伯承、粟裕请假。

邓小平、陈毅、谭震林等于 2 月 28 日联袂赶往西柏坡赴会。

在西柏坡一个简朴的会场内，毛泽东作了重要报告。

会议决定主要如下：

一、批准召开新的政治协商会议，以及成立民主联合政府的建议；

二、人民解放军应争取解放长江以南的华中、华南各省，及西北地区。完成渡江后，有步骤地稳健地向南方进军。

三、解放军应把工作重心转向城市，先占领城市，后占乡村。会议还研究了经济问题和民主革命等问题。

七届二中全会讨论的问题，已不仅仅是军事问题，中共中央的视野，已开始转向怎样建国，怎样把中国由一个旧的农业国转变为工业国，由新民主主义社会转变为社会主义社会……

二中全会闭幕的次日，也就是 3 月 14 日，中央召集了一个座谈会，议题是对各大区的人事安排提出方案并作出决定。

出席会议的除中央领导外，还有各大区的主要负责人，包括西北的彭德怀，东北的高岗，华北的聂荣臻，华中的邓子恢和林彪，中原的陈毅、邓小平。

会上第一个发言的是邓小平。

毛泽东让邓小平提出华东管辖范围和人事安排。邓小平显然已经经过充分的准备，他深知毛泽东委以他"点将"之任务的重要性。

邓小平拿出一个名单，边念边解释。

中共中央华东局由邓小平、刘伯承、陈毅等十七人组成，邓为第一书记。

华东区管辖范围有：上海、南京、杭州、芜湖、镇江、无锡、苏州、武进、南通、宁波等城市，地跨山东、江苏、浙江、安徽、江西等省份。

华东区共有军队两百万人。

上海市由陈毅任市长。

南京市由刘伯承任市长。

邓还谈到其他许多有关的人事安排建议，谈了部队过江后新区筹粮办法，谈了城市筹款办法，谈了货币使用办法，还着重谈了接管上海的工作。

对于邓的细致而又周全的报告，毛泽东欣然表示赞同。他说："人事配备，现在就这样定，将来有变动再说。"

此次会后，毛泽东再次召集邓小平、陈毅等商讨渡江作战问题。

父亲告诉我们，毛泽东当时亲口对他说：交给你指挥了。

毛泽东对邓小平说这句话，不是第一次。在淮海战役时，毛泽东也这样说过一次。

在西柏坡开完会后，父亲和陈毅一起回前方。

这时，他们二人的心情轻松多了。4月份才进行渡江战役，军队正在休整。父亲对我说过："开完会后，我和陈伯伯顺便去爬了泰山，还去曲阜看了孔庙，然后我们才回前线。"

父亲和陈毅都是史学兴趣极浓厚的人，也都极爱游览观光之赏心

1949 年 3 月，邓小平出席中共七届二中全会，受命兼任中共中央华东局第一书记。这是邓小平在七届二中全会上发言。

乐事，这次游览，是他们二十多年来都未曾享受过的逍遥自在，他们一定相当开怀。一路上，他们一定是谈笑风生，悠哉悠哉也。

二中全会后，根据中央军委命令，将西北、中原、华东、东北四个野战军的番号改为第一、第二、第三、第四野战军。

一野，彭德怀任司令员兼政委；

二野，刘伯承任司令员，邓小平任政委；

三野，陈毅任司令员兼政委；

四野，林彪任司令员，罗荣桓任政委。

中国人民解放军总兵力已达四百万人。

共产党对国民党的下一个大的战役，就是渡江战役。

淮海战役总前委，改为渡江战役总前委，仍由邓小平任总前委书记。

中央部署，由总前委率领第二、第三野战军于 4 月中旬进行渡江战役。

3 月 26 日，总前委在蚌埠附近的指挥部召开第二、第三野战军高级干部会议，由邓小平主持讨论渡江作战方案。

3 月 31 日，总前委移至合肥以东。

在这里，邓小平亲自执笔撰写了《京沪杭战役实施纲要》，并电报中央。

纲要提出，敌军总兵力是二十四个军四十四万人，我军二、三野战军共计七个兵团二十一个军一百万人。我军占有绝对优势。拟将渡江部队，组成东、中、西三个集团，采取宽正面、有重点的多路突击

邓小平和刘伯承在部署渡江作战。

战法。第一阶段达成渡江任务，实行战略展开；第二阶段割裂和包围敌人，切断退路；第三阶段分别歼灭被围之敌，完成全部战役。歼灭敌军集结于上海至安庆段之兵力，占领苏南、皖南、浙江全省，夺取南京、上海、杭州，彻底摧毁国民党反动政府的政治、经济中心。

4月1日，毛泽东复电，批准京沪杭战役实施纲要。

4月2日，邓小平和陈毅坐着一节"闷罐车厢"，沿铁路从蚌埠到达了合肥，并立即驱车前往瑶岗村的总前委指挥部。

第二、第三野战军，开始进入渡江战役的全面准备。

共产党，已下定决心，打过长江去，解放全中国。

在江的那一面，蒋介石虽名义上退隐，而实际上仍在行使对国民党军队的全面指挥大权。

蒋介石一方面由南京政府派代表，假与中共谈判，一方面积极在长江沿线部署江防。在湖口至宜昌一千八百公里的地段上，布置了一百一十五个师，七十万人的兵力。其中，以汤恩伯布防上海一线，以白崇禧扼守武汉一线，并于该战区部署了江防舰艇四十余艘，空军四个大队。

蒋介石，以最后的勇气，最大的能力，准备凭借长江天堑，不惜任何代价，进行负隅顽抗，保住其半壁江山，与共产党划江而治。

长江，西起青藏高原，东至黄海之滨，以其浩荡蜿蜒之躯，流经九省一市，由西向东五千八百公里，构筑了中华大地上最大的水系，形成了亘古以来中国最长的江流。

长江，以其万古滔滔，谱写了中华民族的不朽史诗。在长江以北，我人民军队，正在用热烈而又紧张的行动，进行渡江准备。

我军一面勘察水情，一面进行训练，一面组织民工，一面修造船只。广大江北地区的人民群众，以高昂的热情，以各种形式支援军队，光是临时民工，就达三百万人，真是"要粮有粮，要人有人，要船有船"。

在总前委统一领导下，东有粟裕，中有谭震林，西有刘伯承，人民解放军已一字排开，万事俱备，只待令下。

1949年4月21日，毛泽东、朱德公开发布了"向全国进军"的命令。

命令中国人民解放军"奋勇前进，坚决、彻底、干净、全部地歼灭中国境内一切敢于抵抗的国民党反动派，解放全国人民，保卫中国领土主权的独立和完整"。

4月20日20时，渡江战役按预定计划开始。

在总前委统一指挥下，中、东、西三路大军，以排山倒海之势强渡长江。

一时之间，万船齐发，乘着滚滚波涛，冲向南岸。照明弹如礼花怒发，映红了天空；枪声炮声一齐轰鸣，如催人奋进的战鼓，震耳欲聋。

我军部队，乘着千万艘木船木舟，英勇无畏，有进无退，似神兵，

人民解放军部队胜利登上长江南岸。

似天将，勇猛难挡。

　　长江，像一条巨大的蛟龙，被我英勇之师踏在了脚下。

　　蒋介石那号称"固若金汤"的长江防线,为我第二、第三野战军一举突破。

　　蒋军之江防为我军突破后，仓皇实行总退却。

　　我军以迅猛之势向纵深发展。

　　23日，我军攻占国民党中央政府所在地——南京。国民党的青天白日旗，从南京总统府的旗杆上倏然飘下，落入尘埃。代之而冉冉升起的，是共产党那艳丽夺目的鲜亮的红旗。

　　几天以后，总前委进驻南京。

　　邓小平和陈毅，在庄严肃立的解放军战士队列中，走进了蒋介石的"总统府"。

　　我问过父亲："你进总统府了吗？"

　　父亲说："进去了，是和陈伯伯一起进去的。"

　　我问："那刘伯伯呢？"

　　父亲说："他那个时候在西线指挥。"

1949 年 4 月 23 日，人民解放军占领南京国民党总统府。

我问："你们在蒋介石的总统宝座上坐了坐吗？"

父亲微笑了："总要坐一坐嘛！"

南京解放了。

下一步，解放上海。总前委移至南京以东京沪铁路上的丹阳县。

陈毅5月3日先到了丹阳，邓6日才从南京赶来。

邓到丹阳时，已是夜深人静时分。

也是一时兴起，陈竟然带着邓，上街找铺子吃宵夜去了。三更半夜，哪儿还有店开门。陈和邓，只碰到了一个卖馄饨的挑子。他们二人，稀里糊涂地大吃了一顿仅剩的馄饨皮和馅的大杂烩。

这一个司令员，一个政委，两位都乃开国元勋，但仍脱不了四川人那爱下小馆子的脾性，而且是随时随地的，竟连时间也不看看。我想，这么着"逃"出来溜达一下，也是他们二人的一件快事吧！

邓、陈也就偷闲了这么一下，要布置打上海的工作，真是时不我待，分秒必争啊。

丹阳，并不是一个大地方。总前委在这里，这座小城，一下子变得人多了，拥挤了，忙碌了。来的人，有各纵队穿军装的，也有来自上海穿长衫西装的，真是人来人往，好不热闹。[1]

刘尚在南京，粟裕和谭震林还在各自的部队，只有陈和邓两人在丹阳。作为总前委书记，邓自然是临战受命，繁忙异常了。

工作可谓千头万绪，军事部署，作战计划，入城工作，干部准备，都要抓紧安排。

总前委身上的担子，可不轻啊！

上海，是当时中国和亚洲最大的口岸城市，拥有六百万人口，其工业产值和贸易均占全中国的一半，又是亚洲最大的金融中心。

---

[1] 本章以上内容参考了吴克斌《总前委书记在大江南北》。《二十八年间——从师政委到总书记》（续编），第298页。

1949 年 5 月 10 日，邓小平起草的关于渡江情况给毛泽东的报告手稿。

陈毅比喻："解放上海，好比瓷器店里捉老鼠，老鼠要抓住，瓷器可不能打烂。"

这就是所谓的投鼠忌器。

但蒋介石已在上海附近部署了以汤恩伯为首的八个军二十五个师，共二十万人。4 月 26 日，蒋介石还乘军舰从浙江赶到上海，亲自部署上海防务，准备凭借着丰富的资财和四千多个永备工事守上海，以争取时间抢运物资和进行破坏。

东北战场，是蒋介石亲赴指挥的；淮海战场，也是蒋介石耳提面命地指挥的；这次守上海，蒋介石又来了。

父亲曾对我们说过："蒋介石到哪里，哪里就打败仗。"

蒋介石来上海了，因此，上海这一仗，他又败定了。经过紧张周密的研究，邓、陈决定：

一、稳住汤恩伯，不使其从海路逃走。

二、首先在外围作战，切断吴淞海上退路。如向市区进攻，力争不用炮火炸药，尽量保护居民和财产。

1949 年,上海解放后,中共中央上海分局书记刘晓送给邓小平的手表和毛衣。
邓小平一直用到 20 世纪 80 年代。

三、加强部队纪律教育,严肃军纪,进城不扰民,宿街不入户,用鲜明的纪律性作为给上海人民的见面礼。

四、做好接管准备,调集五千多名干部集训,以参加入城接管。

五、发挥上海九千名地下党员的作用,动员人民群众护厂、护校、维护秩序,反对国民党军特的破坏活动。

万事俱备,解放上海,指日可待。

5 月 12 日,我军向上海外围之敌发起进攻。

22 日,将敌主要兵力压缩于吴淞口两侧地区。

23 日,向上海守敌发起总攻。

27 日,上海战役结束,歼敌十五万人。

上海,这颗东方的明珠,从此获得新生。

到了这个时候,在丹阳总前委日夜守候在作战室的邓、陈,终于松了一口气,放下了心。

…………

进大上海了!

人民解放军军纪严明,秩序井然。这些身着土布衣着的军人,文明执勤,礼貌待人。为了不扰民,甚至在细雨中夜宿在上海高屋华厦的屋檐之下。一支崭新的人民军队的形象，立即深深地印入了上海市民的心中。

上海的秩序迅速得到了稳定，但总前委面临的问题，却依然杂乱繁多。在上海，要反对敌人的武装封锁，反击敌机的轰炸，更重要的，是要尽快恢复上海的生产和经济生活。

邓把接管工作分为军事、政务、财经、文教四大部门。

上海的工作的确是千头万绪呀！要抓社会治安，要抓恢复生产，要抓精兵简政，更要抓上海六百万人的吃饭筹粮问题。

父亲和陈毅二人搬到瑞金路原国民党励志社来住。他们二人，白天下基层，晚上听汇报，常常工作通宵，直到日出东方，晨光乍露的时候，才躺下来打个盹。

在他们的脑海中，只有一个极其鲜明的目标，建设一个全新的大上海。

至5月27日，京沪杭战役宣告结束。

是役，我二、三野战军配合，不但解放了南京、上海、杭州，而且一直向南，其一部进入福建，解放了闽北地区，一部攻入江西，控制了赣中广大地区。

父亲有一次向我们讲了个故事。

他说："那些仗，打得快呀！原因是敌人跑得快。我们的追击，都是成排、成连、成团地跑路，否则追都追不上。我们的部队，分成了多少路呀！陈赓打得最远，占领了江西的全省。红军时期，蒋介石抓住了陈赓，后来因为念及陈赓在大革命时期曾救过蒋介石一命，就把陈赓放了。蒋介石放陈赓的时候，在南昌，有人说：欢迎你再来。陈赓说：'再来，我就带十万部队来！'结果，真的是陈赓带兵去占领了南昌。幸好我们当时没让陈赓打南京，让他直接往南边打去。否则，陈赓就实现不了他的诺言和愿望了！"

陈赓是刘邓手下的一员最出色的爱将，他胆识过人，为人豪爽，生性活泼，甚至有点调皮，深得刘邓赏识。在战争时期，中央和刘邓多次让他独当一面，担当重任。说起陈赓，父亲总是十分骄傲，欣赏不已。

解放上海以后，陈、邓的家属们来到了上海，两家人一起住在励志社的那个楼上。

妈妈告诉我，自从1945年父亲他们从太行山走向平原后，父亲已极少和家人相聚。

妈妈离开太行山后，一直在晋冀鲁豫中央局组织部工作。后来，她带着三个孩子到了邯郸。

对于孩子们来说，邯郸，是他们进的第一个大城市。那里的一切都和乡下不一样，什么都挺新鲜的。住房的厕所里有抽水马桶，我的哥哥也就是三岁多，从来没见过这玩意儿，看着奇怪，就一天跑到厕所里去放水冲马桶玩个不停。

随着战线不断向前推进，妈妈和其他二野高级干部的家属们也不断地向前搬家。

那时候，二野的几位首长家里，每一个妈妈都带着几个孩子。刘伯承家三个，李达家二个，蔡树藩家二个，张际春家三个。

这个家属大队，从邯郸又迁到了邢台，几家人住在一个教堂里，五个夫人轮流炒菜做饭。妈妈说，轮到她做饭那一天，大家都不爱吃她炒的菜。哎，没办法，我那个妈妈呀，这一辈子也没学会炒菜的手艺。

妈妈总想用点科学方法教养孩子，她每日在教堂的屋顶上放一个大铁皮盆，里面放上水，先让太阳把水晒一上午，再把孩子们脱光，让太阳再把孩子们晒一会儿，然后就让被太阳晒过的孩子跳进被太阳晒过的水中，一边嬉戏，一边洗澡。妈妈说，这叫日光浴。结果三个孩子都给晒得黑不溜秋的，可倒也真都是健健康康的。

郑州解放后，妈妈他们几家人，准备移住郑州。铁路被破坏了，公路也被损坏得不成样子。他们这一群妈妈们和孩子们，坐在一个大卡车上，还是一个没有篷子的大卡车，赶往郑州。这一路最紧张了，倒不是因为战事，而是因为孩子。每天早上，天不亮，就要把孩子们叫起来，趁他们迷迷糊糊、还没睁开眼的时候给孩子们穿上衣服，一边收东西，一边随便给小孩塞几口饭，黑蒙蒙之中，顶着满天的星光，便开始出发了。中午，打个尖儿，车停一下，马上又出发。车上尽是孩子，还得带个尿罐，以为方便之用。

就这样，一路不停，赶了好几天，总算到了郑州。

到郑州后，马上又转到洛阳的一个乡下。要知道，共产党的机关和宿营地，总是设在乡下的，也许是为了方便指挥，也许是为了不在城市扰民，也许，共产党的军队和农民群众，实在是有着一种血肉相连密不可分的亲情……

在洛阳的乡下，住得倒是安稳，可孩子们却开始不安分了。有一天，三个孩子围着一个桌子坐着，两岁多的南南拿着一个花炮在玩儿，她玩着玩着，就把花炮在蜡烛上点着了，花炮喷出了火花，南南一急，手往前一伸，火花正好滋在胖胖的脸上。后来大人察看，总算没出什么大事。此一惊刚过，几天后，胖胖又不知从哪儿拿来一把剪刀，挥舞了起来，一下子把剪刀尖儿戳到了南南的脸上。这次，也幸好没有戳成重伤，只划破了一点皮。这一回一报，也算是一场家庭战争吧！气得妈妈，不论三七二十一，三个孩子，每人的屁股上都着实地给了几下。

南京解放后，这一队人马又移到了南京。很快，随着解放大军的步伐，妈妈们和孩子们又到了上海。

陈家三个孩子，邓家三个孩子，连同大人，每家五口人。有一天，一时兴至，两家大人带着孩子们，一齐亲亲热热地照了一张相。照片上，陈伯伯大腹便便地坐在那儿一副自然潇洒之态。父亲瘦瘦的，依旧是那样沉稳地微笑。两个妈妈，那样年轻，那样漂亮。几个孩子，又是那么那么的小，实在是可亲可爱。

这是两个幸福的家庭。

在上海，父亲专程去拜望了孙中山的遗孀，共产党的挚友，宋庆龄女士。

在上海，父亲带着母亲，找到了张锡瑗的遗骨，将之收敛并放到他们住的励志社的楼下存放。

在上海，也有趣事，父亲丢了一支派克笔。有一次，父亲和上海新任市长陈毅去参加一个大型庆祝活动。他们走出办公地点的大门，在众多警卫人员的簇拥和保卫下，去街对面开会。就走过这么一条不宽的街道，就这么几分钟的瞬间，父亲胸前口袋中别着的一支从敌人手中缴获来的派克钢笔，就被上海的小偷偷掉了。

直到这几年，父亲还对此耿耿于怀，他一到上海就讲这件事儿。

他说："上海的小偷真厉害啊！"

…………

从1938年走上抗日战场，到1945年打响与国民党之战的第一枪，再到强渡黄河、挺进大别山、进行淮海战役、举行渡江战役，直到解放南京、解放上海，已经是十一年了。这十一年的岁月中，父亲栉风沐雨，历尽艰难，却从未病倒过。他虽不强壮，但却健康，为了战争，为了胜利，他也必须保持健康。抗日战争以来，父亲一直坚持每日洗冷水浴，无论春夏秋冬，每日清晨，他都用一桶冷水，从头到脚一注而下。就是十冬腊月，天寒地冻，也从未间断。

可是，到了上海，在战争取得了决定性的胜利之后，父亲却病倒了。

他头痛，痛得卧床不能起身。

他太累了，实在太累了。

中央批准他休假一个月。

9月的一天，父亲、母亲，带着三个孩子，到北京了。在北京，父亲一边治病养病，一边还在向中央报告工作和研究解放大西南的作战。闲暇之间，他还带孩子去北京西郊的颐和园，在秋水潋滟的昆明湖上兴致很浓地泛舟畅游了一番。

这是父亲在其四十五年的生涯中，第一次到北京。

他第一次到北京，就参加了新中国的两大盛事。

一个是中国人民政治协商会议第一届全体会议。

一个是中华人民共和国的开国大典。

1949年9月21日，第一届中国人民政治协商会议在中南海怀仁堂隆重召开。

各界各阶层人士的杰出代表从四面八方而来，在胜利喜悦的气氛中欢聚一堂。人人脸上挂着喜庆的笑容，个个心怀中充满了对新生活万般憧憬的激情。

在会上，毛泽东庄严宣布："占人类总数四分之一的中国人从此站立起来了。"

在会上，代表们举手投票，通过了中华人民共和国国旗、国歌，通过了临时宪法性质的《共同纲领》，确定了北京作为中华人民共和国的首都，选举产生了第一届中央人民政府，选举毛泽东为中华人民共和国中央人民政府主席。

会后，为了祭奠在人民革命战争中牺牲的无数先烈，毛泽东率领全体代表，挥锹撒土，庄严肃穆地为将要竖立在天安门广场的人民英雄纪念碑举行了奠基礼。

1949年10月1日，这一天终于来到了。毛泽东同他的战友们，登上天安门城楼，庄严地宣布：

中华人民共和国成立了！

中国人民从此站起来了！

父亲和刘伯承、陈毅这些开国元勋们肩并肩地站在天安门城楼上，注视广场上鲜艳夺目的五星红旗在阳光照耀下冉冉上升，倾听着雄壮有力的《义勇军进行曲》那震撼人心的鸣奏，俯看着广场上三十万欢呼沸腾的人民群众和威武雄壮的游行队伍。在他们心中，领略的，是一派胜利的豪情壮志；感受的，是对未来新的国家、新的天地、新的事业的充满信心的渴望和追求。

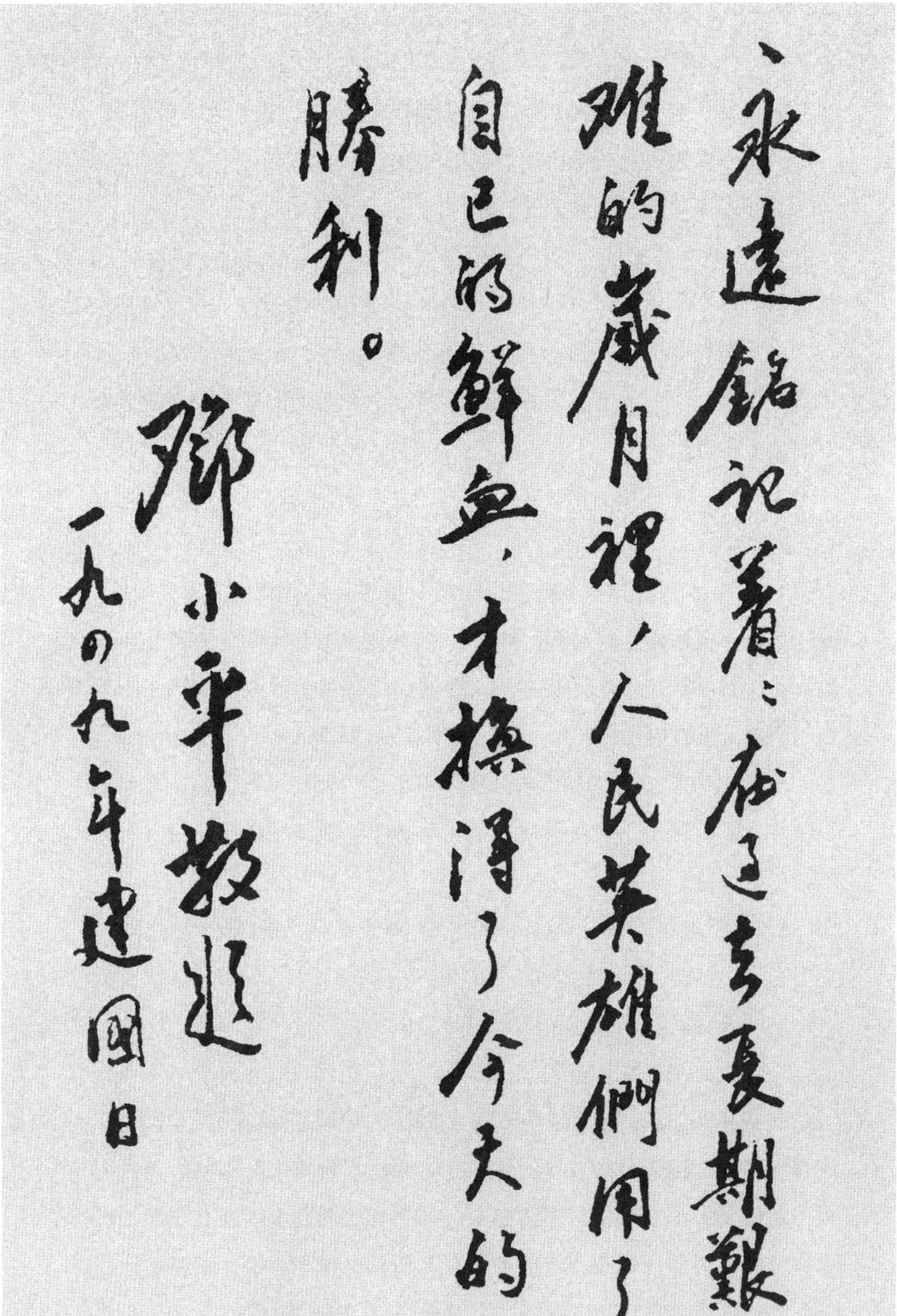

「永遠銘記着過去長期艱難的歲月裡人民英雄們用了自己的鮮血、才換得了今天的勝利。

鄧小平敬題

一九四九年建國日

1949 年 10 月 1 日，邓小平题词纪念人民英雄。

中华人民共和国的开国大典，这不是历史上帝皇王侯的换代改朝，也不是新旧军阀的轮番替取，而是人民，是中国人民，登堂入室，建立了自己的国家。

从公元 1949 年 10 月 1 日起，中国那具有五千年文字记载的历史，翻开了完全崭新的一页！

第63章
向大西南进军

渡江战役后，共产党的部队相继占领南京、上海、武汉、杭州、九江、南昌、安庆、金华、上饶等城市，以及长江以南的江苏、安徽、浙江全部和江西、湖北、福建三省的部分地区。

人民解放军的战线，正在以迅猛之势向中华大地的南部和西部推开。

要在整个中国的大地上全部、干净、彻底地歼灭国民党军队，就要以连续作战的精神，以兵贵神速的干劲，以勇追穷寇之豪气，一鼓作气，全面出击。

中央部署：

第一野战军出陕甘，解放西北五省；

第二野战军，直进黔川，解放大西南；

第三野战军，南下福建，解放东南沿海；

第四野战军，先取广州，解放中南各省；

华北军区，攻克太原，解放华北全境。

时不我待，我各部大军，不分先后，早已如弦上之箭，倏然而发。

刘邓要率第二野战军奔赴西南了。

刘邓告别了陈毅。

在将近一年的时间里，刘陈邓并肩作战，第二、第三野战军并肩

1949年10月23日，邓小平乘火车南下途经郑州。

作战，打胜了淮海战役，打过了长江，解放了南京，解放了上海。

毛泽东曾说过，二野三野联合作战，不只是增加一倍两倍的力量，而是一个质的变化。

也就是说，这个数学公式是：$1 + 1 > 2$。

父亲说："这个质的变化，一开始就体现在扩大中原局，调陈毅来当第二书记。特别是淮海战役前成立了总前委，由五个人组成，刘陈邓三个人是常委，我当书记。毛主席亲自对我说：'我把指挥权交给你。'这是毛主席亲自交代给我的任务。"

总前委的使命完成了。刘陈邓的二、三野战军又要分开行动了。

根据进军大西南的需要，中央决定，成立西南局，邓小平任第一书记，刘伯承、贺龙分任第二、第三书记。

解放大西南的任务，落在了第一、第二野战军的肩头，由二野从东向西，由一野从北向南，两路出击，把国民党在西南的军队全部消灭。

1949年10月20日，刘伯承、邓小平，率第二野战军总部从南京出发，向西进军，开始进行川黔作战。

第二野战军向贵州进发。

是日，南京城内，各界人士，热烈欢送刘邓大军向西南出征。

进军大西南的作战，开始了。

刘邓总部于 10 月 23 日到达郑州。

28 日进驻武汉。

要打大西南，核心是要拿下四川。

因为四川乃是大西南的心脏。

蒋介石再次披挂上阵，亲自到重庆坐镇。

国民党以四川为其防守重点。川东、湖北、贵州一带地势险要，交通不便，且有白崇禧十余万人，因此蒋介石判断，共军主力不会由东入川，而会由北向南推进。

蒋介石的判断又错了。

刘邓先是作出佯动，假示大军要由郑州向西动作，实际已令陈锡联的第三兵团从东直入川东地区；杨勇的第五兵团向南迂回，进入贵州，切断敌人南逃后路。

刘邓大军从东西五百公里的地段突然多路进击，完全打乱了蒋介石的整个西南防御部署。

也正是所谓的兵败如山倒。

国民党部队已溃不成军，只有夺路逃窜一条路了。

这国民党军逃命可也是逃得真快，原来中央定的我军稳健进军的方针，也"稳健"不行了。敌军跑得快，我军必须追得更快！

我军冒着阴雨，踏着泥泞，爬高山过丛林，不顾休息，不顾吃饭，争先追敌，神速地切断了川军向南撤退的退路，并已将战剑直指重庆、成都。

重庆，是西南最大的城市，是国民党政府抗日战争时期的陪都。拿下重庆，等于摘取了大西南的皇冠。

蒋介石不久前还在重庆督阵，这会儿，他已经非常识时务地携军政大员们飞走了。

11月30日，陈锡联三兵团轻取重庆。

重庆失守，蒋介石又令其部队撤至成都地区。

刘邓下决心，将蒋介石最后一支主力胡宗南集团，全歼于成都盆地。

12月20日，我军完全截断了胡宗南的退路，从西、南、东三面对成都地区形成袋形包围，由杨勇统一指挥。

胡宗南曾在陕北骄横一时，而如今，已成

邓小平与刘伯承等在研究解放西南的作战方针。

为笼中困兽。他手下的数十万之众，也已军心大乱了。

胡宗南抛下他那已陷于绝望境地的众兵将，坐飞机只身逃跑了。

12月27日，成都之敌为刘邓大军全歼。

成都宣告解放。

这时，在云南的滇军宣布起义，陈赓第四兵团解放云南全境。

此后，陈赓又率第四兵团在四川西昌地区歼敌一万，致使残存于西南地区的蒋介石正规部队全部肃清。

在大西南，只有最后一个地区还未解决了，那就是西藏。

1950年1月31日，西藏班禅堪布会议厅致电毛泽东、朱德，反对拉萨当局背叛祖国的行为。

毛泽东授命刘邓大军，担负起进军西藏的任务。

1950年10月，我军用十八天的时间，在西藏东部大门昌都发起战役，歼灭藏军五千七百余人，打开了进军西藏的大门。

在我对西藏各界人士多方工作和和平诚意的感召下，西藏地方当局决定响应中央人民政府和平解放西藏的号召，派出以阿沛·阿旺晋美为首的西藏地方政府代表团赴京，和中央政府代表谈判。1951年5月23日，谈判双方签署了《中央人民政府和西藏地方政府关于和平解放西藏办法的协议》。

1951年8、9月，刘邓的部队开始向世界屋脊进军。

他们攀越了十余座雪山峻岭，跨过了许多条怒涛激流，穿过了壮丽的原始森林，走过了无边无际的草原沼泽。他们不畏气候严寒，不怕空气稀薄,踏着千年积雪,终于10月、11月间进入了西藏的首府——拉萨。

西藏，是一个宗教习俗极其浓厚的地方，而且还处于封建制度和奴隶制度相交织的时代。人民解放军进入西藏，不住民房，不进佛堂，不借民具，宁愿风餐露宿，宁愿日晒雨淋，把铁的纪律和保护尊重民族、宗教习惯放在最重要的位置。同时，他们还积极与各界人士接触交流，

1950 年，邓小平与刘伯承、贺龙等在西南军政委员会会议上。

给缺医少药的藏族人民看病治病。

解放军严明的军纪，民族平等的作风，打动了西藏人民的心，受到了藏族同胞的热情欢迎。

解放西藏后，人民解放军做的第一件大事，就是立即开始进行勘测和设计，要在世界屋脊上修筑第一条公路——康藏公路。

西藏和平解放了，中国大西南全部回到了人民的怀抱。

刘邓大军以勇猛不可阻挡之势，行进二千余公里，光荣而又胜利地完成了解放大西南的任务。

是役，共歼灭国民党在大陆最后的残余部队九十万人，消灭盘踞在大西南无恶不作的土匪九十万人。

在刘邓第二野战军进军大西南的同时，我第一野战军解放了陕西、甘肃、宁夏、青海、新疆五省；

第三野战军进军华东南地区后，解放了福建及东南沿海大部分岛屿；

第四野战军解放湖北、湖南、江西、广东、广西中南地区；

华北军区解放华北全境。

1951年4月，邓小平与西南军政领导和各界群众欢迎途经重庆赴京谈判的以阿沛·阿旺晋美（正面左一）为首的西藏地方政府代表团。

邓小平与西南军政委员会主席刘伯承（左一）、西南军区司令员贺龙（中）在重庆合影。

东西南北中，从此中华归于一统。

九百六十万平方公里的中华大地上，再也没有战争。

中国共产党人实践了他们的诺言：用战争的手段，最终达到消灭战争的目的。

几千年以来，二十五次朝代更替，数不清的烽烟战火。

中国的江山，改朝换代，从来都是用武力夺取的。

胜者为王，败者为寇，这是中国的历史法则。

历史是无情的，无情得令人为之不寒而栗。

历史又是有情的，在好一番天旋地转之后，历史，又终于把掌握它的命运的舵轮，送到了人民的手里。

中华人民共和国的成立，不同于四千年中任何的一次封建帝王式的改朝换代，它是一场真正的人民革命的胜利成果。

中华人民共和国的建立，标志着中国，这个在世界东方沉睡了多少年的巨龙，苏醒了。

一个崭新的中国，一个面貌焕然的中华民族，将出现在世界的东方。

曾几何时，中国人被人耻笑为男人梳着长辫，女人缠着小脚的弱小民族；曾几何时，中国人被人无比蔑视地称为"东亚病夫"；曾几何时，中国人自己都看不起中国人，漂洋过海地去异国他乡，只为找口饭吃……

何其幸哉，这一切，这一切的屈辱，永远一去不复返了。

中国共产党人，和四亿五千万的中国人民，在全世界面前挺起了腰杆。

从来就没有救世主，也没有神仙皇帝，要创造人类的幸福，全靠我们自己。

全靠我们自己！

脚下的路，是我们自己走出来的。

这路，走得壮丽，走得豪迈。

这路，还刚刚开始。

这路，还十分十分的遥远，十分十分的漫长。

这路，还要靠中国人民一步一个脚印地去走。

但，这路，毕竟是向前走，笔直地向前走。

…………

1949 年 12 月 1 日，中国人民解放军第二野战军举行进入大西南的心脏——重庆的入城式。

重庆人民男女老少，各行各界，举行了极其隆重的夹道欢迎仪式。

12 月 8 日，刘邓率野战军机关进入重庆。[1]

在此之前，中央命令成立西南局，邓小平为第一书记。

在此之后，中央命令成立西南军政委员会，刘伯承为主席。

再继此之后，中央命令成立西南军区，贺龙为司令员，邓小平为政委。

全中国，共分为西北、西南、华东、中南、华北、东北六大区域。

西南的工作，由西南局书记邓小平主持。

刘邓大军驻扎在大西南了。

这一支中国共产党领导的部队，从西北高原，走进晋冀鲁豫战场，经过中原大战，挺进华东战线，最后，一直打到大西南。

---

[1] 《中国人民解放军第二野战军战史》，第二卷（解放战争时期），第 424 页。

这支部队，在刘邓亲率下，从太行山，跃进至大别山，又从大别山，最终一跃而上喜马拉雅山。

这支部队，先后歼灭国民党军二百三十万人，消灭土匪一百余万人。

这支部队，为中国革命，为伟大而壮阔的人民革命战争，立下了不朽的功勋。

现在，这支部队，拥有六十万的精兵强将，据守着六千万人口的西南一隅。成为人民军队中战功显赫，声威大震的一支劲旅。

这支部队的指挥员中，许许多多人被晋升为中国人民解放军的最高将领，被选拔为中华人民共和国政府的行政要员。

这支部队的政委，邓小平，是用一种特殊的感情和平和的口吻来形容这支部队的。

他说："不务虚名，注意内部团结，这种作法贯穿到二野部队整个作战过程中。所以二野内部是非常协调的。各纵队之间，部队与部队之间，人与人之间，甚至更下层一点，彼此关系都是很协调的。从战争一开始，每一次的具体作战，指挥的都是各纵队的头头，刘邓没有亲自到战场上指挥过一个具体的战斗行动。有的战斗是陈再道指挥的，有的战斗是陈锡联指挥的，有的战斗是王近山、杜义德指挥的，也有是杨勇、苏振华指挥的，还有的是陈赓、谢富治指挥的。采取这种方式的好处，是发现有不妥的地方，有电话可以联络。我们没有发现过下面有什么不对的地方，也没有纠正过任何一个纵队领导同志指挥的战斗。这种做法对增加上下信任，增强部队的战斗力，锻炼指挥员的能动性很有好处。"

他说："总的来说，在战争中二野挑了重担，完成了任务，没有辜负党和人民的委托。就是这么个历史。苦头吃了不少，但困难都胜利渡过了。"

平平淡淡，就这么几句话，没有豪言壮语，也没有任何的骄傲和自夸。

就好像一个老人，在给后人们讲点什么故事。

言无重话，语不惊人。

但是，其中所具有的内涵，其中所包括的艰难与辛苦，其中所含纳的功绩与荣耀，其中蕴藏的激情与壮烈，又怎能用三言两语所能叙说得完，讲述得清？

刘邓夸奖的是他们的部下。

而刘邓的部下，敬重的是刘邓。

在我为了写这本书而进行的采访中，那些现在都已白发苍苍的老将军们，言谈之中，无不对他们的刘邓首长充满真挚的深情，充满无限的崇敬，充满衷心的爱戴。

刘邓的部下，为有刘邓这样的首长，而感到骄傲和自豪。

在和这些二野老战士的交谈中，我时常为他们的那种真情所感动所激动。

有时，仿佛，我不是在采访他们，而是和他们一起在行军，在打仗，在完成刘邓交付的艰巨使命。

是啊，从初上抗日战场，到解放大西南，十三年的战斗生涯，整整十三年的时光，对于任何一个人来说，都不是一段短暂的时光，更何况，那十三年，还是那种充满了腥风血雨，充满了悲壮艰辛，充满了胜利与荣耀的十三年。

凡参与其间者，谁，能够忘记呢！

斗转星移，时光流逝。

有人说，时间可以磨掉一切人生的痕迹。

但，却磨损不掉在人们心目中那高高耸立的丰碑。

第64章
西南局第一书记

父亲又回到了四川。

回到了重庆。

回到了他的故乡。命运竟然安排得这样的巧。

记得吗？二十九年前，在重庆江边的码头上，一个名叫邓希贤的十六岁的少年，乘着一艘名叫"吉庆"号的客轮，顺着那奔流不息的长江之水，走出四川，远洋跋涉，开始了他人生的第一个旅程。

有谁想象得到，二十九年后，这位邓希贤，已改名为邓小平，而这位邓小平，竟然是率领着千军万马前来解放四川的首席指挥员。

从重庆走出，从四川走出，又回到重庆，回到四川。

命运将父亲的人生历程在这二十九年间，划了一个曲曲折折的圆圈。

回到四川，父亲已是四十五岁的中年人了。

这时，他是中央下属几大行政区域之一的最高官员。

在重庆，父亲终于建立了一个安稳的家庭。

南下的时候，因为军情没有那样险峻和危急，所以，父亲和刘伯承两人，都是携带家眷南进的。

两辆美国吉普车，刘家一辆，邓家一辆。

刘家大人小孩共六口人。

邓家还是两个大人，三个小孩。但是，实际上，妈妈的肚子里，

担任中共中央西南局第一书记的邓小平，时年45岁。

已经又有了一个小小的生命，那就是我。

我的哥哥姐姐们总是说，他们参加过抗日战争，资历最差的也是参加过解放战争。而我呢，只好反唇相讥道：我也参加过解放战争，参加过解放大西南，只不过是在妈妈肚子里罢了。

这么两辆吉普车，颠颠簸簸地，走了两千多公里，到了四川。

四川解放了，新中国成立了，我才降生了。

其实，我还不算最没资历的，我的弟弟飞飞，是1951年8月才出生的。他才真正地连一点儿老革命的边儿也没沾上，是个货真价实的"解放牌"。

在重庆，我们家住在原来国民党一个机关的楼上。刘伯承调到南京去任中国人民解放军高等军事学院院长后，贺龙一家就住在我们家的楼下。

父亲这个人，外表上严肃不多言语，实际上与人极好相处。

在中国人民解放军的十大元帅中，他几乎与所有的人的私交都相当的好。

朱老总自不必说了，德高望重，和蔼慈祥，又是四川人，父亲极敬重他。

彭德怀，在太行山八路军总部时，一直与父亲在一个战场上。彭没有孩子，看见我们家孩子多，就向我父母亲提出来要把我过继给他们当孩子。我的父母当然舍不得了，可有一段时间，吓得我一见彭老总就没命地往父母身后又藏又躲。

刘伯承，与我父亲不但十三年生死与共，而且两家人长期住在一起，两个妈妈也是极好的朋友。

陈毅，与我父亲都是四川人，都是留法勤工俭学生，一起打淮海，一起渡江，一起打南京、上海，又是两个在好吃方面有共同嗜好的人，后来在北京还作过十年的邻居，两家人常常一起散步，一起郊游。如果有点奇珍异果，像外国朋友送点那种臭得出奇的榴莲什么的，也有福同享一番，可见相互关系之亲密。

聂荣臻，又是一个四川人，又是一个留法勤工俭学生，父亲称他为老兄。50年代初刚到北京时，我们就住在聂伯伯家隔壁，我们小孩儿们一有空就跑到聂伯伯家要糖吃。聂伯伯常请我们家去他家吃四川小吃。父亲也不客气，一带就带上七口八口一大家人去吃"冤枉"。聂伯伯最长寿，在他九十岁去世之前，是我那年事已高的父亲唯一出门去探望的一个人。

罗荣桓，长征时与我父亲在一起，后来虽不在同一条战线上作战，但二人相知很深。父亲和罗伯伯在生活上相互关心，在政治观点上也甚是投合。可惜罗伯伯去世得太早。他去世后，父母亲还特意让我去罗家住了一个礼拜，陪他们家的两个和我年龄差不多的小女儿。

邓小平在批阅文件。

　　叶剑英，父亲解放前与他共事并不算多，但在解放后，特别是"文化大革命"以后，两人可真是肝胆相照，共解国难。记得为了让父亲第三次复出，叶伯伯让他的小儿子亲自驾车，把还在软禁中的我的父亲偷偷接到他的住处。当时我在场，清清楚楚地记得，他们两人见面之时，万分激动，父亲长声叫了一声"老兄"，两人的手便紧紧握在了一起。

　　徐向前，曾在刘邓大军中任过副司令员，我们两家人也在一起住过一段时间。父亲十分尊重徐帅。徐帅体弱多病，又年长几岁，父亲总是十分关心徐帅的身体。

　　贺龙，贺胡子，性情特别豪爽。在西南，两家人楼上楼下，孩子年纪也差不多，一块儿玩，一块儿打架。解放后，父亲常带我们去贺伯伯家串门儿，大人们又说又笑，孩子们又玩又闹，别人不知道，还以为是一家人呢。

说来也怪，十大元帅，父亲与九人关系都极好，可唯独就是与林彪从不来往。话也说回来，这主要是因为，林彪性情太古怪，是他从来不与任何人来往。

回过头来说西南吧！

刘伯承调往南京工作后，在西南，在四川，主持军政工作的主要是父亲和贺龙。

到了西南，父亲工作之繁忙分毫不让战时。

你想，又管军事，又管政治，又管经济，还有民族问题，也是千头万绪，不容闲暇的。

在西南，战争结束了，父亲问他的部下："仗打完了没有？"

父亲解释道，西南今后的工作，比普通军事斗争要复杂得多，不是打几个冲锋就能解决问题的。

他说，西南的任务是：九十万、六千万、六十万。

九十万，指的是要把战争中俘虏和投诚的九十万原国民党部队改造过来，成为人民的军队，成为能工作、能生产的人。

六千万，指的是西南七千多万人口中，有六千多万是我们要依靠的人民群众，要把人民组织起来，实行土地改革，组织生产，恢复经济。

六十万，指的是我军在西南的六十万部队，要把战斗队变为工作队，提高素质，加强纪律，去创造和建设一个新的大西南。

做地方工作，父亲的风格，与做军事工作一样，作风是简单明了，处理问题明确果断。

父亲主持开会，两大特点。

第一，开短会，西南军政委员会召开的第一次全体会议，只开了九分钟。没有繁文缛节，没有多余的话，话讲完了，就散会。

第二，先听意见后做决断。每逢开会，总是各部门先发言，不管提出什么样的问题，也不管提出多少问题，大家发完了言，摆完了问题，该父亲发言了。他一二三四五，当回答的回答，当发回研究的发回研究，当拍板决定的立即拍板作出决定。

西南局的人都说，他们常常是带着许多问题、许多烦愁、许多疑虑而来，但散会时，则每个人都已目的明确、任务明确、方法明确。

1950年7月，邓小平在西南军政委员会第一次全体会议上讲话。

在西南期间，父亲还决定了两件大事，第一，是修筑从拉萨到青海的青藏公路。第二，是修筑成都到重庆的成渝铁路。

父亲心里明白，仗虽打完了，而建设一个新中国，比起打仗，将会工作更多、任务更重。

在此以后，经过两年的治理，大西南的秩序迅速稳定，经济开始恢复，一切工作均逐渐走上了正轨。

…………

在重庆，我和弟弟相继出生。我们两个算是真正的四川人。

其实，我弟弟是"捡"来的。

当时，我们家已有四个孩子，三女一男，有了第五个孩子后，妈妈正好在重庆的人民小学当校长。她那个时候忙极了，不想再生孩子了。结果二野的卫生部长说："也许这是一个男孩子呢？"为了这句话，飞飞幸得生命。结果，这个本不想要的孩子，反倒成了父母亲心中最疼爱的孩子。

在重庆，我的祖母从乡下来了。

说起来也有意思。

邓小平夫妇与孩子们在一起，后立者为邓小平的妹妹邓先群。

我的二姑姑邓先芙，那时在老家广安上中学，已经参加了四川地下党的外围活动。

四川快解放时，地下党找到了她，告诉她，你的大哥要打回四川了。

父亲到重庆后，二姑姑由组织安排从老家广安到了重庆，见到了这个她从未见过面的长兄。

二姑姑回到广安，把消息告诉了我的祖母。

我这个祖母一听，高兴极了。

要知道，临解放的时候，我们在广安的这一家人，在兵荒马乱的年月，已濒临破产的境地。

由于我父亲是共产党的关系，我的祖母虽不懂政治，但却一心地认准了共产党好。她的女儿参加了地下党的活动，有一次竟把在华

卓琳与孩子们。飞飞此时还在妈妈的肚子里。

蓥山游击队的共产党员领回了家。祖母二话没说，就把共产党员在家里藏了起来。

要知道，祖母是一个寡妇人家，又没有钱财势力，藏了共产党，是要杀头的呀！

可我的祖母说藏就藏了，救了这几个共产党员的命。

听见二姑姑说我的父亲回四川了，祖母兴奋至极。她拿起一把锁，把大门一关，一个人，拿着一个小小的包裹，坐着她那在嘉陵江上推船的父亲的小船，来到了重庆。

她老家也不要了，田产和房产都不要了，从此便和我的父母亲住在了一起。

我的祖母不是我父亲的亲母亲，但我的父母待她很好。特别是我的妈妈，和祖母从不分你我。妈妈去上班，家和孩子就全交给祖母照看。

我的祖母来时，我刚好十个月。从我十个月大时起，我就由祖母带养。我弟弟出生后，也是由祖母带养的。所以我和我弟弟对祖母的

感情特别亲。祖母真是替我妈妈分担了不少的家庭操劳。

我的祖母真是高寿,现在已经九十多岁了,她还健在人世,还和我们住在一起。

总之,在重庆,我们这个家的基本队伍就都到齐了。这个队伍的规模一直保持了二十年,直到我们这一代又成家生孩子以后,家庭的规模又才扩大了起来。

在重庆,父亲忙,母亲也忙。

妈妈在人民小学当校长,学生都是二野和西南局的子弟。那一群在部队中长大的孩子,个个娇野,都不是好调教的人。妈妈便从我们自己家的孩子开刀。我的大姐和哥哥自然是妈妈的学生,不听话,不遵守纪律,首先整肃的就是他们,以儆效尤。就连我的二姐才五岁,也被妈妈每日放到教室的最后一排,管你懂也罢,不懂也罢,反正一律都得上课。

有的孩子不好好上课,不听讲,还又哭又闹。妈妈就把这样的孩子带到校长室,任你哭也好,闹也好,她一概不予理睬,自己办自己的公。等到孩子闹够了、哭累了,自然乖乖地停嘴了。

妈妈是校长,但什么课都教,语文、数学,连音乐都教。她天生五音不全,也不知这音乐课是怎么教的!

许多二野的子弟都是妈妈的学生,直到现在,他们都是四五十岁的人了,还常常回忆起当年他们校长教他们和"整"他们的情形。

…………

中华人民共和国建国的时候,父亲整整四十五岁。四十五年,近半个世纪的时光。

那个当年满脸稚气,年方十六岁的邓希贤,从他走出四川的那一刻起,便迈向了他漫长的人生旅途。他由一个有爱国心的青年,走进了共产主义理想的殿堂。他出洋求学,却成为一名共产党员而回到祖国。他参加了大革命的浪潮,经历了白色恐怖的腥风血雨。他走上了战场,

西南军政委员会副主席在重庆合影。右起：邓小平、贺龙、熊克武、龙云、王维舟、刘文辉。

和军阀势力，和日本侵略军，和国民党军，整整打了二十年的仗。

在他四十五岁的时候，他的名字，邓小平，已与中华人民共和国的建党、建军、建国的历史，与整个的人民革命史紧紧相连，密不可分。

在党中央和毛泽东的领导下，邓小平，和其他的开国元勋们，在战争年代，为开辟中华民族的新的纪元，立下了汗马功劳和不朽的功勋。

邓小平，作为他个人来说，也由一位青年革命者，成长为一名叱咤风云的革命家，成为独当一面的战场指挥官。

在父亲这四十五年的生命历程中，打仗就打了整整的二十年。

仗，打完了，新中国建立了，而他，又作为"封疆"大员而坐镇西南。

四十五年，是个不算短、也不算长的时间。

有的人，四十多年便已走过人生的顶峰。有的人，快到五十了可能才开始找到事业的起点。我相信，绝大多数的人，积其一辈子的时间，经历的事情，可能都不及我父亲这四十五年中的一半。

在度过四十五岁的生日那一天，如果父亲回顾过去，可资回味的事情太多了，也太丰富了，他完全可以扪心自问而无愧于世。如果展望未来，他也一定会踌躇满志，充满信心，立志为了开创一番新的天地而继续奋斗不息。

四十五岁，是父亲漫长的一生中的一个里程碑。但是，四十五岁，同时又是父亲政治生命的另一个新的起点。在他度过四十五岁生日的那一天，他自己绝不会想象得到，这个世界上也没有人会料想得到，邓小平的人生道路，还要经过多少激流险滩。

父亲的前半生，这一半的道路，是辉煌的，但却不是最辉煌的。

邓小平的政治生涯，从这一刻起，方才起步，开始迈向其光辉的顶峰。

第 65 章
没有结束的故事

　　这本书，所记述的故事，是关于我的父亲——邓小平，前半生的故事。

　　这本书，就要结束了。

　　但是，有关邓小平的故事，却远远没有结束。有关父亲后半生的故事，不是本书所要记述的范畴。

　　我希望，在不久的将来，我能够把关于父亲后半生那绚丽夺目的历程的故事，继续展现在人们的面前。

　　但今天，对于那些更加动人心魄的故事，我只能介绍一个梗概。

　　1952 年，父亲奉中央调遣，到北京工作。

　　父亲携家又一次离开四川。

　　这是他一生中的第二次出川。

　　第一次出川，他向那未知的人生，迈出了第一步。

　　这第二次出川，他开始迈向他一生中那日益光辉的未来。

　　1952 年，他到北京，担任了中央政务院副总理的职务，后又先后兼任过财政部部长、交通部部长、中共中央组织部部长等职。

　　1954 年，父亲被任命为中共中央秘书长、中央军事委员会委员、国防委员会副主席。

　　1955 年，父亲被增选为中共中央政治局委员。

1952 年邓小平担任政务院副总理，时年 48 岁。　1956 年，邓小平当选为中共中央总书记，时年 52 岁。

　　1956 年，在中国共产党第八次全国代表大会上，父亲当选为中共中央政治局常务委员会委员，中央委员会总书记。

　　从这个时候开始，父亲进入了中国党政最高领导集体。

　　作为总书记，他主持中央书记处的日常工作，成为毛泽东主席的重要助手。

　　作为国务院排名第一的副总理，他根据工作分工，成为周恩来总理的左膀右臂。

　　到了 60 年代初期，他和刘少奇被毛泽东内定为共同担负一线领导工作的接班人。

　　从 1952 年到 1966 年这段时间，是中国政治上相对稳定的一段时间，尽管在决策上和政策上不无失误，但总的来说，新中国，自建国以来，经过十七年的建设和发展，奠定了重要的经济基础和物质基础，已经在国际事务和世界政治舞台上占有了不可忽略的一席之地。

　　1966 年，新中国历史上不幸的一页翻开了。

　　毛泽东亲自发动的"文化大革命"爆发了。

1954 年 9 月 29 日，毛泽东签署的邓小平任国务院副总理的任命通知书。

1954 年 9 月 29 日，毛泽东签署的邓小平任国防委员会副主席的任命通知书。

一场巨大的"左"的政治风暴席卷了整个中华大地。

父亲被作为"中国第二号最大的走资本主义道路的当权派"而被打倒了。

我的父亲，我们的家庭，我们全体的中国人民，都经历了一段疯狂的、迷乱的、政治被误导、人性被扭曲的不幸时期。

1971 年，转机出现了。

毛泽东指定的接班人——林彪，阴谋谋害毛泽东未遂，驾机逃跑，机毁人亡。

1973 年，毛泽东奇迹般地启用了邓小平。

1973 年 3 月，毛泽东恢复了邓小平国务院副总理的职务。

1975 年 1 月，毛泽东赋予邓小平中共中央副主席、国务院副总理、中央军事委员会副主席、中国人民解放军总参谋长的重任。

父亲复出后，在他眼前呈现的，是一片被"文革"的飓风横扫得满目疮痍的零落景象。

父亲被打倒过一次了，而他没有因此而存有丝毫的犹豫。

他当机立断，运用毛泽东赋予他的权力，凭着对灾难深重的国家的前途命运所担负的责任感，义无反顾地在周恩来的支持下，开始了对"文化大革命"的全面整顿。

　　父亲大刀阔斧，旗帜鲜明的大胆作为，受到了毛泽东的夫人江青等人的大肆反对。

　　邓小平和"四人帮"，形成了中国政治舞台上誓不两立的对抗势力。

　　毛泽东英明潇洒一世，但是，他的晚年，却是一个充满谬误的、令人悲哀的晚年。

　　他把政治天平的砝码，放在了比他还"左"的"四人帮"的一边。

邓小平向邓颖超致诚挚的慰问。

到了这个时候，他信任的人，只剩下了他身边的亲属和亲信。

1976年，是中国历史上充满了不幸的一年，也是最令人难忘的一年。

1976年1月8日，周恩来满怀悲愤地与世长辞了。

同年4月，邓小平再次被打倒了。

同年9月9日，毛泽东逝世了。

同年10月6日，江青和她的"四人帮"，终于被捉拿拘捕，送上法庭。

1977年，邓小平再度复出，恢复了他在党政军所担任的一切职务。

一生之中，三次被打倒，又三次复出，而且一次比一次更加引人注目，一次比一次走向更大的成功。

这不是神话，也不是人为的编撰。

这是邓小平真实的故事。

第三次复出后，邓小平已经七十五岁了，年逾古稀。他仍旧不改他那几十年一贯的顽强作风，不改他那大胆创新的思想方式，不改他那坚定不移的信念。

他的信念，就是要用实事求是的科学态度，集中古今中外一切所长，闯出一条中国式的发展道路。

他的信念，就是要让中国人民富裕起来，要让中国强盛起来。

在他不遗余力地倡导、带领和推动下，在"文化大革命"的一片废墟之上，中国，开始走向改革开放的光明大道，开始了一次新的革命，开始进行新的万里长征。

十年"文革"结束了，中国开始了一个新的纪元。

邓小平像一个工程设计师，为他的祖国——中国，提出了一个全新的发展蓝图：

到20世纪80年代末，实现国民生产总值在1980年的基础上翻一番，首先解决十一亿人口的温饱问题。

到本世纪末，使国民生产总值再翻一番，人民生活从温饱达到小康水平。

到下一个世纪中叶，也就是 21 世纪 50 年代，即中华人民共和国建国一百周年的时候，十五亿人口的中国，人均国民生产总值达到中等发达国家的水平，人民生活比较富裕，基本实现现代化。

这就是邓小平设计的中国发展战略"三部曲"。

邓小平提出，要建设有中国特色的社会主义。在他的带领下，中国一步一步地在摸索，中国一步一步地在向前走。

十五年过去了，中国取得了举世公认的进步和成就。

世人评论，未来的世纪是亚太世纪。而在亚太国家中，最引人注目的将是中国。

这是中国的骄傲。

有人说，邓小平是 20 世纪最引人注目的伟人。

有人说，邓小平是当今世界上，当之无愧的风云人物。

有的中国老百姓，把邓小平的像，和毛泽东的像并排，挂在家里的正堂之上。

而邓小平，则辞职退休了。

他退休了，目的是让中国废除封建的终身制，让年轻人来接班换代。

他退休了，可却时刻关注着改革开放大业，在八十八岁高龄，还在为中国的进一步腾飞而奔走疾呼。

他退休了，而他开创的事业却没有停步。

今日的中国，已大业初就，正待腾飞。

时间过得真快呀！

转眼间秋冬已过，又是一春。

1993 年的春节来到了。

1993 年，是中国的鸡年。

闻鸡起舞。

中国，恰如那八面威风的雄鸡，恰如那振奋欲飞的巨龙，充满信心，充满豪情，充满热情，在除夕夜那如雷震耳的鞭炮鸣响中，正昂首挺胸，准备迈向 21 世纪。

像往年一样，父亲带着全家人来上海过年。

这真是一个人心舒畅、万象更新的喜庆的年节。

室外，彩灯高挂，如火树银花。

室内，暖意融融，如春之已至。

我们全家祖孙三代十几口人，正在热热闹闹、欢欢乐乐地沉浸在节日的喜庆之中。

年近八十九岁的父亲，坐在我们中间。

他的白发，在灯光下闪耀，他的神态，宁静而安详。

在他的脸上，挂着沉稳的微笑。

这微笑，是发自内心的微笑。

这微笑，是超越时空的，永恒的微笑。……

本书最后的话

本书最后的话我要写我的父亲，因为这是我向往已久的一个心愿。

我要写我的父亲，因为我常常在父亲的身边。我认为我了解他。

我要写我的父亲，因为我崇敬他。

世界上有许许多多的名人。

世界上也有许许多多的名人的子女。

有许多的名人的子女都在写他们的父母。

其中相当一部分人并不恭维他们的父母。

而我不同。

我以我的全心，爱我的父亲。

我想写我的父亲，想了很多年了。

可是，直到近年才下定决心。

我用了整整三年的时间，找资料、采访人、熟悉历史。

整整三年的时间，我终于写完了这本书。

我用了大量的精力，倾注了我全副的心血，花了整整三年的时间，才写了我父亲的前半生。

新中国建立时，他四十五岁，正好度过了他人生的差不多一半旅程。

父亲的一生，经历太丰富了，故事太多了，时间的距离，也的确拉得太长了。

　　以我一个人如此单薄的力量，要把父亲那丰满而又极富传奇色彩的一生描绘出来，哪怕仅仅描绘一个轮廓，都是何其难哉。

　　我的本心，是要把我所知道的告诉大家。

　　作为史学角度，也可以补漏于万一。

　　我写完了这本书，但还没有写完我的父亲。

　　我的父亲一生中最光辉灿烂的篇章，还在后面。

　　对于父亲的后半生，我知道得更多，了解得更深。

　　因为在父亲后半生的时候，我已经长大了，成熟到足以理解我的父亲了。

　　所以在这本书写完以后，我将继续写我的父亲的后半生的故事。

　　我要将父亲那绚烂多彩的整个的一生，展现在人们的面前。

　　我知道，我的这本书，绝对不足以描绘出我的父亲那曲折而又漫长的一生的全部。

　　但我已尽了最大的努力。

　　最后，我希望，父亲看了这本书后，说一句：还不算糟。

　　父亲从不表扬我们。

　　不算糟，就足够了。

1993 年 8 月于北京

鸣　谢

　　在本书撰写的过程中，曾访问过许多革命前辈，曾参考了大量的文献资料和有关书籍，曾接受过许多单位和同志的名种形式的帮助，特别是中央文献研究室的李琦同志和力平同志审定了全书。在此，谨向所有帮助过我的单位和同志表示最诚挚的感谢。

作　者